Zu diesem Buch

Arnold Shaw, Autor von «Rock 'n' Roll» (rororo sachbuch 7109), gibt mit diesem Buch einen Überblick über Ursprünge, Entstehungsgeschichte und Strömungen der Soulmusik.

In einer umfangreichen Einführung werden die Musikstile der Schwarzen in Amerika (Blues, Jazz, Gospel, Black Pop) vorgestellt und die wichtigsten stilprägenden Interpreten genannt. Mit viel Kenntnis und persönlichen Kontakten zu vielen der bekannteren Soulsänger (wie James Brown, Nina Simone, Otis Redding, Aretha Franklin) gibt Shaw ein unterhaltsames wie einführendes Porträt dieser Musik, die in den Jahren 1966 bis 1970 und noch einmal Mitte der siebziger Jahre großen Einfluß auf den Musikmarkt hatte und auch heute noch viele Fans findet.

Die einschlägigen Plattenfirmen wie Tamla-Motown, Stax und Atlantic Records werden vorgestellt, Produzenten und Songschreiber befragt und Erfahrungen im Alltag der Schwarzen mit ihren Entsprechungen in Liedern nachgezeichnet. Ein Porträt des schwarzen Amerika der sechziger und siebziger Jahre wie ein Porträt einer faszinierenden Musik.

«Soul ist etwas, was du wirklich aus deinem Herzen herausbringen mußt. Wenn du es siehst, wenn du es fühlst, wenn du dir sagst, das ist richtig so und es wirklich meinst, ja, das ist dann Soul» (Otis Redding).

Arnold Shaw, in den fünfziger Jahren Musikverleger und Produzent, lebt heute als Komponist und Musikjournalist in New York. Er ist Autor einer Harry Belafonte- und Frank Sinatra-Biographie, von «The Rockin' 50s» (deutsch: «Rock 'n' Roll», rororo Nr. 7109) und von «52nd St. The Street of Jazz».

Arnold Shaw

Von den Anfängen
des Blues zu den Hits aus Memphis
und Philadelphia

Aus dem Amerikanischen
von Walle Bengs

Rowohlt

Die Originalausgabe erschien 1970 mit dem Titel
«The World of Soul. Black America's Contribution
to the Pop Music Scene»
bei Cowles Book Company, Inc., New York
Redaktion Beatrix Piezonka
Umschlaggestaltung Berndt Höppner

Deutsche Erstausgabe
Veröffentlicht im Rowohlt Taschenbuch Verlag GmbH,
Reinbek bei Hamburg, Oktober 1980
Copyright © 1980 by Rowohlt Taschenbuch Verlag GmbH,
Reinbek bei Hamburg
«The World of Soul» © 1970 by Arnold Shaw
Alle Rechte vorbehalten
Satz Times (Linotron 404)
Gesamtherstellung Clausen & Bosse, Leck
Printed in Germany
780-ISBN 3 499 17199 6

Gewidmet den schwarzen Sängern und Musikern,
deren einzigartige, vitale Kunst dazu beigetragen hat,
daß die amerikanische Popmusik zu einer Weltmacht geworden ist.

Inhalt

Teil 2   Rhythm and Blues

Teil 3 Soul

Vorwort

Die populäre Musik Amerikas ist eine Mixtur, eine bunte Mischung, ein Produkt der wechselseitigen Beeinflussung von weißen und schwarzen Amerikanern, schwarzen musikalischen Innovatoren und weißen Popularisierern.

Wie der Schwarze diskriminiert wurde, so auch seine Musik. Nirgends ist diese gängige Behauptung so augenfällig wie im Bereich des städtischen, auf das Ensemble ausgerichteten, elektrisch verstärkten Blues, der unter der Bezeichnung R & B (Rhythm and Blues) läuft. Man ist geradezu vor den Kopf gestoßen, wenn man sich die Arbeiten so engagierter Musikwissenschaftler wie Sigmund Spaeth, Gilbert Chase, David Ewen und Wilfrid Mellers etwas genauer ansieht, wo die Arbeit hunderter schwarzer Sänger, Schreiber, Musiker und Promoter nicht auch nur beiläufig erwähnt wird.

Es ist gar nicht leicht, an Informationen über diese segregierte «Untergrund»-Musik, die von der Mitte der vierziger bis zur Mitte der fünfziger Jahre geschaffen worden ist, heranzukommen. Die meisten Platten wurden von kleinen, unabhängigen Plattenfirmen aufgenommen, deren Repertoires entweder seit langem nicht mehr aufgelegt wurden oder auf andere Weise untergegangen sind. Viele von diesen individuellen Schöpfern und Produzenten sind entweder tot oder nicht besonders mitteilungsfreudig; alle miteinander haben sie ihre Platten nicht eben sorgfältig aufbewahrt.

In den schwer aufzutreibenden Katalogen von rund hundert R & B-Labels* sind die Arbeiten der Bluespioniere verstreut, die dazu beigetragen haben, die Rock-Revolution zu formen. Die Renaissance des R & B, die die Soul-Bewegung begleitet, hat uns dabei geholfen, die schöpferischen Leistungen so fruchtbarer Künstler wie B. B. King, Chuck Berry, Howlin' Wolf, Little Richard, Albert King und Muddy Waters wiederzuentdecken. Den weniger berühmten Musikern wie Amos Milburn, Lowell Fulson, Bullmoose Jackson, Memphis Slim und Big Maybelle ist diese Renaissance jedoch kaum zugute gekommen, von Washboard Sam, Memphis Minnie, Joe Liggins und Guitar Slim gar nicht zu reden. Wenn der Teil meines Buches, der sich auf diese Künstler bezieht, schon fast mit Details überladen ist, dann ist das als Wunsch des Forschers zu verstehen, der interessierten Nachwelt soviel wie möglich zu hinterlassen. Die R & B-Zeit so zu behandeln, wie es ihr wirklich

---

* Begriffserklärung siehe Seite 296.

zustünde, würde mehr Raum beanspruchen, als das ganze vorliegende Buch umfaßt.

Im Verlauf meiner Nachforschungen bin ich zu der Überzeugung gelangt, daß die entscheidende Rolle von Radiostationen und Diskjockeys der Schwarzen für die Verbreitung der Musik noch viel zu wenig beachtet worden ist. Nur weil Plattenaufnahmen lange Zeit nach ihrer Entstehung noch zugänglich sind, ist deren Wirkung auf die Künstler des Blues betont, ja sogar überbetont worden. Aber Baumwollpflücker sind keine Plattensammler.

B. B. King hat seine Karriere bei der Radiostation WDIA in Memphis begonnen. Howlin' Wolf war jahrelang Diskjockey bei WKWM, bevor er seine Plattenkarriere begann. Elmore James war Diskjockey bei WOKI in Jackson, Mississippi. Sonny Boy Williamson II. ist seit 1938 fast dreißig Jahre lang täglich in der Sendung «King Biscuit Time» abwechselnd bei WFFA in Helena, Arkansas und WROX in Clarksdale, Mississippi zu hören gewesen.

Mit Beginn der vierziger Jahre haben sich die Radiostationen WHAT in Philadelphia, WJLD in Birmingham, KXLW in St. Louis und andere lokale Sender auf schwarze Musik konzentriert. Neben der Beeinflussung des musikalischen Geschmacks der Hörer und der Karriereförderung spielten die schwarzen Sender eine bedeutende, bisher unterschätzte Rolle in der Verbreitung musikalischer Einflüsse und der Entwicklung des individuellen Stils der Künstler. Ich habe versucht, dieses Gleichgewicht wiederherzustellen. Trotzdem müßten diese Zusammenhänge an anderer Stelle noch einmal gesondert und ausführlich dargestellt werden.

In der Zeit des R & B und des Rock 'n' Roll habe ich mit zum Musikgeschäft gehört. Mein erster Zeitschriftenartikel über Popmusik war *Open the Door, Richard* überschrieben. Meine letzte Tat, bevor ich 1966 aus dem Geschäft ausstieg, war die Promotion des Schmachtfetzens von Jacques Brel, *Ne Me Quitte Pas* gesungen von Damita Jo; der amerikanische Text stammte von Rod McKuen. Als *General Professional Manager* mehrerer Musikverlage war es meine Aufgabe, Hits zu finden und zu machen. Mit schwarzen Künstlern hatte ich mehr als nur durchschnittliches Glück.

Ich war dabei, als Harry Belafonte zum erstenmal bei RCA Victor vorsang und sicherte die Rechte an *Matilda, Matilda*. Von *Sh-Boom*, einer Platte der CHORDS, erstand ich 50 Prozent der Veröffentlichungsrechte. Weiter kaufte ich *Piddily, Patter Patter* für E. B. Marks, nachdem Herman Lubinsky dieses Stück mit Nappy Brown für das Label Savoy eingespielt hatte. Es folgten *Banana Boat Song* der TARRIERS und *Soldier Boy* von den FOUR FELLOWS, beides Platten, die Bestseller für schwarze Künstler geworden sind.

12

Sarah Vaughan und der erste schwarze A & R-(Artist and Repertoire-)Produzent bei einem führenden Label, Clyde Otis, machten einen Hit aus der *Broken-Hearted Melody*, die Sherman Edwards und Hal David geschrieben hatten. Unter der Anleitung von Otis hauchte Dinah Washington dem Song *What a Difference a Day Makes* neues Leben ein; Brook Benton hatte mit *Hotel Happiness* einen Bestseller.

Ich hatte das Vergnügen, zu beobachten, wie Oscar Brown jr. aus dem Nichts zu Columbia Records hochstieg. Oliver Nelson wurde zum ersten schwarzen Musiker, der Musik für eine TV-Serie, *Mr. Broadway*, arrangieren und einspielen konnte. Mit einem Schwarzweiß-Duo machte ich die erste Aufnahme von *Lollipop*, einem Lied, das für die CHORDETTES zu einem Riesenerfolg geworden ist.

Die persönliche Beteiligung an einer Sache sorgt für Unmittelbarkeit, engt aber auch oft die Ansichten ein. Der Sprung vom Musikgeschäft zum Schreiben über Musik machte es nötig, die Linse größer einzustellen. Jetzt wurden die Bestseller-Charts, das A und O der Untergrundpresse, zu einer Quelle objektiver Information. Wie die Spielstandstabellen ein Index für die Geschichte des Baseball sind, sind die Charts die Matrix der Geschichte der Popmusik.

Im Jahr 1961, als ich den Beitrag *Popular Music from Minstrel Songs to Rock 'n' Roll* für «One Hundred Years of Music in America» schrieb, begann ich über das vorliegende Buch nachzudenken. Den Herausgebern von *Billboards*, vor allem Lee Zhito und Paul Ackerman, bin ich Dank schuldig für die Gelegenheit, einige der analytischen Ideen dieses Buchs seit 1966 in Artikeln entwickeln zu dürfen, die ich für die jährlich erscheinende Sonderausgabe dieser Zeitschrift, *World of Soul*, geschrieben habe. Ähnlich verpflichtet bin ich einem weiteren wissensreichen Freund und Gesprächspartner, Russell Sanjek von *BMI: The Many Worlds of Music*, ebenso Doug Allen und Alan Le Mond, dem Herausgeber und Chefredakteur von *Cavalier*.

Im Text sind Verweise auf Platten, Zeitschriftenartikel und Bücher zu finden, die mich angeregt oder mir nützliche Informationen gegeben haben. Einige Autoren verdienen besondere Erwähnung: Robert M. W. Dixon und John Godrich für *Blues and Gospel Records, 1902–1942*; Mike Leadbitter und Neil Slaven für *Blues Records, 1943–1966*; Leonard Feather für *The Encyclopaedia of Jazz*; Nat Shapiro für die Bände des «Popular Music; An Annotated Index of American Popular Songs»; Pete Welding, dessen Forschungen und Testamentaufnahmen eine grundlegende Dokumentation des Blues zu verdanken ist; LeRoy Jones für sein provokatives Buch «Blues People»; Charles Keil für seine Studie «Urban Blues»; Paul Oliver für seine Bücher über Bessie Smith und den Blues; und schließlich Sam Charters, dem Autor von «The Country Blues» («Die Story vom Blues» Nymphenburger, München 1962) und «The

Bluesmen», außerdem seit langem Forscher und Produzent von Blues-aufnahmen. Viele andere haben mich freundlicherweise an ihren Über-legungen teilhaben lassen. Ich wäre einer Nachlässigkeit schuldig, wenn ich nicht die Hilfe von Ghita Milgrom, Ahmet Ertegun und Bob Rolontz von Atlantic Records, Hermann Lubinsky von Savoy, Henry Glover von King Records, Dave Axelrod von Capitol Records, Catherine Fauver sowie Charles N. Heckelmann, meinen treusorgenden Herausgeber, und die Cowles Book Company an dieser Stelle dankend erwähnen würde.

Ich habe in dieser kurzen Studie versucht, der Entwicklung der Soul-musik nachzuspüren, einer Vokalkunst, deren Wurzeln im Country Blues liegen. Jede erste Untersuchung hat auch Grenzen. Ich habe mich an bestimmten Stellen zu lange aufgehalten und bin zu schnell zu andern übergewechselt. Über Jazz findet sich in diesem Buch kein Material, es werden nur einige Jazzsänger erwähnt, teilweise deswegen, weil es sich hierbei um eine instrumentgeprägte Kunst handelt und teilweise auch, weil schon so viel darüber geschrieben worden ist. Ich hoffe, daß es mir gelungen ist, einen Eindruck von dem großen Beitrag der schwarzen Künstler zum Wachsen und Gedeihen des amerikanischen Pop von 1920 bis zur Gegenwart zu vermitteln. Da ich selbst einmal zur Szene gehört habe, hoffe ich, daß es mir gelungen ist, den Irrtum der Rock- und Bluespuristen zu vermeiden: Nämlich an die Schöpfer und Interpreten heranzugehen, als ob diese in einem Vakuum oder in einem Wolkenkuk-kucksheim lebten. Solchen Dogmatikern ist es eine äußerst wichtige An-gelegenheit, daß Howlin' Wolf Jimmie Rogers verehrt hat, den Vater der weißen Country Musik, und daß Albert King eine (anrüchige) Liebe für die Band von Woody Herman hegte. Voller Verzweiflung hören sie, daß Albert King einmal gesagt hat: «Manchmal denke ich, ich möchte wieder Bulldozer fahren. Diese Musik kann so fürchterlich langweilig werden.»

Der fachbornierte Ansatz kann so zerstörerisch sein, daß zum Beispiel ein wirklich gutinformierter Musikkommentator in einem Buch über die Big Bands nur einen Absatz für Bob Wills übrig hat, dessen Texas Play-boys die Giganten des Western Swing waren und dessen Band bis zur letzten Note genauso aufregend war wie Glenn Miller oder Tommy Dor-sey, denen jeweils ein langer Essay gewidmet ist. Die Stärke der ameri-kanischen Popmusik liegt darin, daß sie sich niemals um Kategorien ge-kümmert hat und immer mehr der Kommunikation als der Selbstdarstel-lung zugetan war. Seit der Jahrhundertwende hat sie die kooperative Arbeit von Schwarz und Weiß willkommen geheißen, deren heutiges Fehlen auf der Ebene der Gesellschaft, Wirtschaft und Politik die Grundlagen unserer Gesellschaft bedroht.

Arnold Shaw

Soul ist ...

Das fünfte Spiel der Baseball-Weltmeisterschaften 1968 begann – wie bei solchen Veranstaltungen üblich – mit dem Absingen der National-hymne. Der junge Puertorikaner, der ausgewählt worden war, *The Star-Spangled Banner* zu singen, begleitete sich auf einer Akustikgitarre. Wie er so sang, schollen vereinzelte Buhrufe durch das Stadion der Detroit Tigers. Und kaum hatte José Feliciano seinen Vortrag, mit einem sanf-ten *yeah, yeah* akzentuiert, beendet, wurde die Telefonzentrale von NBC mit wütenden Telefonanrufen bombardiert, denen eine Sintflut aufgebrachter Telegramme und Briefe folgte.

«Ich bin jung genug, um das richtig zu verstehen», sagte der Bruder eines Spielers der Tigers, «aber für mein Gefühl hat das gestunken. Es war einfach unpatriotisch.» Eine Detroiter Hausfrau sagte einem Repor-ter: «Es war eine Schande, eine Verunglimpfung der Nationalhymne. Ich werde meinem Senator schreiben.» Urteil des Kapellmeisters der US Army Band: «Völlig unannehmbar.»

Was hatte Feliciano eigentlich gemacht, um eine solche Empörung auszulösen? Statt sich an die traditionellen Akkorde zu halten, an der offiziellen Melodieführung des *To Anachreon in Heaven* zu kleben (das englische Trinklied aus dem achtzehnten Jahrhundert, zu dem Francis Scott Key, der kein Komponist war, den Text der Nationalhymne ge-schrieben hatte), hatte der Puertorikaner ab und an eigene Akkorde ein-geflochten, die Tonlage und die Notenwerte geändert. Als er sich einge-sungen hatte, schmückte er die Textsilben mit mehreren kleinen Noten-werten aus. (Die Bluessänger nennen das *«worryin'»*, ein Wort «jam-mern».) Er hatte das getan, was Jazzsänger, Folkkünstler und sogar Popsänger tun – er hatte die in der Öffentlichkeit geläufige Version sei-nen Gefühlen entsprechend verändert.

«Der Mensch drückt seine Vaterlandsliebe so aus, wie er sie eben fühlt», sagte Feliciano, der, von Geburt an blind, 1950 nach Spanish Harlem gekommen und auf der verslumten West Side von Manhattan aufgewachsen ist. «Ich hab mit Absicht so gesungen, um mit den Jungs zu kommunizieren. Die Hymne ist ganz schön *«groovy»*, sie sollte mehr beachtet werden ... Jedenfalls hat das die Leute aufhorchen lassen ...» Daß seine Interpretation von Herzen kam und intensiv war, stellte auch niemand in Frage. Sie war aber eben *«soul-spangled»* anstelle von *«star-spangled»*, wie ein Journalist geschrieben hat, und das brachte die Tradi-tionalisten auf.

Natürlich gibt es Leute, die den Begriff «Soul» für Feliciano in Frage stellen würden, weil er spanischer und nicht afrikanischer Abstammung, kein amerikanischer Neger, sondern Puertorikaner, braun und nicht schwarz ist. Es kann aber kaum ein Zweifel bestehen, daß sein Stil Soul hatte, um an die Stelle eines rassischen Begriffs einen ästhetischen Begriff zu setzen.

Als sowohl rassisch-sozialer wie auch ästhetischer Begriff wird Soul erst seit einigen Jahren verwendet. Die Radiostation WOL in Washington D. C., die für Schwarze sendet, hat den Ausdruck «Soul Radio» zum erstenmal im Juli 1965 gebraucht. Drei Jahre zuvor hatte der Saxophonist King Curtis einen R & B-Hit mit dem ursprünglich rein instrumentalen *Soul Twist*, das war auf dem Höhepunkt der Twistwelle. Während sich der Begriff im Bereich der Jazz- und Popmusikkritik schon früher als Lobeswort findet, entdeckte ihn die Nicht-Musikwelt zuerst während der Gettoaufstände, als Geschäftsinhaber Schilder mit der Aufschrift *Soul Brother* in ihre Läden hängten, um der Zerstörung und Plünderung zu entgehen. Als Identitätssymbol nahm der Begriff erst in den sechziger Jahren Gestalt an.

Da der Soul noch relativ jung ist, variieren seine Definitionen und Beschreibungen ganz erheblich. «Wir wissen nicht genau, was Soul ist», sagt Ray Charles, einer seiner wichtigsten musikalischen Vertreter. «Soul ist wie Elektrizität. Er ist eine Kraft, die einen ganzen Saal ausleuchten kann.»

Kristin Hunter, die Autorin von «Soul Brothers and Sister Lou», ist mit einer solchen Abstraktion nicht zufrieden. «Für manche mag Soul ein Mysterium sein», sagte sie, «aber für mich ist er eine handfeste Realität. Ich finde ihn im Gesang von Ray Charles und Aretha Franklin, in den Predigten von James Cleveland, in der Rhetorik zweier so unterschiedlicher schwarzer Wortführer wie Stokeley Carmichael und Martin Luther King ... Keineswegs alle Schwarzen haben Soul, und nicht alle Weißen haben keinen Soul ..., weil Soul eine Art ist, bei sich selbst zu sein, mit seinem Körper im Reinen zu sein, mit seiner Welt im Reinen zu sein, und sich und die Welt zugleich tragisch und glücklich zu empfinden.»

«Soul haben ist natürlich sein», meint auch Al Calloway, «Soul haben, heißt sagen, wie es ist.» Obwohl diese Feststellung des Herausgebers der afroamerikanischen Zeitschrift *The Probe* keinen Bezug auf die Hautfarbe nimmt, so doch seine Beispiele. Die Helden des Soul auf dem *Wall of Respect* an der Ecke Langley Avenue und 43rd Street in Chicago sind allesamt Afroamerikaner, die «die große Masse der Schwarzen von der Schnapsidee der *Angleichung* befreit haben, von der DuBois immer geredet hat, und sie auf den richtigen Weg gebracht haben, sich zu *mögen*, wie sie sind ... Der eigentliche Sinn des *Wall of Respect* ist, daß er afrikanisch-amerikanische Selbstachtung erzeugt». Calloway schließt: «Eines ist klar: Es gäbe nirgends Soul ohne den großen Erlöser, Soul Food», ein Gedanke, der blauäugige Jazzer und Bluesadepten dazu getrieben hat, die musikalische Erlösung in Schweineschwänzen, Eisbein, Schweinsohren, Schweinsrüsseln, Schweinenacken, Schweinshachsen, Schweinsmagen, Schweinsgepökeltem und den übrigen Innereien des Schweins zu suchen, von Steckrüben, Grünkohl, schwarzen Bohnen und Süßkartoffelkuchen ganz zu schweigen.

Die schwarze Schauspielerin Gail Fisher sagt: «Soul ist nicht einfach gleich schwarz. Soul heißt, sich wohlfühlen. Soul ist alles, was gut ist – Liebe, Wärme und Rhythmus, Glücklichsein, Gefühl.»

Der schwarze Komiker Godfrey Cambridge teilt diese sonnige Betrachtungsweise nicht. «Soul heißt, in den Arsch getreten werden», sagt er, «bis du gar nicht mehr merkst, daß es wehtut. Soul ist völlig kaputt, ‹down and out› sein, und daß die Leute einem sagen, daß man zu nichts nutze ist. Es ist die Sprache der Subkultur; aber man kann es nicht lernen, weil einem keiner Nachhilfestunden in Schwarzsein geben kann.»

Erst 1967/68 erkannten die Massenmedien – und sogar auch die Musikfachzeitschriften – den Begriff voll und ganz an. Im Juni gab *Billboard* die erste Nummer einer jährlichen Publikation mit dem Titel *The World of Soul* heraus, um «die Wirkung des Blues und R&B auf unsere Musikkultur» zu dokumentieren. Im April 1968 bat *Esquire* den Schriftsteller Claude Brown und den Herausgeber Al Calloway um eine «Einführung in den Soul» (*An Introduction to Soul*); die Titelgeschichte von *Time* war Aretha Franklin gewidmet: *Lady Soul: Singing It Like It Is*.

Anfang 1969 gab *Time* den Tip, daß Soul bereits so *in* sei, daß überall Soul Food-Restaurants für Weiße aus dem Boden schössen – das «West Boondock» in Manhattan, «Player's Choice» in Hollywood und «Melvin's» in Boston, um nur ein paar zu nennen. Zu dieser Zeit waren bereits mindestens drei Soul Food-Kochbücher auf dem Markt, die es den Hausfrauen aus den Vorstädten möglich machten, Gerichte aus Dingen zu bereiten, die man früher den Sklaven der Pflanzer vom «großen Haus auf dem Hügel» überließ.

1968 beschäftigten sich auch schon die Wissenschaftler mit dem Begriff. In ihrer Aprilausgabe beschrieb *Race*, die Zeitschrift des Institute of Race Relations, die *Rhetoric of Soul: Identification in Negro Society*. Es handelt sich dabei um eine äußerst aufschlußreiche Studie, und zwar sowohl deswegen, weil ihr Autor objektiv zu sein versuchte (was ihm aber nicht gelang), wie deswegen, weil der Feldforschungsansatz sich als unzulänglich erwies; er konnte die Kluft zwischen den beiden Kulturen nicht überbrücken.

Der schwedische Ethnologe Ulf Hannerz fand heraus, daß der Begriff aus den schwarzen Gettos der Großstädte des Nordens kam und das bezeichnen sollte, was «typisch schwarz» war. «Soul Brother» zu sein, bedeutete nicht so sehr, einer an den Rand der Gesellschaft gedrängten, sondern vielmehr einer besonderen Gruppe anzugehören, die von hoher Arbeitslosigkeit, Kriminalität und kaputten Familien geprägt war – und, um Dinge hinzuzufügen, die Dr. Hannerz zu nennen versäumt hat, schlechten Schulverhältnissen, beschränkter sozialer Mobilität, überhöhten Mieten und Lebensmittelpreisen, armseligen Wohnungen, hohen Zinsen und rassistischer Diskriminierung. Was die Soul-Musik angeht, hatte der schwedische Forscher keine Schwierigkeiten bei der Zuordnung der Leute (James Brown) und Medien (the «Soul Shack», ein Plattenladen in Washington D. C., WOL Soul Radio und WWRL Soul Brother Radio). Allerdings konnte er nur drei Merkmale erkennen: «Fehlende Kontrolle über die umgebende Gesellschaft», «instabile Beziehungen» und «eine bittersüße Erfahrung»(?). Der Stil schwankte nach seiner Ansicht «zwischen aggressivem, in gewisser Weise prahlerischen Betragen und einem weinerlichen Verhalten, das aus einer impliziten Underdog-Haltung erwuchs.» Anscheinend war sich Dr. Hannerz der wütenden Gesellschaftskritik von Nina Simone, Otis Reddings spannungsgeladener Forderung nach «Respekt», der fröhlichen Erotomanie von James Brown und der vielen anderen Töne des Stolzes, der Militanz und des Zorns, die von den Soulsängern angeschlagen wurden, überhaupt nicht bewußt.

Er räumte zwar ein, daß Soul in der Öffentlichkeit – als Folge der Gettoaufstände – mit der schwarzen Militanz in Zusammenhang gebracht werde; aber dennoch sah er «kaum eine Basis dafür, die Mehrheit der ‹Soul Brothers› mit dem militanten schwarzen Nationalismus in Verbindung zu bringen». Zahlenmäßig hatte er durchaus recht. Wer aber in Zahlen denkt und nicht in historischen Kategorien, dem muß der gewaltige Charakter- und Richtungsunterschied, der sich im Soul ausdrückt, ganz einfach entgehen.

«Soul ist Großmäuligkeit, Aufsässigkeit», sagt Claude Brown, der Autor von «Manchild in the Promised Land». «Soul ist Arroganz. Soul, das heißt die Straße auf eine Art runterlaufen, die sagt: ‹Hoppla, jetzt komme ich!› Soul ist die Niggerhure, die an dir vorbeirauscht, als ob sie sagt: ‹Bei mir gibt's die heißen Sachen, Junge. Mach dich ran und hol sie dir.› Soul heißt wirklich man selbst sein, zu sein, *was man ist*. Warte, ich will's mal so sagen: Soul, das ist die offene, absolut offene Selbstdarstellung, die praktisch in allem steckt, was die Schwarzen machen ... Das ist Soul. Und da steckt Stolz drin.»

Wie er das gesagt hat, das ist typisch Claude Brown. Seine Beschreibung des Soul enthält einen unverzichtbaren Zeitkoordinaten, der bei Dr. Hannerz fehlt. Blind Lemon Jefferson hat viele Berührungspunkte mit Ray Charles, Bessie Smith mit Aretha Franklin, Leadbelly mit James Brown. Aber die gewaltigen Unterschiede zwischen ihnen sind nicht nur auf die unterschiedlichen Persönlichkeiten, sondern auf den unterschiedlichen Geist ihrer Zeit zurückzuführen. Der klassische und der Country-Blues sind ein Ausdruck von Stärke angesichts von Frustration. Nach dem Zweiten Weltkrieg verkörperte der R&B die Suche nach städtischem Amusement wie die funkensprühende Wut eines Volkes, für das sich die grandiosen Slogans, die großen Worte des Kriegs als leere Versprechungen erwiesen hatten. Soul ist schwarz, nicht bluesgestimmt; ist Aufsässigkeit, Zorn, Wut. Soul ist kein Gefühl, es ist eine Überzeugung. Nicht nur Intensität, sondern Beteiligtsein. Soul ist ebenso Kraft wie Stil, Spaß wie Identifikation. Soul ist eine explosive Ausdrucksfähigkeit, die davon ausgelöst wurde, daß ein Volk seinen Stolz, seine Kraft und seine Zukunftsmöglichkeiten entdeckte.

Wie wir sehen werden, wurde der Soul in der Mitte der fünfziger Jahre mit Ray Charles und James Brown zu einer musikalischen Kraft. Er bekam seine elektrische Spannung, seine hohe Aufladung, er wurde erst dann zur *Besessenheit* über die bloße Ausdrucksform hinaus, als die gemischtrassige Bürgerrechtsbewegung zusammenbrach. Soul ist schwarzer Nationalismus im Gebiet der Popmusik. Stilistisch kann er zwar imitiert werden, und das haben weiße Sänger und Musiker auch getan. Aber der eigentliche Ausdruck kommt von einem Volk, dessen Vorfahren in Ketten in dieses Land gekommen sind, für die Soul Food eine Frage des Überlebens war, Menschen, die in mickrige Gospelkirchen, zwischen Gemüsekrämern und Drugstores eingeklemmt, zum Gottesdienst gingen, und die eine lange Geschichte der Benachteiligung, Ausbeutung und Rassentrennung hinter sich haben.

Um den Soul verstehen und in eine Perspektive stellen zu können, müssen wir mindestens bis zum Blues zurückgehen und dessen Umwandlung in den städtischen R&B verfolgen. Diese Studie stellt sich auf den Standpunkt, daß der Blues zwar die Wurzeln des Soul bildet, aber fast direkt aus dem Gospel und der schwarzen Kirchenmusik hervorgeht, genauer aus dem Schreien, Händeklatschen, Fußstampfen der jubilierenden und ekstatischen Musik der Straßenkirchen.

Teil I

Blues

I wrote these blues, gonna sing 'em as I please,
I wrote these blues, gonna sing 'em as I please,
I'm the only one like the way I'm singin' em, I'll
swear to goodness ain't no one else to please.
(Traditional)

Country-Blues und Bottleneck-Bluesmen

Die Soul-Musik hat ihre lange zurückliegenden Anfänge da, wo für die Schwarzen aus dem «wir» ein «ich» wurde, da, wo aus dem «Volk» der «einzelne», wo geschichtlich gesehen aus dem «Sklaven» der «Bürger» wurde. Die Schwarzen machten schon seit ihren ersten Tagen auf dem amerikanischen Kontinent Musik. Es war jedoch «gesellschaftliche» Musik: zum Gebet, zur Erleichterung der Arbeit, gelegentlich zum Tanzen. In den *Work Songs* mit ihren starken Rhythmen und ihren kinästhetischen Akzenten finden wir das Ausgangsmaterial des Blues. Der Sänger mußte sich jedoch erst als Individuum begreifen und die Erfahrungen seiner Gruppe personalisieren, bevor der Work Song oder der *Field Holler* zum Blues werden konnte.

Dies konnte offensichtlich erst eine gewisse Zeit nach der Sklavenbefreiung zur soziohistorischen Wirklichkeit werden. Der Sklave mußte erst noch von dem Land getrennt werden, an das er feudal gebunden war, und er mußte die schreckliche Erfahrung der Mobilität machen. Nahrung und Schutz, den ihm die Plantage gewährt hatte, mußte ihm genommen werden; dem «Befreiten» mußte die Freiheit gegeben werden, zu hungern und ums Überleben zu kämpfen. Der neue Mensch mußte die Welt der Gefängnisse, der Zwangsarbeit in Ketten, Liebesfreud und Liebesleid und – die Ginflasche entdecken, bevor er singen konnte:

> When a woman takes de blues
> She tucks her head and cries.
> But when a man catches the blues,
> He catches er freight and rides.
>
> If de blues was whiskey
> I'd stay drunk all de time
> De blues ain't nothin'
> But a poor man's heart disease.

Wie der Jazz eine städtische, instrumentelle Entwicklung war, die aus den Marschrhythmen der Blaskapellen und den lebendigen, improvisierten Rhythmen der Unterhaltungslokale entstand, war der Blues ursprünglich ländlich – vokale Meditationen einsamer Männer, Hungernder, mißhandelter Gefangener, Sorgenbeladener. Jazz war Vergnügen, gutaufgelegte Tanzmusik. Der Blues sagte Dinge, «von denen die Leute wünschten, sie könnten sie im wirklichen Leben sagen».

23

Jazz, das war New Orleans, Memphis, Blasinstrumente, Trompeten und Klarinetten, Puffs, Kutschen und Flußdampfer. Blues, das waren die Ebenen von Missouri und Texas, das Mississippi-Delta, die asthmatische Quetschkommode, die jammernde, gezogene Gitarre, das nasale Falsett eines Schreis. Jazz, das war Louis Armstrong, das Goldzahnlächeln zwischen Hamsterbacken, Jelly Roll Morton und die Diamanten in seinen Goldkronen.

Ländlicher Blues, das war Blind Lemon Jefferson, der an den Straßenecken, in den Amüsierschuppen des Südens aufspielte ... Mance Lipscomb, der Pächter aus Brazos County, der kein «professioneller» Musiker, sondern «Gelegenheitsmusiker nach Lust und Laune» für die Parties in der Nachbarschaft war ... Speckled Red, der als Rufus Perryman 1892 in Monroe, Louisiana geboren war, Sägewerksarbeiter, Terpentinsammler, der *The Dirty Dozens* schrieb, den bekannten, obszönen und beleidigenden Song ... Sleepy John Estes, der Einäugige aus Brownsville, Texas, dessen *Crying Blues*-Stil nach den Worten von Big Bill Broonzy erstmals in den zwanziger Jahren auf Wachs festgehalten wurde, und der dann in den sechziger Jahren wieder aus der Vergessenheit auftauchte, als verwitterter alter Mann mit Krückstock, um für Delmark Platten aufzunehmen und die Zuhörer beim Newport Folk Festival 1964 von den Stühlen zu reißen ... Skip James, der Pächter aus Yazoo County, Sägewerksarbeiter in Arkansas, Bergarbeiter in Birmingham, der den profanen Blues nicht mit seinen religiösen Gefühlen versöhnen konnte und nach seinem Kircheneintritt im Jahr 1932 dreißig Jahre keine Platte mehr aufnahm.

Louisiana, Tennessee und Texas sind gelegentlich als Heimat des Blues bezeichnet worden. Heute stimmen die Wissenschafler darin überein, daß das Mündungsgebiet des Mississippi die wahrscheinlichste Wiege des Blues ist, wenn man überhaupt einen Ort so nennen kann. Zumindest hat dieser Landstrich die größte Zahl von wichtigen Bluesinterpreten hervorgebracht. Während der Blues seine Wurzeln in den zahlreichen Formen der schwarzen Musik vor ihm hat – Work Songs, Holler, Shouts und besonders Spirituals –, ist er eigentlich eine Entwicklung aus der Zeit nach dem Bürgerkrieg.

Der ganz frühe, ursprünglich ländliche Blues entwickelte sich in Gegenden, wo der Zugang zu Instrumenten beschränkt war und wo keine europäische instrumentelle Tradition bestand, sondern die Stimme das Instrument war. Die Musik war eine Form der Selbstdarstellung, des Nachdenkens über sich selbst, der für einen selbst bestimmten Unterhaltung, und erst später wurde sie auftrittswürdige Unterhaltungsmusik. Der Blues wurde zwar auch zur Tanzmusik, aber in der frühen Zeit war er die Wandermusik der Männer, die von Farm zu Farm, von Holzfällerlager zu Holzfällerlager, von Stadt zu Stadt und, ohne Frage, von einem Mädchen zum andern zogen.

Es sind vielerlei Versuche unternommen worden, verschiedene Bluesstile nach den Kategorien ländlich (Country-Blues, archaischer Blues), städtisch (City-Blues, klassischer Blues) und Soul zu unterscheiden. Diese Unterschiede existieren sehr wohl. Sie sind aber so vage, daß sie nur verwirren. Ich bevorzuge Unterscheidungen nach Ort und Zeit, Landschaft und Ära, obwohl auch diese eher aufgesetzt und nicht ganz präzise sind. Als grobe Einteilung haben die Wissenschaftler Unterscheidungsmerkmale herausgearbeitet, die sich zu drei Landschaften in Beziehung setzen lassen: Mississippi-Delta einschließlich Mississippi, Arkansas und Alabama; den Südwesten mit Oklahoma, Missouri und Texas; und den Südosten oder Tennessee, Georgia und Florida.

Der Delta- oder Mississippi-Stil wird als der urwüchsigste und ungeschliffenste betrachtet. Pete Welding hat ihn in einem im *Down Beat* erschienenen Artikel so beschrieben: Er ist von einer einfachen, unentwickelten Lyrik, begrenzter Melodieführung, einer mehr sprechenden als singenden, herben Vortragsweise charakterisiert. Zu den *Bluesmen*, die zu dieser Kategorie zu zählen sind, gehören Son House, Bukka White, John Lee Hooker, Mississippi John Hurt und Robert Johnson. Zur Definition Weldings möchte ich die Beschreibung hinzufügen, die Charles Keil in seinem Buch «Urban Blues» gegeben hat: «Summen, stöhnen, die Bottleneck-Technik des Gitarrenspiels, dauernde Wiederholungen melodischer Figuren, Mundharmonikatremolos, ein schwerer Sound, rauhe Intensität». Big Bill Broonzy, ein Kind von Mississippi-Arkansas, hat von seiner Gitarrentechnik einmal gesagt: «Wir dreschen die Saiten.»

Der südwestliche oder Texas-Stil bringt Elemente der Verfeinerung, der Raffinesse in den Blues. Gesang wie Instrument werden reiner, klarer und musikalischer. Zu den Bluesmen, die diesen Stil entwickeln halfen, gehören Aaron T-Bone Walker, Charles Brown, Smokey Hogg, Amos Millburn, Lowell Fulson und Percy Mayfield. Nach der Beschreibung von Charles Keil betont die Tradition des texanischen Country-Blues «einen etwas leichteren *Touch*; das Gitarrenspiel ist weniger akkordbetont, mit einer durchgängigeren, zugleich aber verfeinerten Melodieführung; die Stimme ist entspannter, eine eher offene als geschlossene Struktur der Begleitung herrscht vor».

Der Stil des Südostens ist der fortgeschrittenste und durchgebildetste; erfinderische Harmonien, ein disziplinierter Sinn für Rhythmus und die Suche nach musikalischem Ausdruck sind ihm eigen. Welding bezeichnet ihn als «harmonisch», «reich» und «fein durchgeformt». Zu den Sängern dieser Tradition gehören Little Miton, Junior Parker, Johnny Ace, Bobby Bland, B. B. King und Albert King.

Lemon Jefferson, blind geboren, des Lesens und Schreibens unkundig, ein Mann, der mit den Fingern aß und mit einer Flasche billigen Whiskys und einer Nutte für seine Plattenaufnahmen bezahlt wurde, war dennoch der Mann, der als der «aufregendste Country-Bluessänger der zwanziger Jahre» bezeichnet worden ist. Auf diejenigen, die ihn kannten, hinterließ er nicht gerade den günstigsten Eindruck, aber dafür ein Erbe an starken Platten und begabten Nachahmern – etwa Josh White, Lightnin' Hopkins, Aaron T-Bone Walker und Leadbelly.

In der damaligen Zeit war Betteln der einzige Lebensunterhalt für einen analphabetischen Blinden. Mit vierzehn beherrschte Lemon die Gitarre und spielte und sang auf den Straßen von Wortham, Texas, ganz in der Nähe der Ortschaft Couchman, wo er 1897 geboren worden war. Im Alter von zwanzig, als Amerika in den Krieg gegen Deutschland eintrat, verließ er die Farm seiner Eltern und reiste nach Dallas. In dem Song *Tin Cup Blues*, den er später aufgenommen hat, steckt offensichtlich Autobiographisches:

> I stood on the corner, and almost bust my head,
> I stood on the corner, almost bust my head,
> I could'nt earn enough money to buy me a loaf of bread.

Eine Zeitlang verdiente er sein Geld als Ringer in den Kuriositätenshows von Dallas; er sah aus wie zweihundertfünfzig Pfund reines Fett. Dann tat er sich mit Leadbelly zusammen: «Mit der Mandoline von Huddie und Lemons Hawaiigitarre machten die beiden in den Saloons und dem Puffviertel von Ostdallas ein gutes Geschäft», berichten die Folkloreforscher John und Alan Lomax.

Nach acht Jahren ziellosen Umherziehens durch die Bars und Puffs des Südens – dabei waren, wie berichtet wird, Josh White, Lightnin' Hopkins, Leadbelly und Aaron T-Bone Walker seine Partner – war Jefferson so bekannt, daß Paramount ihn für Aufnahmen engagierte und im April 1926 eine Platte herausbrachte. Der *Booster Blues* und der *Dry Southern Blues* zogen genug Käufer an, daß die Firma im nächsten Monat eine weitere Platte von Jefferson auf den Markt brachte. Danach nahm er für das Label Okeh zwei Songs auf; in den vier Jahren seiner aktiven Plattenkarriere brachte er es auf beachtliche 97 Bluesplatten bei Paramount. Im Februar 1930 starb er, noch viel zu jung, ein Opfer seiner Blindheit und vielleicht auch seines Suffs. Die genauen Umstände seines Todes sind nicht bekannt. Man fand ihn am Morgen nach einer Session auf dem Gelände der Chicagoer Studios der Paramount. Er soll nach der Session noch zu einer Party bei Freunden gegangen sein. Neben seinem erstarrten Körper lag die Gitarre im Schnee.

Vierundzwanzig Stücke von Blind Lemon Jefferson sind auf zwei Alben von Riverside Records zugänglich. Bis auf zwei Dinge sind sie in jeder Hinsicht unkultiviert. Die Texte sind unbeholfen und oft ein bißchen gaga; es fehlt der Schliff. Ebenso rauh ist der Vortrag, es fehlt ihm an Struktur und Rhythmik. Aber die Gitarrenbegleitung Jeffersons ist hervorragend und verrät einen angeborenen Sinn für Musik und ein Gefühl für Ausdrucksfigurierung. Und obwohl man ihn oft nur schlecht verstehen kann, liegt in seiner hohen, weinerlichen Stimme eine Intensität, die seine Verbitterung, seinen Schmerz, seine Enttäuschung sinnlich wahrnehmbar macht.

Von seinem kurzen Leben hatte Blind Lemon so gut wie nichts. Sein Blues ist randvoll mit der Ablehnung, die einem blinden, fetten, unattraktiven Mann mit geringer Barschaft und miesem Äußeren ständig widerfährt. Zwar war er verrückt nach Frauen; aber vertrauen durfte man ihnen um Gottes willen nicht:

> Peach Orchard Mama, you swore nobody'd pick your fruit but me,
> Peach Orchard Mama, you swore no one'd pick your fruit but me,
> I found three kid men shaking down your peaches free.

Black Snake Moan, die besonders erfolgreiche Aufnahme, die einen Abwerbungsversuch von Seiten der Okeh Records ausgelöst hatte, war eine erotische Adaption einer Ballade Victoria Spiveys. In der Version von Blind Lemon wird aus der Schlange ein eindeutiges Sexsymbol:

> Um-um, black snake crawling in my room,
> Um-um, black snake crawling in my room,
> Yes, some pretty mama better get this black snake soon.

Blindheit bedeutete, immer auf andere angewiesen zu sein. Selbst der Aufnahmeleiter hat das anscheinend ausgenutzt. Nur in seiner Musik war Jefferson der Boss. In seiner Musik schrie er die Schmerzen der Hilflosen und Ausgebeuteten hinaus. Was aber ist mit ihren Hoffnungen?

> Well there's one kind favor I ask of you,
> One kind favor I ask of you,
> Lord, there's one kind favor I ask of you,
> Please see that my grave is kept clean.

(Auch Bob Dylan zählt zu den vielen zeitgenössischen Sängern, die diesen Blues eingespielt haben.) Blind Lemon Jefferson liegt zwischen seiner Mutter und seiner Schwester auf einem verwilderten Feld in der Nähe von Wortham, Texas begraben. Das Grab hat keinen Stein. Aber den braucht es nicht; sein Name in der Geschichte des Country-Blues ist ihm ohnehin sicher.

Der Mitspieler Blind Lemon Jeffersons, der als Leadbelly bekanntgeworden ist – zu diesem Spitznamen soll er angeblich im Gefängnis gekommen sein, weil er «Fäuste aus Stahl» hatte und «beim Arbeiten, Singen und Saufen jeden in den Schatten stellte» – konnte zwar mit der Sprache besser als sein Kumpel umgehen, aber sein Temperament und seine Fäuste hatte er nicht so gut unter Kontrolle.

Leadbelly wurde um das Jahr 1885 als Sohn freigelassener Sklaven in Mooringsport, Louisiana geboren und ist in Texas aufgewachsen. Er hieß eigentlich Huddie Ledbetter. Dreimal saß er im Gefängnis: Von 1918 bis zu seiner Begnadigung 1925 war er in einem Gefängnis in Louisiana, weil er einen Nebenbuhler umgebracht hatte. Vom Februar 1930 bis August 1934 saß er in Texas wegen versuchten Totschlags. Wieder wurde er begnadigt. Von 1939 bis 1940, nachdem er in den Norden gegangen war, saß er ein Jahr in New York ab, wegen Körperverletzung. Narben von Messerstechereien im Gesicht und an der Kehle zeugten von seiner Vergangenheit.

Leadbelly war groß und hatte auch große Ideen. Er ernannte sich selbst zum «König der zwölfsaitigen Gitarre». Im texanischen Knast erwarb er sich immerhin den Ruf, in der ersten Gang des Landes die erste Geige zu spielen. Nach Alan Lomax, dem Sohn des Archivars, der mit Leadbelly befreundet war, «konnte er in der heißen Julisonne zwölf oder sogar vierzehn Stunden ackern und anschließend den ganzen Abend über die Wachen auf Trab halten». Seine Mitgefangenen zerrissen sich über seine große Bereitschaft, für Weiße zu spielen das Maul; aber diese Auftritte führten dazu, daß Leadbelly sich ein gewisses Vertrauen erwarb, zum Entertainer wurde und letzten Endes die Brutalität der *Chain Gangs* unbeschadet überstand.

Ohne Gewissensbisse über seine Knastvergangenheit sonnte er sich in seiner Überredungskunst und seiner Muskelkraft. Heute glaubt man, daß die Geschichte seiner Begnadigung 1934 in Texas erfunden ist. Aber überall wurde herumerzählt – und zwar zweifellos mit seiner wohlwollenden Kenntnis –, daß er, als er von einem bevorstehenden Besuch des Gouverneurs Pat Neff im Gefängnis hörte, schnell *A Plea of Mercy* komponiert habe. Nach der Legende war der Gouverneur, der sich geschworen hatte, nie einen Gefangenen zu begnadigen, von Leadbellys Gesang so gerührt, daß er die Entlassung des «Königs der zwölfsaitigen Gitarre» verfügt habe. Nach Alan Lomax, der diese Geschichte in seiner Einleitung zu einem Gedächtnisalbum für Leadbelly erzählt, traf Huddie «meinen Vater und überwältigte ihn so, daß John A. Lomax ein ganzes Jahr dransetzte, um ihn in der Welt bekannt zu machen.»

Lomax sen., mit dem Leadbelly nach einem Jahr verbittert brach, sorgte dafür, daß von ihm Aufnahmen für das Archiv der Library of Congress gemacht wurden. Zu dieser Zeit war Leadbelly bereits im ganzen Land als Künstler des schwarzen traditionellen Blues anerkannt und trat in Nachtklubs, im Radio und an Schulen auf, wo er die Studenten schockiert und auch begeistert haben soll. Nachdem er zum Protegé von Lomax geworden war, zog er nach New York um und arbeitete eng mit Folk-Künstlern wie Cisco Huston, Sonny Terry und Woodie Guthrie zusammen.

Leadbelly starb 1949, im Jahr einer sehr erfolgreichen Frankreich-Tournee, als Opfer des Muskelschwunds, der auch das berühmte «Eiserne Pferd» des Baseball, Lou Gehrig, gefällt hatte. In diesem Jahr benannten sich die ALMANAC SINGERS, eine *Talking Union*-Gruppe, der auch Pete Seeger und Woody Guthrie angehörten, in die WEAVERS um, das brillante Quartett, das aus Guthries *This Land Is Your Land* und aus Leadbellys zartem Liebeslied *Good Night, Irene* Hits machte.

Es ist übrigens interessant, daß beide Songs von den Erfahrungen der verarmten und ständig umherziehenden Landarbeiter geprägt sind; der eine von den Erfahrungen der Bauern der *Dust Bowl*-Gegend von Oklahoma, der andere von texanischen Bootsleuten. Leadbelly hatte insofern Pech, als *Good Night, Irene* erst im Jahr nach seinem Tod zum Hit wurde. Sechs Jahre später wurde ein weiterer von ihm aufgenommener Titel, *Rock Island Line*, für den britischen Sänger Lonnie Donegan zum Bestseller, der sich an seiner Version dieser traditionellen Folkballade die Autorenrechte sicherte.

Mit zu den bewegendsten und aufregendsten von Leadbellys Aufnahmen überhaupt gehört seine Version des *Midnight Special*. Das Lied beruht auf dem Aberglauben, daß ein Gefangener bald ein freier Mann sein werde, wenn nachts das Licht eines Zuges in seine Zelle scheint. Leadbellys Affinität zu Gefängnis- und Eisenbahn-Songs war nicht sonderlich überraschend. Er hatte aber auch ein großes Repertoire an Tanzliedern, Jigs, Reels, Slow Drags, Cakewalks, Sukey-Jumps und fast allem, was einem Publikum Spaß machen konnte. Er hatte die Fähigkeit des autodidaktischen Künstlers, Lieder, die er hörte, zu absorbieren und zu reproduzieren; die unzähligen Platten, die er für Asch, Capitol, Columbia, Disc, Folkways, Musicraft, Victor und Stinson (einwandfrei seine besten) eingespielt hat, beweisen das.

In der Bluesliteratur ist wohl kaum eine verwirrendere Beschreibung des Bluesgefühls zu finden als die von Leadbelly. «Alle Schwarzen mögen den Blues», sagt er in seiner gesprochenen Einführung der Stinson-Scheibe *Good Morning Blues*. «Und warum? Weil sie mit dem Blues auf die Welt kommen. Und heute haben sie alle den Blues.» (Unterschätzt aber Leadbellys Zorn auf Mr. Charley nicht – trotz des ganzen Schmus.) «Aber wenn du abends in die Federn steigst und drehst dich rum auf dem Bett, von einer Seite zur andern, und kannst nicht pennen, was ist dann los? Der Blues hat dich wieder.»

«Oder wenn du morgens aufstehst und auf der Bettkante hockst – und da ist dein Vater oder deine Mutter, dein Bruder oder deine Schwester, dein Freund oder deine Freundin, dein Mann oder deine Frau – du willst einfach nicht mit denen reden. Sie haben dir nichts getan, du hast ihnen nichts getan – was ist los? Der Blues hat dich wieder.»

«Naja, und denn stehste auf und pflanzt dich an den Tisch und siehst dich in der Wohnung um – da kannste Hühnchen mit Reis im Teller haben, nimm mich als Beispiel: du läufst weg und schüttelst den Kopf, du sagst, ‹O Gott, ich kann nicht essen, ich kann nicht schlafen›, und warum? Weil dich der Blues hat. Sie wollen mit dir reden. Du mußt ihnen irgendwas erzählen ...»

Dann singt Leadbelly den ironisch gemeinten *Good Morning Blues*, fügt aber zwei eigene Zeilen hinzu:

> I was not sick, but I was dissatisfied ...
> I went to eat my breakfast, the blues was in my bread ...

Diese poetischen Zeilen beschwören eine Verzweiflung ohne Ausweg herauf. *«I got a new way of spelling Memphis, Tennessee»*, singt er dann in dem offensichtlichen Versuch, die Hoffnungslosigkeit dieser Zeilen in Galgenhumor aufzulösen.

Aber Leadbelly konnte seine Enttäuschung auch gut hinter einer ganz anderen Fassade verstecken. In dem Song *Big Fat Woman*, der laut Alan Lomax aufgenommen wurde, während im Asch-Studio eine handfeste Frau vor Leadbelly tanzte – da soll nochmal einer was sagen von wegen der Suche der Teenage-Rockgruppen nach Unmittelbarkeit! –, singt er: *«I woke up this morning and found my baby gone / I woke up this mornin' and found my baby gone / I was so mistreated but I wouldn't let on* (aber so leicht laß ich nicht locker)».

Er machte sich auch gern über die lustig, die Gewalt über ihn hatten. In *Take This Hammer*, einer Ballade, die er lernte, während er mit der Lomax-Familie durch die Gegend zog, singt er: *«Take this hammer (wow!) and carry it to the captain (wow!) / You tell him I'm gone (wow!)»*. Die letzten beiden Zeilen lauten: *«If he asks you (wow!) was I laughin' (wow!) / You tell him I was cryin' (wow!)»*.

In dem Song *Gray Goose* bekommt der Baptistenprediger sein Fett ab, und zwar reichlich. Der Pfaffe geht nicht in die Kirche, sondern zur Jagd, und schießt einen riesigen Vogel. Aber obwohl das Viech sechs Wochen lang gekocht wird, kann man noch immer nicht mit der Gabel reinstechen, und von Schneiden kann gar keine Rede sein; noch nicht einmal die Schweine wollen davon fressen, und auch im Sägewerk ist er nicht kleinzukriegen. Und das letzte Mal, wo er gesehen wurde: «*Lord, Lord, Lord, he was flyin' 'cross the ocean with a long string of goslins, and they all gwine, Quack, Quack*».

Diese *Gray Goose* war gewiß ein zäher Vogel. Aber das war Huddie Ledbetter auch, der alle Handicaps, von ehemaligen Sklaven abzustammen, nie was gelernt zu haben, ein mörderisches Temperament zu besitzen, überwand und in der Generation der wandernden Bluesmen zu einer der fruchtbarsten Figuren wurde.

In dem Konzert 1939 in der Carnegie Hall, das Leadbelly in New York und der gesamten Folkszene bekannt machte, trat ein anderer Country-Sänger aus Arkansas auf: William Lee Conley Broonzy. Sein Spitz- und Bühnenname war Big Bill Broonzy, und er wurde als ehemaliger Pächter vorgestellt. Als das *Spirituals to Swing*-Konzert in aller Munde war, war er längst ein äußerst erfolgreicher Bluesautor und bei dem Label Vocalion ein Bestseller-Bluessänger. Im Gegensatz zu dem hitzigen Leadbelly und Blind Lemon Jefferson, deren Stil er in den frühen Dreißigern kopierte, schaffte Big Bill den Übergang vom ländlichen Country-Sänger zum städtischen Profi, wobei sein Publikum aber im großen und ganzen schwarz blieb.

Big Bill war ein warmherziger, gutmütiger Mensch und fand die Atmosphäre des amerikanischen Südens nach seiner Entlassung aus der Armee nach dem Ersten Weltkrieg unerträglich. Später schrieb er den berühmten bitteren Vierzeiler:

> Now, if you're white
>> You're all right.
> If you're brown,
>> Stick aroun'.
> But if you're black
>> Git back! Git back! Git back!

Später gab er zu, daß er sich, als er nach Chicago zog, geschworen hatte, alles zu bekommen, was die Weißen auch hatten: Schicke Klamotten, tolle Autos und weiße Frauen. Er nahm eine Stelle als Gepäckträger bei der Pullman-Company an und studierte bei einem Bluessänger, der bei Paramount unter Vertrag war, Papa Charlie Jackson, Gitarre. (Als Halbwüchsiger hatte er bei Ausflügen und Landpartien in Arkansas mit einer Fidel aufgespielt, die er unter anderem aus einer Zigarrenkiste gebaut hatte.) Indem er sich hinter Mayo Williams klemmte, den Boss der Paramount Records, der schon Blind Lemon herausgebracht hatte, gelang es ihm, 1927 eine Platte aufzunehmen. Damals war er vierunddreißig. Geboren war er am 26. Juni 1893 in Scott, Mississippi, als eines von einundzwanzig Kindern.

31

Big Bill brauchte noch sieben weitere Jahre, um im Plattengeschäft festen Fuß zu fassen. In diesen Jahren hatte die Plattenindustrie unter den Auswirkungen der Weltwirtschaftskrise zu leiden, die die gesamte Wirtschaft durcheinanderwirbelte. Der in den Keller fallende Absatz zwang Columbia und deren Tochtergesellschaft Okeh in die Konkursverwaltung; Paramount Records mußte den Schuppen völlig dicht machen. Und Broonzy suchte verzweifelt nach einem eigenen Stil.

Die ökonomische Solidarität des *New Deal* führte zu einer Annäherung der Rassen; das ging so weit, daß Josh White zum Hofsänger des Präsidentenhauses und zum Liebkind von Franklin und Eleanor Roosevelt wurde. Der Rummel um White, der den Glitzer des Showgeschäfts, den singenden Tonfall und männlichen Sexappeal in den Blues einbrachte, führte dazu, daß die Bluessänger allmählich auch in weißen Nachtklubs ein Publikum fanden. Broonzy gelang mit seiner smarten Art, den weißen Intellektuellen und Nachtklubbesuchern um den Bart zu gehen, der wohlverdiente Aufstieg.

Ein Plattenvertrag mit Bluebird, einem neuen Ableger von Victor, brachte ihm 1934 seinen ersten großen Erfolg, mit *Take Your Hands Off Her* (einer gesäuberten Version des ziemlich obszönen Kaschemmenheulers *Take Your Finger Off It*) und *The Sun Gonna Shine in My Back Door Some Day* (einer Umarbeitung des Klassikers *Trouble in Mind* von Richard M. Jones). Die Aufnahme macht deutlich, daß aus dem ungehobelten Blues in der Tradition von Blind Lemon Jefferson ein einschmeichelnder Bluesballadensänger nach Art des damaligen Publikumslieblings Leroy Carr geworden war.

Carr, der bereits 1935 viel zu früh starb, hat den Singstil des Blues völlig umgekrempelt. Der Autor so schöner und gutaufgenommener Songs wie dem *How Long, How Long Blues* und *In the Evening When the Sun Goes Down* und sein begabter Begleitmusiker Scrapper Blackwell haben eine Tradition des «Sweet Blues» begründet und bekannt gemacht, die sich durch Harmonie und Sanftheit auszeichnete und in dem raffinierten Gesang von Josh White, Dinah Washington, Sam Cooke, Nat «King» Cole, Sarah Vaughan und anderen schwarzen Sängern ihren Höhepunkt gefunden hat. Der Stil von Carr machte zweifellos weitreichende Zugeständnisse an die weißen Hörer, die im Blues mehr Unterhaltung als existentielle Erfahrung sahen und suchten. Carr begleitete sich oft selbst am Klavier und ließ die Gitarre weg, eine Variation, die ihm Big Bill nachmachte.

In den frühen vierziger Jahren spielte Broonzy als Begleitmusiker für Lil Green, eine bekannte und beliebte Sängerin des Chicago Blues, deren erster großer Erfolg bei Bluebird der selbstkomponierte Song *Romance in the Dark* war. Big Bill klapperte mit ihr die Musikschuppen von Chicago und Detroit ab und schrieb ihr in dieser Zeit viele Songs, die sie ganz besonders mochte, unter anderem *Country Boy Blues, My Mellow Man* und *Keep Your Hands on Your Heart.*

Gegen Ende des Zweiten Weltkriegs war die Popularität Big Bill Broonzys derart im Eimer, daß er sich am Iowa State College als Klowärter verdingen mußte. (Man muß sich ständig vor Augen halten, daß die schwarzen Autoren und Plattenkünstler damals – und noch lange Jahre danach – unter großer Benachteiligung zu leiden hatten. Sie wurden meist nur für die Aufnahmen selbst bezahlt und bezogen keine Tantiemen.)

Sein Comeback brachte eine ganze Reihe von Platten-Sessions, aus denen eine der interessantesten Audiodokumentationen zum Blues entstanden ist: «The Bill Broonzy Story», fünf bei Verve erschienene LPs, auf denen Ausschnitte aus zehn Stunden Gesang, Spiel und Reden festgehalten sind. Broonzy spielt vierunddreißig Stücke; Work Songs, Spirituals, Hollers, Folk-Balladen, beliebte Standards, ein Schlaflied und Bluesstücke. Die meisten Bluessongs in diesem Dokument stammen von ihm, er singt aber auch Lieder von Bessie Smith (*Backwater Blues*), Leroy Carr (*In the Evening*), Richard M. Jones (*Trouble in Mind*) und Evergreens wie *I'm Gonna Move to the Outskirts of Town.*

In einem Interview mit dem Chicagoer Diskjockey Studs Terkel und dem Diskjockey Bill Randle aus Cleveland erinnert sich Broonzy an Kumpane aus der guten alten Zeit wie Blind Lemon, Huddie Ledbetter («Wir haben ihn Leadbelly genannt, weil er es wirklich in den Hosen gehabt hat»), Howlin' Wolf, Muddy Waters, Big Boy Crudup («Wenn man Presley hört, dann hört man eigentlich Big Boy»), Speckled Red, Tampa Red («Er spielte seine Gitarre mit 'nem Bottleneck am Finger, und alle haben versucht, wie er zu spielen»), Kokomo Arnold, Sonny Boy Williamson, Blind Boy Fuller und viele andere.

Er war umgänglich, charmant und immer geradeheraus, besonders, wenn es sich um die holde Weiblichkeit handelte («Georgia White ist zwar das Mädchen, das *Trouble in Trouble* aufgenommen hat, aber bei der kam keiner ran, ihr Mann hat immer wie ein Luchs aufgepaßt»). Er sagte ein paar kluge Sachen über Jazz und Blues, Spirituals und Blues, auch Bluesspielen («Klar ist meine Gitarre verstimmt, wie soll ich denn sonst den Blues spielen»). Hier haben wir eine Anthologie, eine technische Studie, eine Autobiographie in einem.

Am Morgen nach der letzten der drei Sessions wurde Broonzy wegen Lungenkrebs operiert. Eine zweite Operation wurde nötig. Am Morgen des 14. August 1958 starb Big Bill in dem Krankenwagen, der ihn ins Hospital bringen sollte. In seiner Autobiographie «Big Bill Blues» hat er geschrieben: «Wenn Sie über mich schreiben, dann schreiben Sie bitte nicht, ich sei ein großer Musiker oder Gitarrenspieler gewesen – schreiben Sie einfach, daß Big Bill ein bekannter Bluessänger und -spieler gewesen sei, der von 1925 bis 1952 260 Bluessongs aufgenommen hat; daß er glücklich war, wenn er einen in der Krone und ein Mädchen auf dem Schoß hatte; daß ihn alle Bluessänger gemocht haben und daß manche ab und an sogar ein bißchen neidisch wurden. Aber dann hat Bill immer eine Flasche Whisky gekauft, und alles hat wieder gelacht und gespielt ...»

Bei seiner Beerdigung sang Mahalia Jackson, mit der er gelegentlich auf Tournee gewesen war, das Lied *Just a Closer Walk With Thee*, Win Stracke, ein Folksänger aus Chicago sang *We're All Brothers*, und John Sellers, der Geistliche, stimmte *Nobody Knows the Trouble I've Seen* an. Die Stimme von Broonzy selber war vom Tonband zu hören; es war *Swing Low Sweet Chariot*.

Im Jahr 1928, als die Talentsucher der großen Plattenfirmen auf der fieberhaften Suche nach echten Bluesspielern den ganzen amerikanischen Süden auf den Kopf stellten, stöberte der Scout von Okeh in Memphis, Mississippi John Hurt auf. Der Bluessänger, der 1894 in Teoc, Mississippi geboren worden war und bildungsmäßig nicht gerade viel auf dem Kasten hatte, wurde nach New York verschleppt, wo er den *Spike Driver Blues* aufnahm, *Louis Collins, Frankie* und noch etliche mehr.

Dann kehrte er nach Hause zurück und verschwand für fünfunddreißig Jahre auf den Baumwollfeldern des Mississippi-Deltas. Als ihn ein Musikwissenschaftler 1963 ausfindig machte, arbeitete er als Knecht in dem winzigen Landstädtchen Avalon; seine Frau bekochte den Farmer. Zusammen brachten es die beiden auf einen Wochenlohn von achtundzwanzig Dollar. «Ich dachte, der kommt von der Polizei», erzählte Hurt später von seinem Wiederentdecker. «Als er mich bat, in den Norden mitzukommen, hab ich geglaubt, wenn ich nein sage, schleift er mich trotzdem hin. Da hab ich eben ja gesagt.»

Hurt kam nach Washington D. C., wo er von Ende März bis Anfang April 1963 dreizehn Plattenseiten für das Label Piedmont von Dick und Louisa Spottswood einspielte, unter anderem auch Songs, die er damals für Okeh aufgenommen hatte, wie den *Avalon Blues*, das deftige *Salty Dog, Candy Man* und *Richland Woman*. Er war ziemlich schüchtern, entschuldigte sich dauernd für die derb-erotischen Zeilen seiner Lieder und wollte schließlich wissen, ob er sie so singen dürfe, wie er sie zu Hause für seine Freunde auch singe:

> The rooster said, «Cock-a-doodle-doo»,
> Richland woman said, «Any cock will do.»

Im Sommer sang er dann beim Newport Folk Festival und beim Festival von Philadelphia – kehrte anschließend dem Norden den Rücken zu und pflückte wieder in Mississippi Baumwolle für vier Dollar am Tag.

Aber im September desselben Jahres, als das Interesse an den Folksängern der verschiedenen Volksgruppen wuchs und seine bei Piedmont erschienene Platte weiten Kreisen bekannt wurde, ging er auf eine Konzerttournee und spielte in fast allen Kaffeehäusern von Neuengland. Im Alter von neunundsechzig Jahren war er zum Profi geworden. Er trat 1964 ein zweites Mal in Newport auf und sang *Trouble, I've Had it All My Days*; dieser und die anderen Songs wurden von Vanguard Records live aufgenommen. Nur drei Jahre nach dem Beginn seiner Blueskarriere starb er in Grenada, Mississippi an einer Herzattacke. Er war noch ein Delta-Bluesman vom alten Schlag, also ein echter Landarbeiter, für den der Blues die Auseinandersetzung mit seinen Sorgen und Nöten bedeutete.

Obwohl Hurt, Big Bill und Leadbelly bis in die fünfziger und sechziger Jahre hinein lebten und arbeiteten, gehörten sie doch zur Bluesgeneration von 1890, zu der Musikpioniere wie Charley Patton, Lonnie Johnson und Mance Lipscomb zählen. Selbst die nächste Generation – Roosevelt Sykes, Son House, Big Boy Crudup, Bukka White und andere, und auch noch die darauffolgende – Lightnin' Hopkins, Robert Johnson, Homesick James Williamson, John Lee Hooker und Elmore James – hatten noch Männer aufzuweisen, die hauptberuflich Farmer oder Landarbeiter waren und nur nebenbei auftraten oder Platten aufnahmen. Es kann gut sein, daß die Gefühlsintensität und Erdhaftigkeit ihres Stils, so ungeschliffen der auch sein mochte, das Ergebnis ihrer Bodenständigkeit war. Ihre Hände und Stimmen waren die von arbeitenden Menschen, nicht die von Berufsmusikern.

Den Country-Blues als Bottleneck-Blues zu bezeichnen, ist nicht ganz akkurat. Viele Bluespioniere benutzten diese Technik nicht. Dennoch ist diese Bezeichnung durchaus treffend und gibt einem einen Eindruck von dem, um was es hier geht. Die Gitarrentechnik des Country-Blues produziert einen hohen, weinerlichen Ton, der heutigen Ohren wie Hawaii-Musik anmutet. Um die weichen, steigenden Glissandi der Hula-Musik zu produzieren, werden *Steel Bars* verwendet. Die Bluesmen des Deltas nahmen Messer, Metallringe, zum Teil zylindrisch, und abgeschlagene Flaschenhälse (Bottlenecks) zu Hilfe. Kleine Medizinfläschchen, mit dem Ring- oder Mittelfinger der linken Hand gehalten, gelegentlich auch mit dem kleinen Finger, kamen ebenfalls zum Einsatz. Oft wurde der Hals einer Colaflasche mit einer ganz bestimmten Technik abgebrochen und tat dann auch seinen Zweck. Diese Hilfsmittel wurden zwischen den einzelnen Anschlägen über die Saiten gezogen, und daher hat die Technik auch ihren Namen: *Slide Guitar*.

Mississippi John Hurt und seine Zeitgenossen benutzten meist eine Unisono-Begleitung, die der Stimme folgte. Nach dem Ursprung des Blues befragt, antwortete Son House, der 1902 in Mississippi geboren wurde: «Alles, was ich dazu sagen kann, ist, daß wir als Kinder auf dem Feld immer gesungen haben. Nicht richtig natürlich, nur so. Aber wir haben uns selber Lieder gemacht über die Sachen, die damals so passiert sind. Und ich glaube, da hat der Blues angefangen.»

Wie vor ihm Charley Patton und Skip James, wurde Son House von dem inneren Konflikt zwischen dem profanen Leben des Blues und dem geheiligten Leben des Predigers zerrissen. Als Jugendlicher, als er Moos von den Bäumen holte, das zur Herstellung von Matratzen benutzt wurde, als er Baumwolle pflückte oder dem mühseligen Geschäft des Kühehütens nachging, und auch später noch, als Landpfarrer, hatte er sich immer geärgert, wenn er Leute den Blues spielen hörte.

Erst, als er nach St. Louis ging, um dort in einer Fabrik der Commonwealth Steel Company für den unerhörten Stundenlohn von einem Dollar zu arbeiten, entwickelte er ein gewisses Interesse für den Blues. Eines Tages sah er, wie sich Leute um einen Mann drängten, der seine Gitarre mit dem bewußten kleinen Medizinfläschchen am Finger spielte. Der Ton des Instruments regte seine Phantasie an.

Durch die Vermittlung Pattons, der fünfzehn Jahre älter war, spielte er einem Talentsucher der Paramount vor und nahm dann in den Studios dieser Firma in Grafton, Wisconsin im Juli 1930 eine Platte auf, *Preachin' the Blues*, die seine prekäre Gemütsverfassung widerspiegelte, die er bei Auftritten vor Publikum immer wie folgt charakterisierte: «Ich kann doch nicht den Rockzipfel von Gott in der einen Hand und in der andern den des Teufels halten.» *Dry Spell Blues*, ein weiteres seiner charakteristischen Lieder, beschreibt einprägsam die Not der Farmer des Südens während einer Dürre.

In den frühen vierziger Jahren zog Eddie James House jr., um ihn auch einmal bei seinem Taufnamen zu nennen, nach Rochester im Staat New York; die hohen Löhne einer Rüstungsfabrik hatten ihn angelockt. Später arbeitete er dann als Hilfsschlosser in einem Depeschenamt der New York Central, und von dieser Tätigkeit war bis zum Gepäckträger auf dem Bahnhof kein weiter Weg mehr; beim Kofferschleppen blieb er dann zwölf Jahre lang.

Als Willie Brown, ein Freund, mit dem er zusammen spielte, starb, nahm er das als Zeichen Gottes und stellte sein Instrument in die Ecke. Erst 1962 machte er wieder Aufnahmen; Alan Lomax hatte ihn überredet, ein paar Songs für die Library of Congress einzuspielen. Seine Mühe wurde ihm mit einer Kiste Cola vergolten. Aber er fügt mit einem gutmütigen Augenzwinkern dazu: «Wenigstens war das Zeug schön kalt.»

Seit dem Newport Folk Festival spielte Son House wieder, hielt Vorträge bei College-Konzerten und Folk-Festen, als lebender Repräsentant der Tradition des Delta-Blues.

Ein weiterer Bluesman, der bei dem berühmten *Spirituals to Swing*-Konzert des Jahres 1938 in New York bekannt wurde, war Saunders Terrell aus Greensboro, Georgia, der unter seinem Künstlernamen Sonny Terry weitaus bekannter ist und den man sich ohne seinen langjährigen Partner Brownie McGhee aus Knoxville, Tennessee fast nicht vorstellen kann. Die beiden taten sich in New York zusammen, als am Broadway «Die Katze auf dem heißen Blechdach» von Tennessee Williams lief; sie hatten einen kurzen gemeinsamen Auftritt in diesem Stück. Ihre Partnerschaft ist eine der produktivsten und langlebigsten im Blues überhaupt; sie hat einen ganzen Berg Platten bei den verschiedensten Labels hervorgebracht.

Der im Oktober 1911 geborene Harfenspieler Terry verlor sein Augenlicht in seiner Teenagerzeit, das eine Auge beim Spielen, das andere durch einen Schlag mit einer Eisenkette. Anscheinend war es De-Ford Bailey, der erste und für lange Zeit einzige Schwarze, dem es vergönnt war, in der Grand Ole Opry auftreten zu dürfen, der Terry auf den Gedanken brachte, sich aufs Mundharmonikaspielen zu verlegen und sich damit durchzubringen. Bailey war in der Nashville Radio Show vor allem für seine realistische Imitation des Geräusches eines Zuges berühmt. Die Bewunderer Sonny Terrys behaupten, daß seine Imitation, mit Harmonika und Stimme, noch viel aufregender gewesen sei. Bevor er sich mit Brownie McGhee zusammentat, klapperte Terry gemeinsam mit Blind Gary Davis (der später als Reverend Gary Davis bekannt wurde) die Straßen der Tabakstädte von North Carolina ab, sowie mit Blind Boy Fuller, dessen Augenlicht von einer eifersüchtigen Freundin durch einen kräftigen Schuß Lauge in seinem Waschwasser zerstört wurde.

Als der einflußreiche Fuller 1940 plötzlich starb, wurden einige Platten von Brownie McGhee, die er für Vocalion eingespielt hatte, zu seinem großen Ärger mit dem Beinamen «Blind Boy Fuller Nr. 2» herausgebracht. Der 1914 geborene Walter Brownie McGhee hatte ein steifes rechtes Bein, als Ergebnis einer Kinderlähmung in seinen ersten Lebensjahren. In seiner Teenagerzeit leitete er eine String-Band, deren besonderer Clou aus zwei Washboards bestand; sie war in seiner Heimatstadt Knoxville recht beliebt. Seit er in den frühen vierziger Jahren mit Sonny Terry auftrat, eröffnete er in Harlem eine Gitarren- und Gesangsschule, die unter dem Namen House of the Blues berühmt geworden ist. Wie Fuller bevorzugte McGhee in seinen frühen Jahren einen swingenden Bluegrass-Stil, der in der Gegend um Piedmont – dem Gebiet der südöstlichen Staaten Georgia, Florida und den beiden Carolinas – auch unter dem Begriff *jukin'* läuft. Im Gegensatz zu Fuller hatte sein Singstil Schliff und Intimität.

In dieser Hinsicht stand McGhee Josh White nahe, der eine Zeitlang

37

der berühmteste und erfolgreichste Bluesman aus dem Süden war. White wurde im Februar 1908 in Greenville, South Carolina als Kind einer tiefreligiösen Familie geboren; er ging früh von der Schule ab und wurde Führjunge einer ganzen Reihe blinder Bluesmen, darunter Blind Arnold, Blind Blake und sogar Blind Lemon Jefferson. Blind Joe Taggart nahm ihn 1928 als erster in ein Aufnahmestudio der Paramount mit. Seine Plattenkarriere begann jedoch erst in den dreißiger Jahren, als er unter dem Namen «Singing Christian» Gospels und unter dem Namen «Pinewood Tom» Bluesstücke aufnahm.

Zu regelrechtem Ruhm brachte er es in den vierziger Jahren, als ihn seine Auftritte im Weißen Haus zum Hofsänger des Präsidenten hochjubelten. Ein *Chain Gang*-Album und Songs wie *John Henry, Hard-Time Blues (I'm Gonna Move to) The Outskirts of Town* wurden ausgesprochene Renner; *One Meat Ball* letzterer Song, die Adaption eines alten Blues, wurde zu einem Millionenerfolg.

Sein größtes Renommee holte er sich jedoch bei seinen Auftritten auf der New Yorker East Side, in den Klubs der Insider, wo sein blendendes Aussehen und seine perfekte Show ihn zu einem schwarzen Sexidol machten, wie es danach erst wieder Harry Belafonte verkörperte. Auf der Bühne trug er ein weit ausgeschnittenes Sporthemd, zu seinem blendenden Aussehen trug auch die brennende Zigarette hinterm Ohr ihr Teil bei. Er brachte in die Folkszene – wenn nicht gar in den Blues – den Sex der billigen Unterhaltungsschuppen, den Jargon der Varietés, eine Spur von Pop-Appeal ein – lauter Qualitäten, die ihn in den Augen der Bluespuristen nicht gerade wert und teuer machten. In den letzten Jahren vor seinem Tod 1969 in Manhasset, Long Island, konnte er wegen der Folgen eines Autounfalls nicht mehr auftreten.

Sam Hopkins, irgendwo auf halbem Weg zwischen Houston und Dallas geboren, wurde in den Jahren 1946/47 zum Bluessänger Lightnin' Hopkins. Damals war er immerhin schon vierunddreißig Jahre alt, ein erfahrener Country-Bluesman, der zwischen verschiedenen Dreckjobs als Baumwollpflücker und Erntearbeiter schon oft in seiner Heimatstadt Centerville aufgetreten war.

Gegen Ende des Zweiten Weltkriegs zog er nach Houston; von der Landarbeit hatte er die Nase voll – in dem Song *Tim Moore's Farm* findet sich ein autobiographischer Bericht über die Grausamkeit und die Entwürdigung, die er auf einer Farm nördlich von Dallas hatte erdulden müssen. Ein Vetter, der in den zwanziger Jahren für Okeh und Vocalion aufgenommen hatte, verschaffte ihm die ersten Beziehungen zur Plattenindustrie. Texas Alexander gab ihm einen Job als Begleitmusiker bei seinen Klubauftritten und machte ihn mit dem Pianisten Thunder Smith bekannt. Auf heftiges Drängen einer Geschäftsfrau, die Talente für das

Label Aladin aufspürte, fuhren Smith und Hopkins zu einer Aufnahme-Session im November 1946 nach Hollywood.

«Als ich *Rocky Mountain* gespielt hab», erzählte Hopkins später, «wobei ich mit den Fingern ganz schön schnell war, haben sie gesagt: ‹Wir werden dich Lightnin' Hopkins nennen.›»

Die Scheibe, die bei dieser Session entstand (*Can't You Do Like Used To Do* und auf der B-Seite *West Coast Blues*), führte nicht zu der Begeisterung, die man angesichts der beiden Künstlernamen erhofft hatte. Auch die anderen Platten für Aladin, das damals auf der Suche nach einem Sänger war, der Leadbelly von Capitol hätte Paroli bieten können, machten keineswegs Furore. Aber im selben Jahr machte Hopkins auch seine ersten Aufnahmen für Gold Star, einen kleinen Laden in Houston, und mit diesen Platten begründete er seinen Erfolg. (Heute sind dies begehrte Sammlerstücke.) *Baby, Please Don't Go* verkaufte sich ohne jede Werbung mehr als achttausendmal, für ein regionales Label eine sensationelle Menge. Auf diesen Platten spielte Lightnin' ohne Thunder; er begleitete seinen Gesang nach klassischer Country-Manier mit einer akustischen, unverstärkten Gitarre.

In den folgenden zehn Jahren nahm Hopkins fast zweihundert Titel auf, und zwar für viele von den kleinen, unabhängigen R & B-Labels wie Jax, Time, Herald, RPM, Kent, Sittin' In With und Ace. Mit dem Aufkommen des Rock 'n' Roll versuchte er, seinen Stil den Erfordernissen des Teenager-Markts anzupassen. Das stellte sich aber als Fehler heraus, der dann durch die Newport Folk Festivals wieder korrigiert wurde; das Interesse an Hopkins als klassischem Bluesman war wieder zum Leben erwacht.

«Die weißen Jungs haben einfach keine Stimme für'n Blues», hat Hopkins einmal gesagt, «sie haben Angst davor, sich gehnzulassen. Sie haben Schiß, daß sie 'nen Narren aus sich machen.»

Die Kraft seiner Auftritte kommt aus diesem Sich-Gehenlassen, der ungehemmten Emotionalität seines Stils. Samuel B. Charters, der 1959 in einem verkommenen Haus an der Hadley Street in Houston Aufnahmen von Hopkins gemacht hat, berichtet: «Nachdem er den phantastischen *Penitentiary Blues* gesungen hatte, ging er zu sieben weiteren Blues über und sang dann *One Kind Favor I Ask of You* von Blind Lemon Jefferson. Er sang solange, bis er vor lauter Erregung nicht mehr ansprechbar war.»

Außer einer kurzen Episode, in der er sich als Rocksänger versuchte, hat Lightnin' Hopkins die von Blind Lemon Jefferson bekanntgemachte Tradition des ländlichen Shouts fortgesetzt. Das erste Mal hatte er den blinden, dicken Sänger mit acht Jahren bei einem Baptisten-Picknick in Buffalo, Texas gehört. Vom ungehobelten, improvisierten, oft unmetrischen Stil Jeffersons hat er viel gelernt. Auch von seinem Cousin Texas

Alexander, einem Bluesman aus der robusten Tradition des Country-Blues, ist er beeinflußt worden. Für alle diese Country-Bluesmen war das Liederschreiben eine Form der autobiographischen Selbstdarstellung; ihr Gesang war ein intensiver Ausdruck ihres Lebens in Armut, Bedürftigkeit, emotionaler Frustration und sozialer Erniedrigung. Das schwarze Publikum, das ihnen treu ergeben war, wollte von ihnen hören, wie es bei ihnen wirklich aussah. Es ging nicht nur um bloße Unterhaltung, es war emotionale Sublimierung wie in der griechischen Tragödie.

«Lightnin' ist eine überragende Gestalt», schreibt Samuel B. Charters in seiner wichtigen, Neuland erschließenden Studie «The Country Blues». «Er ist einer der letzten seines Schlages, ein einsamer, verbitterter Mann, der dem Blues die Dichte und Stärke der schmerzlichen Stunden unter der prallen Sonne, des Grabens in der ausgedörrten Erde mitzugeben weiß, des Singens, damit die Zeit schneller vergeht. Der Blues wird weitergehen. Aber der Country-Blues und die großen Sänger, die den Reichtum und die Vielfalt des Country-Blues aus den einfachen Melodien der Work Songs und der Field Hollers geschaffen haben, wird mit den Menschen wie diesem ausgemergelten Sänger voller innerer Spannung aus Centerville, Texas ins Grab sinken.»

Der 1915 in Clarksville, Mississippi geborene John Lee Hooker ist in Memphis aufgewachsen, hat in Cincinnati gearbeitet, und hat sich in Detroit zum Musiker entwickelt. Seine ersten Platten machte er erst nach dem Zweiten Weltkrieg. Aber trotz seiner städtischen Herkunft, trotz seiner Entwicklung im R & B, ist sein Stil archaisch, bleibt er ein ländlicher Bluessänger, dessen Begleitmusik unter anderem aus kräftigem Fußstampfen besteht.

Hooker lernte das Gitarrespiel und sein Repertoire bei seinem Stiefvater, der aus Shreveport, Louisiana stammte, und bei dem Blind Lemon, Blind Blake und Charley Patton in Hookers Kindertagen oft zu Gast gewesen waren. Wie die meisten alten Delta-Bluesmen benutzte er ein offenes Akkordschema: einen G-Akkord, D; G; D; G; B; D; und ging erst viel später zum üblichen Schema E; A; D; G; B; E über. Er riß aus und wohnte bei einer Tante in Memphis, arbeitete im W. C. Handy-Theater als Platzanweiser und machte Jam Sessions mit Bluesmen wie Robert Nighthawk, Eddie Love und Joe Willard. Später wohnte er bei einer Tante in Cincinnati; auch dort war er Platzanweiser. Nach seiner Heirat 1943 arbeitete er in Detroit als Hilfskrankenpfleger, dann als Klowärter. Nachts arbeitete er in den Clubs der Hastings Street mit einer kleinen Combo – Baß, Drums, Piano und zweite Gitarre. Ein wichtiger Mann von Modern Records hörte ihn spielen und arrangierte eine Session in den United Sound Studios von Detroit. Im November 1948 spielte er *Sally Mae* und *Boogie Chillen* ein, die erste von ihm erschienene Platte; *Highway Blues* und *Wednesday Evening Blues*, die ebenfalls in dieser Zeit entstanden, sind nie veröffentlicht worden. Im Lauf seiner erstaunlichen Karriere brachte er es schließlich auf über fünfhundert Aufnahmen.

In den Jahren nach 1948 herrschte offensichtlich eine solche Nachfrage nach Hooker, daß er unter verschiedenen Namen für viele Labels gleichzeitig aufnahm. Bei dem Label Modern war er fünf ununterbrochene Jahre lang John Lee Hooker. Gleichzeitig lief er bei King unter dem Namen Texas Slim. 1949 arbeitete er als Birmingham Sam für Regent. 1949 und 1950 war er bei Staff als Johnny Williams zu hören; diesen Namen benutzte er 1952 und 1953 bei Gotham, einem Label, das in Philadelphia beheimatet war. Bei Acorn – und dazu noch bei Chance, Deluxe, Rockin' und Gone – ließ er sich 1951 als John Lee Hooker vernehmen. Bei Gone wurde er zum guten Schluß auch noch als «The Boogie Man» geführt.

Seit 1953 nahm er auch für andere Labels außer Modern Records unter seinem richtigen Namen auf; das Chicagoer Label Vee Jay diente ihm in der Zeit von 1958 bis 1963 sozusagen als Heimatbasis. Aufnahmen von ihm finden sich bei den Labels Chess, Atco, Specialty, Riverside, Prestige, Vanguard, Impulse, Verve-Folkways, und später sogar bei Bluesway; als die besten Verkörperungen seiner eindringlichen Spielart gelten jedoch die LPs von Crown. Man höre sich zum Beispiel «The Blues» und «Folk Blues» an: Da hört man den Delta-Sound, der Titel wie *Drifting from Door to Door, Nightmare Blues* und *I'm in the Mood* unvergeßlich gemacht hat.

Die zentrale Figur unter den Mississippi-Bluesmen war Robert Johnson. Wie John Lee Hooker wurde er in der Umgebung von Clarksdale, Mississippi geboren; er hat es jedoch bei weitem nicht auf derart viele Platten gebracht wie Hooker. Johnson war ein enorm emotionaler Mensch, für den nichts wichtig zu sein schien außer Musik und Sex. Trotz seines Einflusses auf die Generation Muddy Waters' wurde er nur drei- oder vierundzwanzig; er fiel einem Mord zum Opfer.

Son House, der ihn wohl am stärksten beeinflußt hat, und den Johnson schon als Kind eingehend studierte – weil er kein Instrument hatte, folgte er den Bewegungen der Finger mit den Augen, und bei der ersten Gelegenheit schnappte er sich ein Instrument und versuchte alles genau nachzuspielen –, Son House war erstaunt, daß sein Schüler überhaupt so alt wurde. «Wenn er bei einer Tanzerei ein hübsches Mädchen sah», erinnert sich Son, «zog er los und wollte sie schnappen, egal wer dabei war, ihr Mann oder Freund oder sonstwer ...»

Niemand weiß, wie Johnson tatsächlich gestorben ist. Ein hartnäckiges Gerücht besagt jedoch, daß ihn eine Frau – und nicht etwa ein Mann – aus Eifersucht entweder niedergestochen oder vergiftet haben soll. Er starb 1937, im Dezember, nur sechs Monate nachdem er in Dallas für Don Law von der American Recording Corporation seine ersten Aufnahmen gemacht hatte. Sie sind von Columbia Records wiederveröffentlicht worden, die den Fundus von ARC dank der produktiven Fähigkeiten und Weitsicht von Frank Driggs aufgekauft hatten.

Johnson war immer auf der Walz, vielleicht, weil er nur so von seiner Musik leben konnte – er hat nie etwas anderes gemacht als Musik, auch keine Verlegenheitsjobs angenommen –, oder auch, weil er von unheilbarer Ruhelosigkeit befallen war. Johnny Shines und der später bekannt gewordene Walter Horton, zwei Chicagoer Musiker, die es in Memphis nicht ausgehalten hatten, trafen ihn ungefähr 1933 in Arkansas und zogen zwei Jahre mit ihm durch die Gegend.

Beide können sich noch lebhaft an den Mann erinnern, der zu dem Vorschlag, wieder weiterzuziehen, nie nein sagen konnte, ganz egal von wem er kam, und der sich dann buchstäblich mitten in der Nacht auf die Socken machen konnte. Willie Johnson, auch ein Memphis-Veteran, konnte sich später noch an Johnsons Auftritte in den Vergnügungsschuppen diverser Städte am Mississippi erinnern, und auch an Auftritte in Kneipen an der Landstraße, wo die Trupps der Deicharbeiter verkehrten.

In einer ganzen Reihe seiner Songs finden sich Hinweise auf bestimmte Ängste, die mit an seiner Wanderlust Schuld gehabt haben mögen. Das Gefühl, daß ihm der Teufel höchstselbst im Nacken sitzt, kommt in dem Song *Me and the Devil Blues* und in einem seiner bekanntesten Lieder, *Hellhound on My Trail*, deutlich durch:

> I got to keep moving, I got to keep moving, blues
>   falling down like hail, blues falling down like hail,
> I got to keep moving, I got to keep moving, blues
>   falling down like hail, blues falling down like hail,
> And the day keeps on 'minding me there's a hellhound on my
>   trail, hellhound on my trail, hellhound on my trail.

Obwohl er ständig *on the road* war, und deshalb mit einer ansehnlichen Zahl begehrenswerter Frauen und handfester Männer in Kontakt kam, blieb er seltsam scheu. Don Law, der auch in San Antonio, Texas Platten für Vocalion von ihm eingespielt hat, erzählt, er habe Johnson gebeten, vor einer Gruppe mexikanischer Musiker zu spielen; nach langem Bitten und Betteln habe er sich breitschlagen lassen, habe aber mit dem Gesicht zur Wand gespielt. Laut Law war das nicht etwa Unhöflichkeit, sondern Verlegenheit. Henry Townsend, der mit Johnson ein halbes

Jahr in St. Louis zusammenspielte, meint, er sei sehr zurückhaltend gewesen, selbst dann, wenn er «ziemlich in Fahrt» gewesen sei.

Der Einfluß Johnsons beruhte nicht auf seiner persönlichen Ausstrahlung, sondern ganz klar auf seinen überlegenen musikalischen Fähigkeiten. Bluesmen, die ihn noch gehört haben, quellen über vor Superlativen, wenn sie auf sein instrumentelles Können zu sprechen kommen, das man übrigens auf einer Wiederveröffentlichung von Columbia hören kann: «King of the Delta Blues Singers». Johnson sang mit derartiger Intensität, daß die ersten Takes einer Session im allgemeinen besser waren als die Wiederholungen. Die Wiederholungen führten zu einer Erregung, die ihn praktisch die Herrschaft über seine Stimme verlieren ließ. «Seine Stärke lag in der Inspiration», hat Townsend Pete Welding gesagt. «Wenn er in der richtigen Stimmung war, konnte er einen Song aus dem Nichts zaubern.» War die Stimmung aber wieder weg, bekam er den Song nicht einmal mehr zusammen.

Johnson ging auch mit der Sprache auf seine Weise um:

> I got stones in my passway, and my road seems dark at night,
> I have pains in my heart, they have taken my appetite.

Und wenn es um die dunkle Seite des Blues ging, konnte er seinen Sprachbildern überraschende Wendungen geben:

> I'm going to get deep down in this connection, keep on tangling with
> your wires,
> And when I mash down on your starter, then your spark plug will give
> me fire.

Von Son House übernahm er stilistische Besonderheiten und Songs wie *Walking Blues, Preachin' the Blues, Milkcow's Calf Blues* und *If I Had Possession over Judgment Day*.

Johnson selbst übte auf mindestens zwei Schlüsselfiguren der Nachkriegsgeneration der Chicagoer Bluesmusiker, Elmore James und Muddy Waters, gewaltigen Einfluß aus. Ersterer machte aus Johnsons *I Believe I'll Dust My Broom* seine ganz persönliche Erkennungsmelodie und nannte seine Gruppe BROOMDUSTERS. Letzterer nahm als ersten Song den *Walking Blues* auf, ein Stück, das der Johnson-Aufnahme von 1936 stark nachempfunden war, der Aufnahme des Mannes, der den Bottleneck-Stil zum Höhepunkt seiner Ausdruckskraft geführt hatte.

Elmore James, der in seinen Mittvierzigern 1963 in Chicago an Asthma starb, hinterließ ein gewaltiges Erbe an Aufnahmen, die auf kleinen R&B-Labels wie Flair, Chief, Fire, Enjoy und Sphere Sound erschienen sind. Eine Zeitlang arbeitete er bei der Radiostation WOKI in Jackson als Diskjockey; nebenher betrieb er ein Radiogeschäft. Aber seine Fähigkeiten in der Bottleneck-Technik führten letztlich doch dazu, daß er professionell auftrat und nach Chicago übersiedelte. Obwohl Elmore James bis in die frühen sechziger Jahre hinein Platten aufnahm, hatte der Delta Blues, mit dem er groß geworden war, für die jüngere Generation der Schwarzen in Chicago kaum noch eine Bedeutung. Ihre Verbitterung fand in der Musik seiner Schüler aus der Buddy Guy-, Otis Rush-, J. B. Hutto-Generation einen viel packenderen, direkteren Ausdruck.

Klassischer Blues

Die Theatergänger unter meinen Lesern kennen vielleicht den berühmten Einakter von Edward Albee über das traurige Ende von Bessie Smith. Aber die Zahl derjenigen, die wissen, daß Bessie sterben mußte, weil ein weißes Hospital des Südens ihr die Aufnahme verweigerte, übersteigt die Zahl derer, die ihre Platten gehört und die lebendige Schönheit und künstlerische Reife ihres Gesangs in sich aufgenommen haben, bei weitem.* Die Königin des Blues – und diesen Titel trägt sie zu recht – ist der Höhepunkt des klassischen Blues der zwanziger Jahre.

Eine andere Sängerin – Mamie Smith, mit Bessie weder verwandt noch verschwägert – hat jedoch erst den Markt für den theatralischen Blues-Stil geschaffen, der in dieser bewegten Zeit heranreifte. 1920 überredete der Pianist und Autor Perry Bradford den Aufnahmedirektor des neugegründeten Labels Okeh, mit der jungen Sängerin aus Harlem einen Versuch zu wagen.

Crazy Blues, ein neuer Song von Bradford und die zweite Scheibe von Mamie, verkauften sich derart gut, daß das Label eine eigens für die schwarzen Plattenkäufer gedachte Serie auf den Markt warf – die Race Records. Der Erfolg von Mamie Smith führte den anderen Labels vor Augen, daß es in den Städten des Nordens ebenso einen Bluesmarkt gab wie im ländlichen Süden.

Diese Entwicklung hätte eigentlich niemanden überraschen sollen, weil der Erste Weltkrieg zu einer gewaltigen Bevölkerungsverschiebung – von Süden nach Norden – geführt hatte; die Fabriken im Norden boten jetzt auch Schwarzen Arbeit, was vorher nicht der Fall gewesen war. Bis zu dieser Zeit entwickelte sich der Blues nur gemächlich weiter, wurde von den ländlichen umherziehenden Sängern von Mund zu Mund weitergegeben – und das waren eben Tagelöhner und Hilfsarbeiter, keine professionellen Entertainer, die sich die Field Hollers und Work Songs des bäuerlichen Lebens auf den Plantagen des Südens für ihre Zwecke zurechtmachten. Der *Memphis Blues* von W. C. Handy – übrigens kein echter Blues – wird gelegentlich als der erste Blues bezeichnet, der von einem Musikverlag veröffentlicht worden sei, aber das ist ein Irrtum.

Laut Standardwerk «The Country Blues» von Samuel Charters war der *Dallas Blues* der erste verlegte Blues; ironischerweise wurde dieses Lied von einem weißen, noch dazu städtischen Musiker aus Oklahoma,

---

* Dieses Verhältnis hat sich allerdings bei uns durch gewaltige Plattenverkäufe inzwischen eher umgekehrt (A. d. Ü.).

Hart Wand, geschrieben. Der berühmteste Blues überhaupt, W. C. Handys *St. Louis Blues*, erschien erst ganze zwei Jahre später (1914) im Druck; es handelt sich dabei um eine erweiterte Form des *Jogo Blues*, dessen Melodie Handy – wie er selbst eingestanden hat – einem Klavierspieler aus der Beale Street in Memphis abgekauft hatte. Aber damals versuchte schon die ganze New Yorker Tin Pan Alley – die schwarzen Autoren wie Perry Bradford, James P. Johnson, Noble Sissle und Clarence Williams und genauso eifrig die weißen Verse- und Melodienschmiede wie Irving Berlin, Walter Donaldson und Gus Kahn – Blues-Hits zu produzieren.

Als die Verkaufszahlen der Okeh-Platte von Mamie Smith immer höhere Höhen erreichten, begaben sich die anderen Labels auf die Suche nach Bluestalenten. Paramount Records – eine Firma, die einer in Wisconsin beheimateten Möbelfabrik gehörte, die 1917 auf die Plattenproduktion verfallen war, um damit dem Absatz ihrer Phonographen aufzuhelfen – schickte 1922 ihre Race Records ins Rennen, die mit ihren 12000 Veröffentlichungen nachgerade unschätzbar ist. In den fünf Jahren nach ihrem Start nahm Race Records unter der Leitung ihres gerissenen und wagemutigen Direktors J. Mayo Williams eine Unmenge Country-Bluessänger auf, deren Arbeit sonst für die Nachwelt verloren gewesen wäre – unter anderem Charley Patton, Son House, Ed Bell und Blind Lemon. Später zog dann die Firma Gennet Records mit ihrem fahrbaren Electrobeam Studio kreuz und quer durch den Süden und nahm die Bluesmen an Ort und Stelle auf.

Vor der Weltwirtschaftskrise bildete sich ein schwarzer Markt für Bluesplatten; kurzlebige Labels wie Black Swan, Black Patti, Gold Star, Oriole und viele andere mehr schossen wie die Pilze aus dem Boden, und ihre Erzeugnisse brachten die Entwicklung weiter. Diese Entwicklung war der vor kurzem eingetretenen Renaissance der Pioniere des R&B gar nicht so unähnlich, die ja auch von ihren Nachfahren, den Rocksängern, ins Rollen gebracht worden ist. Der Country-Blues wurde in Platten gepreßt und so dank des Erfolgs der städtischen Berufsmusiker des klassischen Blues gerettet, die mit seinem Material und seinem Stil großgeworden waren.

Geraume Zeit später erinnert sich Frank Walker, der Boss von Columbia, wie er in einem Honky-Tonk in Selma, Alabama eine junge Sängerin hörte.

«Sie war ein Ding von siebzehn, achtzehn vielleicht», sagte er später. «Aber den Schmerz und die Qualen, die sie in die Musik ihres Volkes hineingelegt hat, die habe ich so noch nie gehört ... Das war Gefühl. Das kam von innen ... In ihrem Gesang kam das voll durch.»

Walker schickte Clarence Williams, einen Pianisten, der für sein Label Künstler aufbaute und betreute, auf die Suche nach Bessie Smith.

«Das Mädchen, mit dem Williams zurückkam, sah nach allem möglichen aus, bloß nicht nach 'ner Sängerin. Nach siebzehn sah sie aus – riesengroß, pummelig und fürchterlich schüchtern – einfach entsetzlich. Aber das alles hast du sofort vergessen, wenn sie sang. Wenn sie nämlich den Blues sang, dann hat sie den Blues gemeint. Der Blues war ihr Leben ...»

Um ihr die Eingewöhnung zu erleichtern, brachte Walker Bessie etliche Monate in Harlem unter, bevor er den Versuch wagte, sie vors Mikrofon zu holen. Die erste Platte von Bessie Smith – aufgenommen am 17. Februar 1923, am Piano wurde sie von Clarence Williams begleitet – war der *Downhearted Blues*, ein Song, der im Vorjahr von einer der gefeierten Chicagoer Bluessängerinnen, Alberta Hunter, und deren Bandleader Lovie Austin geschrieben worden war. Die Platte kam ohne großes Trara auf den Markt, übertraf die bestverkaufte Columbia-Platte des Jahres um das Achtfache und katapultierte Bessie auf einen Schlag in die erlauchte Garde der Sängerstars.

Die Königin des Blues wurde in äußerster Armut in Chattanuga, Tennessee geboren; dort hatte sie allerdings auch das Glück, als Halbwüchsige an Ma Rainey zu geraten. Gertrude «Ma» Rainey war die erste Bluessängerin, die für Paramount aufnahm; sie trat in den Musiktheatern des ganzen Mittelwestens und in den Tent Shows des Südens auf. Sie konnte von sich sagen, einen der ganz großen Blues, *See See Rider*, geschrieben zu haben (Big Bill Broonzy behauptete allerdings, daß er von einem Bluesman gleichen Namens stamme und Ma Rainey nur zugeschrieben worden sei, weil sie ihn als erste aufgenommen hat), und sie war der Star der RABBIT FOOT MINSTRELS.

Bessies angeborene Musikalität und ihre gewaltige Stimme machten einen solchen Eindruck auf Ma Rainey, daß sie das junge, stramme Mädchen dazu überredete, mit den MINSTRELS auf Tournee zu gehen. Es war eine – wenn auch nicht finanziell – lohnende Lehrzeit. Bis sie mit ihrer Aufnahme des *Downhearted Blues* auf eine Goldader stieß, hatte sie sich mit dem Singen in unbedeutenden Tent Shows wie dem Florida Cotton Blossoms, in den Honky-Tonks und Rummelplätzen des Südens nur so eben über Wasser halten können.

Ein Jahr, nachdem sie bei Columbia unterschrieben hatte, war sie das Zugpferd der führenden schwarzen Theaterketten: Milton Starr's und Theatre Owners Booking Association (TOBA). Toby, wie letztere später genannt wurde, hatte bei den schwarzen Künstlern einen Ruf, der schon in ihren Initialen enthalten zu sein schien: TOBA, das konnte ja nichts anderes bedeuten als *«tough on black artists»* («immer feste drauf auf die schwarzen Künstler»). In ihrer großen Plattenzeit, von 1924 bis 1927, war Bessie der bestbezahlte Vaudeville-Star des Landes, mit einem Wochenlohn von immerhin 1500 Dollar. In diesen Jahren wurde sie bei ihren Aufnahmen von vielen der besten Jazzmusiker des Landes begleitet, so zum Beispiel von den Fletcher Henderson's Hot Six, Louis Armstrong und James P. Johnson, einem hervorragenden Komponisten und Texter, der später als der Vater des Stride Piano-Stils bekanntgeworden ist. Bei der letzten Aufnahme 1933 vor ihrem tödlichen Autounfall wurde sie von Musikern begleitet, die aus verschiedenen Gruppen zusammengeholt worden waren, darunter Frankie Newton (Trompete), Jack Teagarden (Posaune) und, bei einer Nummer, Benny Goodman (Klarinette).

Am Anfang hatte sich Bessie Smith fast ausschließlich auf den Country-Blues konzentriert. Gelegentlich waren ihre Texte derart mit dem Jargon der Schwarzen aus dem Süden und mit Anspielungen auf bestimmte Orte des Südens gespickt, daß sie von den Weißen des Nordens beim besten Willen nicht verstanden werden konnten. *Yellow Dog* zum Beispiel, ein absoluter Renner dieser Zeit, enthält nur Insidern begreifliche Begriffe wie *«easy rider»* (Parasit, Zuhälter), *«on the hog»* (blank sein und vom Billigsten leben) und *«He's gone where the Southern cross' the Yellow Dog»* (ein Ort in Mississippi, wo sich die Eisenbahnlinien der Southern Railroad mit denen der Yazoo Delta Line kreuzen, abgekürzt Y. D., was als Yellow Dog gelesen wurde). Für ihr schwarzes Publikum war Bessie eine fast schon religiös zu nennende Autorität. Und Gospel Songs wie *On Revival Day* sang sie mit einer Hingabe und Inbrunst, die bereits ein Stück Mahalia Jackson vorwegnahm.

«Sie hat ein Stück Kirche in den Blues gemixt», sagte der Gitarrist Danny Barker aus New Orleans. «Sie hat die Bühne voll beherrscht. Man konnte sich einfach nicht von ihr losreißen, woanders hingucken, wenn sie in Fahrt war. Man hat nur Bessie angeguckt ... Wenn man auch nur ein bißchen mit der Kirche großgeworden ist, wie alle, die wie ich aus dem Süden gekommen sind, dann ist einem gleich aufgefallen, daß sie die Menschen ganz ähnlich anpacken und rühren konnte wie die Prediger und Evangelisten.»

Am 25. Mai 1929 nahm Bessie eine der besten Platten ihrer Karriere auf, *Nobody Knows You When You're Down and Out* von Jimmie Cox. Dieses Lied gibt zwar keine genaue Beschreibung ihrer damaligen Situation, aber Bessie hatte schlechte Zeiten ja durchaus erlebt; und 1929 war ihre Karriere auch schon auf dem absteigenden Ast.

Nach ihrer anfänglich freundlichen Aufnahme hatte sie versucht, mit Schlagern wie *After You're Gone, Alexanders Ragtime Band* und *There'll Be a Hot Time in the Old Town Tonight* auch weiße Hörer zu erreichen. Aber diese Scheiben haben ihr Publikum nicht vergrößert und eher einen Teil ihrer schwarzen Fans vergrault.

Darüberhinaus war mit dem Beginn der Weltwirtschaftskrise ein Umschwung im Publikumsgeschmack eingetreten, ein Umschwung, der den

Blues an Attraktivität verlieren ließ. Im schwindelerregenden Boom der zwanziger Jahre hatten die Leute anscheinend gern einmal ins Bierglas geheult. Als es dann aber richtig ernst wurde, war Blues wohl viel zu deprimierend.

Zu diesen sozialen Erschwernissen kam Bessies Unvermögen in punkto Geldausgaben. Frank Walker hatte als ihr Manager einiges getan, um Bessies Hang, Geld mit beiden Händen aus dem Fenster zu werfen, einen Dämpfer aufzusetzen, dieser unvermeidlichen Begleiterscheinung, wenn ein Armer zu viel Geld kommt. Er hatte dafür gesorgt, daß sie einen Teil ihrer Gagen beiseitelegte, und sie sogar gezwungen, sich ein Haus zu kaufen. Bessie war dafür auch dankbar. Walker erzählte gern, daß Bessie drei voll ausgebuchte Wochen im Sommer 1926 abgesagt habe und wie aus dem heiteren Himmel in seiner Sommerresidenz in Long Beach aufgetaucht sei, weil Walkers zweieinhalbjähriger Sohn Jimmy ernsthaft erkrankt war. «Ich bin Bessie Smith», sagte die Königin des Blues, als Mrs. Walker die Tür öffnete. «Sie haben mit der Pflege Ihres Sohnes genug zu tun, da hab ich gedacht, ich komme lieber her und kümmere mich um den Rest.» Ohne sich um die Proteste des Ehepaars zu scheren, machte sie die Wäsche, putzte, kaufte ein und kochte, bis es dem Jungen wieder besser ging.

«Ich glaube, daß sich die meisten Bessie als ziemlich unbeherrschte und kaltschnäuzige Person vorstellen oder sie so in Erinnerung haben. Aber sie haben eben nicht gewußt, daß sie ein Mietshaus gekauft hat, damit ihre Freunde ein Dach über dem Kopf hatten ... Ja, Bessie hatte ein Herz wie eine Scheunentür, und sie hat ihr ganzes Geld verschenkt.»

Aber Bessie und (oder) ihr Mann, ein Polizist in Philadelphia, entschieden – was bei Künstlern ziemlich häufig vorkommt –, daß sie auch ohne die führende Hand Walkers und dafür mit den Prozenten, die sonst er kassierte, auskommen könnten. Aber Bessie überwarf sich durch ihre irritierenden Gefühlsausbrüche mit den Managern der Musiktheater. Getrunken hatte sie schon seit ihrer Jugend; jetzt soff sie wie ein Loch, ließ sich immer mehr gehen und wurde in eine ganze Reihe von unguten Geschichten verwickelt. Als der Plattenmarkt immer mehr zusammenschrumpfte, war Bessie auch in den Aufnahmestudios immer weniger gefragt.

Die letzte Session im Jahr 1933 war, wie George Avakian sagt, «eine sentimentale Geste, auf die John Hammond gedrängt hatte, ein Partner von Walker, der seine Begeisterung für diese größte aller Bluessängerinnen nie verloren hat – wie übrigens Walker selbst auch.» Avakian, der früher die Jazz-Abteilung von Columbia leitete, hat die vier unschätzbaren LPs der «Bessie Smith Story» produziert, herausgegeben und annotiert.

Kurz vor ihrem Tod am 26. September 1937 trat Bessie in New York zum letztenmal auf, im «Famous Door» an der 52nd Street, die damals bei den Jazz Fans im ganzen Land als Swing Street oder einfach nur Street lief. Ihr Auftritt, als «Sunday Afternoon Jam Session» angekündigt, fand unter der Schirmherrschaft der United Hot Clubs of America statt.

George Avakian schreibt in seinem Covertext zu «The Bessie Smith Story», Vol. I.: «Sie hat noch nicht einmal symbolischerweise ihre billige Pelzstola abgelegt, ein paar Lieder gesungen und ist dann sofort zu den nächsten Gelegenheitsauftritten weitergezogen, mit denen sie sich das Nötigste zusammenverdienen mußte.»

Der Schriftsteller Paul Smith, der an jenem kalten Februarsonntag dabei war, berichtete im *Record Changer*: «Bessie kam rein, pflanzte ihre schweren Füße fest auf den Boden, schüttelte nicht die Schultern und schnippte auch nicht mit den Fingern. Sie machte einfach ihren enormen Kußmund auf und ließ die Musik raus.»

Laut dem Gitarristen Eddie Condon, der zur BERIGAN COMBO gehörte, sang sie – begleitet von Bunny Berigan mit gestopfter Trompete – *Baby, Won't You Please Come Home?, Mama's Got the Blues, I'm Wild About That Thing, The Gin House Blues, Dirty No-Good Blues* und natürlich den Song, der zu ihrem Markenzeichen geworden ist: *Nobody Knows You When You're Down and Out.*

Condon berichtet in seiner Autobiographie «We Call It Music», daß Mildred Bailey, die «Rocking Chair Lady» des Blues, anwesend war und eingeladen wurde, an der Jam Session teilzunehmen. Aber Mildred weigerte sich, zu singen und den Bann zu brechen, der von der Königin des Blues ausgegangen war. (Dasselbe berichteten andere Zeugen auch über Ella Fitzgerald.)

Die Faszination, die von Auftritten Bessies ausging, nahm George Avakian als sicheres Vorzeichen für die zunehmende Anerkennung ihrer Kunst durch Jazz- und Folkforscher; die späteren Sängergenerationen hätte er seiner Liste gut und gern auch noch hinzufügen können. Die Wirkung der 160 Lieder, die sie für Columbia aufgenommen hat, und das Ausmaß ihres Einflusses läßt sich daran abschätzen, daß ihr immer wieder Platten gewidmet wurden; etwa «Dinah Washington Sings Bessie Smith», «The Legend of Bessie Smith» von Ronnie Gilbert (von den WEAVERS), und «LaVern Baker Sings Bessie Smith».

«Bessie war die Größte von allen», hat Alberta Hunter, die Mitverfasserin des *Downhearted Blues*, einmal gesagt. «Sie war schon ganz schön wild und laut – aber da war auch so ein Weinen, nein, kein Weinen, sondern *Trauer* in dem, was sie gemacht hat. Es war so, als ob da was wäre, was einfach aus ihr rausmußte.»

Mezz Mezzrow, der Jazzer, sah sie mehr aus männlicher Sicht: «Bessie war 'ne richtige Frau, durch und durch Frau, alle Weiblichkeit, die

die Welt jemals gesehn hat, auf einem einzigen süßen Haufen. Sie war groß und braunhäutig, schöne große Grübchen auf den Wangen, rundherum hübsch – sinnlich und kompakt, aber auch fest, mit einer Figur wie 'ne Sanduhr, mit einem Super-Persönlichkeitsmagneten.»

Es hört sich vielleicht überraschend an, aber der Blues wurde in den zwanziger Jahren von den Weißen und sogar vom schwarzen städtischen Mittelstand mit der gleichen Verachtung betrachtet wie später die Hillbilly-Musik oder der Rock 'n' Roll. Bessie war die bedeutendste einer ganzen Reihe von Sängern, die den Blues «in» gemacht und die Vorbereitungsarbeit für seine Verwendung durch weiße Komponisten wie Harold Arlen (*I Gotta Right to Sing the Blues* und *Stormy Weather*) und George Gershwin (*Blue Monday, Rhapsody in Blue*) geleistet haben.

Der Schriftsteller Carl Van Vechten erzählt von einer Party in seinem New Yorker Apartment in den zwanziger Jahren, zu der Bessie von einem ihrer Studio-Begleitmusiker, Porter Grainger, mitgebracht worden war: «George Gershwin war da und Marguerite d'Alvarez und Constance Collier – und ich glaube auch Adele Astaire, allesamt Berühmtheiten aus dem Showbusiness. Der Salon war voll mit einem sachverständigen Publikum. Bevor Bessie sang, leerte sie erst mit einem Zug ein Halbliterglas – hochprozentigen Gin. Dann schaffte sie sich in den Blues rein – im Mundwinkel hatte sie eine Zigarette hängen – in die wahren Tiefen des Blues; Porter hat sie am Piano begleitet ... *It was the real thing* – eine Frau, die sich das Herz mit einem Messer aufschneidet, bis wir es alle sehen konnten, so daß wir so sehr litten wie sie, und das mit einer rhythmischen Wildheit, die wirklich kaum auszuhalten war.»

Zu den wichtigsten Vertretern des sogenannten klassischen Blues zählen neben Mamie und Bessie Smith noch drei weitere Smiths – Clara, Laura und Trixie –, die samt und sonders nicht miteinander verwandt sind.

Der Pianist Sam Pride hat einmal gesagt: «Trixies Aufnahme des *Freight Train Blues* ist eine der größten Bluesaufnahmen, die jemals gemacht wurden. Trixie hatte Tiefgang, wirkliche Wärme und Ausstrahlung. Wie sie ausgesehen hat? Wie eine Frau so aussieht, die Smith heißt – aber sie konnte singen wie der Teufel!»

Das kann man auch von Clara Smith sagen; sie war bei Columbia unter Vertrag und spielte eine unvergeßliche Version des schönen Songs *Nobody Knows the Way I Feel This Morning* von Tom Delaney ein. In der Reklame wurde sie als «Weltmeisterin im Stöhnen» («The World's Champion Moaner») gepriesen.

Ma Rainey, die Bessie Smith entdeckt hatte, wurde im April 1896 in Columbus, Georgia geboren; dort starb sie auch 1939. Ma Rainey war eine Frau mit wulstigen Lippen in einem rundlichen Gesicht; wegen ihrer unregelmäßigen Zähne sah es so aus, als ob sie dauernd lächeln würde. Sie war ziemlich klein und massiv und trug knöchellange Kleider, die sie größer erscheinen lassen sollten, und sie hatte einen tiefen Kontra-Alt. Der Spitzname «Ma» war durchaus treffend, obwohl sie ihn wohl wegen ihrer Vorliebe für junge Männer erwarb. Mit achtzehn hatte sie, deren richtiger Mädchenname Getrude Pritchett war, Will Rainey geheiratet, der mit einer Schaustellertruppe in Columbus gastierte. Die Ehe hielt nicht eben lange.

Die GEORGIA JAZZ BAND, mit der Ma auftrat, war eine ausgesprochene Dixie-Combo: Trompete, Posaune, Saxophon, Drums und Piano. Am Klavier saß Georgia Tom Dorsey, der später als einer der bedeutendsten Gospel-Komponisten Anerkennung gefunden hat. Die «Mutter des Blues», um den Hals eine Kette aus Zwanzig-Dollar-Münzen, begann ihren Auftritt, indem sie einem überdimensionalen Grammophon entstieg. Einer ihrer bewegendsten Songs war der melancholische *Counting the Blues*:

> Lord, going to sleep now for mama just got bad news,
> Lord, going to sleep now for mama just got bad news,
> To try to dream away my troubles, counting the blues.

Unter anderem zeigte sie auch in ihrem Song *Those Dogs of Mine* einen lebendigen Sinn für Humor: «Mais, Mais und nochmal Mais» heißt es in der treffenden Paramount-Werbung für ihre Platte, *«sie durfte nicht in die Sonne gehen, mußte immer auf der schattigen Straßenseite laufen ... Lawdy, meine Hündchen, wie tun die mir leid!»* Ma Rainey wurde bei diesem Song, der auch *Corn Field Blues* hieß, von LOVIE AUSTIN AND HER BLUE SERENADERS begleitet. Sie selbst wurde als Madame «Ma» Rainey vorgestellt; mit Madame Rainey ließ sie sich am liebsten anreden.

In einer Anzeige des Labels Black Swan (Wahlspruch: «The Race's Own Record») wurde Ida Cox als die «Ungekrönte Königin des Blues» charakterisiert. Ida, die 1889 in Knoxville auf die Welt gekommen war und dort 1968 starb, zog seit ihrem vierzehnten Lebensjahr einmal mit den RABBIT FOOT MINSTRELS, dann wieder mit deren schärfstem Konkurrenten, SILAS GREEN'S aus New Orleans, durch die Lande. Eine Zeitlang war sie mit Jesse Crump aus Paris, Texas verheiratet, der siebzehn Jahre jünger war als sie und für sie den Begleitmusiker machte. Auf ihren bei Black Swan erschienenen Platten wurde sie von Lovie Austin, den PRUETT TWINS (Banjo und Gitarre) oder ihrer eigenen Gruppe, den BLUE SERENADERS begleitet.

Ida hatte viel weniger Stimme und Ausdrucksfähigkeit als Ma Rainey oder Bessie Smith. Sie hat dennoch einen unauslöschlichen Eindruck hinterlassen – wegen des tiefen Gefühls, mit dem sie sang. Ihre Bewunderer heben hervor, daß sie das wahre Blues-Feeling niemals dem Schnickschnack des Showbusiness geopfert habe. So wie Ma Rainey immer zu lächeln schien, so wie man den Augen von Bessie Smith einfach nicht entkommen konnte, lag die natürliche Ausstrahlung von Ida in ihrer Nachdenklichkeit, wenn nicht gar Melancholie.

Während die meisten wandernden ländlichen Bluessänger Männer waren, schienen die Sänger des klassischen Blues alle Frauen zu sein. Die 1895 in New Orleans als Elizabeth Mary Landreaux geborene Lizzie Miles trat zunächst mit King Oliver und anderen Jazzpionieren auf und machte später zusammen mit Jelly Roll Morton und Clarence Williams Plattenaufnahmen.

Bertha «Chippie» Hill, die 1905 in Charleston, North Carolina geboren wurde, debütierte in Harlem, sang und tanzte in der Truppe von Ma Rainey und trat mit King Oliver in der Palladium Dance Hall in Chicago auf. 1925 und 1926 machte Bertha Plattenaufnahmen mit Louis Armstrong und anderen Jazzgrößen und besang zum erstenmal eine Platte mit dem meistaufgenommenen Blues aller Zeiten – *Trouble in Mind* von Richard M. Jones. Bertha, die 1948 an einem Gedächtniskonzert für Bessie Smith in der New Yorker Town Hall teilnahm, kam zwei Jahre darauf ebenfalls bei einem Autounfall ums Leben.

Um die Liste der bekannten weiblichen Blues-Shouter des klassischen Blues fortzusetzen: zunächst einmal Sara Martin, dann Alberta Hunter, die den Blues in den zwanziger Jahren auch im Ausland bekanntgemacht hat, und schließlich Bricktop und Victoria Spivey. Bricktop wurde als Besitzerin eines Pariser Nachtklubs bekannt, während Victoria Spivey, nicht zu verwechseln mit der Nachtklubbesitzerin gleichen Namens, als Autorin einiger der meistaufgenommenen Blues von damals zu nennen ist: *Dirty T B Blues*, *Bloodhound Blues* und, nicht zu vergessen, des *Black Snake Blues*.

Viele Musikwissenschaftler und Kritiker haben die Vorherrschaft der Frauen im klassischen Blues als Gegenstück zur Männerherrschaft im ländlichen oder Country-Blues zu erklären versucht. Wilfrid Mellers schreibt da etwa in seinem Buch «Music in a New Found Land»: «Das liegt daran, daß der ensemblegewohnte, in der Stadt lebende männliche Schwarze gelernt hatte, durch sein Blasinstrument zu ‹sprechen›; aber auch daran, daß die tiefe Resonanz der schwarzen weiblichen Stimme das Symbol der Mutter repräsentierte, das für die entwurzelten Bewohner der großen Städte so wichtig zu sein schien.» Die Mama-Theorie ist immerhin eine Überlegung wert, selbst wenn sie ziemlich aus der Luft gegriffen erscheint. Aber die Vorstellung, daß die Männer samt und sonders zu singen aufgehört hätten, um statt dessen nur noch auf Instrumenten zu spielen, entbehrt jeder faktischen Grundlage.

LeRoi Jones kommt in «Blues People» einer haltbaren Erklärung für die weibliche Vorherrschaft im klassischen Blues ziemlich nahe; er hebt drei Faktoren besonders hervor: Erstens die Entstehung des schwarzen Theaters. «Die Minstrel-Chöre und das Vaudeville gaben nicht nur vielen Bluessängerinnen Lohn und Brot, sondern trugen auch zur Entwicklung des Berufsbilds des weiblichen schwarzen Entertainers bei.» Zweitens «verschaffte die Ehrfurcht, die die Schwarzen für fast alles Weiße empfanden, den schwarzen Entertainern ein enormes Ansehen». Drittens trug die «gewaltige Welle des Frauenprotests gegen die Verweigerung des Stimmrechts in den zwanziger Jahren» zum Aufkommen weißer wie schwarzer Unterhaltungskünstlerinnen bei. Jones schließt: «Das Zusammenwirken aller dieser Faktoren trug zur beherrschenden Stellung der schwarzen weiblichen Entertainer bei und gab ihnen eine Unabhängigkeit und Bedeutung, die sie auf anderen ihnen offenstehenden Gebieten nicht erreichen konnten.»

Die Analyse von Jones sagt mehr darüber aus, *warum* die schwarzen Frauen in die Unterhaltungskunst drängten, als daß sie erklärt, warum es denn *so viele* waren. Letztere Frage war eine Angelegenheit des Markts, und zwar mehr der Nachfrage der Käufer als der frommen Wünsche der Verkäufer. Und an diesem Punkt hat Jones nicht tief genug gebohrt. Jones meint zwar ohne Frage zu recht, daß der Aufstieg des Vaudeville zu einem wichtigen Unterhaltungsmedium und das Wachstum der schwarzen Vaudeville-Ketten die grundlegenden Faktoren dieser Entwicklung waren. Wir müssen jedoch noch einen Schritt weiter gehen und nach der Zusammensetzung des Vaudeville-Publikums fragen. Wenn wir uns einmal überlegen, daß das Publikum in der Hauptsache aus Männern bestand, dann wird die Nachfrage nach weiblichen Künstlern sonnenklar.

Charles Keil will in seinem Standardwerk «Urban Blues» auf etwas ähnliches hinaus: «Nach amerikanischer Auffassung von Sitte und Moral ist es weißen Männern erlaubt, sich von schwarzen Frauen sexuell stimulieren zu lassen. Ein Schwarzer jedoch, der Sex-Appeal besitzt oder Lieder mit sexuellen Untertönen singt – Blues oder vom Blues beeinflußte Lieder –, stellt eine Bedrohung dar und hat erst in jüngster Zeit in weißen Nachtklubs Fuß gefaßt.»

Blues ist ...

Viele, und besonders die religiösen Schwarzen, hielten den Blues für «Teufelswerk»; aber man liegt genauso daneben, wenn man ihn nur als Möglichkeit für sexuelle Anspielungen ansieht, oder als *Blue Song*, als trauriges Lied.

«Für mich ist Blues, tja – fast religiös», hat Alberta Hunter einmal gesagt. «Die Bluessongs sind wie Spirituals – fast heilig. Wenn wir den Blues singen, dann singen wir, was wir im Herzen haben, wir singen unsere Gefühle hinaus. Nimm mal an, man tut uns weh, und wir können einfach nicht zurückschlagen. Dann singen wir.»

W. C. Handy, der Vater des Blues, meint ganz ähnlich: «Der Blues hat wie die Spirituals mit den Schwarzen angefangen, in ihm steckt unsere Geschichte drin, wo wir hergekommen sind und was wir mitgemacht haben. Der Blues kommt von den Menschen, die ganz unten gewesen sind. Der Blues kommt vom Nichtssein, aus der Armut, aus der Sehnsucht.»

Aber der Blues ist mehr als nur Ausdruck ökonomischer oder emotionaler Erniedrigung und Entrechtung. «Obwohl Blues oft mit dem Zustand der Niedergeschlagenheit assoziiert wird», schreibt Paul Oliver in seinem Buch «The Meaning of the Blues», «und mit Lethargie oder Verzweiflung in Zusammenhang gebracht wird, handelt es sich nicht nur um einen physischen oder psychischen Zustand. Es geht nicht nur um das Ertragen des Leidens oder die Feststellung der Hoffnungslosigkeit; und ebensowenig ist der Blues nur ein Mittel, sich von diesen Stimmungen zu befreien. Er ist alles das, und ist doch mehr ... In diesem Begriff ist die ganze Tragödie der Schwarzen seit Black Anthony Johnson enthalten, dem ersten von ungefähr zwanzig Schwarzen, die ihren Fuß auf amerikanische Erde setzten, nach Jamestown verfrachtet von einem holländischen Fahrensmann im Jahre 1619.»

Trotzdem diese Beobachtungen durchaus stimmen, fehlt ihnen die historische Perspektive, die nötig ist, um die Soziologie und die Ästhetik des Blues voll zu verstehen. Der Blues ist eine einzigartige musikalische Ausdrucksform und verkörpert ein einzigartiges Gefühlsspektrum.

Richard White hat den Blues mit widersprüchlich klingenden Begriffen umrissen: «Der Blues ist eine Form des überschwenglich-melancholischen Volksliedes.»

Und Langston Hughes hat in seinem Buch «Famous Negro Music Makers» geschrieben: «Blues, das sind meist sehr traurige Lieder, in denen es darum geht, daß man nicht geliebt wird, kein Geld und kein Dach über dem Kopf hat. Und dennoch ist in fast allen Bluessongs eine humoristische Wendung, die die Leute zum Lachen bringt... Die Musik ist langsam, oft traurig-schleppend, aber trotzdem synkopisch, mit einer Art marschierendem Baß dahinter, der zu sagen scheint: ‹Trotz des Schicksals, trotz des Pechs, trotz des Blues: Ich mach weiter! Und ich werd's schaffen.›»

Optimismus auch angesichts schlechter Zeiten ist immer gut. Geschichtlich wurde für die Schwarzen dieser Optimismus erst nach dem Bürgerkrieg möglich.

Bevor ich diesen Gedanken entwickle, möchte ich kurz auf die Form eingehen – denn die Form selbst trägt ja das Potential zur Vieldeutigkeit in sich. Praktisch alle europäischen Musikformen haben Doppelcharakter und operieren mit geradzahligen Formationen. Im Gegensatz dazu besteht der Blues aus einer Dreier-Anordnung. Die erste Verszeile wird immer wiederholt und erzeugt damit unweigerlich eine Spannung, die auf die dritte Zeile vorbereitet, die eine Wendung, eine Überraschung oder einen Seitenhieb bringt:

Good morning, Mr. Blues, Mr. Blues, I come to talk with you,
Good morning, Mr. Blues, Mr. Blues, I come to talk with you,
Mr. Blues, I ain't doin' nothin' an' I would like to get a job from you.

Dieser Kick kann viele Formen annehmen, und nicht immer die eines Blackouts. Aber es liegt auf der Hand, daß die dreiteilige Form den Kontrast, die Dualität, die Zweideutigkeit geradezu einlädt.

In der Form des Blues ist ein afrikanisches Element. Im klassischen Blues nimmt die erste Zeile vier Takte ein. Zwei davon sind vokal, die beiden anderen häufig instrumental. Dieser Wechsel von Frage und Antwort, dieser Gruppe-Solo-Stil wird auch in den übrigen vier viertaktigen Segmenten durchgehalten. Die zwölf Takte verkörpern ein Frage-Antwort-Muster, von dem wir mittlerweile wissen, daß es für die afrikanischen Rezitativgesänge und deren Abkömmlinge, die afro-amerikanischen *Ring Shouts*, eigentümlich ist.

Musikwissenschaftlich betrachtet ist der Blues wie der gregorianische Chorgesang gebaut: er beruht auf den drei Grundakkorden des Zweitonsystems. Die ersten vier Takte liegen alle auf dem Grundakkord (I). Die anschließenden vier Takte verteilen sich auf zwei Subdominanttakte (IV) und zwei Grundakkordtakte. Von den vier letzten Takten liegen zwei auf der Dominante (V), dann folgt die Rückkehr zum Grundakkord (I). (Siehe Tabelle oben S. 57.)

Die sogenannte Bluestonleiter unterscheidet sich von der üblichen Durtonleiter darin, daß der dritte und siebte Ton erniedrigt ist; Bluessänger und -instrumentalisten dämpfen, beugen, erniedrigen und verwi-

Takt	1 2 3 4 5 6	7 8	9 10	11 12
	Grundakkord (Tonika)	Subdominante	Grundakkord (Tonika)	Dominante	Grundakkord (Tonika)

Grundakkord (Tonika)	Subdominante	Grundakkord (Tonika)	Dominante	Grundakkord (Tonika)
If you wanna go to Nash- ville and ain't got no fare	If you wanna go to Nash- ville and ain't got no fare		Cut Your gal's throat and the judge will send you there.	

schen auch andere Töne ziemlich oft. Es wird angenommen, daß die Schwarzen diese *Flatted Notes* ursprünglich deshalb benutzten, weil sie aus Afrika eine pentatonische (fünftonige) Tonleiter mitgebracht hatten, die von der europäischen (diatonischen) Tonleiter mit ihren acht Tönen abwich. Die Erniedrigung der Terz und der Septim brachte die europäische temperierte Durtonleiter damit also näher an die afrikanische «Ganzton»-Tonleiter. Weil die erniedrigten Töne der Melodie gegen die nicht erniedrigten Töne der Baßbegleitung gespielt werden (Es gegen E), liegt jetzt in der musikalischen Struktur des Blues ein gewaltiges Maß an innerer Spannung.

Warum hat sich der Blues erst nach dem Bürgerkrieg entwickelt? Im großen und ganzen haben sich die Lebensumstände der Schwarzen in wirtschaftlicher, sozialer und politischer Sicht nach der Proklamation der Sklavenbefreiung – die mehr oder weniger verbal blieb – kaum verändert. Aber schon die bloße Proklamation der Befreiung schuf die Vorwegnahme, die Hoffnung, den Traum eines Lebens, das vor nicht allzulanger Zeit noch völlig unmöglich erschienen war. Als in der Wiederaufbauphase neue, die Schwarzen einschränkende Gesetze in Kraft gesetzt wurden und der Ku Klux Klan mit weißen Kapuzen durch die Nacht ritt und Kreuze verbrannte, lag der Zweck darin, dem neuen schwarzen Bürger etwas zu nehmen, was er noch gar nicht besaß.

Vor der Sklavenbefreiung sangen die Schwarzen Spirituals, die eine harte Wirklichkeit in die weiche Watte einer Phantasiewelt des Friedens und der Zufriedenheit packten. Nach der Emanzipation – die den Schwarzen vom Status einer beweglichen Habe befreit hatte – stand er vor einem Tor, das sich für bessere Zeiten in dieser Welt öffnete. Dieses Tor stand nur einen Spalt weit offen. Aber es war da. Die Schwarzen litten nach wie vor, waren noch immer benachteiligt. Aber sie konnten hoffen!

«Das Erstaunlichste am Blues ist, daß er, trotzdem er voll eines Gefühls der Niederlage und der Niedergeschlagenheit ist, nicht durch und durch pessimistisch ist; was an Leid und Last auf ihn drückt, wird durch die schiere Kraft der Sinnlichkeit dialektisch aufgehoben zu einer beinahe überschwenglichen Bejahung des Lebens, der Liebe, des Sex, der Bewegung, der Hoffnung», schreibt Richard Wright.

Aus meiner Sicht zeichnet der Blues vier Entwicklungen im Leben der Schwarzen nach und setzt sie psychologisch um: Erstens reflektiert der Blues die Arbeit, die in den Wechsel vom «wir» und «unser» zum «ich» und «mein» eingegangen ist. Die Trennung von dem Land, an das er als bewegliche Habe gefesselt gewesen war, die Vertreibung aus dem Gemeinschaftsleben der Plantagen – für die Schwarzen war das eine Erfahrung, die ebenso traumatisch gewesen sein muß wie die Entdeckung des Heranwachsenden, daß er ein Individuum ist, das in sich schon seinen Tod trägt. Und diese Erkenntnis gibt dem Blues seine intensive persönliche und emotionale Qualität.

Zweitens spiegelt der Blues den Statuswechsel vom gesichtslosen Sklaven zum auf sich selbst angewiesenen und einsamen Leben des Pächters oder Wanderarbeiters. Das Leben des Sklaven war zwar hart und deprimierend; aber Hunger, Mangel an Kleidung oder Unterkunft hatte es nicht gekannt. Mit dem Problem, diese Bedürfnisse zu befriedigen, standen die Schwarzen nun allein da.

Drittens ist der Blues die Musik und Poesie der Bewegung. Die Existenz des Sklaven war an den Boden gefesselt. Seine Bewegungsfreiheit war auf den Grund und Boden der Plantage beschränkt. Aber das Leben eines «freien» Menschen machte das Weiterziehen von einer ertragsarmen Pachtstelle zur nächsten, vom Land in die Stadt, von einer Gegend zur anderen beinahe zum Zwang. Die Schwarzen waren nicht nur mittellos, sie waren zur Wanderexistenz verdammt. Kein Wunder also, wenn der Blues voller Bilder über Eisenbahnen und Highways und, wie sollte es anders sein, Gefängnisse steckt.

Schließlich ist der Blues die Chronik der emotionalen Gewöhnungsarbeit an die Monogamie, die für den Afro-Amerikaner eine neue Erfahrung darstellte. Viele Sklaven, besonders die sogenannten *Field Niggers*, wußten nicht, von wem sie gezeugt worden waren. Darum war das Familienoberhaupt der Sklavenfamilie – und später der befreiten Sklaven – bis weit ins zwanzigste Jahrhundert hinein die Mutter. Aus demselben Grund trugen viele Sklaven als Familiennamen den Namen ihres weißen Besitzers – und das oft nicht zu Unrecht.

Die Sklavenhalter hatten Angst vor den starken familiären Bindungen ihrer Sklaven und waren – vor allem nach dem Verbot weiterer Sklavenimporte in den dreißiger Jahren des letzten Jahrhunderts – mehr daran interessiert, daß die Sklavinnen am laufenden Band schwanger waren als an der Erhaltung monogamer Geschlechtsbeziehungen. Auf vielen Plantagen wurde der menschliche Deckhengst zur anerkannten Figur. Mit der Sklavenemanzipation jedoch wurde der Besitz oder Verlust einer geliebten Frau zu einer vernichtenden Erfahrung; ein Song von Mayo Williams macht das deutlich: *«The blues ain't nothin' but a woman cryin' for her man»* – was natürlich auch andersrum galt.

Der Bluesman Taj Mahal sagt: «Blues, Country-Blues, Country-Western und Bluegrass, das ist wirkliche Volksmusik. In dieser Musik werden Dinge gesagt, die die Menschen in ihrem wirklichen Leben auch gern sagen würden.»

Der Blues war die – offene oder versteckte – Klage eines unterdrückten, erniedrigten Volkes, ohne Dach über dem Kopf, ohne Liebe, ohne Geld, ohne Ansehen, ohne Identität – aber, ironischerweise, nicht ohne Hoffnung. Selbst wenn das Leben nicht eben viel zu bieten hatte: Draußen vor dem Tor schien eine offene Straße zu liegen. Also gab es im Bewußtsein der Schwarzen zwar Melancholie, aber eben auch Heiterkeit; Frustration, aber auch Erwartungen; Verzweiflung, aber auch eiserne Entschlossenheit; Leiden, aber auch Leidensfähigkeit. Aus diesen Kontrasten heraus entstand die Zweideutigkeit des Blues; sein Schwanken zwischen Dur und Moll spiegelte das Schwanken zwischen den Gefühlen.

Die Jazzsänger

Wenn man schon ein Datum nennen will, das die Geburt des Jazzgesangs markieren soll, einer mit dem Blues eng verwandten Kunst, dann eine Aufnahme-Session des Labels Okeh im Februar 1926, bei der Louis «Satchmo» Armstrong und seine HOT FIVE einen Song mit dem Titel *Heebie Jeebies* in die Rillen fetzten. Nicht etwa Satchmos Umgang mit der Trompete, sondern das, was er – vielleicht ganz zufällig – mit seiner Stimme anstellte, macht die historische Bedeutung dieser Session aus. Richard M. Jones, der auch schon der Mentor Jelly Roll Mortons gewesen war, produzierte die Platte und überwachte die Aufnahme.

Nach George M. Avakian, der die «Louis Armstrong Story» aus den Archiven von Columbia zusammengestellt hat, «hat Jones immer behauptet, daß Louis seine Gesangspartie eigentlich zweimal durchsingen wollte, aber auf halbem Weg sein Notenblatt verlor und solange Blablabla improvisieren mußte, bis er den Anschluß wiederhatte.»

Der berühmte Posaunist Kid Ory, der damals bei den HOT FIVE spielte, behauptete, daß «Louis den Text vergaß oder wenigstens so tat».

Was Satchmo da gesungen hatte, war schon bald überall als *Scat Singing* bekannt, das Ersetzen verständlicher Wörter durch sinnlose Silben, wobei diese Silben tonal so arrangiert werden, daß sie ein Instrument imitieren und rhythmisch swingen.

Es gibt durchaus Wissenschaftler, die die Echtheit dieser Anekdote anzweifeln. Und in Wahrheit hat Louis Armstrong schon vor der Aufnahme von *Heebie Jeebies* am *Scat Singing* seinen Spaß gefunden. 1925 trat er mit der FLETCHER HENDERSON BIG BAND im «Roseland Ballroom» in Manhattan auf und machte häufig bei den *Thursday Night*-Veranstaltungen mit, bei denen auch Künstler auftraten, die nicht zum Haus gehörten.

Richard Hadlock berichtet in seinem Buch «Jazz Masters of the Twenties»: «Ausgesprochenes Lieblingsstück bei diesen Anlässen war *Everybody Loves My Baby*, das Henderson auch bald auf Schallplatte aufnahm, und zwar komplett mit den *Breaks* oder *Scats* von Louis Armstrong. Es war die erste Platte, auf der Louis sang, aber sie fand damals so gut wie keine Beachtung.» Die Bedeutung von *Heebie Jeebies* liegt darin, daß der improvisierte, uneinstudierte – immerhin einen ganzen Chorus andauernde – Scat von Louis diesem Gesangsstil Aufmerksamkeit verschaffte.

Welches Datum man nun für die Einführung des Jazzgesangs einsetzt, im Scat ist das Wesentliche dieses Stils bereits enthalten. Natürlich muß der Gesang im Jazz keineswegs unverständlich sein. Die Jazzsänger singen häufiger Verständliches als Scat-Sänger. Aber während der instrumentale Jazz oft damit charakterisiert wird, daß in ihm das Instrument so frei eingesetzt wird, als wäre es eine menschliche Singstimme, gilt für den Jazzgesang gerade umgekehrt, daß hier die Stimme rhythmisch und tonal so benutzt wird, als ob sie ein Instrument wäre. Jazzgesang muß – wie instrumentaler Jazz auch – einen Beat haben. Er muß swingen, wenn auch ganz verhalten. Und er muß das Persönliche und das Gefühl improvisierter Musik ausdrücken.

Armstrong, geboren 1900 und 1971 gestorben, der erste Jazzsolist, der als Entertainer weltweit bekannt geworden ist, war auch der erste Jazzsänger. Die Trennlinie zwischen dem Blues und dem Jazzgesang ist fließend, weil der persönliche Ausdruck, die emotionale Intensität und die Freiheit zur Improvisation auch dem Bluesgesang sein besonderes Gepräge geben.

Und der Gesangsstil Louis Armstrongs ist auch tatsächlich von den vielen Aufnahmen, die er mit den Sängern des klassischen Blues der zwanziger Jahre gemacht hat, geformt oder doch zumindest beeinflußt worden. Seine Trompete ist auf Platten von Trixie Smith (*Railroad Blues*), Clara Smith, Alberta Hunter, Hociel Thomas, Maggie Jones (*Screamin' the Blues*), Sippie Wallace, Bertha «Chippie» Hill (*Trouble in Mind*), Ma Rainey (*See See Rider*) und sogar Bessie Smith zu vernehmen, mit der er 1925 acht Stücke aufnahm, darunter auch den *St. Louis Blues*.

Der Unterschied zwischen Blues- und Jazzgesang liegt zum Teil beim Publikum, am meisten aber beim Repertoire. Der Jazzgesang kam auf, als Pop-Balladen und Schlager aus Broadway-Shows, die dem weißen Publikum bereits gefallen hatten, von schwarzen Künstlern uminterpretiert wurden.

Armstrong hatte seinen ersten großen Pop-Hit erst 1929, als er in einer rein schwarzen Revue, «Hot Chocolates», die im New Yorker Hudson Theatre lief, als Star auftrat. Nacht für Nacht heimste er mit seiner Wiedergabe des Evergreens *Ain't Misbehavin'* (von Andy Razaf und Fats Waller) derartigen Beifall ein, daß die Show unterbrochen werden mußte, bis sich alles wieder beruhigt hatte. Etwas später im selben Jahr nahm er das Erfolgslied einer weiteren rein schwarzen Broadway-Revue, «Blackbirds», auf. *I Can't Give You Anything But Love, Baby* war der zweite Hit einer langen Reihe jazzig gesungener Pop-Titel, die sich bis ins Jahr 1964 hinzog, in dem Satchmo mit *Hello Dolly* einen Preis gewann.

In der ganzen Zeit von 1929 bis 1964 hat es über die Frage, was und wieviel denn an der heiseren Stimme von Satchmo nun eigentlich Jazz sei, viele Diskussionen gegeben. Aber was die Jazzkritiker von *Ol' Man*

Mose, You Rascal You und den neueren Platten von Armstrong halten mögen: Sein Einfluß auf die Kunst des Jazz- und Pop-Gesangs kann einfach nicht geleugnet werden.

Die Wirkung seiner Swingstimme hat im Gesang so verschiedener Künstler wie Ella Fitzgerald, Cab Calloway, der MILLS BROTHERS, Wingy Manone und des pferdestimmigen Louis Prima ihre Spuren hinterlassen. Ein Widerhall der Art, wie Satchmo phrasierte und verzögerte, ist auch im Gesang von Ethel Waters, Lady Day, der Rocking Chair Lady und sogar der BINGLE zu hören. Und selbst die Balladensänger sind seinem Einfluß nicht entgangen.

«Natürlich hat er eine häßliche Stimme», hat ein englischer Kritiker einmal über Satchmos Organ gesagt, «wenn man sie daran mißt, was in Europa als schöner Gesang gilt. Aber der Ausdruck, den Armstrong in seine Stimme legt, das Soul, das Herz, die Tiefe, die in jedem Ton mitschwingt, macht seine Stimme schöner als fast alles, was heute in der Welt der Weißen an technisch perfektem, aber kaltem und seelenlosem Gesang produziert wird.»

Billie Holiday, eine der ersten, die es Satchmo nachmachten, platzte in der Mitte der dreißiger Jahre in die Plattenszene. Sie kam via Baltimore, wo sie 1915 geboren worden war, und Harlem, wo sie als Kellnerin gelernt hatte, Münzen aufzuheben, ohne die Hände oder den Mund zu gebrauchen, zu Columbia Records. (Eigentlich hieß sie Eleanor Fagan Gough; in ihrer Jugend kam sie wegen ihres burschikosen Wesens zu dem Spitznamen Bill. Aus Bill wurde später Billie, was sie am liebsten hörte, weil sie für den Stummfilmstar Billie Dove schwärmte. Und zu ihrem Nachnamen Holiday kam sie im zarten Alter von drei Jahren, als Clarence Holiday, ihr Vater, ihre Mutter heiratete). Ihre traurige Kindheit und Jugend – gezeichnet von Armut, Vergewaltigung, Prostitution, Pot und Gin – hat unverwischbare Spuren hinterlassen und zweifellos zu ihrem frühen Tod im Jahr 1959 beigetragen. Aber dies bildete auch einen emotionalen Bezugsrahmen, der sie zu einer der großen Balladensängerinnen unserer Zeit gemacht hat.

Die Geschichte des Pop-Gesangs läuft in einem gar nicht so geringen Maß auf die beiden Namen Billie Holiday und Frank Sinatra hinaus. Vor «The Voice» gab es allerdings auch schon phantastische Sänger, die aus der Minstrel-Tradition kamen: Eddie Leonard, Joe Howard, den jungen Eddie Cantor und schließlich Al Jolson; fesselnde Vaudeville-Diseusen wie Nora Bayes, Fanny Brice und Belle Baker; anziehende Radio-Sänger wie den Street Singer, den Vagabond Lover und den Groaner.

Das Singen bestand aus Bewegung und der Kunst, eine Show daraus zu machen: Ein Cakewalk-tanzender Joe Joward, ein per Schminke zum

Neger gemachter Al Jolson, der auf Knien «Mammy» sang. Es war Schmierenkomödiantik, Soft Shoe Dancing, klare Diktion, Belcanto-Gesang und fröhliche Erregung.

Eine besonders intime Kunst war das jedoch nicht; in den Tagen, als Verstärker noch keineswegs gang und gäbe waren, mußte selbst ein Rudy Vallee zum Megaphon greifen, um sich in einem Club oder Musiktheater verständlich zu machen. Und diese Musik lebte auch nicht von der persönlichen Ausdruckskraft oder sexueller Wärme. Die Liedertexter mußten sich damals noch via Euphemismen an die Grenzen einer prüden viktorianischen Moral herantasten – Naturbilder nach Art des berühmten Kameraschwenks zum Himmel oder auf die See, wenn es kitzlig wurde, sollten sexuelle Nähe signalisieren. Auch die meisten Popsänger nahmen übertriebene Posen der Nonchalance, des Schmachtens, der Fröhlichkeit ein, um dem Publikum die nackten Tatsachen zwar anzudeuten, es aber zugleich davor zu schützen.

Der erste Popsänger, der Nähe, Sehnsucht und Sex in seinem Stil hatte, war Francis Albert Sinatra. Und wer hat ihn dazu inspiriert? «Es war Billie Holiday», sagt Sinatra, «ich habe sie zum erstenmal in den Clubs der 52nd Street gehört, Anfang der dreißiger Jahre. Sie hat von allen den größten musikalischen Einfluß auf mich ausgeübt.» Und Frank fügt hinzu: «Mit wenigen Ausnahmen ist jeder wichtige Popsänger ihrer Generation in den USA von ihrem Genie gestreift worden.»

Billie Holiday sagte: «Ich glaube nicht, daß ich singe. Ich habe das Gefühl, als ob ich Trompete blase. Ich versuche, wie Les Young oder Louis Armstrong, oder wen ich sonst noch bewundere, zu improvisieren. Und dabei kommt das heraus, was ich empfinde. Ich hasse dieses Gesinge, das sich streng an die Noten hält. Ich mache so lange an einem Lied rum, bis es zu mir paßt.»

Niemals ist eine genauere Definition des Jazzsingens formuliert worden. Bei anderer Gelegenheit hat Billie einmal gesagt: «Wenn man ein Lied findet, das etwas mit einem zu tun hat, dann muß man überhaupt nicht dran herumfeilen. Man fühlt es einfach, und wenn man es dann singt, merken die Leute auch was.»

Etliche Jahre später hat Sinatra, «The Voice», schnoddriger zwar, folgendes gesagt: «Wenn ich singe, dann glaube ich. Ich bin ehrlich ... Du kannst der musikalisch perfekteste Bühnensänger von der ganzen Welt sein – aber das Publikum ist wie eine Frau. Wenn du nicht auf Gefühl machst – Feierabend.»

Wie banal oder klischeehaft die Texte auch waren, für Billie Holiday waren sie Fragmente von Gefühlen. Wenn sie sang, war sie keine Unterhaltungskünstlerin oder Show-Frau, sondern die Bluessängerin vom alten Schlag, die einen schmerzlichen oder, ganz selten einmal, einen glücklichen Augenblick nochmals durchlebt.

Lady Day, wie Billie Holiday genannt wurde, lebte in einer Welt, die sich nach Liebe sehnt. *God Bless the Child*, ein Song, an dem sie mitgeschrieben hat, führt einem den Hunger ihrer Kindheit vor Augen. Schmalzballaden wie *My Man, I Cried for You, Mean to Me* und *You Let Me Down* erzählten von den Spannungen und Qualen, die sie mit Männern durchgemacht hatte. Und *Strange Fruit* war nicht nur ein Aufschrei gegen die Lynchjustiz, sondern indirekt ein Bild dessen, was Billie Holiday zu erleiden hatte.

Ralph Gleason vom *San Francisco Chronicle* hat das so ausgedrückt: «Sie litt an der unheilbaren Krankheit, in einer weißen Gesellschaft schwarz auf die Welt gekommen zu sein, in einer Gesellschaft, mit der sie niemals eins sein konnte, sondern immer nur halbwegs akzeptiert wurde.»

In Wirklichkeit mußte Billie die vernichtende Erfahrung machen, nicht nur den Weißen zu schwarz zu sein (sie durfte beispielsweise nicht mit der ARTIE SHAW BAND zusammen auftreten), sondern in der Welt der Schwarzen zu weiß zu sein (um mit der COUNT BASIE BAND auftreten zu können, mußte sie sich das Gesicht mit Schminke nachdunkeln). Billie hat immer nur wiedergegeben, wie es in ihrem Leben aussah. In ihren Liedern schlug die Glocke nie jemand anderem, immer nur ihr selbst.

Lady Day hat zwar sicher nicht die beste Schulbildung gehabt. Aber sie war sich ihrer Magie durchaus bewußt. In ihrer Autobiographie «Lady Sings the Blues» (William Dusty «Schwarze Lady sings the Blues» Rowohlt Taschenbuch Verlag GmbH, Reinbek 1964) schrieb sie: «Man hat mir gesagt, daß niemand das Wort ‹Hunger› so singt wie ich. Oder das Wort ‹Liebe›.»

Billies Stimme war leicht zu erkennen. Ihre hohe, heisere Stimme und ihre feste, straffe Stimmführung gaben ihr turbulentes Leben perfekt auf musikalischer Ebene wieder. Sie produzierte einen unentrinnbar dichten Sound; und ihr Timbre war selbst in den Happy Songs brennend. John Hammond hat über ihren Auftritt im «Cafe Society Downtown» im Jahr 1938 – einem Höhepunkt ihrer kurzen, steilen Karriere und einem unvergeßlichen Erlebnis für jeden, der dabei war – folgendes geschrieben: «Da stand sie, ihr großes, trauriges, schönes Gesicht von einem Spotlight ausgeleuchtet, mit weißen Gardenien im Haar, und sang ihre Lieder. Und die Songs waren danach nicht mehr das, was sie vorher gewesen sind.»

Cab Calloway, der sich zuerst als Bandleader einen Namen machte und erst später auch als Show-Sänger – als Sportin' Life in «Porgy and Bess» – Furore gemacht hat, verdient besonders wegen seiner Verdienste um die schwarze Kunst des Scat besonderes Interesse. 1931 stellte er im Cotton Club in Harlem einen neuen Song vor, *Minnie the Moocher*. Das

Lied wurde so populär, daß er es auch in dem Filmmusical «The Big Broadcast of 1932» sang – einem der vielen, in denen er auftrat. Calloway war eine Zeitlang sogar als *hi-do-ho*-Mann bekannt wegen der Nonsens-Silben, die er in seinen vergagten Liedchen verwendete. Das Scat Singing, das ja eine mit dem Swing verwandte Form der Sprach- und Gesangskomik ist, die von den Schwarzen entwickelt wurde, wurde in der Bop-Ära von Leo Watson, den SPIRITS OF RHYTHM und Babs Gonzales glänzend beherrscht. Ebenso von dem Gespann Slim (Gaillard) und Slam (Steward), die dem Publikum 1938 den *Flat Foot Floogie (With the Floy-Floy)* ins Ohr setzten.

Einige Jahre später wiederholte Slim Gaillard seine Worthexerei in dem Juxtitel *Cement Mixer (Put-ti, Put-ti)*. Diese Verfremdung der Sprache, um einen bestimmten Sound und Rhythmus zu erreichen, bereicherte die Sprache auf eine ganz eigenartige Weise. Der Jive (Swing), die Hipster-Sprache und der Hippie-Slang haben unsere Wörterbücher ganz bestimmt um einiges bereichert.

Der Scat wurde in den vierziger Jahren von einem Mädchen in ganz neue Dimensionen geführt, das der Bandleader Chick Webb im Harlemer Apollo Theatre bei einem Amateurabend entdeckt hatte. Webb, der bucklige Drummer, holte die sechzehnjährige Ella Fitzgerald zu sich nach Hause und half ihr, sich zu einer der verehrten und langlebigen Stimmen des Jazz zu entwickeln.

Das Jahr, in dem Ella Fitzgerald ihren Nachwuchspreis gewann – ein einwöchiges Engagement im Harlemer «Palast» der schwarzen Unterhaltungskünstler – war das Jahr 1934. Fünfunddreißig Jahre später stand ihr Name immer noch ganz oben auf den Plakaten – sei es bei Auftritten im «Flamingo» in Las Vegas, dem «Copa» in New York oder dem «Coconut Grove» in Hollywood. Unter den Jazzsängern bildete sie eine der wenigen Ausnahmen, die beim Jet-set genauso populär blieben wie beim einfachen Publikum.

Zum Teil kommt das von ihrem außergewöhnlichen stimmlichen Können. Ella besitzt eine Flexibilität, einen Stimmbereich und eine Differenzierungsfähigkeit, für die sie von manchem Instrumentalisten beneidet wird. Sie ist an erster Stelle eine instrumentale Sängerin, die sich nicht so sehr um den Text kümmert, dafür aber einzigartige stimmliche Zaubertricks mit Melodie und Rhythmus vollführen kann. Dank ihres absoluten Gehörs, ihrer absoluten Stimmsicherheit, meisterte sie die komplexen Formen des Bop mit Leichtigkeit – um dann in einer unwiderstehlichen Tour de Force durch den Scat Stil zu erniedrigten Quinten, unglaublichen Geschwindigkeiten und Offbeat-Rhythmen überzugehen. Die Treue ihres Publikums hängt jedoch auch mit ihrer klugen Repertoirestrategie zusammen. 1938 hatte sie zusammen mit Chick

Webb einen Pop-Hit, *A-tisket, A-tasket*, einen verswingten Kinderab-zählvers, den sie mit dem Arrangeur der Band, Van Alexander, ausge-knobelt hatte. Dann nahm sie fast die ganzen zwanzig Jahre, in denen sie bei Decca war, neue Songs auf, bei denen ihre stimmlichen Fähigkei-ten sinnlos verbraten wurden und kaum zur Geltung kamen. Aber diese Erfahrung und die Europa-Tourneen mit NORMAN GRANZ'S JAZZ halfen ihr, ihr ureigenstes Betätigungsfeld zu finden. In Show-Songs und Stan-dards – von Gershwin, Berlin, Cole Porter, Rodgers und Hart – fand sie Material von einer melodischen und harmonischen Fülle, das sich ihrer Improvisationsfähigkeit geradezu anbot. Daraus stellte sie die Program-me ihrer Live-Auftritte und jener hochgeschätzten Verve-LPs zusam-men, die mit den swingenden Arrangements von Nelson Riddle aufge-nommen wurden.

«Man nehme sich ein halbes Dutzend Ella Fitzgerald-Platten», meint der englische Musikkritiker Mike Butcher, «und untersuche sie sorgfäl-tig. Wenn Sie einen einzigen – technischen oder stilistischen – stimmli-chen Schnitzer zu finden imstande sind, dann sind Sie kritischer als alle Musikkritiker zusammen.»

Auch Sarah Lois Vaughan, weitaus bekannter als Sassy oder The Divine Sarah, trat zum erstenmal bei einer Nachwuchsveranstaltung im Apollo Theatre in das Licht der Bühnenscheinwerfer, und zwar im Oktober 1942, als Ella Fitzgerald auf den Handzetteln der Vaudeville-Theater schon ganz oben stand. Unter denjenigen, die Miss Vaughan während ihres einwöchigen Engagements am Apollo, dem Hauptgewinn des Amateurwettbewerbs, hörten, befand sich Billy Eckstine.

Mr. B. – unter diesem Namen wurde er später als Solo-Entertainer in Matinee-Shows beliebt – spielte damals Posaune in der Band von Earl «Fatha» Hines; er stellte Sarah seinem Bandleader vor. Ihr Job bei Hi-nes führte zu ihrem nächsten Engagement bei Eckstine, als der seine ei-gene Band aufmachte – zu der nebenbei Charlie «Bird» Parker, Dizzy Gillespie und andere Pioniere des Bop gehörten. Nach Einspielungen für mehrere kleine Labels wurde Sassy von Musicraft unter Vertrag ge-nommen, das sich damals bemühte, den Sprung zum großen Label zu schaffen.

Barry Ulanov erinnert sich in seiner «History of Jazz in America», wie ein Musicraft-Manager bei ihrer ersten Session ausrief: «Du lieber Him-mel, das kann sie doch nicht bringen! Sagt ihr, sie soll das gefälligst nor-mal singen! Mit dem Zeug können wir doch einpacken! Da stehn wir am Schluß ohne Hemd da.»

Was das Geschick seiner kurzlebigen Firma anging, hatte der Mann recht. Aber «dieses Zeug», und besonders ein Song mit dem Namen *Black Coffee*, löste in der Welt des Jazz ein Erdbeben aus. Ihre schrägen

Töne brachten Sarah Vaughan in der 52nd Street, dem städtischen Vorposten der Bopster-Invasion, den Ruf eines Stars ein. Im «Onyx» und später im «Downbeat», Clubs, in denen sie in diesem Jahr auftrat, bekam Sarah Vaughan magere 75 Dollar die Woche. Ein Jahr darauf waren es schon an die tausend Dollar.

Die Stimme Sassys hat eine runde und beherrschte Qualität, die ihr frühes Training enthüllt und doch zugleich auch verbirgt. Wenn man hört, daß sie von ihrem siebten bis fünfzehnten Lebensjahr fleißig Klavierunterricht und auch Orgelunterricht genommen hat, kann einen das kaum überraschen. Man vermutet allerdings kaum, daß sie ein paar Jahre im Chor der Mount Zion Baptist Church in Newark, New Jersey gesungen hat. Es gibt jedoch auch Kirchen der schwarzen Mittelklasse, wo die Ekstase des Storefront-Gospels tabu ist. (Man vergleiche die entgegengesetzte These, daß der Blues zum Jazz wird, als der – städtische oder ländliche – Wandersänger seßhaft wird und sich in Habitus und Repertoire der Mittelklasse annähert.)

Divine Sarah hat immer nur sehr beschränkte Zugeständnisse an den Kommerz gemacht und statt dessen an der geraden Linie des Jazzkünstlers festgehalten. Aber sie hat auch öfter das Glück gehabt, auf einen gefälligen, knackigen Song zu stoßen, *Make Yourself Comfortable* und *Experience Unnecessary* zum Beispiel, die zu ihrem bravourösen, mitreißenden Gesangsstil paßten.

Der erfolgreichste Song dieser Sorte und dieser Zeit – den übrigens ich 1959 herausgebracht habe – war *Broken-Hearted Melody*, ein Bossa-Nova-Song von mehr instrumenteller Art, geschrieben von Sherman Edwards, der später als Autor und Komponist des Broadway-Musicalerfolgs «1776» bekannt wurde, und Hal David, der häufig mit Burt Bacharach zusammenarbeitete. Ihre Aufnahme bei Mercury verkaufte sich fast einemillionmal und schaffte es in die Top Ten.

Vier Jahre darauf nahm sich Sarah Vaughan einen bezaubernden Harmonika-Instrumental von Jean «Toots» Thielmans vor und arbeitete ihn zu dem verführerischen Jazz-Waltz *Bluessette* um. Mit ihm, und zum Beispiel auch Errol Garners *Misty*, schaffte Sarah auch den Einbruch in den Markt der leichten Unterhaltungsmusik, ohne faule Kompromisse zu Lasten ihrer Vorstellungen von Jazz machen zu müssen.

Carmen McRae, die von Sarah Vaughan beeinflußt wurde und Billie Holiday regelrecht vergötterte, reifte in den großen Jahren des Bop heran. Bei ihrem Debüt hieß sie noch Carmen Clarke, weil sie zu der Zeit mit dem Schlagzeuger Kenny «Klook» Clarke der Experimentiergruppe aus dem «Minton's» in Harlem verheiratet war, wo der Bop geboren wurde, und wo sie mehrere Jahre zwischen den Auftritten der Bands sang und Klavier spielte. Obwohl sie mit den Bands von Benny Carter, Count Basie und Mercer Ellington auftrat, wurde sie nicht besonders bekannt. Das änderte sich erst, als sie 1953 für zwei Offbeat-Labels, Stardust und Venus, Aufnahmen machte.

Im Jahr darauf unterschrieb sie bei Decca. Seitdem brachte sie bei den verschiedensten Labels, etwa Mainstream, Kapp und Atlantic, mit schöner Regelmäßigkeit eine Platte nach der anderen heraus. Wie die meisten begabten Jazzsänger sang sie immer hauptsächlich für das gleiche Publikum. Aber immerhin hatte sie in den umsatzbringenden Clubs des Landes genug Anhänger, um nicht von ihrem Weg abweichen zu müssen.

Nancy Wilson gehört zu den vielen guten Sängern, die wie Lena Horne, Joe Williams und Sammy Davis jr. auf der Grenze zwischen Jazz und Pop marschieren. Nancy, die 1937 in Chillicothe, Ohio geboren wurde, hat ihre künstlerische Reife zwar im Zeitalter des Rock erreicht, ist aber doch der entbehrungsreichen Berufung zum Jazzsänger gefolgt.

Zum Teil wegen ihres attraktiven Äußeren – das sie mit Lena Horne, Abbey Lincoln und anderen schwarzen Jazzsängerinnen teilt – ist sie für die Unterhaltung in den führenden Speiseclubs des Landes durchaus begehrt. Mit dem Aufspüren von geeigneten Stücken, die ihren besonderen Stil hätten zutage treten lassen und dennoch für den Absatzmarkt attraktiv gewesen wären, hat sie jedoch nicht so viel Glück gehabt wie eine Zeitlang Sarah Lois Vaughan. Attraktive Alben, die sie mit Cannonball Adderley und George Shearing aufgenommen hat, sind das geworden, was man in der Branche *Turntable Hits* nennt: Die Leute hören sie gern, aber kaufen sie nicht. Erst etwas später erreichte sie ein größeres Publikum. Aber wie schon die Titel ihrer LPs verraten – *A Touch Of Today, Tender Loving Care, Gentle Is My Love* und *Today – My Way*, nimmt sie Stücke, die beim Publikum bereits bekannt und beliebt sind, und versucht mit ihnen, ihren eigenen Stil zu verkaufen.

Die Probleme, die sich aus der Rücksichtnahme auf das große Publikum ergeben, lassen sich an der Karriere von Fats Waller beispielhaft illustrieren. Fats, dieser hochbegabte Komponist von Jazzstücken wie *Squeeze Me* und *Jitterbug Waltz*, impressionistischer Instrumentals wie der *London Suite* (die er, wie berichtet wird, in einem englischen Studio während der Aufnahme komponierte), hat auch ein ansehnliches und denkwürdiges Vermächtnis an Pop-Hits hinterlassen wie *Honeysuckle Rose, Ain't Misbehavin', Blue Turning Grey Over You* und *Keepin' Out of Mischief Now*. Alle weisen Bluesschattierungen und Jazzrhythmen auf, die sie über die üblichen Töne aus der Tin Pan Alley hinausheben.

Auch im Kreise großartiger Pianisten nimmt Waller einen verdienten Ehrenplatz ein. Hier geht die Tendenz mehr in Richtung Jazz als in Richtung Pop – seine *Stride Piano*-Technik hat er von James P. Johnson gelernt; und der große Jazzvirtuose Art Tatum nennt Waller den Künstler, der den bedeutendsten Einfluß auf ihn ausgeübt habe. Sein besonderes Talent für die Orgel, «the God box», wie er sie immer genannt hat, ist Count Basie gut im Gedächtnis geblieben, der einmal im heruntergekommenen Lincoln Theatre in Harlem zu seinen Füßen lag (wortwörtlich), um herauszufinden, wie Fats mit den Pedalnoten zurechtkam. Auch andere enge Freunde denken noch oft an sein Können; sie schlugen sich manchmal irgendwo in einem Hotelzimmer ganze Nächte um ·die Ohren, nur um Fats auf einer Hammond-Orgel spielen zu hören.

In späteren Zeiten wurde die Hammond-Orgel dann zu einer der Enttäuschungen seines Lebens. Fats war ein witziger, wenn nicht ein geborener Clown; er konnte eine Filmszene mit einer Stegreif-Zeile an sich reißen (so in «Stormy Weather» mit dem Satz *One never knows, do one?*»). Der kühn übers Ohr gezogene Filzhut, die ganze gute Laune, die sich da auf den Tasten austobte, führten allzuleicht dazu, daß man sein Spiel und seinen Gesang übersah.

Mezz Mezzrow, der bekannte Jazz-Klarinettist, der Fats in den Jahren kennenlernte, als er die meisten Titel für «Connie's Hot Chocolates» schrieb, hat später einmal gesagt: «Er hatte eine gewaltige Anziehungskraft und eine derart robuste Persönlichkeit, daß man in seiner Gegenwart einfach nicht traurig sein konnte.» Aber wenn Fats allein war, konnte er selbst sehr wohl traurig sein. Dann soff er wie ein Mann, der mit dem Erfolg des Publikums und dem Geld in seinem tiefsten Inneren nicht fertig wird.

Daß er mit neununddreißig Jahren starb, war nicht so sonderlich überraschend. Sein Tod war – natürlich – Zufall. Völlig ausgelaugt von der Arbeit und einem Ausflug an die Küste fuhr er mit dem Zug zurück in Richtung Osten. Er hatte eine Lungenentzündung, trank aber derart viel, daß er sich über seinen Zustand nicht im klaren war. Als ihn der Schaffner morgens zum Frühstück wecken wollte, war er schon etliche Stunden tot – Todesursache: Herzversagen, Lungenentzündung und Alkohol.

Wenn sich die Leute überhaupt an ihn erinnern, dann denken sie an den Clown am Piano, an den Schlagersänger. Aber er war ein begabter Komponist und ernsthafter Orgelspieler, der RCA einmal gezwungen hat, ihn eine Bach-Platte einspielen zu lassen (die allerdings niemals veröffentlicht wurde). Wenn die Projektion eines Songs durch die eigene Persönlichkeit, seine rhythmische Uminterpretation, ihn zum Swingen bringt, wenn Selbststilisierung das Besondere am Jazzgesang ist – und wer könnte seine Aufnahme von *I'm Gonna Sit Right Down and Write Myself a Letter* je vergessen –, dann war Fats Waller allerdings ein großer Jazzsänger und Pianist.

Um Jazz zu singen, braucht es eine stimmliche Ausstattung und Musikalität von hoher Qualität, von höherer Qualität jedenfalls als der, die bereits im Pop für die Wirkung notwendig ist. Und doch ist das Jazzpublikum in aller Regel klein, auf die Gruppe der Kenner beschränkt und dazu noch überkritisch, wodurch es die Sänger und Instrumentalisten zu gelegentlichen Abstechern auf den Massenmarkt provoziert.

Selbst der größte Bop-Musiker überhaupt, Charlie «Bird» Parker, war sich für beliebte Standards mit viel Geige im Hintergrund keineswegs zu schade. Diese Stücke brachten ihm zwar nicht den erhofften Beifall ein, den Billy Eckstine so aus dem Häuschen gebracht hatte, als er zum Pop überwechselte. Aber für Fats Waller war der Erfolg anscheinend eine ernstere Gefahr als der Frust eines dauernden Lebenmüssens mit kleinem Publikum. Hätte Waller aber ein glücklicheres Leben gehabt, ein besseres Los gezogen, wäre er seiner inneren Stimme gefolgt und hätte nicht den Clown gespielt? Wer weiß – *One never knows, do one?*

Black Pop und Oreo-Sänger

Gesang ist eine Form des Ausdrucks und der Selbstdarstellung, der Mitteilung und der Selbstvergewisserung und -prüfung. Diese Beobachtung gibt einem den Schlüssel für den Unterschied zwischen Jazz- und Popgesang. Repertoire und Technik spielen jedoch auch eine Rolle. Die Jazzsänger sind in der Regel an komplizierten, manchmal sogar nur an esoterischen Stücken interessiert. Sie konzentrieren sich so sehr auf die Rhythmik, den «Puls» der Musik, daß sie – ohne mit der Wimper zu zukken – Notenwerte verändern, nur um einen swingenden Beat zu erzielen. Sie nehmen sich das Recht, Melodie, Grundakkorde und sogar den Text eines Songs abzuwandeln, um, wie sie sagen, ihre Gefühle besser vermitteln zu können.

Allerdings liegt der Unterschied zwischen Jazz und Pop mehr im Graduellen als im Grundsätzlichen. Ohne Feeling und Beat wäre Popgesang leblos und kalt. Der Popsänger ist jedoch mehr *Interpret* und weniger *Schöpfer* als der Jazzvokalist. Und es geht ihm vor allem darum, das Publikum zu unterhalten und zu erobern. Der Jazzkunstler, dem das Publikum ganz egal ist, mag ein Extremfall sein, aber er zeigt den Unterschied wenigstens deutlich.

Die Schlüsselfigur des Übergangs von Blues und Jazz zum Popgesang der heutigen Zeit war ein in Nashville geborener Autor und Bühnenkünstler. Leroy Carr, geboren 1899, starb bereits mit sechsunddreißig Jahren – ein Opfer der Nierenkrankheit, die er sich durch übermäßiges Trinken zugezogen hatte. Es heißt, daß er mit dem Alkohol die Schmerzen bekämpfte, die ihm eine Arthritis bereitete. In seiner kurzen, nur sieben Jahre währenden Karriere hat Carr hundert Bluesstücke aufgenommen, und man kann ihn zu den Bluessängern vom alten Schlag zählen. Aber er war weder ein ländlicher Blues Shouter – nach Art von Blind Lemon Jefferson oder Lightnin' Hopkins – noch ein Vertreter des klassischen Blues wie Bessie Smith oder Ma Rainey.

Mit seiner weichen, sanften, einschmeichelnden Stimme brachte er Raffinesse und Zärtlichkeit in den Blues. Er war eher Vorgänger eines Josh White, Leon Bibb und Harry Belafonte als einer Odetta und bereitete den Boden für zwei Gruppen von Sängern vor: Einmal für die weißen Balladensänger wie Libby Holman (*Body and Soul*), die junge Dinah Shore (*Ah, the Apple Tree*), Helen Morgan (*Bill*) und Julie London (*Cry Me a River*), und zum anderen für die schwarzen Popsänger wie Billy Eckstine, Nat «King» Cole, Johnny Mathis und Sam Cooke.

Carr zog 1928 nach Chicago und spielte dort seine erste Platte für Vocalion ein, der «*How Long, How Long Blues*», den er selbst geschrieben hat, wurde auf der Stelle zum Hit und ist seitdem von einer ganzen Reihe – fast immer schwarzer – Künstler aufgenommen worden. Ganz ähnlich erging es seinem anderen großen Blues-Hit, «*In the Evening When the Sun Goes Down*», den er kurz vor seinem Tod geschrieben und aufgenommen hat. Diese beiden klassischen Songs sind formal gesehen kein echter Blues; beide benutzen wesentlich kompliziertere Akkordfolgen als der ländliche und der klassische Blues. Carr, ein sattelfester Boogie-Woogie-Pianist, wurde auf fast allen seinen Platten von Scapper Blackwell begleitet, dessen Gitarrenstil – er schlug immer nur eine Saite an – als Vorläufer der großen musikalischen Innovationen von Charlie Christian gilt.

Die junge Ethel Waters war – genau wie der junge Nat «King» Cole – Jazzsänger. Die Jazzkritiker bescheinigen ihrem Vibrato und ihren Phrasierungen auch heute noch ein gewisses «Jazz-Flair». Sie war eine der ersten schwarzen Sänger, die auf den weißen Popmarkt vorgestoßen sind und sich dort auch behauptet haben. Schon 1924 machte sie den Song *Dinah* zum Bestseller; es folgten *Memories Of You, You're Lucky To Me* und *Stormy Weather*.

Bevor sie mit diesen Platten in die Charts kam, war sie im wesentlichen auf den schwarzen Markt orientiert und machte Aufnahmen mit Fletcher Henderson und anderen Jazzern. Sie zeigte schon früh eine schauspielerische Begabung, die zu Bühnenauftritten in «African Blackbirds of 1930», «Rhapsody in Black», dem gefeierten Stück «Cabin in the Sky» und der aus Irving-Berlin-Hits bestehenden Revue «As Thousands Cheer» führte. In diesem Broadway-Musical, dem als Idee die Struktur einer Zeitung zugrundeliegt, kam sie mit *Heat Wave* und vor allem *Supper Time* groß heraus, für das es jedesmal Applaus auf offener Szene gab. *Supper Time* ist eine Ballade über eine Schwarze aus dem Süden, die beim Decken des Abendbrottisches erfährt, daß ihr Mann gelyncht worden ist. Der Dichter Langston Hughes hat einmal gesagt, daß Ethel Waters in diesen – und nicht nur in diesen – Song «ihre ganzen Erinnerungen an selbst erlittenen Schmerz, an Kränkungen und Einsamkeit legen und aus ihnen unvergeßliche Vignetten von großer dramatischer Intensität machen konnte.»

Sweet Mama Stringbean – diesen merkwürdigen Bühnennamen bekam sie bei ihrem Debüt in Baltimore verpaßt – hat ihre Erinnerungen in einer Autobiographie festgehalten, die sie zusammen mit Charles Samuels geschrieben hat: «His Eye Is on the Sparrows». Dieser Titel spielt auf den Spiritual an, den sie in dem Broadway-Musical «The Member of the Wedding» und in dem gleichnamigen Film («Das Mädchen Frankie») gesungen hat. Ihre Jugend verlief nach ihren Schilderungen so wie die von Billie Holiday. Der Unterschied zwischen den beiden bestand darin, daß Ethel stark genug war, mit den daraus entstehenden Belastungen fertig zu werden.

Ethel kam in einem abrißreifen Mietshaus in den Slums von Chester, Pennsylvania, zur Welt. Als Kind kannte sie weder Zuneigung noch elterliche Sorge: Und am Anfang ihrer Karriere mußte sie sich ständig gegen Unterbezahlung und Betrug zur Wehr setzen – bei ihrem ersten Engagement bekam sie acht Dollar die Woche, die Manager strichen aber fünfundzwanzig ein. Trotz allem hat sie es geschafft, sich nach oben durchzuschlagen und eine lange und erfolgreiche Karriere als Sängerin, Schauspielerin und Filmstar hinter sich zu bringen. Sobald sie genügend verdiente, adoptierte sie Kinder und hatte schließlich eine zwölfköpfige Familie beisammen. Sie hat immer gesagt, daß *Stormy Weather* das Leitmotiv ihres Lebens hätte sein können.

Als Sarah Vaughan gefragt wurde, wer ihren Stil geprägt habe, war die prompte Antwort: «Eckstine natürlich.» Kenner meinen, daß auch sie ihn beeinflußt hat. Er jedoch hat ihre Karriere ins Rollen gebracht. Eckstine, damals – in den späten dreißiger Jahren – Sänger in der Band von Earl Hines, und der Saxophonist und Arrangeur der Hines-Stücke, Budd Johnson, überredeten ihren *«Fatha»*, Sarah – und übrigens auch Charlie «Bird» Parker – anzustellen. Später, als Eckstine seine eigene Band aufmachte, nahm er Sarah, Parker, Johnson und Dizzy Gillespie mit.

Obwohl die HINES BAND als Brutstätte des Bop gilt, darf auch der Beitrag von Eckstine zum modernen Jazz auf keinen Fall zu gering eingeschätzt werden. Von 1944 bis 1947, als die Band auseinanderlief, gab Eckstine einer großen Zahl von Jazzern Arbeit, die sich später zu wichtigen Künstlern entwickelt haben. Auf dieser langen Liste stehen die Trompeter Miles Davis und Kenny Dorham, aber auch Dizzy; die Saxophonisten Gene Ammons, Dexter Gordon und der große «Bird»; der Arrangeur Tadd Dameron; und schließlich der Schlagzeuger Art Blakey, dessen JAZZ MESSENGERS den Jazz *funky* gemacht haben.

Aber diese wichtige Seite Eckstines wurde unter seinem Ruhm als Popsänger völlig begraben, der schließlich darin gipfelte, daß er weltweit als «Mr. B.» Anerkennung fand. 1948 machte Billy den Sprung zur Solo-Karriere; und es dauerte nicht lange, da fielen die Backfische bei seinen Aufnahmen von *My Foolish Heart* und *My Destiny* reihenweise in Ohnmacht.

Das ging sogar so weit, daß Mr. B., der damals im Paramount auftrat, der einzige Ersatz war, den sowohl Frank Sinatra, der damals noch den Rekord in Backfischohnmachten hielt, als auch das Management akzeptierten, als Sinatra während eines Engagements im Copa Club, Manhattan vorübergehend die Stimme verlor. Es war das Jahr von Billys Schlager *My Destiny* (1950), einer Aufnahme, auf der er für den feinen Geschmack zu viel Vibrato hatte – die Jugend dagegen fand das sehr erotisch. Eine ähnliche Reaktion kam 1951 auf das Eckstinesche Remake des zwanzig Jahre alten Crosby-Hits *I Apologize*.

Eckstine, ein wirklich schöner Mann, dessen milchkaffeebraune Haut seine blauen Augen leuchten ließ, hatte auf einer berühmten Aufnahme mit der EARL HINES BAND schon früher erotisch gewirkt. *Jelly, Jelly* jedoch war ein Blues und kam nie über die Schlafzimmer der Schwarzen hinaus. Als seine Beliebtheit beim weißen Publikum wuchs und in *Life* ein Artikel kam, in dem er als das größte männliche Pop-Idol des Landes gefeiert wurde, fand sich Eckstine mitten im Rassenkonflikt wieder. Die Schwarzen waren stinksauer auf ihn – das scheint ironisch, wenn man sich überlegt, welche Anstrengungen die Schwarzen machen mußten, um in die weißen Märkte hineinzukommen.

In den späten vierziger und den frühen fünfziger Jahren machten sich sowohl die Radiosender wie das Fernsehen desselben Rassismus schuldig, der zu den schwarzen Gettos in den großen amerikanischen Städten geführt hatte. Zwischen 1947 und 1955 war in der jährlichen Umfrage des Fachblatts *Cash Box* nach den zehn meistgespielten Titeln des Jahres nur ein einziger Schwarzer zu finden. Nathaniel Coles, 1917 in Montgomery, Alabama geboren, aufgewachsen in Chicago, und unter seinem Künstlernamen Nat «King» Cole wohl um einiges besser bekannt, wurde auf dem Umweg über ein Instrument zum Gesangsstar und ist darin Mr. B. nicht ganz unähnlich. Von 1939 bis in die späten vierziger Jahre trat das KING COLE TRIO – Oscar Moore (Gitarre) und Wesley Prince (Baß), der «King» saß am Piano – in etlichen Filmen auf und machte Platten, zuerst für Decca, später für Capitol. Bei Capitol hatten die drei mit Nats Swing-Komposition *Straighten Up and Fly Right* einen landesweiten Erfolg. Vier Jahre darauf, 1948/49, waren sie die erste schwarze Combo mit einer eigenen Radioserie.

Trotz der vielen Jazz-Auszeichnungen, die das Trio und vor allem Cole für seine Gesangs- und Klavierkünste in *Down Beat, Metronome*- und *Esquire*-Umfragen einheimste, zog es Nat unwiderstehlich zum Pop. Er sang derart akzentuiert und artikuliert, wie es selbst bei weißen Sängern selten vorkam, und er hatte ein ausgeprägtes Gefühl für schöne Melodien, das ihn zu einem herausragenden Balladensänger machte. Aber erst mit dem ziemlich unkonventionellen Song *Nature Boy* – das bis dahin unpublizierte Arrangement stammte von Nelson Riddle, der später der wichtigste Sound-Architekt Frank Sinatras wurde – wurde klar, daß Cole in großem Stil Pop machen konnte. Die Hit-Version von *Mona Lisa* (ebenfalls von Nelson Riddle arrangiert), die 1949 herauskam, sicherte die Hegemonie Nat «King» Coles. Diese Platte (nach einer Filmmusik) hatte keinen kleinen Anteil daran, daß dieser Song 1950 den Academy-award zugesprochen bekam. Im Jahr darauf landete Cole mit der ersten Teenagerballade *Too Young* einen weltweiten Hit; er hielt sich als einziger Song in der dreiunddreißigjährigen Geschichte der amerikanischen Radio-Hitparade zwölf Wochen hintereinander auf dem ersten Platz.

In den Jahren seiner größten Popularität als Gesangsstar legte Nat Cole – im Gegensatz zu Harry Belafonte, Lena Horne und anderen prominenten schwarzen Unterhaltungskünstlern – kein *aktives* Engagement für die Probleme der Schwarzen an den Tag. Er trat zwar auf Wohltätigkeitsveranstaltungen auf und ließ schwarzen Organisationen Spenden zukommen. Aber er war noch nicht einmal Mitglied im NAACP, der später von vielen Schwarzen wegen seiner übertriebenen Gesetzestreue und seiner mittelständischen weißen Führung kritisiert wurde. Seine Neutralität schützte ihn dennoch nicht davor, 1956 von einer Gruppe weißer Rassenfanatiker auf einer Bühne in Birmingham, Alabama, ausgepfiffen und sogar tätlich angegriffen zu werden. Anschließend wurde Cole aktives Mitglied des NAACP.

Von seinem Erfolg mit *Too Young* bis zu seinem Tod in den frühen sechzigern – er starb an Lungenkrebs – machte Cole einige der schönsten Songs unserer Zeit, darunter *Pretend, Answer Me, My Love, A Blossom Fell, Ramblin' Rose* und *Ballerina*.

Nur drei andere schwarze Sänger sind in großem Stil vom Jazz zum Pop übergewechselt. (Jazz-Fans werden das kaum als Fortschritt ansehen.) Einer davon wurde von Duke Ellington entdeckt, einer von Count Basie, und der dritte schaffte es mit Jazztanz. Al Hibbler, von 1943 bis 1951 mit Duke Ellington auf Tournee, wurde 1915 in Little Rock, Arkansas blind geboren. Vor seinem Engagement bei Ellington trat er kurze Zeit mit der fetzigen KANSAS CITY BAND von Jay McShann auf. Ellington hat seinen Stil – er legierte die Noten (Portamento) und zog die Silben über mehrere Töne (Melisma) – als «Tonpantomime» charakterisiert.

Erst mit der 1954 erschienenen Decca-Aufnahme von *He* fand Hibbler Beachtung als Popsänger. Im folgenden Jahr festigte er seine Stellung als Popsänger mit dem Bestseller *Unchained Melody*. Seine Interpretation dieses Songs weist soviel schmerzlichen Ausdruck auf wie sonst nur wenige Ray-Charles-Platten. Obwohl er in den sechziger Jahren weiter bei Atlantic und Reprise Aufnahmen machte, ist es ihm nicht gelungen, den phänomenalen Erfolg seiner Aufnahmen aus der Mitte der fünfziger Jahre zu wiederholen.

Joseph Goreed, 1918 in Cordele, Georgia geboren und unter dem Künstlernamen Joe Williams bekanntgeworden, ist bei etlichen Jazz-Gruppen in die Lehre gegangen, bevor er bei Count Basie unterkam. Er wuchs in Chicago auf und arbeitete mit dem Klarinettisten Jimmie Noone, der Band des Tenorsaxophonisten Coleman Hawkins, Lionel Hampton und Andy Kirk zusammen.

Als die Renaissance des Boogie-Woogie in den frühen vierziger Jahren auf ihrem Höhepunkt stand, ging er mit den Pianisten Albert Ammons und Pete Johnson auf Tournee. Obwohl er schon 1950 mit einem Basie-Septett in Chicago auftrat, wurde er erst später der Sänger dieser Formation. 1952 machte die Zusammenarbeit Basie und Williams aus einem alten Blues einen Tophit. Seitdem ist *Every Day I Have the Blues* – geschrieben und gesungen ursprünglich von Memphis Slim (Peter Chatman) – das Markenzeichen von Joe Williams. Ein paar Jahre darauf konnte der Mann mit der markigen, metallischen Stimme einen weiteren Hit für sich verbuchen, *All' Right, Okay, You Win*.

Für seine Auftritte nimmt Williams meist Pop-Songs, jedenfalls häufiger als Blues- oder Jazz-Stücke. Er ist aber auch bei den Jazz-Fans weiter beliebt geblieben und daher regelmäßig beim Newport Jazz Festival dabei. Dennoch gibt es Jazzkritiker, besonders Whitney Balliet vom New Yorker's, die in ihm nie etwas anderes als die «lautstarke Imitation eines Bluessängers» gesehen haben. Wie dem auch immer sei: Er hat in den Popgesang einen rhythmischen Schwung mit großer kinästhetischer Wirkung eingebracht.

Der dritte Sänger dieser Richtung, Sammy Davis jr., kann sich am allerwenigsten auf den Jazz berufen. Er trat seit seiner Kindheit mit dem Vaudeville-Trio von Will Mastin auf, kein Wunder also, daß er zum Entertainer geworden ist, dessen Talente erstens eine gewaltige Wandlungsfähigkeit, zweitens jegliche Art von Clownerie und schließlich auch die Beherrschung verschiedener Instrumente, Gesang und Tanz umfassen. Seine Fähigkeiten als Sänger sind mit den Jahren gewachsen – begünstigt durch sein Gefühl für den Rhythmus.

Im zarten Alter von sechs Jahren trat er schon zusammen mit Ethel Waters in einem Film auf. 1956, als Star des Broadway-Musicals «Mr. Wonderful» und dann wieder 1964 in «Golden Boy», stellte er seine unglaubliche Publikumswirkung und seine außer jeder Diskussion stehende Zugkraft damit unter Beweis, daß er diese ziemlich flachen Stücke lange Zeit über die Runden rettete. Als 1965 seine Autobiographie – «Yes I Can», übrigens ein Bestseller – erschien, die er zusammen mit Jane und Burt Boyer geschrieben hat, zog niemand die Richtigkeit dieses Titels in Zweifel.

Auch der Titel eines seiner großen Hits sagt etliches über seine Wirkung als Mensch und Künstler. Wenn er da singt: *I Gotta Be Me*, dann glauben es die Leute auch. Er ist ein Schwarzer, der zum Judentum konvertiert ist; ein Schwarzer, der eine Weiße geheiratet hat, einen schwedischen Filmstar, von dem er sich wieder getrennt hat, um seine Unabhängigkeit zu behalten, ohne die er nicht leben kann; ein Schwarzer, dessen Karriere auch dann keinen Knick bekam, als er bei einem Verkehrsunfall ein Auge verlor.

«Soll mir bloß einer kommen und über seine Benachteiligung jammern», hat er einmal gesagt. «Ich bin ein einäugiger schwarzer Jude.»

Davis machte seine ersten Aufnahmen 1949 bei Capitol, wechselte 1953 zu Decca über und ging schließlich zu Reprise, als sein Freund Sinatra dieses Label gründete. Als Plattenkünstler hat er erst 1955 Aufmerksamkeit auf sich gezogen, als *Somethin's Gotta Give* erschien und im nächsten Jahr *Mr. Wonderful* zum Hit wurde. 1961 verhalf er dem Song *What Kind of Fool Am I* zu einem Grammy als bestem Song des Jahres. *I Gotta Be Me* lieferte dann den Beweis dafür, daß er noch immer ein starkes Image besaß und seine Popularität nach wie vor außer Frage stand.

Wenn Davis als Popsänger seinen Weg gemacht hat, dann nicht so sehr wegen seinen stimmlichen Fähigkeiten, sondern mehr wegen seiner persönlichen Ausstrahlung. Und wenn man an die Hindernisse denkt, die sich ihm in den Weg stellten – «Yes I Can» macht einem schmerzlich klar, daß die schwarzen Unterhaltungskünstler hinter der Bühne und im Alltagsleben denselben Bosheiten und Grausamkeiten ausgesetzt sind wie alle anderen Schwarzen auch –, dann hat dieser hochbegabte Mann einen wohlverdienten Sieg davongetragen.

Die weibliche Entsprechung zu Davis ist die auf ihre Unabhängigkeit bedachte Lena Horne, die mit ihrem Erfolg lange Zeit nicht fertig geworden ist. Sie war sich zwar von Anfang an bewußt, daß ihre Schönheit ihr manche Türen öffnete, die anderen Schwarzen verschlossen blieben, aber sie konnte es nicht verwinden, daß dabei ihr schwarzer Sex-Appeal eine so große Rolle spielte.

Teilweise ist ihre Anziehungskraft auf ihre Arroganz und ihre demonstrative Unbekümmertheit zurückzuführen. Sie hat bewußt daran gearbeitet, zwischen sich und ihrem vorwiegend weißen Publikum eine Mauer aufzubauen.

In «Lena», ihrer Autobiographie, die sie zusammen mit Richard Schickel von *Life* geschrieben hat, betont sie: «Sie (das Publikum, die Zuhörer, d. Ü.) kriegen nicht *mich*, die sie berühren und verletzen könnten – sie kriegen nur eine Sängerin.»

Langston Hughes schreibt ihr in seinem Buch «Famous Negro Music Maker» das Verdienst zu, «die Rassenschranke in Hollywood durchbrochen» und «einen Präzedenzfall dafür gesetzt» zu haben, «wie man die Schönheit der Schwarzen zeigen kann, ohne daß eine Dienstmädchenschürze im Spiel ist». Als Beginn dieser Entwicklung sieht er den erstaunlichen Film «Panama Hattie» aus dem Jahr 1942, in dem zum erstenmal eine schwarze Schauspielerin gemeinsam mit weißen Schauspielern auftrat, ohne «ein Schleifchen im Haar und eine frischgestärkte weiße Schürze» zu tragen. Schon zwei Jahre vorher war Lena eine der wenigen schwarzen Sängerinnen, die mit einer nur aus Weißen bestehenden Band – der von Charlie Barnet – auftrat.

Viele Jahre lang hat sie sich stur geweigert, vor Publikum zu spielen, in dem Schwarze nichts zu suchen hatten; sie nahm auch keine lukrativen Angebote aus den großen Hotels von Miami an, solange dort Schwarze nicht als Gäste geduldet waren. Die Rassenschranke traf ja sogar die großen Stars des Gewerbes. 1963 wurde ihre Aufnahme von *Now* – einem Protestsong, der auf dem aus Israel stammenden Volkslied *Hava Nageela* basierte – zur *cause célèbre*, als die großen Radiosender ihren Diskjockeys verbaten, das Lied zu spielen.

Obwohl sie in vielen MGM-Filmen gespielt hat, darunter «Cabin in the Sky» (»Die Hütte im Himmel«), «Stormy Weather» und «Ziegfeld Follies» (»Ziegfeld Follies«), und obwohl sie am Broadway in «Jamaica» und anderen Musicals aufgetreten ist, sieht das Publikum sie vor allem als Sängerin und Nachtclub-Unterhalterin. Ihre geistige Unabhängigkeit ist eher für einen Jazzkünstler als für einen Popstar typisch; aber die Bravour und der unpersönliche Stil ihrer Auftritte, die sie zu einem Liebling des Jet-sets machten, brachte sie in den Bereich, wo Jazz und Pop ineinanderfließen. Ähnlich wie im Fall von Sammy Davies jr. ist ihr Image als Frau wichtiger als ihre Aufnahmen. Im Gegensatz zu Davis hat sie jedoch nur wenige ganz große Erfolge gehabt. Sie ist immer die auffallende, schöne schwarze Frau, verführerisch zwar, aber auf Abstand bedacht, provokativ, aber stolz.

Ihre Rolle im Kampf um die Gleichheit der Schwarzen sieht sie realistisch, wenn nicht sogar ernüchtert. Sie ist sich bewußt, daß sie als Symbol benutzt worden ist «und für die Lügen der älteren Generation bezahlen» mußte. Und sie fügt hinzu: «Die Schwarzen brauchen keine Handvoll erfolgreicher Aufsteiger, die ihre Hoffnungen symbolisieren müssen. Sie brauchen nicht mehr stellvertretend durch uns zu leben, weil sie sich heute in Massen das nehmen, was man *uns* gnädigerweise zugestanden hat, damit *sie* weiter den Mund halten. Die Geschichte ist über uns weggezogen, über uns, die Generation der symbolischen Berühmtheiten.»

In «Lena» gesteht sie, daß die Erkenntnis, nicht mehr als Symbol gebraucht zu werden, in ihr zunächst ein Gefühl der Einsamkeit und Entfremdung ausgelöst, ja sogar zu einer Ablehnung der jüngeren Generation geführt habe, die für diese Revolution verantwortlich war. «Wie unglücklich mich dieses Dasein als Symbol auch gemacht hat – es war eine Identität und manchmal auch ein Schutz.» Inzwischen hat sie die Situation akzeptiert und ist zufrieden, daß sie jetzt die Freiheit hat, «einfach nur Mensch zu sein, die Freiheit, einfach nur als Individuum seine Meinung zu äußern», und nicht immer als Beispiel, «als Zierde meiner Rasse» herumlaufen muß.

Es gibt mehr erfolgreiche Popsänger als Popsängerinnen – das liegt wahrscheinlich daran, daß das plattenkaufende Publikum in der Mehrzahl aus Frauen besteht. Dennoch befinden sich unter den ganz großen Popsängerinnen auch drei Schwarze: Dinah Washington, Della Reese und Damita Jo. Alle drei begannen mit Kirchenmusik. Della Reese, die 1932 in Detroit als Dellareese Taliaferro zur Welt kam, sang schon mit sechs Jahren im Chor, trat in den Sommermonaten der Jahre 1949 und 1950 in der Truppe von Mahalia Jackson auf und machte in ihrer Studentenzeit an der Wayne University eine eigene Gospel-Gruppe auf.

Dinah Washington und Damita Jo beschäftigten sich weniger lange mit kirchlicher Musik. Dinah, 1924 in Tuscalosa, Alabama geboren und in Chicago aufgewachsen, begleitete einen Kirchenchor am Klavier. Das Gospel-Feeling von Damita Jo zeigt sich an ihrem ersten, bei Mercury erschienenen Charts-Hit *Love Has Laid Her Hands on Me*. Es handelte sich dabei um einen Gospel, der dadurch verweltlicht wurde, daß für *Jesus* einfach *Love* in den Text eingefügt wurde.

Der eindrucksvollste und bestverkaufte Titel Damitas war ihre Interpretation des von Jacques Brel/Rod McKuen Songs *If You Go Away* (*Ne Me Quitte Pas*) für Okeh. Hier zeigte sie dynamische Kontraste und dramatische Ausdrucksfähigkeit, die diese Aufnahme zu einer intensiven emotionalen Erfahrung machen.

Auf Jacques Brel bin ich zum ersten Mal in einer Broadway-Revue, «O Oysters!», gestoßen. Von da an kaufte ich jeden Song von ihm, den ich bekommen konnte. Bevor McKuen den englischen Text für dieses Lied schrieb, hatte er es zahllosen weißen Künstlern und Textern gezeigt. Alle waren von der Melodie Brels und dem Text tief bewegt, trauten sich aber doch nicht an die Übersetzung heran; das Lied war ihnen zu intensiv, zu melancholisch. Erst ein schwarzer Künstler – Damita Jo – besaß die Gefühlstiefe, die dieses Lied brauchte. Nach Damita brachten dann auch viele weiße Künstler – auch etliche von denen, die vorher begierig mit dem Lied geliebäugelt hatten – den Mut auf, dieses Lied zu bezwingen.

Die Stimme von Della Reese ist lange nicht so intensiv, aber dafür voll und kräftig. Ihre Karriere begann in den mittfünfziger Jahren nach einem Engagement bei der Erskine Hawkins-Band bei einem R & B-Label (Jubilee); so hatte sie schon von Anfang an ein Bein auf dem Popmusik-Markt. Die Adaption eines Musette-Walzers aus «La Bohéme», die unter dem Titel *Don't You Know* herauskam, rückte weit in die Pop-Charts vor und kam in den R & B-Charts auf den ersten Platz. Della ist eine Künstlerin, die immer ein großes Zuhörer-, aber weniger Käuferpublikum hatte.

Als ich die Promotion für den großen Hit *More* aus dem Film «Mondo Cane» machte, war Della eine der ersten amerikanischen Sängerinnen, die diesen Song aufnahm. Aber 1963 hatte ihre Beliebtheit bereits derart nachgelassen, daß es mir nicht gelang, den Song öfter im Radio unterzubringen. Das lag wohl zum Teil auch daran, daß Della sich nicht bei den Diskjockeys anbiederte, ein taktisches Spielchen, zu dem auch gelegentlich persönliche Besuche und unbezahlte Auftritte bei Wochenendvergnügungen gehören, die von Diskjockeys veranstaltet werden. Vielleicht lag es aber auch an ihrem Repertoire.

Della, deren Stimme in der Tonfärbung an Sarah Vaughan erinnert – aber mehr als Altstimme –, bevorzugte immer große Balladen, die sie aber mehr oder minder vom schwarzen Markt ausschlossen und auch bei den rockbegeisterten Teenagern oder den auf leichte Unterhaltungsmusik geeichten mittleren Jahrgängen nicht so recht ankamen. Eine Ausnahme war da nur die Folk-Ballade *It Was a Very Good Year*, mit der sich Sinatra schon einen Preis geholt hatte; sie brachte Della 1966 einen schönen Erfolg. Seit sich das Fernsehen für die schwarzen Künstler etwas mehr geöffnet hatte, bekam sie auf Kanal 9 in Hollywood eine eigene einstündige Show, «Della».

Die interessanteste dieser drei Sängerinnen jedoch war Dinah Washington, deren erfolgreiche Karriere durch ihren Unfalltod 1967 ein gewaltsames Ende nahm. Vom Gospelsingen wechselte sie mit achtzehn Jahren – nachdem sie einen Amateurwettbewerb in Chicago gewonnen hatte – zur Barsängerin. Von 1943 bis 1946 sang sie in der Band von Lionel Hampton. 1947 nahm sie ihre ersten R&B-Platten für das Label Mercury auf und wurde vom damals noch streng abgeschlossenen schwarzen Markt schnell abzeptiert. Seit 1950 wurde sie von Mercury für Covers von Pop-Hits eingesetzt, die auf schwarze Käufer zielten.

In dieser Kategorie finden sich Aufnahmen wie *It Isn't Fair*, ein von Don Cornell aufgearbeiteter Schlager aus den dreißiger Jahren; *Cold, Cold Heart*, ein von Tony Bennet auf Pop umarrangierter Country-Hit von Hank Williams, und *Teach Me Tonight*, eine Version eines Popsongs, der auch schon den DE CASTRO SINGERS und Jo Stafford große Verkaufserfolge eingebracht hatte. 1952 nahm sie *Wheel of Fortune* auf; aber da schnappten ihr Gale und Kay Starr die Pop-Kundschaft weg. Im Jahr darauf mußte sie mit *I Don't Hurt Anymore* dasselbe erleben; Hank Snow gelang mit dem Song auf dem Country-Popmarkt ein Riesenerfolg.

Die besten Jahre für Dinah waren 1959 und 1960, als sie auf dem Popmarkt den entscheidenden Durchbruch schaffte. Den Song *What a Differance a Day Makes*, der wesentlich zu ihrem Erfolg beitrug, brachte ich bei Clyde Otis unter, damals dem ersten und einzigen schwarzen A&R-Manager im Musikgeschäft. Als die Aufnahme mit Dinah erschien, sah es überhaupt nicht so aus, als ob sie über die R&B-Märkte hinauskommen würde – bis ich eine lange Promotion-Reise unternahm.

Es war die erste Reise dieser Art seit langem, weil es sich damals im Geschäft eingebürgert hatte, für die wichtigen Gebiete eigene Promotion-Repräsentanten einzusetzen. Es war so ziemlich das letzte Mal, daß ein Musikmanager höchstpersönlich Klinkenputzen ging, um eine Aufnahme an den Mann zu bringen, was soviel bedeutet, wie die Diskjockeys solange zu beschwatzen, bis sie eine neue Platte auflegten, die noch nicht in den Charts der Fachpresse aufgetaucht war. Denn jetzt verschwanden die Diskjockeys, die ihre Programme unter ihrem eigenen Namen und nach eigenem Gutdünken machten, das Schema der *Top Forty* wurde nach Korruptionsuntersuchungen 1959 eingeführt, und die Bildung von speziellen Programmkomitees in den Sendern, die die Plattenauswahl treffen, setzte sich durch. Dies alles nahm einer Promotion-Tour jegliche Erfolgsaussicht.

Ich fuhr im Spätfrühling durch die Städte, und es gelang mir auch, die Diskjockeys an der Platte von Dinah zu interessieren – später mußte ich entdecken, daß die Bosse von Mercury sofort die Jockeys anklingelten und darauf aufmerksam machten, daß die Aufnahme nicht zu den Platten gehöre, die auf der Promotion-Liste dieses Frühjahrs stünden. Schließlich rief mich ein Mercury-Manager unterwegs an und legte mir ans Herz, friedlich nach Hause zu gehen und die Verkaufskampagne nicht noch länger durcheinanderzubringen.

«Dinah ist seit eh und je ein großer R&B-Künstler», sagte der Mercury-Boss, dessen Name hier nicht genannt werden soll. «Sie wird immer ihre zehntausend oder auch mehr Platten an ihr schwarzes Stammpublikum verhökern. Aber eine Pop-Künstlerin war sie nie. Sie verschwenden nur Ihre Zeit, wenn Sie versuchen, Dinah in die weißen Märkte zu drücken.»

Auf den Einwand, das sei rassistisches Denken, hätte mir der Mann, da bin ich ganz sicher, eine lange Liste von Schwarzen in die Hand gedrückt, die er unter Vertrag hatte.

Etliche Wochen darauf besuchte ich eine Diskjockey-Tagung. Mehr als zehn Wochen Promotion-Tour hatten in den Pop-Charts so gut wie keine Reaktion gezeigt. Am ersten Abend der Tagung gab Mercury in der Hotelhalle eine Cocktailparty.

Ich war kaum in der Nähe des Swimmingpools, als schon ein aufgeregter Mercury-Boss auf mich zuschoß. «Haben Sie schon gehört? Dinah saust los – im Popgeschäft! Wir haben diese Woche mehr als fünfzigtausend ausgeliefert – und an Händler, die noch nie eine Platte von ihr geordert haben!»

Als *What A Difference A Day Makes* in den Pop-Charts in preisverdächtige Höhen geklettert war, hatte Dinah mit *Unforgettable* einen zweiten Pop-Treffer. Dann spielte sie mit Brook Benton, der damals in den Pop-Charts öfter oben zu finden war, zwei Duette ein. Sowohl *»Baby (You Got What It Takes)«* wie *»Rockin' Good Way (To Mess Around and Fall in Love)«* waren Pop-Bestseller und kamen aus dem Stand auf Platz eins der R & B-Charts. Nicht anders verhielt es sich mit *»This Bitter Earth«*, das von ihrem A & R-Mann Clyde Otis geschrieben und von ihr selbst arrangiert und eingespielt worden war.

Dinah Washington vereinigte in sich die Härte des Gospel-Shouting mit der Zärtlichkeit der gekonnt phrasierenden, kultivierten Balladensängerin. Die Queen – so hat sie sich gern nennen lassen – ist tot, aber ihre Songs leben weiter. Dinah Washington war vom Scheitel bis zur Sohle Musik.

In den Jahren, bevor die R & B-Künstler von der starken Rockströmung auf den Popmarkt gespült wurden, ist einigen männlichen Künstlern dieser Einbruch auch so geglückt. Einer der ersten, der in den weißen Plattenmarkt eindringen konnte, war ein rundlicher, scheuer Mann, der Blues-Feeling mit einem nahezu kindlichen Sound kombinierte.

Antoine «Fats» Domino, 1928 in Chicago in einer Familie geboren, die schon mit dem frühen Jazz zu tun hatte, begann bereits mit zehn Jahren in Bars Klavier zu spielen. Als seine Aufnahmen für das Westküsten-Label Imperial bei den R & B-Käufern immer beliebter wurden, war er erst Anfang zwanzig. *The Fat Man* war sein erster Hit. 1952 hatte er mit *Goin' Home* einen zweiten gewaltigen R & B-Hit. Zwei Jahre darauf hatte er mit *Aint It a Shame* seinen ersten Erfolg auf dem Popmarkt. Aber erst in dem Jahr, als auch Elvis Presley auf der Bühne erschien, wurde er zum beliebten Popsänger, ohne – was sehr bemerkenswert ist – seine schwarzen Anhänger zu verlieren. Der Grund dafür waren zwei Remakes: eine Pop-Ballade aus den zwanziger Jahren, *My Blue Heaven*, und die Country-Ballade *Blueberry Hill*.

Fats, der sich stets selber auf dem Klavier begleitete – im gemütlichen Shuffle-Stil, manchmal aber auch mit einem flotten Boogie-Beat – und seine Platten immer mit der denkbar kleinsten Combo aufnahm, seine Stücke mit Dave Bartholomew immer selber schrieb (dem Bandleader, der das Label Imperial auf ihn aufmerksam gemacht hatte), hat es im Lauf der Jahre immerhin auf gut achtzehn Goldene Schallplatten gebracht.

Etliche seiner Hits wurden auch für auf Teenager spezialisierte weiße Sänger zu Erfolgen: Pat Boone landete einen Hit mit *Aint It a Shame*, dessen Titel er in *Aint That a Shame* abwandelte, und Ricky Nelson brachte *I'm Walking* in die Charts; beide Stücke waren von Fats und Bartholomew geschrieben.

In den frühen sechziger Jahren war Fats Domino als Plattenstar weg vom Fenster. Die Renaissance des R & B hat ihn jedoch wieder zur Attraktion der weißen Club- und Konzertszene gemacht, ein bestaunter Pionier des Rock 'n' Roll, der seine Hits aus den fünfziger Jahren noch einmal zum Besten geben darf. 1968 hat ihn Reprise ins Studio zurückgeholt und eine neue Platte mit ihm aufgenommen, «Fats Is Back». Auf dieser Platte finden sich viele der Hits, die Fats geschrieben hat und die so unvergängliche Hörerinnerungen hinterlassen haben wie der Anfang von *Aint It a Shame*: «*You Made* – AKKORD! AKKORD! – *me cry* – AKKORD! AKKORD! – *When You said* – AKKORD! AKKORD! – *goodbye ...*»

Auf dieser Platte sorgt er auch mit zwei Beatles-Songs für eine Überraschung: *Lady Madonna* und *Lovely Rita (Meter Maid)*. Aber während Fats so jugendfrisch, fidel und bluesig singt wie auf dem Höhepunkt der R & B-Ära, spielt er seltsamerweise nicht mehr selbst Klavier. Außer bei *I'm Ready* – nicht dem Bombenhit von Willie Dixon und Muddy Waters von 1954, sondern seinem eigenen Hit von 1959 – sitzt entweder ein Studiomusiker oder ein Kumpel von ihm aus New Orleans am Klavier. Aber die klingen so perfekt nach Fats, daß sogar der Herausgeber des allwissenden *Rolling Stone* sich übers Ohr hauen ließ.

Lloyd Price war ein weiterer Schwarzer aus New Orleans, der von einem Westküsten-Label, Specialty, lanciert wurde. 1952 konnte er sich mit zwei selbstgeschriebenen Songs, *Ooh, Ooh, Ooh* und *Lawdy Miss Clawdy* einen großen Teil des schwarzen Marktes erobern. *Lawdy ...* brachte es sogar zum bestverkauften R & B-Schlager des Jahres. Aber erst 1958/59 erlebte er einen Boom auf dem Popmarkt, und das erst, nachdem er von seiner alten Firma zu einem Ostküsten-Label, ABC Paramount, gewechselt war. Schlag auf Schlag landete er mit *Stagger Lee*, einem alten Blues, den er selber bearbeitet hatte, *Personality* und *I'm Gonna Get Married*, zwei eigenen Titeln, die er zusammen mit seinem Manager Harold Logan ausgeknobelt hatte, ausgesprochene Bestseller. Obwohl diese drei Platten allesamt enorme R & B-Hits waren und raketenartig auf Platz eins der Hitparaden schossen, und obwohl *Personality* von *Cash Box* in die zehn meistgespielten Platten des Jahres eingereiht wurde, konnte Price seine Popularität als Plattenkünstler nicht sonderlich lange über die Runden retten.

Auch der Plattenerfolg von Roy Hamilton, geboren in Leesburg, Georgia, war ziemlich kurzlebig. Kaum hatte er seine ersten großen Erfolge, wurde er religiös.

Ein Radiosprecher aus Newark, Bill Cook, der von seinen Fähigkeiten als Sänger beeindruckt war, machte Epic Records auf ihn aufmerksam. Schon in seinem ersten Jahr bei diesem Label, einem Ableger von Columbia, zog er mit zwei Remakes von bekannten Hammerstein-Rodgers-Balladen, *If I Loved You* und *You'll Never Walk Alone*, weiße Käufer in Scharen an. *You'll Never Walk Alone* muß auch den schwarzen Käufern sehr gefallen haben, denn sie machten diesen Song zur Nummer eins auf den R & B-Listen des Jahres 1954.

Sein gewaltiger Bariton machte ihn, etwa im Fall von *Unchained Melody*, zu einem ernstzunehmenden Rivalen von Al Hibbler. Bei den schwarzen Käufern stach er ihn sogar mit seiner Version dieses Hibbler-Songs aus. Als Hamilton in den sechziger Jahren nach einer mehrjährigen Pause wieder Aufnahmen zu machen begann, erschienen seine Platten zuerst bei MGM, dann bei RCA Victor und schließlich bei American Group Production in Memphis. Im Juli 1969, als er völlig überraschend an einem Schlaganfall starb, war gerade eine neue Platte von ihm auf dem Markt, *Angelica*.

Auch schon vor 1955, als die PLATTERS gegründet wurden, gab es schwarze Gruppen, die auf den weißen Märkten Fuß faßten. In den vierziger Jahren haben sowohl die MILLS BROTHERS wie auch die INK SPOTS Platten zuwege gebracht, die weiße amerikanische Standards geworden sind. Die MILLS BROTHERS, ebenso wie die INK SPOTS, eine Familiengruppe, wurden in den frühen dreißiger Jahren durch Imitationen von Instrumenten bekannt, landeten mit *Paper Doll* von Johnny Mercer und der begeisternden Version von *Glow Worm* Bombenhits und gewannen 1951/52 den Down Beat Award für die beste Swing-Gesangsgruppe.

Die weniger jazzorientierten INK SPOTS hatten eine andere Masche: sie kontrastierten Falsetto- und tiefe Baßstimmen – eine Technik, die bei den frühen Rock 'n' Roll-Aufnahmen oft verwendet wurde – und haben unvergeßliche Hits hinterlassen wie *Into Each Life Some Rain Must Fall* (1944 zusammen mit Ella Fitzgerald), die englische Ballade *The Gipsy* (1945) und *To Each His Own*, ein Song, der auch für Eddy Howard 1946 zum Hit wurde. Diese beiden Gruppen waren nicht typisch schwarz zu nennen, ihre Erfolge waren zum Teil auf ihre guten Bühnenshows zurückzuführen.

Die PLATTERS dagegen hatten einen unverwechselbaren R & B-Sound; sie waren die erste schwarze Gruppe, die mit diesem Sound in die oberen Regionen der Pop-Charts vordrang, und zwar 1955 mit dem Song *The Great Pretender* und *Only You*, die beide von ihrem Manager und Producer Buck Ram geschrieben worden waren. Diese Leistung ist deshalb bemerkenswert, weil sie ihren Sound *nicht* auf weiß frisierten und weiße wie schwarze Zuhörer in ihren Bann ziehen konnten. Beide Titel erzielten sowohl im R & B-Bereich wie in den Pop-Listen Spitzenplätze. Das war ein Zeichen der Zeit. Der Aufstieg von Elvis Presley, zeitgleich mit dem der PLATTERS, ließ ahnen, daß die Rassentrennung in der Musikszene mit der Rock 'n' Roll-Generation allmählich verschwinden würde.

Im Jahr nach ihrem furiosen Pop-Debut fingen die PLATTERS an, Standards der dreißiger und vierziger Jahre wie *My Prayer* und *You'll Never Know* neu einzuspielen. 1958 erweckten sie den Erkennungssong der THREE SUNS, *Twilight Time*, zu neuem Leben – einer ihrer Manager war Co-Autor dieses Songs – und auch den Evergreen von Jerome Kern, *Smoke Gets in Your Eyes*.

Es heißt, daß sich die Witwe Jerome Kerns über die heiseren Harmonien der PLATTERS so aufregte, daß sie den Verleger Max Dreyfus anrief und verlangte, daß er den Titel vom Markt nehmen solle. Das hätte er aber gar nicht gekonnt, weil die Copyright-Bestimmungen vorsehen, daß jeder veröffentlichte Song von jedermann neu aufgenommen werden kann, der bereit ist, die gesetzlich festgelegten Tantiemen zu zahlen. Dreyfus konnte Mrs. Kern solange nicht beruhigen, bis er beiläufig die Tantiemen erwähnte, die bei dieser Aufnahme abfallen würden. Schließlich einigten sie sich darauf, daß die Geschmäcker eben verschieden seien und daß es jeder Generation freistehen sollte, alte Songs so zu interpretieren, wie es ihr am besten gefällt.

Plattenkarrieren sind meist nur kurzlebig. Wenn eine Gruppe so raketenartig loslegt wie die PLATTERS seinerzeit, dann ist diese Begeisterung meistens genauso schnell wieder vorbei. Diese Gruppe jedoch ist überall auf der Welt für lange Zeit erfolgreich gewesen. Eine Zeitlang hatten sie ein Medley in ihrem Repertoire, in dem sie Motown Records, die die TEMPTATIONS und die SUPREMES und viele andere schwarze Stars großgemacht hat, ihren Tribut zollten.

Zwischen diesen Gruppen und den PLATTERS liegen Welten, nicht nur im Sound sondern auch im Zeitgeschmack. Es ist gar nicht so falsch zu sagen, daß eher Motown den PLATTERS einigen Dank schuldig ist: Denn sie haben den Vorreiter gespielt und den weißen Zuhörern die Ohren geöffnet für den schwarzen Sound der COASTERS, GLADYS KNIGHT AND THE PIPS, der FOUR TOPS und der ganzen anderen heißen R & B-Gruppen, die heute auf den weißen Märkten zu ihren Bedingungen und nach ihrem Geschmack Platten an den Mann bringen. Mit Ausnahme von Nat Cole, Al Hibbler und einigen wenigen anderen schwarzen Künstlern waren sie praktisch die einzige Gruppe, die das weiße Popmusik-Monopol jener Zeit durchbrochen hat.

Wie rassistisch dieser Markt war – und besonders auch das Radio – läßt sich vielleicht an folgendem ablesen. Im Mai 1956 brachte *Billboard* eine Liste dessen, was sie als «All Time Juke Box Favorites» ansah. Auf dieser Liste standen immerhin 197 Platten. Wieviel davon stammten nun von Schwarzen? Ganze dreizehn Titel, das waren weniger als sieben Prozent. Vertreten waren die INK SPOTS (mit drei Titeln), die MILLS BROTHERS (mit zwei Titeln), Nat «King» Cole (mit zwei), Louis Jordan (*Choo Choo Boogie*), Billy Eckstine (*I Apologize*), Cab Calloway (*Jumpin Ji-*

ve), die CHARMS (*Hearts Of Stone*) sowie Al Hibbler und Roy Hamilton, ebenfalls mit je einer Aufnahme.

1956 und 1957 erzielten zwei schwarze Künstler von ganz anderem Format als die PLATTERS einen gewaltigen Einfluß auf dem weißen Markt. Johnny Mathis und Harry Belafonte waren beides kultivierte, eher weiche Balladensänger, klar in der Aussage, musikalisch im Vortrag und wählerisch im Repertoire.

Der Song *Wonderful, Wonderful* ist repräsentativ für die Art von Melodie und anspruchsvollem Text, die Mathis zum Popstar hat werden lassen. In seinen Hits *It's Not For Me to Say*, *When Sunny Gets Blue*, *Misty* und *Chances Are* vermittelt er Sanftheit und Nachdenklichkeit. Er war kein Rhythm-Sänger und auch kein Bluessänger; seine Stimme hatte einen derartigen Umfang, besonders im Falsett, daß er zuweilen wie eine Frau klang. Er war ein Schwarzer, der *weiß* sang, eine Tatsache, die sich darin bestätigt, daß er in den R & B-Charts fast völlig fehlte.

Auch Harry Belafonte ist wie Mathis ein beständiger – und großer – Kassenfüller; er hat zum Beispiel Ende der sechziger Jahre das riesige Greek Theatre in Los Angeles drei Wochen lang bis auf den letzten Platz gefüllt. Aber außer einer kurzen Zeit im Jahr 1957, als er die Popszene mit zwei heißen Calypso-Songs auffrischte – dem *Banana Boat Song (Day O)* und *Mama Look a Boo Boo* –, hat er sich in den R & B-Charts nicht auf Dauer etablieren können.

Daß Belafonte beim schwarzen Publikum keinen Anklang gefunden hat, läßt sich nicht so leicht verstehen. Er hat jahrelang aktiv und militant für die Rechte der schwarzen Amerikaner gekämpft. Er hat kein Blatt vor den Mund genommen und Chancen ausgenutzt, wo andere schwarze Entertainer es bei ihrem Gesang bewenden ließen. Ein Fernsehproduzent hat einmal Einwände gegen eine Szene erhoben, in der die weiße Sängerin Petula Clark ihre Hand auf den schwarzen Arm von Belafonte legte, und da war es Belafonte, der die Sache an die Öffentlichkeit brachte. Harry hat sich in mehreren Blues- und schwarzen Folkalben ernsthaft mit authentischem Material auseinandergesetzt; in seinen Fernsehproduktionen hat er Scripts verwendet, die sich mit der Problematik der Schwarzen befassen, hat er schwarze Sänger und Schauspieler eingesetzt.

Bei den Schwarzen ist es aber nicht gut aufgenommen worden, daß Harry sich von seiner schwarzen Frau scheiden ließ, um eine weiße Frau heiraten zu können. Auch hat er sich mit seinem Gesangsstil von den Schwarzen isoliert. Belafonte legte immer besonderen Wert auf Eleganz, künstlerische Perfektion und Niveau, Dinge, die von Josh White in den Blues eingeführt wurden, und hat sich auf seine *weiße* Nettigkeit, seine sexy wirkende Bühnenkleidung, seine physische Anziehungskraft verlassen. Das Sporthemd, das bei Josh ein bißchen offengestanden hatte, knöpfte er bis zum Nabel auf. Darüberhinaus hat er immer nach poetischen Stücken gesucht, es ging ihm um die Tiefe des Gefühls und um eine verhaltene Intensität und nicht so sehr um den heißen und aggressiven Exhibitionismus des R & B. Man stelle sich für einen Moment James Brown vor – und dann ist auch schon klar, daß Belafonte zu den coolen Sängern zählt.

1959 wurden zwei weitere schwarze Sänger in der Popszene prominent, die für verschiedene Facetten des schwarzen Gesangsstils stehen. Brook Benton hat den optimistischen, selbstbewußten, ausgesprochen maskulin wirkenden Songtyp populär gemacht, den er auch schon in frühen Songs wie *I'm Ready* und *I'm Your Hoochie Coochie Man* an den Tag gelegt hatte. Jackie Wilson hat den ekstatischen Gesangsstil beliebt gemacht, der bei Little Richard angefangen und mit James Brown und Jimi Hendrix seinen funkensprühenden Höhepunkt gefunden hat.

Im ersten Jahr seiner Karriere hatte Benton drei Hits auf Platz eins der R & B-Charts, die auch in die Top Ten des Pop kamen. In den beiden Songs *It's Just a Matter of Time* und *Thank You Pretty Baby* legt er sich das Image des erfahrenen Mannes zu, etwa in dem Stil: Wart's ab, du kriegst auch noch dein Fett ab; oder: War ganz nett bei dir, Baby. Im Jahr darauf hatte er drei weitere erfolgreiche Songs. Zwei davon, *Baby, You Got What it Takes* und *Rockin' Good Way* sang er im Duett mit Dinah Washington – die Queen konnte genauso hochnäsig sein wie Brook selbst – wogegen der dritte Hit, *Kiddio*, ein typischer Benton-Solotitel war. Seine Plattenkarriere stand fünf Jahre unter Hochspannung, aber seit 1962, als er mit dem von mir verlegten Song *Hotel Happiness* und *Lie to Me*, das er mit Margie Singleton aus Nashville geschrieben hatte, noch einmal die größten Erfolge hatte, ging es allmählich bergab.

Jackie Wilson hat sich als langlebigeres Plattentalent erwiesen. Obwohl er erst 1957 seine ersten Platten einspielte, war er in der 69er Talentauswahl von *Billboard* bei den R & B-Singles noch immer in der Liste der Topsänger – vertreten. Das ist eine ganz schön lange Zeit. Wilson hatte eine hohe, gepreßte Stimme, die an James Brown erinnerte, und konnte mit ihr Gospels richtig aufregend machen. Seine laszive Stimme hatte auf Platten einen geradezu schmerzhaft ekstatischen Sound. Und dank dieser Show-Befähigung stand er schon 1962 auf der Bühne des Copa in Manhattan.

Es ist übrigens nicht uninteressant zu wissen, daß seine frühen Aufnahmen von einem Trio geschrieben wurden, das es später noch weit gebracht hat: Tyran Carlo, Gwendolyn Gordy und Berry Gordy jr. Letzterer hat die Top Company der schwarzen Popgeschäfte aufgebaut, Motown Records mit seinen zahllosen Beteiligungen und Tochtergesellschaften. Der erste wirklich große Hit Wilsons den R & B-Charts jedoch war *You Better Know It*, ein Song, den er 1959 mitgeschrieben und aufgenommen hat.

Im Jahr darauf spielte er *My Empty Arms* ein, die Umarbeitung einer Pagliacci-Arie. Ganz abgesehen davon, daß er in diesem Song wirklich dramatische Höhepunkte seiner Stimme vorführen konnte, unterstrich er mit ihm auch sein lebhaftes Interesse am Popmarkt. Noch besser allerdings kam er mit *A Woman, a Lover, a Friend* und *Doggin' Around* an, die beide auf Platz eins des R & B-Markts landeten. *Doggin' Around* setzte sich auch im Popmarkt durch und bekam eine Goldene Schallplatte.

1975 nahm Jackie Wilsons Karriere ein jähes Ende. Er erlitt einen Herzanfall und bald darauf einen schweren Sturz; seitdem ist er vollständig gelähmt und auch stumm. Ohne fremde Hilfe könnte er nicht mehr leben.

In dem Jahr, als Wilson und Benton wie Kometen am Himmel der Gesangsstars auftauchten, nahmen HANK BALLARD AND THE MIDNIGHT-STERS bei dem Label Federal die Originalversion eines späteren Jahrhunderthits auf. Obwohl diese Gruppe schon einige große Hits gehabt hatte, kam sie mit diesem Titel – dem folgenschweren *Twist* – weder bei den weißen noch bei den schwarzen Käufern an. Aber im Jahr darauf nahm ein ehemaliger Hähnchenschlachter aus Philadelphia das Stück bei Parkway noch einmal auf und machte es zu einem Millionenerfolg. Das war Chubby Checker – «Chubby» läuft übrigens ungefähr auf dasselbe hinaus wie das «Fats» bei Antoine Domino. Er holte sich dann auch mit *Let's Twist Again* (1961) und *Limbo Rock*, einer leichten Abwandlung desselben rhythmischen Grundmusters, Goldene Schallplatten. Obwohl Chubby fleißig weiter Platten einspielte, hat er danach nie mehr so richtig ins Schwarze getroffen.

Die Neider im Musikgeschäft haben immer gesagt, daß er zu seinen Erfolgen wie die Jungfrau zum Kind gekommen ist. Damit meinen sie den von (in der West 47nd Street/Manhattan) der Peppermint Lounge-Bar verursachten Wirbel: 1960/61 stürmten die Schickeria und die Größen des Showgeschäfts, von den neugierigen, gewöhnlichen Sterblichen ganz abgesehen, diesen Laden, um der Jugend bei einem neuen Tanz, eben dem Twist, zuzusehen. In den Gettos der Schwarzen war dieser Tanz so neu zwar nicht; dort tanzten die Schwarzen ähnliche Tänze mit Bezeichnungen wie *Ballin' the Jack* und *Messin' Around* schon seit langem: «*Twist around with all your might / Messin' Around, they call it messin' round.*»

Der Twist schlug ganz ungeheuer ein, und zwar nicht nur bei den Teenagern, sondern auch in der mittleren und älteren Generation, die ihn ebenso einfach und lustig wie die Jungen fand – man mußte ja einfach nur rhythmisch mit dem Hintern schwenken.

Die Combo, die im Peppermint spielte, JOEY DEE AND THE STARLITERS, nahm rechtzeitig eine Platte auf, die natürlich *Peppermint Twist* hieß, und nutzte die Twistbegeisterung mit einer Twist-LP bei dem Label Roulette aus. Aber auch Chubby Checker verdiente sich eine goldene Nase – er bekam nicht nur drei Goldene Schallplatten, sondern fand dann sein durchaus einträgliches Auskommen als Show-Twister und Twistlehrer in den teuren Hotels der Mittelklasse von New York und Miami.

Dionne Warwick, Lou Rawls und O. C. Smith, diese drei schwarzen Sänger, denen es gelang, die Sound-Schranke der sechziger Jahre zu durchbrechen, hatten zwar Soul, waren jedoch keine reinen Soulsänger. Dionne Warwick ist eine Sängerin, die auf ihre Stücke mit Gefühl eingeht, aber *besessen* ist sie nicht davon. Sie verliert sich nicht in ihrem Gesang – so wie das Gospelsänger in Momenten großer Erregung und Begeisterung tun.

Leonard Feather traf mit seiner Bemerkung ins Schwarze, als er sagte: «Die Gospelmusik ist ihr Erbe, aber nicht ihr Handgepäck.» Dionne ist eine begabte Sängerin, deren kunstvoller Gesang erst durch ihren Gospel-Background den richtigen Touch bekommt.

«Ich bin in einer Zeit großgeworden, in der die SHIRELLES die beste weibliche Gesangsgruppe waren und Fabian ganz oben war und es eine ganze Menge wirklich starker Rock-People gab», hat sie Feathers erzählt. «Es sieht so aus, als ob die Leute mal wieder Musik hören wollten, Musik zum Entspannen, und da habe ich das große Glück gehabt, dem besten Schreiberteam der Welt über den Weg zu laufen.»

Dieses Team bildeten Burt Bacharach und Hal David, die ihre Songs nicht nur selbst schreiben, sondern auch produzieren. Auf ihren ersten Hit im Jahr 1962, *Don't Make Me Over*, folgten *Walk on By*, *What the World Needs Now Is Love* (ein Jazz-Walzer), *Alfie*, der Titelsong des gleichnamigen Films («Der Verführer läßt schön grüßen»), *I Say a Little Prayer*, *This Girl's in Love With You* (auf der angeblich einzigen Scheibe von Herb Alpert, auf der ein Sänger bzw. eine Sängerin zu hören ist) und etliche weitere Bestseller. Sie arbeitete mit konstruktiv und formal unorthodoxen Songs, die mit Taktwechseln und Harmonieveränderungen aus der Offbeat-Kiste gespickt waren, und brachte in ihnen ihre hohe Musikalität und ihren anziehenden, unterkühlten Vortrag bestens zur Geltung.

«Sie wirkt zwar nicht unbeteiligt», hat Bacharach einmal gesagt, «aber sie ist trotzdem in gewissem Sinn cool, sie hat eine Fähigkeit zum Understatement. Sie wirkt ganz normal, nicht überkandidelt, sehr gewinnend, und wirkt vor allem als Künstlerin und Persönlichkeit vollauf ehrlich. Der Erfolg hat sie überhaupt nicht verändert.»

Geboren wurde sie im Dezember 1940 in Orange, New Jersey, als Marie Dionne Warrick. Zu ihrem Künstlernamen Warwick kam sie durch einen Druckfehler auf dem Cover ihrer ersten Platte *Don't Make Me Over* (bei dem Laber Scepter). Dionnes Mutter sang in einer Gospel-Gruppe, die sie auch leitete. Gelegentlich sprang Klein-Dionne für eine erkrankte oder verhinderte Sängerin ein. Daneben sang sie regelmäßig im Kirchenchor ihrer Gemeinde – wie auch ihre Schwester Dee Dee, die auch selbst bei Mercury Hits ablieferte (*Foolish Fool*).

Eine Zeitlang trat sie mit ihrer Schwester und einer Cousine als Teenager-Trio auf, dessen Stil schon aus seinem Namen – GOSPELAIRES – abzulesen ist. Mit Hilfe eines Stipendiums des Hart College of Music in Hartford, Connecticut, wurde dann der Weg zum weltlichen Gesang und auch ins Plattengeschäft frei, wo sie schließlich auf Bacharach und David stieß.

«Wir haben uns bei einer Session der DRIFTERS getroffen», erinnert sich Bacharach. «Dionne, Dee Dee und die Cousine sangen den Background, aaa, ooo undsoweiter. Als erstes ist mir nicht so sehr die Stimme von Dionne aufgefallen, sondern das Aussehen – die Turnschuhe, die Röhrenhosen, der Pferdeschwanz und die großen Backenknochen.»

«Ein paar Monate später haben Hal und ich Demo-Aufnahmen für zwei neue Lieder gebraucht. Dionne hat sich gefreut, daß sie sich was zuverdienen konnte. Wir nahmen die Demos zu Scepter mit, einer Plattenfirma, die damals mit den SHIRELLES ganz groß im Geschäft war. Sie wollten nicht nur die Songs, sondern auch gleich noch die Sängerin. Und uns haben sie als Produzenten ihrer Songs unter Vertrag genommen.»

Dionne Warwick war zeitweise ein gesuchtes Mannequin und ist auch schon einmal im Film zu bewundern gewesen, weil ihr attraktives Äußeres ihr etwas Exotisch-Sexuelles gibt.

Während Dionne Warwick aus der wohlhabenden Mittelschicht stammt, kennt Lou Rawls die Chicagoer Slums, die er in einigen gesprochenen Monologen auf seinen Platten verewigt hat, von Kindesbeinen an. In *Dead End Street* erzählt er wie ein Bluesman aus der guten alten Zeit von kalten Nächten, in denen er sich vor dem Einschlafen alles anziehen mußte, was er nur hatte. Lou sang wie Dionne im Kirchenchor und stieß nach Absolvierung der Dunbar High School in Chicago zu den PILGRIM TRAVELLERS, einer bekannten männlichen Gospel-Gruppe.

Er besaß nicht die rauhe, ungehobelte Stimme, die man üblicherweise mit dem Blues assoziiert, aber trotzdem ist der Blues die Grundlage seiner sängerischen Arbeit. Sein erstes Capitol-Album aus dem Jahr 1961, «Stormy Monday», besteht aus Bluessongs, und die beiden folgenden LPs, »Black and Blues» und «Tobacco Road» ebenfalls. Sein erster Single-Hit (fünf Jahre nach Beginn seiner Karriere) war ein moderner

Blues, *Love Is a Hurtin' Thing*. Aber er ist in vieler Hinsicht genauso sehr Jazz- wie Bluessänger, eine Tatsache, die sich unter anderem auch daran zeigt, daß sein Name im «Blues Poll» von *Downbeat* aus dem Jahr 1963 auftaucht.

Er hat nicht nur ein Feeling für Improvisation, sondern er singt mit einem Swingbeat, dem man sich schlechterdings nicht entziehen kann. Der Jazzpianist Les McCann hat ihn auf seinem ersten Album begleitet, und auf «Black and Blues» begleitet ihn die Big Band von Onzy Mathews. Obwohl er die makellose Aussprache eines Popsängers besitzt, ist er jahrelang in, wie er selber sagt, «Soul Food-Pinten» aufgetreten.

Und wie stand es mit dem Radio? «Von den Top Forty-Stationen bin ich nie gespielt worden, sie haben gesagt, ich wäre ihnen zwar nicht zu blöd, aber zu schwarz.»

Rawls hat es auch in anderer Hinsicht nicht immer leicht gehabt. In den Zeiten, als seine Karriere als Sänger zu Ende schien, studierte er am Art Institute von Chicago und entwarf Schuhe für eine Schuhfabrik. Daher kann es auch kaum überraschen, daß er ein Feeling für Elendssongs hat – man höre sich *Trouble Down Here Below* an oder *You Can Bring Me All Your Heartaches* und *Dead End Street*. Und genausowenig Anlaß besteht zur Verwunderung darüber, daß er sich manchmal so bitterer Lieder wie *Yes, It Hurts – Doesn't It* oder beißend-ironischer Balladen wie *It's an Uphill Climb to the Bottom* annimmt. Im Gegensatz zu Dionne Warwick ist es ihm nicht gelungen, den Erfolg seiner beiden Single-Hits aus dem Jahr 1966/67 zu wiederholen. 1968 war er schon nicht mehr bei den Single- oder Albenstars des R & B zu finden.

Einer von den Künstlern, die erst später ins Plattengeschäft gekommen sind, ist O. C. Smith, der in Louisiana geborene ehemalige Count-Basie-Sänger, der in einer musikalischen Familie in Los Angeles aufgewachsen ist. Ocie Lee Smith hat den ersten Unterricht von seiner Mutter erhalten. Die Jefferson High School und das Los Angeles City College haben seine sängerische Entfaltung nicht gerade gefördert; aber bei der US Air Force hat er dann die ersten Schritte auf der Bühne gemacht, die ihn dazu angeregt haben, Profisänger zu werden.

Ein Trio ganz unterschiedlicher Männer bahnte Smith den Weg zu seinem Debüt auf einer Columbia-Platte, die sofort zu einem großen Erfolg wurde: *Song of Hickory Holler's Tramp*. Sy Olliver, vordem Arrangeur bei Tommy Dorsey, hatte ihn in einem kleinen New Yorker Club, dem Baby Grand, singen gehört. Der Manager der RASCALS und damals auch zugleich Impresario der BEATLES für Amerika, Sid Bernstein, dem Oliver seinen Fund vorstellte, brachte ihn wiederum mit Count Basie zusammen. Ziemlich schnell war er Sänger bei Basie, als Nachfolger von Joe Williams, der sich zu einer Solokarriere entschlossen hatte. Während seines dreijährigen Engagements bei Count Basie lernte Smith dann schließlich Lee Magid, den Manager von Della Reese und vielen anderen schwarzen Stars, kennen, der für ihn den Plattenvertrag mit Columbia aushandelte.

Obwohl O. C. Smith nicht eben von heute auf morgen Erfolg hatte, war sein Weg nach oben doch auch nicht zu schwer. Smith selber hat ein ziemlich sonniges Gemüt. «Mir ist es schnurz, ob mein Name oben auf dem Plakat steht», hat er einmal gesagt. «Ich hab das ganze Land abgeklappert, bin über die Dörfer gezogen und hab rein alles gesungen – Balladen, schnellere Sachen, Blues –, und als Sänger bei Count Basie hab ich ungeheuer viel Wichtiges dazugelernt. Ich hab in Sälen gesungen, wo grade hundert Leute reinpassen – und davon waren achtzig Ausflügler, die sonst immer nur vor der Glotze hocken und deshalb fast nicht klatschten. Ich hab gewußt, die Leutchen wollen sich einen schönen Tag machen und sind das Beifallklatschen eben einfach nicht gewöhnt. Naja, wer klatscht denn schon Beifall, wenn er vor der Röhre sitzt?»

Über seinen Plattenerfolg sagt er: «Ich hätte auch ohne mein Erfolgsalbum ‹Hickory Roller Revisited› und meine LP ‹For Once in My Life› und meinen Single-Hit ganz gut zurechtkommen können, mit regelmäßigen Auftritten in den Clubs. Aber mit Hilfe dieser Platten werde ich erstens besser, und zweitens kommen mehr Leute zu meinen Auftritten.»

Die Entwicklung von Smith läßt sich daran ablesen, für welchen Saal des Beverly Hills Century Plaza er gebucht worden ist. Bei seinem ersten Auftritt dort, im Juli 1968, sang er in der Hong Kong Bar, einem intimen, schummrigen Raum, der so richtig für Anhänger von Charlie Byrd und andere Jazzer geschaffen war; aber bei seinem Auftritt im April 1969 trat er bereits im großen, auf nobel getrimmten Westside Room auf, einem von den Sälen, in denen kräftig Kasse gemacht wird.

John L. Scott von der *Los Angeles Times* befragte ihn daraufhin, was er im Grunde seines Herzens wolle? Die simple Antwort: «Richtig viel Heu, Mann!»

Sam Cooke hat vielleicht mehr Geld gemacht, als für sein seelisches Gleichgewicht gut war. Dennoch hat er auf viele schwarze Sänger der damaligen Zeit einen gewaltigen Einfluß ausgeübt, besonders auf die Soulsänger. Sein Stil war weit entfernt von den ekstatischen Schreihälsen à la James Brown, Jimi Hendrix und Otis Redding, und zwar um etliche Lautsprecherbatterien und ebenso viel Gefühl. Stimmlich war er durchaus ein Crooner-Typ. Aber er konnte – wie Sinatra in den vierziger Jahren – eine derart erotische Sensibilität zeigen, daß seine weiblichen Zuhörer einem Orgasmus nahekamen. Er hatte die sanfte, zärtliche, gefühlige Stimme eines Mannes, der gerade mit einer Frau im Bett liegt.

Als er *You Send Me* schluchzte, seine erste Platte, die gleich auch zu

Sam Cooke

einem Millionenhit wurde, sind die Frauen zu hunderten in Ohnmacht gefallen. Es hört sich vielleicht seltsam an, aber ich stehe nach wie vor auf dem Standpunkt, daß Cooke dem Soul eine neue Gefühlstiefe erschlossen hat. Er sang mit so viel innerer Wärme und Anteilnahme, da viele Soulsänger dazu angeregt wurden, sich um mehr als nur die oberflächliche Besessenheit und den Gesangsexhibitionismus des Gospel zu bemühen. Der viel zu früh gestorbene Otis Redding, der die Platten von Cooke abgöttisch verehrte, war auf dem Weg, zu einem Soulsänger zu werden, der diese innere Intensität mit der Kraft seines Ausdruckes verbindet.

«Es ist völlig egal, was für einen Song du singst», hat Cooke einmal gesagt. «Es kommt darauf an, daß das Publikum das fühlt, was du fühlst. Jeder Song hat eine Message, ob Pop, Rock 'n' Roll oder Spiritual, das ist egal. Wenn du diese Message nicht zum Publikum rüberkriegst, dann hast du die Arbeit nicht richtig gemacht, die von dir als Künstler verlangt wird. Das hab ich schon als Kind in der Kirche gelernt. Wenn du jemals bei einem baptistischen Gottesdienst dabeigewesen bist, dann weißt du, was ich meine. Du mußt die Gefühle der Gemeinde aufwühlen und sie wortwörtlich von ihren Sitzen reißen. Dazu mußt du deine ganze innere Kraft zusammennehmen und auf jeden einzelnen im Saal übertragen. Und genau das versuche ich jedesmal, wenn ich den Mund zum Singen aufmache.»

Cooke hat dieses Ziel in seiner Karriere, die mit den Schüssen aus der

Pistole einer weißen Frau in einem Motelzimmer ein jähes Ende genommen hat, sehr wohl und mit viel Erfolg erreicht. Seine allererste Platte bei Specialty, *I'll Come Running Back to You*, kam bereits in die Top Ten der R & B-Charts. Seine zweite Platte, *You Send Me*, erschien bei Keen, einem kleinen Label, das von einem ehemaligen führenden Mann bei Specialty gegründet worden war. Nachdem er von Keen zu RCA Victor gewechselt war, machte er einen Hit nach dem anderen, darunter auch mit *Twistin' the Night Away* (1962) und *Another Sunday Night* (1963) zwei Hits, die auf Platz eins kamen.

Übungsfeld für Cooke war die schwarze Kirche. Wie die anderen acht Kinder seines Vaters, eines Baptistenpredigers in Chicago, kam Cooke in den väterlichen Kirchenchor, sobald seine Stimme ein bißchen Vibrato hatte. Als er neun war, trat er zusammen mit einem Bruder und zwei Schwestern als THE SINGING CHILDREN auf. Sie sangen bei den Gemeindefesten der Baptisten und gingen mit dem Klingelbeutel durch die Reihen.

Während er in Chicago die Wendell Phillips High School besuchte, sang er mit einem seiner Brüder in einer Gruppe, die sich nach der Chicago Highway Baptist Church THE HIGHWAY Q. C's nannte. Nach seinem Schulabschluß schrieb Cooke Spirituals für die SOUL STIRRERS, eine Gospel-Gruppe.

Cooke steckte derart tief in der Gospel-Tradition, daß Specialty, bei der er seine ersten Platten machte, keine Popsongs mit ihm machen wollte; und nachdem er die Firma endlich dazu bringen konnte, gaben sie die Platten nur zögernd auf den Markt. Das wohlbekannte schwarze Tabu – nur nichts Weltliches mit Geistlichem zu vermischen – war der Grund. Das wiederum führte dazu, daß Cooke das Label im Zorn verließ und Keen Records einen warmen Regen bescherte.

Sam Cooke ist in seinem kurzen Leben alles so leicht gefallen, daß er sich vielleicht zuviel zutraute und die Katastrophe indirekt selbst heraufbeschwor. Vor dem tödlichen Rendezvous 1964, es kam übrigens nicht zu einem Gerichtsverfahren gegen die Frau, hatte er in Arkansas einen Autounfall, dessen Folgen er beinahe nicht überlebt hätte; er litt noch etliche Zeit danach an zweitweiser Erblindung. Sein Kommentar, nachdem er wieder halbwegs auf den Beinen war: «Der Unfall hat mich 'ne Zeitlang aus dem Verkehr gezogen. Aber dem Herrgott in seiner unendlichen Güte und Barmherzigkeit hat es gefallen, mich noch ein Weilchen auf Erden zu lassen.»

Sehr lange allerdings nicht mehr. In der Zeit, die ihm noch blieb, sang Cooke mit der Vitalität und der Überlegenheit – wenn nicht gar Arroganz – eines Mannes, der seiner selbst ungeheuer sicher ist. Er hatte es geschafft, und er wußte, daß er sich rundum durchsetzen und behaupten würde. In gewissem Sinn knüpfte er an die Tradition des frühen Blues

und R & B an; den damaligen Hoochie-Coochie-Männern war sonnenklar, daß sie was hatten, ohne das die Ladies nicht auskommen konnten.
Und mit Ausnahme jener einen, tödlichen Dame konnten die Frauen
der Männlichkeit von Sam Cooke auch tatsächlich nicht widerstehen.

Der Übergang zu den sechziger Jahren:
Die Oreo-Sänger

Der Begriff Oreo-Sänger stammt von einem Schokoladengebäck her, dessen Inneres weiß ist. Gemeint ist natürlich ein Sänger, dessen Äußeres schwarz, dessen Inneres jedoch weiß ist. Obwohl es sich eher um ein Schimpfwort handelt, möchte ich den Begriff rein beschreibend verwenden.

Auf zwei Gruppen trifft diese Beschreibung zu, und zwar auf die Fifth Dimension und die Impressions. Erstere ist ein gemischtes Quintett, das mit *Up, Up and Away*, dem ersten Song des Oklahoma-Hollywood-Autors Jimmy Webb, Aufmerksamkeit auf sich lenkte. Seit diesem Supersong, der 1968 gleich vier Grammys einheimste, hat die Gruppe auch mit einem Medley aus dem Hippie-Musical Hair – *Aquarius-Let the Sunshine In* – noch einen großen Hit gehabt.

Die drei männlichen Mitglieder der Gruppe waren damals zwischen zwanzig und dreißig und stammten aus dem Getto von St. Louis. Jeder war auf eigene Faust nach Hollywood gezogen; Ron Townson, ein früherer Operntenor, um bei Nat «King» Coles Merry Young Soul mitzumischen, Billy Davis, gewesener Walzwerker, um im Showbusiness Karriere zu machen. Der Dritte im Bunde, Lamonte McLemore, ehemaliger Baseball-Profi, hatte sich zum hauptberuflichen Modefotografen und nebenberuflichen Drummer einer Jazz-Rock-Combo weiterentwickelt. McLemore holte die weiblichen Mitglieder in die Gruppe. Einer seiner Aufträge als Fotograf bestand darin, die Gewinnerinnen des Miss Bronze California Pagent abzulichten. Marylin McCoo gewann diesen Wettbewerb 1962, Florence LaRue war die Schönheitskönigin des Jahres 1963.

«Musik ist eine internationale Sprache», hat Ron Townson einmal gesagt. «Musik heißt, daß man glücklich ist, und wenn man richtig glücklich ist, möchte man am liebsten mit der ganzen Welt reden.» Und genau das versuchte die Gruppe, immer auf der Suche nach Ohrwürmern, gefälligen Arrangements und einem großen aufgeschlossenen schwarz-weißen Publikum.

Obwohl sie von der Westküsten-Vertretung Motowns bei ihrem ersten Anlauf – damals noch unter dem Namen The Versatiles – zur Tür hinaus gewiesen wurden, gelang es ihnen, den Detroiter Chef der Motown-Niederlassung als Manager zu bekommen; er gab ihnen den endgültigen Namen und verschaffte ihnen beim Label des Rocksängers Johnny Rivers, Soul City Records, einen Plattenvertrag. *Time* hat ihren Auftrittsstil einmal treffend als «in Satin, Seide und Sex gekleidetes Glücksgefühl» beschrieben. Als sie kurz nach dem Erscheinen von *Up, Up and Away*, mit dem ihre große Zeit begann, in der Valparaiso-Universität von Indiana auftraten, kam es zu heftigen Protesten der Black Students Union.

Obwohl Curtis Mayfield, der Leadsänger und Gitarrist der IMPRESSIONS, seit langem immer wieder soziale Fragen aufgreift, läßt sich bezweifeln, ob er bei der Black Students Union besser abschneiden würde. In seinem Song *We're a Winner* appelliert er zwar an den Stolz der Schwarzen und versucht, das schwarze Selbstbewußtsein zu stärken. Aber in seinem Song *Mighty, Mighty* fleht er «*spade and whitey*» an, endlich einzusehen, daß «*wir, die wir nicht zusammenstehen, … in Dummheit befangen*» sind. Und in einem weiteren Song, *Choice of Colors*, der von den IMPRESSIONS bei Mayfields eigenem Label Curtom eingespielt worden ist, wendet er sich vor allem an die Schwarzen, wenn er singt, daß Bildung, «Vaterlandsliebe» und Vertrauen ihre Lage mehr verbessern würden als Krawall und Protest.

«Ich komme erst jetzt allmählich auch bei den Weißen an», hat Mayfield einmal geäußert. Und Richard Robinson, der eine ansprechende Broschüre über die Gruppe herausgebracht hat, gibt ehrlich und offen zu, daß Mayfield sein Publikum vor allem mit den Augen des Künstlers sieht, der Erfolg haben will. Robinson merkt an, daß es schwer sei, Mayfield – der wegen seiner Unfähigkeit, den weißen Popmarkt zu erreichen, «zwei Seelen in seiner Brust» trage – zu erklären, «daß das Pop-Publikum über ihn erst aufgeklärt werden, daß es seine Musik mit dem richtigen Plattencover, im richtigen Saal und in der richtigen Atmosphäre vorgestellt bekommen müsse.» Statt dessen findet sich Mayfield nach Robinson «wie viele schwarze Entertainer in dem Versuch wieder, seine Musik so zu verändern, daß sie dem weißen Publikum gefällt.»

Nichts aus der Vergangenheit und Herkunft Mayfields erklärt, warum er sich ausgerechnet auf dem weißen Markt nach weißen Spielregeln durchsetzen wollte, und das zu einer Zeit, als die Soulsänger bereits gezeigt hatten, daß sie mit ihrem eigenen Stil durchaus Anklang finden konnten. Mayfield wurde im Juni 1942 in Cook County (Illinois) geboren und sang mit gleichaltrigen Verwandten in seiner Jugend in einer Gruppe, die sich THE NORTHERN JUBILEES nannte.

Mayfield beschreibt die musikalischen Einflüsse seiner Jugend so: «Die Musik der Gospelgruppen – wie zum Beispiel der SOUL STIRRERS, deren Leadsänger Sam Cooke war, und der DIXIE HUMMINGBIRDS – habe ich heiß geliebt. Ich habe damals nur Gospelmusik gehört, nichts sonst … Später habe ich mir dann auch den einen oder anderen Song von den RAVENS oder den ORIOLES angehört; ich kann mich auch an ein paar

Stücke von den CLOVERS erinnern ... Um das Jahr 1955 habe ich dann den R & B und den Rock 'n' Roll entdeckt. Seitdem gefiel mir allmählich fast jede Art von Musik, sogar klassische Musik, aber am meisten habe ich die COASTERS gemocht. Wir haben eine Gruppe aufgemacht, die AL-PHATONES, und ihre ganzen Songs einstudiert ... Die Chicagoer Gesangsgruppen wie die SPANIELS (*You Painted Pictures*) und die DELS haben mich voll angeturnt, aber ich würde doch sagen, daß die COASTERS mich am stärksten angeregt haben.»

Nach dreijähriger Zusammenarbeit traten die IMPRESSIONS an verschiedene Plattenfirmen heran. Das Chicagoer Label Vee Jay brachte ihre ersten Aufnahmen heraus. Darunter war auch *For Your Precious Love*, der Song, mit dem Jerry Butler seine Karriere begann. Mayfield arbeitete danach noch einige Zeit als Gitarrist für Butler.

Der erste Hit der IMPRESSIONS nach ihrem Wechsel zu ABC Paramount war *Gypsy Woman*, ein Song, den Mayfield für Dee Clark geschrieben hatte. Davor hatte er übrigens auch schon bei den Kompositionen von *He Will Break Your Heart* und *Find Another Girl*, zwei der großen Erfolge von Jerry Butler, die Finger mit im Spiel. 1964 erzielten die IMPRESSIONS dann mit *Keep on Pushing*, einem von Mayfield umgeschriebenen Gospel, einen gewaltigen Erfolg. «Ich habe den Song zuerst als Gospel geschrieben», erklärt Mayfield dazu, «und dann zur kommerziellen Verwertung für das große Publikum umgeschrieben.»

1969 trennte sich die Gruppe von ABC Paramount und ging zu Curtom, einer Firma, die Mayfield gehört. Mayfield: «Ich glaube, daß es für die Schwarzen sehr wichtig ist, Herr im eigenen Geschäft zu sein. Ganz einfach deshalb, weil es einem dabei hilft, zu einer unabhängigen, individuellen Persönlichkeit zu werden, und weil es eine so großeInspiration für uns Schwarze bedeutet, an einem Markt teilzuhaben, auf dem finanziell einiges geboten wird – wo sich Dollars holen lassen, wissen Sie –, und dann kann man sehen, was hat der, was hat jener. Und man kann den Leuten zeigen, seht her, ich kann das genauso gut wie ihr.»

Richard Robinson charakterisiert Mayfield als «sozial bedeutsamen Schwarzen», weil er es zum Unternehmer gebracht hat, und bemerkt, daß Curtom Records «eine der wenigen von Schwarzen kontrollierten Firmen im Musikgeschäft» ist. Als weitere Beispiele dieser Art wären nach Robinson damals nur der – allerdings riesige – Tamla Motown-Komplex von Berry Gordy und das später von den Isley Brothers gegründete T-Neck Records zu nennen. Es kämen unter anderem noch die Firma RPM von Ray Charles, die James Brown Enterprises, die B. B. Productions von B. B. King hinzu. Otis Redding war kurz vor seinem Tod dabei, einen Entertainment-Komplex à la Motown aufzubauen, zu dem eine Plattenfirma, Verlage und eine Künstleragentur gehören sollten. So, wie die Gründung und der Erfolg von Atlantic Records ein

Anstoß zur Gründung anderer R & B-Labels in den vierziger und fünfziger Jahren gewesen ist, hat das sensationelle Wachstum der Firma Berry Gordys weitere schwarze Autoren und Künstler dazu angeregt, schwarze Kapitalisten zu werden.

Teil II

Rhythm and Blues

I like low-down music, I like to barrelhouse
  and get drunk too,
I like low-down music, I like to barrelhouse
  and get drunk too,
I'm just a low-down man, always feelin'
  low-down and blue.
(Traditional)

Rhythm and Blues ist ...

Es hat drei Kriege benötigt, die Schwarzen zu urbanisieren und die schwarzen Gettos zu bilden, die den heutigen amerikanischen Großstädten wie Pockennarben zu Gesicht stehen. Im ersten Krieg ging es um die Erhaltung der Einheit der USA, im zweiten um die Sicherung der Demokratie und im dritten um die Beendigung aller Kriege. Ob diese Kriege ihre jeweils publizierten Ziele erreicht haben, interessiert hier nicht so sehr; jedenfalls haben sie alle zu Arbeitskräftemangel, Beschäftigungschancen und damit zu einer Bevölkerungswanderung von der Farm in die Fabrik und von Süden nach Norden geführt. Diese Wanderung der Schwarzen während des Zweiten Weltkriegs hat eine Verstädterung der schwarzen Volksmusik begleitet – der Country- und klassische Blues wurde zum R & B.

Grundlage dieser musikalischen Weiterentwicklung war die Wanderung der Bluesmen aus dem Süden in Gebiete, wo die Möglichkeit und Gelegenheit zu Plattenaufnahmen bestand. Aaron T-Bone Walker und andere kamen aus Texas nach Los Angeles, das auch B. B. King anzog, der zuvor in Memphis zu Hause war. Aus Arkansas kam Louis Jordan, aus Kansas City kam Joe Turner; beide landeten schließlich in New York. Die einflußreichste Gruppe aus dem Mississippi-Delta – Muddy Waters, Howlin' Wolf, Elmore James und andere – ließ sich in Chicago nieder. Andere Faktoren haben ebenfalls zur Entstehung der schließlichen Form des R & B beigetragen. Dazu gehört die Elektrifizierung der Gitarre, später auch der Orgel und des Basses, der Zusammenbruch der weißen wie der schwarzen Big Bands, und die Entstehung zahlreicher kleiner, ortsverbundener Plattenfirmen, die ihre Aufnahmen für die Kundschaft aus den schwarzen Gettos produzierten.

In den vierziger Jahren wurde die Schallplatte nicht nur als Form der häuslichen Unterhaltung populär, sie war auch für die Automatenindustrie lebenswichtig, die die Jukebox zur Standardausrüstung der Bars, Clubs, Bordelle und Imbißbuden gemacht hatte. Für die Entwicklung des R & B ist es somit wichtig, die vielen kleinen Plattenfirmen vorzustellen, die wie die Pilze aus dem Boden schossen, um «Race» – oder «Sepia»-Platten herzustellen (wie das damals genannt wurde). In den zwanziger und dreißiger Jahren schickten Victor (mit dem Label Bluebird), American Recording Corporation (mit den Labels Vocalion und Okeh), Gennet (mit seinem fahrbaren Electro-Beam), Richmond, Indiana, Studio und Brunswick allesamt Aufnahmeteams in den Süden, um Blues aufzunehmen. Bluebird machte Bukka White bekannt, der seine wichtigsten Platten dann später bei American Recording Corporation einspielte. Vocalion konnte die für den gesamten Blues so wichtigen Aufnahmen von Robert Johnson auf ihrem Konto verbuchen, die Platten jenes junggestorbenen Bluesmans, der Muddy Waters und Elmore James so stark beeinflußt hat.

Das Verdienst jedoch, die wichtigsten Dokumente des Bottleneck-Blues für die Nachwelt zu erhalten, fiel dem unternehmungslustigen Label Paramount zu, in dessen Aufnahmestudios in Chicago und Grafton Blind Lemon Jefferson, Charley Patton, Son House und Skip James aufgenommen haben – mit anderen Worten die prägenden Figuren der Yazoo-Cotton-Generation, aus der die Bluesmen von Chicago hervorgegangen sind. Als die Depression zu einer Einschränkung der Produktion zwang, wurden die «Race»- oder «Sepia»Serien von den größeren Firmen fallengelassen, wogegen die Marktzwerge wie Paramount und Gennett ihren Laden ganz dicht machen mußten.

Als sich das Plattengeschäft nach der Wirtschaftskatastrophe mühsam wieder hochrappelte – wie übrigens auch später nach den Beschränkungen und Produktionsbegrenzungen der Weltkriegszeit –, war die Geburtsstunde der Ein-Mann-Firmen wie Specialty (Art Rupe) und Peacock (Don Robey), und Familienunternehmen wie Modern (Gebrüder Bihari) und Aristocrat (Chess).

Die wichtigsten R & B-Companies des amerikanischen Westens waren (oder sind noch) Specialty, Aladdin, Modern-Kent-Crown in Los Angeles und Peacock-Duke in Houston. Im Mittleren Westen waren und sind es nach wie vor Kind-Federal-Bethlehem in Cincinatti und Chess-Chekker-Cadet-Argo in Chicago. Im Osten hat sich die stärkste Konzentration von R & B-Labels entwickelt: Savoy, Manor und DeLuxe in Jersey, Apollo, Herald, Jay-Gee und Atlantic in New York.

In der zweiten Hälfte der fünfziger Jahre wurde Philles in Los Angeles wichtig, Arhoolie-Blues Classics in Berkeley (Cal.), Vee Jay in Chicago, Motown in Detroit, Stax-Volt in Memphis, Jamie-Guyden und Cameo-Parkway in Philadelphia, und schließlich Roulette, Jubilee, Amy-Mala-Bell, Scepter-Wand, Electra und Vanguard in New York.

Um das Wesen der R & B zu verstehen, muß man sich sein Publikum, das allgemeine Klima der damaligen Zeit und die Bedingungen der Künstler vor Augen führen. Keineswegs waren alle Schichten der schwarzen Bevölkerung für diese Musik aufgeschlossen. Der Blues wurde von religiösen Schwarzen als «Teufelszeug» und von der schwarzen Mittelklasse als barbarisch abgelehnt. Dem R & B ging es nicht anders; Don Robey von Peacock Records meint dazu: «1949 galt R & B als unter dem Strich; anständige Leute hörten sich so was nie und nimmer an.»

Also orientierten sich die Produzenten von R&B-Aufnahmen, die Künstler und Songschreiber auf die Gettobewohner, deren wichtigste Unterhaltungsquelle der heimische Plattenspieler und die Jukeboxen der umliegenden Treffpunkte waren. Unvermeidlich also auch, daß der R&B eher laut, ungehobelt, derb, wenn nicht sogar vulgär und erotisch war. Im Gegensatz zum Country-, nicht jedoch zum klassischen Blues, war R&B auf den Markt orientiert und nicht so sehr um den individuellen Ausdruck des einzelnen Künstlers bemüht. Diese Musik war zudem ein Teamwork professioneller Sänger und Musiker, nicht die Einzelleistung schöpferischer Amateure; eine fidele, nicht gerade analytische Musik; es war eine Musik für den Körper, den Bauch, und nicht für den Kopf oder das Herz. Es war einfache, unbekümmerte Unterhaltung.

Diese charakteristischen Züge des R&B wurden durch mehrere Faktoren sogar noch verstärkt. Obwohl der R&B Vokalmusik war, war er doch auch Tanzmusik, der Nachfolger des Swingin' Jive der Big Bands. Der Blues hatte auch schon bei Barbecues, Picknicks und Samstagabendparties zum Tanzen herhalten müssen, und etliche Bluesmen haben sich nicht nur als Sänger gesehen.

«In meiner Jugend», erzählt der Country-Sänger Mance Lipscomb, «gab's eben Tanzmusik, und zwar für alle Geschmäcker.» Mack McCormick, dem Lipscomb das erzählte, fügt hinzu: «Für Mance war die Ballade *Ella* ein Breakdown, der Work Song *Alabama Bound* ein Cakewalk, und das derb-erotische *Bout a Spoonful* ein Slow Drag.»

Immer, wenn Vokalmusik vor allem zum Tanzen gedacht ist und nicht so sehr zum Zuhören oder zur Unterhaltung, siegt der Sound über den Sinn der Musik. Und das war bei einem Großteil des R&B der Fall. Die Texte mußten vor allem rhythmische Qualität haben, auch wenn der Sinn dabei zu kurz kam – über die Unverständlichkeit der R&B-Texte ist seinerzeit viel geschimpft worden.

Tanzschuppen sind nur selten für ihre Ruhe und Stille bekannt. Eine kleine Combo – ob auf Platte, aus der Jukebox oder Live – mußte jetzt den Sound produzieren, der vorher von einer Ansammlung von vierzehn oder mehr Musikern produziert worden war. Nur mit elektrisch verstärkten Instrumenten konnte die von der wirtschaftlich schwierigen Nachkriegszeit aufgezwungene Abmagerungskur kompensiert werden. Aus diesem Grund setzten sich die elektrische Gitarre (die bei einem Teil der Big Bands und einigen Hillbilly-Musikern auch schon in den dreißiger Jahren in Gebrauch war) später dann die elektrische Orgel (Hammond-Orgel) und in der Ära des Soul dann auch der elektrische oder Fenderbaß durch. Das spannungsgeladene Leben in den Gettos verlangte wohl geradezu nach den schrillen, verzerrten, intensiven Klängen der elektrischen Instrumente.

T-Bone Walker kann sich rühmen, die elektrische Gitarre im Blues eingeführt zu haben. Taj Mahal allerdings tippte auf einen anderen Kandidaten: «Ich glaube, der erste, der das Elektrische an der E-Gitarre entdeckt und quasi als ganz neues Instrument eingesetzt hat, war B. B. King. B. B. wollte schon immer Bottleneck-Gitarre spielen können. Aber B. B. hat es einfach nie geschafft. Deshalb ist er auf die Elektrik verfallen, Verzerrung, Feedback, Overtone, und hat einen ganz neuen Stil eingeführt. Er hat den Single-Line-Bluesstil in die Welt gesetzt. Er hat sich völlig von den langweiligen Figuren vom Lande abgesetzt, die nur ganz enge Melodieführungen kannten. B. B. hat sich an melodische Passagen rangewagt, er hat gesungen und seine Stimme mit der Gitarre unterstrichen.»

Andere Musikwissenschaftler wiederum sehen Muddy Waters als denjenigen, der die Chicagoer Bluesszene «unter Strom» gesetzt hat. «Ein Mann steht unbestritten im Mittelpunkt des ganzen Geschehens», schreibt Barry Hansen, ein kenntnisreicher Bluesspezialist. «Die Entwicklung seiner Band hat den Pfad für die ganze Szene abgesteckt ... Muddy Waters hat entdeckt, daß er die Wirkung seines Slide-Sounds (der Bottleneck-Technik) noch steigern konnte, wenn er seinen altväterlichen Blues durch den Verstärker schickte und dem Publikum viele Subtilitäten hörbar machen konnte, die vorher im Lärm eines überfüllten Saals völlig untergegangen waren.»

Zeitlich sind die Aufnahmen von Muddy Waters vor denen von B. B. King entstanden. Sein aufregender Song *I Can't Be Satisfied* aus dem Jahr 1948 entstand immerhin vier Jahre vor der ebenfalls sehr eindrucksvollen Scheibe *Three O' Clock Blues* des «Blues Boy» King. Durch T-Bone Walker, Muddy Waters, B. B. King und eine ganze Generation von Blueskünstlern ist die E-Gitarre zum zentralen Stilmittel des R&B geworden; sie beherrscht diese Musik, wie die Slide-Guitar oder der Bottleneck den Charakter des Delta-Blues bestimmt hatte.

Als Tanzmusik machte der R&B da weiter, wo der Swing stehengeblieben war. Technisch gesehen ist der Swing auf dem Viervierteltakt aufgebaut; die Betonung ist ziemlich gleichmäßig auf die vier Takte verteilt: 1, 2, 3, 4. Das läßt sich in dem Benny Goodman-Stück *Stompin' at the Savoy*, an Glenn Millers *In the Mood* und *Little Brown Jug*, an Tommy Dorseys swingendem *Marie* und an allen anderen – schnellen wie langsamen – Hits der Zeit von 1936–45 hören.

Dieselbe Rhythmik ist auch in der Musik der Männer zu hören, die den Swing geschaffen haben – den schwarzen Bands von Fletcher Henderson, Count Basie, Jimmie Lunceford und den hunderten kleiner örtlicher Bands, die im Schatten dieser Bands spielten. Im schwarzen Swing war oft ein weiterer rhythmischer Faktor zu hören. Der zweite und vierte Takt wurde zusätzlich betont, wobei sich ein anderes, zweitaktiges Maß mit dem Viervierteltakt überlagert. Diese Afterbeat-Betonung, die zuvor im New Orleans- und Dixieland-Jazz zu hören gewesen war, hat der R & B übernommen.

Metrisch betrachtet verdankt der R & B dem Boogie-Woogie sogar noch mehr; jenem Klavierstil der schwarzen Ghettos, der seine große Zeit in den zwanziger und dreißiger Jahren hatte, vor allem bei den Harlemer und Chicagoer *raise-the-rent-Parties*. Die Wiederauferstehung dieser Musik in den späten dreißiger Jahren half Meade Lux Lewis, Albert Ammons, Pete Johnson und Jimmy Yancey, ihre Verlegenheitsjobs aufzugeben – Lewis polierte Autos, nicht etwa die Tasten eines Klaviers, Yancey war bei den Chicagoer White Sox, einer Baseball-Profimannschaft, Stadionwärter – und wieder in die Nachtclubs und in das Plattengeschäft zurückzukommen. In den frühen vierziger Jahren warf Tin Pan Alley Pop-Titel mit Bezeichnungen wie *Boogie Woogie Bugle Boy*, *Rhumboogie* und als größten Hit von den genannten drei *Beat Me Daddy Eight to the Bar* auf den Markt.

Der Boogie-Woogie beruht auf einem Achtachteltakt wie der Swing auf einem Viervierteltakt: eins-und zwei-und-drei-und-vier-und. In den mittfünfziger Jahren trat dann im R & B eine synkopierte Boogie-Variante des Achtachteltakts die Vorherrschaft an – übrigens auch im frühen Rock 'n' Roll. Statt einer gleichmäßigen Gewichtung der Achtel lag die Betonung jetzt nicht mehr so sehr auf den «unds», auch wurde ihre Dauer verkürzt: eins ... und zwei ... und drei ... und vier ... und.

Damit hätten wir den Shuffle-oder Stomp-Stil, einen Rhythmus, der sich auf praktisch allen frühen Hits von Little Richard, Chuck Berry und Fats Domino vernehmen läßt. *Tutti Frutti, Mabelline, Blueberry Hill*: sie alle sind klassische Beispiele für diesen verzögerten Takt. (Den man übrigens auch bei Bill Haleys *Rock Around the Clock*, Elvis Presleys *Hound Dog* und *Don't Be Cruel* sowie Paul Ankas *Diana* findet.) Späte Beispiele stellen die beiden Stücke von Wilson Pickett, *634-5789* und *The Midnight Hour* dar.

Der R & B hat auch einem zwölftaktigen Sound zu Ehren verholfen: 123, 123, 123, 123, wobei immer die Eins betont wird. Ob man diese Notation wiedererkennt oder nicht, man kennt sie als die allgegenwärtigen, hämmernden, hoch oben in der Tonleiter angesiedelten Piano-Tripletten des frühen Rock 'n' Roll. Auch auf Fats Dominos *Blueberry Hill*, der PLATTERS-Aufnahme *The Great Pretender* und der Debütplatte von Dionne Warwick, *Don't Make Me Over*, wo diese Figur sogar zur Melodie gehört, sind sie zu hören. (In der Rock- und Soul-Musik hat das 12/8-Muster dadurch zusätzlich Spannung gewonnen, daß die vier Achtel-Gruppen zwar gezählt werden, aber das zweite Achtel durch eine Pause ersetzt wird: 1 – 3, 1 – 3, 1 – 3, 1 – 3).

Der Einsatz dieser komplexeren Rhythmen wird unter anderem durch die Flexibilität begünstigt, die die technische Weiterentwicklung des elektrischen Basses gebracht hat. Früher sah der Baß wie eine übergroße Geige (»Bullengeige», «bull violin») aus und war als Baßgeige bekannt. Die Hauptrolle der Baßgeige bestand seinerzeit vor allem darin, die Downbeats (1 und 3), die Afterbeats (2 und 4) oder, wie im Swing, alle vier Schläge zu unterstreichen. Und zwar mit einem gezupften Ton, dem ersten oder fünften der Tonleiter, oder einer immer wiederkehrenden, gleichbleibenden Tonfolge.

In den mittfünfziger Jahren wurde der elektrische Baß von den Fender-Leuten perfektioniert – noch heute heißt er in der Musikersprache Fender-Baß, obwohl dieses Instrument heute von vielen Firmen gebaut wird. Das Instrument sieht wie eine gewöhnliche E-Gitarre aus, aber es produziert die tiefen, vibrierenden, dröhnenden Klänge, die der schwarzen Musik und dem Rock Tiefe und Kraft geben. Paul McCartney spielte dieses Instrument bei den BEATLES, und das hat sicher eine ganze Menge dazu beigetragen, daß der Baß bei den Rock-Gruppen eine so wichtige Rolle spielt. Aber auch bei den BOOKER T. AND THE MG's ist der Baß das tragende Instrument und das Erkennungszeichen.

Die bessere Hörbarkeit und die Möglichkeit, das Instrument auch zum Spielen von Melodien einzusetzen, hat dem Baß in der heutigen Musik eine herausragende Stelle verschafft. So, wie die immer wiederkehrenden Horn-Riffs die Grundlage des Atlantic Sounds bilden, sind die Riffs des E-Basses die Grundlage des Memphis Sounds. Zusammen mit der elektrischen Orgel hat der E-Baß den Drive, die Dynamik und die Lautstärke des Soul vergrößert und verbessert.

Um auf die frühe Zeit des R & B zurückzukommen: Mit der elektrischen Gitarre gewann ein weiteres Instrument an Gewicht, das Tenorsaxophon. Die Vorliebe für das Tenorsaxophon ist verständlich, weil das Baritonsaxophon weit weniger flexibel ist; sein Alt ist zu süßlich und einfach zu hoch. Der rauhe, ordinäre Klang des Tenorsaxophons wurde mit der Zeit zum Markenzeichen des R & B.

«Auf dem Höhepunkt des R & B», schreibt LeRoi Jones in seinem Buch «Blues People», «haben die Blues-orientierten Musiker sich Wettkämpfe geliefert, um festzustellen, wer am lautesten und längsten auf seinem Instrument kreischende, stöhnende oder brüllende Töne von sich geben konnte. Männer wie Eddie ‹Lockjaw› Davis, Illinois Jacquet, Willis ‹Gatortail› Jackson, Big Jay McNeeley, Lynn Hope und viele andere mehr lieferten sich ‹Honking›-Wettbewerbe und versuchten, jeden anderen Saxophonisten, der es wagte, sie herauszufordern, von der Bühne zu blasen. Als schließlich fast alle ‹Honkers› – so wurden sie genannt – annähernd die gleichen Fertigkeiten auf diesem Gebiet vorweisen konnten, verlagerten sich die Wettkämpfe mehr ins Athletische. Jay McNeeley zum Beispiel lag auf dem Boden und strampelte wild mit den

Beinen in der Luft, während er seinem Instrument einen lauten, krächzigen Ton oder eine Serie identischer Riffs entlockte.»

Das Bild des auf dem Rücken liegenden Jay McNeeley beschwört zugleich ein weiteres Bild herauf: Das Bild des zornigen jungen Mannes. Etwas davon ist, wie ich glaube, in den überkochenden Gefühlen des R&B. Der Zweite Weltkrieg wühlte die Gemüter auf, schürte Hoffnungen und Idealismus: es ging ja schließlich um den Kampf gegen diejenigen, die für die Rassenverfolgung in Deutschland und Italien verantwortlich waren, der Kampf wurde ja schließlich für die kleinen Leute, die Armen und Entrechteten geführt, und als auf Iwo Jima wieder das Sternenbanner wehte, sah man darin das Symbol der nationalen Einheit – wenn auch nicht für lange.

Denn als Ira Hayes, einer der amerikanischen Soldaten, die die Flagge gehißt hatten, nach dem Krieg heimkehrte, war er wieder nichts anderes als ein dreckiger Indianer. Die Schwarzen in den großen städtischen Ballungsgebieten merkten ebenfalls ziemlich rasch, daß das Kriegsende nicht etwa auch das Ende der Vorurteile, des zweitklassigen Schulunterrichts und des drittklassigen Bürgerrechts bedeutete.

Die zweite Generation der schwarzen Musiker stand jetzt vor verschlossenen Türen, wenn sie versuchte, bei Symphonieorchestern, Aufnahmestudios, Radiobands und Filmmusik-Orchestern unterzukommen. Der Bop, dieses «moderne Übel», wie eine ältere Gruppe schwarzer Musiker verächtlich meinte, war ein Ausdruck des Zorns, der Entfremdung und der Ablehnung. Dem entsprach auf einer primitiveren Ebene der R&B.

Der R&B war jedoch weitaus komplexer, vielschichtiger, als dieser Hinweis auf die Enttäuschung und Verbitterung der Schwarzen vermuten lassen würde. Er war in Wirklichkeit weniger der offene Ausdruck dieser Spannungen als der verdeckte Versuch, vor ihnen zu flüchten. Die rassische und soziale Frage blieb im R&B ausgespart. Der R&B war im großen und ganzen Vergnügungsmusik – zum Tanzen, Trinken, Huren: eine Musik des sinnlichen Vergnügens. Er war das schäbige Vergnügen eines hartarbeitenden Volkes, für das der Samstagabend der einzige Abend der Woche war, an dem man einen draufmachen und *glücklich* sein konnte.

In den ersten Jahren nach dem Ende des Zweiten Weltkriegs verkörperte kein anderer schwarzer Sänger und Musiker die Erregung des R&B besser als Louis Jordan und seine TYMPANY FIVE – selbst wenn die Musik damals noch gar nicht ihren Namen hatte. Jordan, der von 1908 bis 1975 lebte, hatte 1945 mit *Choo Choo, Ch'Boogie* und *Caldonia (What Makes Your Poor Head So Hard)*, beides millionenmal verkaufte Platten, seine ersten beiden großen Erfolge. Danach machte er sieben Jahre einen Hit nach dem andern. Besonderen Erfolg hatte er 1947 mit

Aufnahmen wie *Ain't Nobody Here But Us Chickens*, *Reet, Petite and Gone* und *Open the Door, Richard*. Dieser Song, der auf einer Kabarettszene aus den dreißiger und vierziger Jahren basierte, wurde für Dusty Fletcher bei dem Label National und für Count Basie bei dem Label Victor zum Bestseller. Aber Jordan hatte eine so große Anhängerschaft, daß es sicher schien, daß auch er damit wieder Erfolg hätte.

Trotz seiner selbstironischen Songs war Jordan bei den Schwarzen so beliebt, daß die meisten seiner Platten auf den R & B-Charts unter die ersten zehn kamen. Aber kein Schwarzer konnte in den vierziger Jahren mehr als eine Million Platten verkaufen, wenn er nicht auch weiße Anhänger hatte.

Jordans Wirkung beim weißen Publikum beruhte mehr auf seinem sensationellen Komikertalent als auf seinem Können als Sänger und Musiker. Er spielte ein knochentrockenes Saxophon, murmelte ungeheuer Komisches und manchmal ziemlich Schlüpfriges vor sich her und brachte damit den ganzen Saal zum Toben. Ganz zweifellos kam er den Vorurteilen der Weißen hinsichtlich der «komischen» Sitten, «schreienden» Mode und dem «seltsamen» Aussehen der Schwarzen ziemlich entgegen.

Diese Untertöne lassen sich aber selbst auf Songs wie *Ain't Nobody Here But Us Chickens*, *Caldonia* und *Saturday Night Fish Fry* – der letztgenannte Song landete 1950 auf Platz eins der R & B-Charts – nicht verkennen.

«Ich identifiziere mich wohl mehr als jeder andere Künstler mit Louis Jordan», hat Chuck Berry mal gesagt. «Ich hab genau wie er eine ganze Menge Gags drauf, komische, aber ganz natürliche Sachen, nicht zu hart ... Wenn ich bis in alle Ewigkeit nur einen einzigen Künstler hören dürfte, dann würde ich mir Nat Cole aussuchen. Aber wenn ich auf ewig und drei Tage mit einem Künstler zusammenarbeiten müßte, dann wäre das Jordan!»

Jordan beherrschte auch den Blues meisterhaft. Das zeigt sich bei Aufnahmen wie *Daddy-O* aus dem Jahr 1948 und dem *Blue Light Boogie*, der 1950 ebenfalls auf Platz eins der R & B-Charts kletterte. Diese Phase seiner Arbeit war zweifellos ein Überbleibsel seiner Lehrjahre in Brinkley, Arkansas und seiner Zeit als Jazzmusiker bei Chick Webb (um 1937) und später bei Earl Hines und Billy Eckstine.

Ein so genauer Beobachter und Bluesspieler wie Aaron T-Bone Walker hat über Jordan gesagt: «Jordan spielt einen guten Blues und singt ihn, wie er original geklungen hat. Zum Beispiel sein *Outskirts of Town*, das ist echter guter alter Blues.»

Jordan war aber mehr daran interessiert, ein bekannter Entertainer zu werden, als ein nur den Fans bekannter Jazzfavorit oder klassischer Blueskünstler. «Diese Leute», sagte er mal über die Pioniere des modernen Jazz, mit denen er zusammengearbeitet hatte, «mit Ausnahme von Dizzy – das ist der Größte, ein wirklicher King, – hätten am liebsten nur für sich selber gespielt. Ich wollte aber für die Leute spielen.»

Das tat er dann auch und verkaufte dabei mehr den Ulk als den Song, mehr den Entertainer als den begabten Instrumentalisten, der er ja schließlich auch war. Ich stufe Jordan als Nachauflage von Fats Waller ein. Doch der Drive und die Kraft seiner TYMPANY FIVE und sein spezieller, quirlig-gutaufgelegter Boogie-Blues-Stil machte ihn gleichzeitig auch zum Vorläufer der B. B. King- Muddy Waters- Chuck Berry- Generation der R & B-Musiker.

Die Rhythm and Blues-Plattenfirmen
der Westküste

«Sepia» oder «Race»-Platten, der «Chitlin Circuit» (wie Lou Rawls die Theater und Clubs bezeichnet, die in den schwarzen Gettos liegen), eine kleine Anzahl örtlicher Radiosender und Jukeboxen – das waren die Medien, die die schwarzen Amerikaner unterhielten und den R&B in den vierziger und fünfziger Jahren bekannt und beliebt machten.

In den zwanziger und dreißiger Jahren hatten große wie auch kleine Plattenfirmen für Bluestalente ein gewisses Interesse an den Tag gelegt. Die klassische Ära des Blues, deren Höhepunkt Bessie Smith bei dem Label Columbia bildete, hatte Plattenproduzenten wie Ralph Peer von der Victor Talking Machine Company und Frank Walker von Columbia gesehen, die die Baumwollfelder von Mississippi, die Honky-Tonks von Alabama und die Pinten von Dallas, die Medicine Shows von Memphis und die Bayous von New Orleans nach originellen schwarzen Sängern absuchten.

Als das Plattengeschäft allmählich aus dem Sumpf der Weltwirtschaftskrise herauskam und später dann mit den kriegsbedingten Beschränkungen und Auflagen zu kämpfen hatte, geschah etwas Erstaunliches. Nur zwei von den alten Größen des Plattengeschäfts (den sogenannten Major Companies) überlebten auf dem neuen Bluesmarkt: Bluebird mit Hilfe von Künstlern wie dem aus Arkansas stammenden Roosevelt Sykes, dem Trompeter Erskine Hawkins aus Alabama und dem großen Vorbild von Elvis Presley, Arthur «Big Joy» Crudup; und die neuorganisierte, aggressive Decca, die sich dank Louis Jordan, Lukky Millinder, Lionel Hampton, Buddy Johnson und Sister Rosetta Tharpe behaupten konnte. Eine von *Billboard* veröffentlichte Liste der R&B-Bestseller von 1949 bis 1953 zeigt, daß von fünfzig erfolgreichen Platten nur zwei von den Major Companies herausgebracht worden waren. Im R&B hatten also die kleinen, unabhängigen Firmen das Sagen.

Für diese Verschiebung der Marktanteile gibt es zwei mögliche Erklärungen. Einmal, daß die Major Companies den schwarzen Markt als zu klein betrachteten. Oder daß die schwarzen Künstler lieber mit kleinen Firmen Geschäfte machten. Allmählich jedoch machten viele von ihnen schlechte Erfahrungen mit der Tantiemenabrechnung der Unabhängigen. Die schwarzen Künstler behaupteten übereinstimmend, daß sie nie faire Tantiemen erhalten würden. Viele mußten sich mit einmaliger

Auszahlung begnügen – oder zogen sie am Ende sogar vor. Manche Eigentümer der kleinen Firmen waren zweifelsohne hartgesottene Geschäftsleute, anderen wieder ging es vor allem um die Musik.

Art Rupe, der 1944/45 das Label Specialty auf den Markt brachte, gibt zu: «Manche Stücke haben mich regelrecht zu Tränen gerührt. Und die habe ich dann auch genommen.»

Der aus McKeesport, Pennsylvania stammende Rupe machte seine Firma mit ganzen sechshundert Dollar auf. Als Sammler von Blues- und Gospel-Platten machte er gern Streifzüge durch das schwarze Getto von Los Angeles. Er erzählt, daß man «todsicher Umsatz machte, wenn im Titel das Wort ‹Boogie› vorkam.» Nachdem er in einem schwarzen Nachtclub eine Gruppe namens SEPIA TONES aufgetan hatte, überredete er sie, eine Jukebox-Platte aufzunehmen. Er verpaßte dem Instrumental den flotten Titel *Boogie No. 1* und taufte sein Label auf den Namen Jukebox, um die Betreiber dieser Groschengräber auf sich aufmerksam zu machen.

Von diesem Titel verkaufte er mehr als fünfzigtausend Platten und kam so an genügend Kapital, um andere Künstler aufnehmen zu können. Bald hatte er auch einen Partner, Eli Oberstein, damals allmächtiger Boß der Victor Records. Diese Partnerschaft hielt nicht sehr lange. Als sich die beiden wieder trennten, behielt Oberstein das Jukebox-Label, während Rupe die besten Künstler mitnahm, die er bald auf seinem neuen Label Specialty herausbrachte. Er wählte diesen Namen, um klar herauszustellen, daß er seine Arbeit auf Blues und Gospel konzentrieren wollte. Zu den schwarzen Künstlern, deren Plattenkarrieren bei Specialty begannen oder ihren Höhepunkt erreichten, gehören Lloyd Price, Percy Mayfield, Guitar Slim, Larry Williams, Sam Cooke und natürlich Little Richard.

Eine seiner ersten Entdeckungen – Percy Mayfield – stellte sich bei ihm mit einem neuen Song vor. Rupe war von Mayfields Demos von *Please Send Me Someone to Love* so begeistert, daß er den jungen Mann dazu überredete, den Song gleich selber aufzunehmen. Die Platte wurde zu einer der zehn bestverkauften R & B-Platten des Jahres 1951.

Rupe über Mayfield: «Percy ist ein richtiger Dichter. Er hätte ein zweiter Langston Hughes werden können. Es war ein gesellschaftlich wichtiges Lied. Der Text war nachgerade prophetisch. *If the world don't put an end to this damnable sin, hate will put the world in a flame* (Wenn die Welt nicht mit dieser verfluchten Sünde [den Vorurteilen] Schluß macht, wird der Haß die Welt in ein Flammenmeer stürzen).»

Der eher untertreibende Protestsong, der von B. B. King wieder zum Leben erweckt worden ist, arbeitet mit zwei Ebenen; diese Erscheinung charakterisiert einen großen Teil der schwarzen Musik. Die Field Hollers und Spirituals enthielten eine verdeckte Message, genau wie der

Jive-Slang, der nur für den Insider verständlich war. Die anderen, die Weißen, nahmen nur die scheinbar harmlose Oberfläche des Texts wahr.

Eine weitere Entdeckung von Rupe war Lloyd Price, den er auf einer Reise nach New Orleans auftat.

«Als ich die erste Platte von Fats Domino hörte», erinnert er sich, «flippte ich voll aus. Ich war noch nie in New Orleans gewesen, aber ich hatte gehört, daß sich dort etliches tat. Ein Diskjockey – Okie Dokie hieß er – hat ein Interview mit mir gemacht, und danach war die Bude gerammelt voll mit Leuten, die vorsingen wollten. Am allerletzten Tag, gerade als ich gehen wollte, tauchte ein junger Mann auf. Als ich ihm sagte, ich hätte nur noch für einen Song Zeit, hätte er beinahe geheult. Das klingt wie ein Märchen. Aber er sang *Lawdy Miss Clawdy*. Er war nervlich so angespannt, daß er beim Singen tatsächlich zu heulen anfing.»

Rupe vertagte seinen Abflug und blieb da, um den siebzehnjährigen Lloyd Price aufzunehmen. Dave Bartholomew, langjähriger Partner von Fats Domino, stellte die Band zusammen, Fats selbst spielte Klavier bei der Aufnahme, die seine eigene Platte *Goin' Home* in den Schatten stellte und der größte R & B-Hit des Jahres 1952 wurde. Nach Rupes Meinung war «die Zeit von *Lawdy Miss Clawdy* der erste Schritt zur Überbrückung der Kluft zwischen weißem und schwarzem Markt.»

Larry Williams ist bei weitem nicht so bekannt wie Price, für den er ursprünglich als Diener gearbeitet hat. Aber sein Einfluß auf die Beat-les zeigt sich an deren Aufnahmen von *Slow Down*, *Bad Boy* und *Dizzy Miss Lizzy* – alles von Williams geschriebene Songs. *Dizzy Miss Lizzy* hängte sich natürlich an *Lawdy Miss Clawdy* an.

Als Price – wie später auch Sam Cooke – von Specialty wegging, überredete Rupe Williams, der den Stil von Price imitieren konnte, selber Aufnahmen einzuspielen. Die erste Platte von Williams war – verständlicherweise – ein Remake der ersten Platte seines ehemaligen Chefs bei ABC Paramount, *Just Because*. Aber bald schon nahm Williams eigene Songs auf; und 1957 gelangen ihm mit *Bony Moronie* und *Short, Fat Fanny*, zwei lustig-vergnüglichen Songs, ein gewaltiger Erfolg auf dem R & B-Markt.

Rupe behauptet, daß er die Gospelmusik dem R & B immer vorgezogen habe. Deshalb nahm er eine Menge nur örtlich bekannter schwarzer Chöre auf, in denen jedoch überraschend viele zukünftige schwarze Stars sangen. Lou Rawls zum Beispiel gehörte zu den Chosen Gospel Singers, Sam Cooke war Leadsänger der Soul Stirrers, Johnnie Taylor, der neue Stax Volt-Star des Jahres 1968, sang ebenfalls in dieser Gruppe.

Kein Specialty-Künstler jedoch erzielte eine ähnliche Wirkung wie jener Sänger aus Georgia, den Rupe seit 1955 unter Vertrag hatte. Sein

Name war Richard Penniman, der Schreihals aus Georgia, der als Little Richard berühmt wurde. (Seine Karriere wird in Kapitel 11 ausführlich dargestellt).

Eine weitere Ein-Mann-Firma der Westküste war Peacock-Duke Records in Houston. 1949 war Don Robey Besitzer eines Nachtclubs namens Bronze Peacock, in dem er den Sänger Gatemouth Brown auftreten ließ, den er auch managte, der aber einen Plattenvertrag mit dem Label Aladdin in Los Angeles hatte. Um Leute in seinen Club zu bekommen, bat Robey Aladdin, eine neue Aufnahme von Brown herauszubringen. Aber Aladdin ließ sich so lange Zeit, daß Robey Gatemouth einfach selber aufnahm und sein Label nach seinem Club nannte. Ganz ähnlich wie Rupe – der allerdings erst später ins Plattengeschäft einstieg – interessierte sich Robey gleichermaßen für Gospel wie Blues. Eine seiner frühen Aufnahmen war *Our Father* von den FIVE BLIND BOYS aus Mississippi, eine Platte, die sich sehr lange verkaufte.

Robey machte Aufnahmen von Willie Mae Thornton aus Montgomery, Alabama, bevor sie als Big Mama bekannt wurde. Willie Mae bekam diesen vielversprechenden Künstlernamen am Apollo Theater verpaßt, wo sie im selben Programm wie Little Esther auftrat.

«Sie haben mich als erste auf die Bühne geschickt», erzählte sie Ralph Gleason. «Ich konnte niemanden auf der Bühne ablösen. Ich war auf der Bühne, um bekannt zu werden, und ich bin's tatsächlich geworden! Ich hatte noch nie 'ne Platte aufgenommen und sang *Have Mercy, Baby*, einen Hit von den DOMINOES. Sie mußten ganz schnell den Vorhang runterlassen. Little Esther kam in dieser ersten Show auch nie richtig raus. Deshalb haben sie schließlich meinen Namen groß herausgestellt (Big Mama Thornton und Little Esther). Mr. Schiffman, der Manager, kam hinter die Bühne und brüllte Johnny Otis an, der die Show zusammenstellte. Dabei hat er mich gepackt und mir 'nen Finger in den Arm gebohrt – das hat noch 'ne ganze Woche lang wehgetan. ‹Sie haben gesagt, Sie hätten einen Star! Und das soll Ihr Star sein? Die können Sie doch nur als Rausschmeißer brauchen!› Ich zog damals mit Johnny Otis durch die Lande. Aber als ich dann *Hound Dog* aufnahm, ging's mir noch viel dreckiger.»

Es handelte sich dabei um eben jenen *Hound Dog*, mit dem Elvis Presley 1956 im ganzen Land Furore machte. Die Originalversion von Big Mama wurde schon im August 1952 in Los Angeles aufgenommen. Und zwar in derselben Session, in der Willie Mae ihrem Spitznamen mit dem Song *They Call Me Big Mama* ein Denkmal setzte. Obwohl sie normalerweise von einer Combo mit zwei Bläsern, zwei Saxophonen, vier Rhythmusinstrumenten und einem Vibraphon begleitet wurde, spielte Big Mama ihre meistbekannte Platte nur mit Rhythmusbegleitung ein und hatte damit – drei Jahre vor Elvis – einen gewaltigen R & B-Erfolg.

«Geschrieben hab ich den Song zwar nicht», erzählte sie Ralph Gleason, «das waren Lieber und Stoll. (Johnny Otis ist bei ihrer Aufnahme ebenfalls als Co-Autor genannt, nicht aber auf der Presley-Version.) Das waren damals noch zwei grüne Jungs, das Lied hatten sie auf die Rückseite einer braunen Tüte notiert. Ich hab den Text dann einfach nachgesungen und dabei noch ein bißchen geändert. Die gesprochenen Passagen und die Hollers, die stammen alle von mir. Die Platte ist über zweimillionenmal verkauft worden. Ich hab nie das bekommen, was mir eigentlich zugestanden hätte. Ich hab einmal einen Fünfhundert-Dollar-Scheck bekommen und dann nie mehr was gesehen.»

Wie Cecil Gant mit seinem Song *I Wonder* hatte Big Mama nur diesen einen Plattenerfolg, und dabei blieb es auch, obwohl sie bis ins Jahr 1957 für Peacock Platten machte. Dann folgte eine Zeit, in der sie fast ganz vergessen war und in kleinen Combos an der Bay Area von San Francisco Schlagzeug und Harfe spielte und klassischen Blues sang, wie sie ihn von Bessie Smith, Memphis Minnie und Big Maceo gehört hatte.

«Mein Gesang kommt aus der Erfahrung und Erinnerung», hat sie mal gesagt. «Aus meiner ureigenen Erfahrung. Aus meinen Gefühlen und Stimmungen heraus. Für alles hab ich ein bestimmtes Gefühl. Ich hab mir nie etwas mühselig einpauken müssen. Ich hab nie 'ne musikalische Ausbildung gemacht, keine Stunde. Ich hab mir das Singen und das Mundharmonikaspielen selber beigebracht, und sogar Schlagzeug, und das nur, indem ich den anderen dabei zugesehen habe! Ich kann keine Noten lesen, aber ich weiß, was ich singe! *I don't sing like nobody but myself.*»

Nach ihrem Auftritt beim Monterey Jazz Festival 1964 trat sie eine Europa-Tournee an, während der sie – für Fontana in Hamburg – ihren Song *Hound Dog* zum zweitenmal aufnahm. Ungefähr um diese Zeit nahm sie in London für das in Berkeley, California, beheimatete Label Arhoolie eine LP auf, auf der *Hound Dog* in einer dritten Version zu finden ist. Auf einem weiteren in San Francisco eingespielten Arhoolie-Album wurde sie von James Cotton (Mundharmonika), Otis Spann (Piano) und Muddy Waters (Gitarre) begleitet.

1952 kaufte Peacock Records die Firma Duke Records auf und erwarb auf diese Weise neben anderen Künstlern einen jungen Mann aus Memphis, Tennessee, John Marshall Alexander jr., der bald darauf einen vorzeitigen, sensationellen und tragischen Tod fand.

Das Jahr, in dem Don Robey die ersten Aufnahmen von Johnny Ace – das war der Künstlername von Alexander – machte, brachte mit *My Song* auch schon eine Nummer eins auf den R & B-Markt. In den folgenden zwei Jahren hatte der vierundzwanzigjährige Sänger und Pianist mit *Cross My Heart*, *The Clock* und *Please Forgive Me* drei weitere große Erfolge.

Wie die Titel schon anklingen lassen, war Johnny Ace mehr schwarzer Balladensänger als R & B-Mann und sang die meisten seiner Lieder in einem langsamen Tempo, das an den Sinatra der vierziger Jahre erinnerte, dessen Taktmaß von einem Kritiker denn auch als «Trauermarsch» bespöttelt worden ist.

Ace hatte keine besonders ausgeprägte Stimme; seine Songs waren so simpel, daß man sie beinahe schon als primitiv bezeichnen kann. Aber er sang mit Wärme und hatte Sinn für die Nöte der Jugendlichen, Qualitäten, die später auch etliches zum Erfolg von Johnny Mathis beitrugen (der allerdings der bessere Musiker von den beiden war). Für die Jugend war das der Beginn einer Legende.

Am Weihnachtsabend 1954, als eine große Menschenmenge auf seinen Auftritt im Houston Civic Auditorium wartete – zwei Jahre vorher ging es dem Publikum an Silvester in Ohio mit Hank Williams nicht anders – kam das Gerücht auf, Ace habe sich versehentlich selbst erschossen. «Dummerweise» wäre das bessere Wort gewesen – er hatte russisches Roulette gespielt und verloren. Die Grabrede wurde von Reverend Moore gehalten, der früher als Sänger unter dem Namen Gatemouth Moore bekannt war und ebenfalls aus Memphis stammte.

Pledging My Love, gerade vor seinem Tod aufgenommen und heute als sein bestes Stück anerkannt – Don Robey und Ferdinand Washington haben es geschrieben – kletterte nach seinem Tod sofort auf Platz eins. Das Lied brachte etliche Preise ein, darunter den begehrten und raren Preis von *Billboard*, die *Triple Crown*. Der Song war Nummer eins der R & B-Hitparade, der C & W (Country and Western) -Hitparade und auch im Pop, und deutete damit an, daß diese beiden Nebenflüsse allmählich in den großen Hauptstrom Pop einmündeten.

1949, bevor der Gesang zu seinem Hauptinteresse wurde, spielte Johnny Ace Klavier in einer von Adolph Duncan geleiteten Memphis-Band. Der Sänger dieser Band, der neunzehnjährige Robert Calvin Bland aus Rosemark, Tennessee, einer kleinen Stadt in der Umgebung von Memphis, war in Memphis aufgewachsen und hatte dort lange begeistert im Kirchenchor gesungen.

Damals waren in Memphis viele bedeutende Bluessänger zu hören, darunter Howlin' Wolf (der einen Job als Diskjockey hatte), T-Bone Walker, Roy Brown, Lowell Fulson und B. B. King. Bland schrieb später den DIXIE HUMMINGBIRDS, einer berühmten Gospelgruppe, starken Einfluß auf seine Phrasierungstechnik zu. Aber der Sänger, der den stärksten Eindruck auf ihn gemacht habe, sei der Diskjockey einer der örtlichen Radiostationen, Blues Boy King, gewesen. (Zu seinen Ehren

nannte er sich später Bobby «Blue» Bland.) Eine Zeitlang hat Bland für
B. B. King als Hausdiener und Chauffeur gearbeitet. Auch Roscoe Gordon, einen weiteren Bluesman aus Mcmphis, der später bei Vee Jay Records unter Vertrag war, hat er eine Zeitlang chauffiert. Sein Kontakt mit diesen beiden Künstlern, die damals beide bei Modern Records (Los Angeles) unter Vertrag waren, führte dazu, daß er den Biharis vorgestellt wurde, für die er seine erste veröffentlichte Platte einspielte.

Der Vertrag, den Bland 1954 mit Duke Records abschloß, hat sich als recht langlebig erwiesen – was so selten im Musikgeschäft war wie der langjährige Erfolg von Bland. Seit seinen ersten Songs, *I Smell Trouble* und *Farther Up the Road* (aus dem Jahr 1954) hat er zahlreiche Songs aufgenommen. *Ain't That Lovin' You* etwa und *Turn on Your Love Light*, *Too Far Gone to Turn Around*, gospelorientierte Balladen wie *Lead Me On*, *These Hands (Small But Mighty)* und *Yield Not to Temptation*. Bland hat sich nie sensationell gut verkauft, aber dafür als ausgesprochener Dauerbrenner erwiesen; er hatte auch ein paar Hits – wie *I Pity the Fool* 1961 und *Thats the Way Love Is* 1963 –, die in die oberen Bereiche der Hitparaden vorstießen. 1961 wurde er von *Cashbox* zum R & B-Künstler des Jahres geadelt.

Wer den Publikumserfolg eines Künstlers für reinen Zufall hält, der sollte sich am besten einmal zu Gemüte führen, was Charles Keil (im «Urban Blues») über die Bühnenshow von Bland geschrieben hat. Keil macht deutlich, daß das Programm von Bland mit außerordentlichem Geschick darauf abgestellt ist, mit Hilfe seines Images bestimmte Publikumsreaktionen hervorzurufen. Dieses Image ist eine attraktive Mischung aus Hilflosigkeit und Selbstsicherheit, ein Widerspruch, der «sich zu jenem besonderen Charisma addiert, das als charakteristisch für die Kultur der Schwarzen angesehen werden kann».

Das Programm begann mit einem traurigen Slow Blues wie etwa *The Feeling Is Gone*, den Bland mit der satten Melodik und den steinerweichenden, heiseren Schluchzern des Kirchenstils vorträgt. Ein anderer möglicher Starter ist *Your Friends* – ein Song, den Bland stotternd beendet: »Dieses Stottern ist ein Mittel, das von Predigern und Bluesmen eingesetzt wird, um das Publikum zu überzeugen, daß sie ein Gefühl auszudrücken versuchen, das sich fast nicht in Worte fassen läßt.«

Darauf baut Bland nun mit Songs wie *I'll Take Care of You* und *Call on Me* ein Image der Verläßlichkeit auf. Aber am Schluß kommt dann eine überraschende Wendung zu Songs, die die Hilflosigkeit herausstreichen. *Stormy Monday*, der alte Blues, der durch T-Bone Walker bekannt geworden ist, ist mit seinen Klagerezitativen für jeden Wochentag und dem Aufschrei der Schlußzeile *Lord, have mercy, Lord, have mercy on me* für diesen Zweck bestens geeignet. Ein weiterer erfolgreicher Angriff auf die Tränendrüsen ist der Song *That's the Way Love Is* mit seiner

Resignation und seinem Appell an das Mitleid. Auch 1969 war Bobby Bland noch auf der Liste ausgewählter R & B-Künstler von *Billboard* zu finden.

Bland wirkt bei seinen Auftritten nach wie vor wie der typische agile Künstlertyp der großen Zeit des R & B: ein von Goldzähnen verschöntes Lächeln, geschniegeltes und gestriegeltes Haar, der sorgfältig ausrasierte schmale Oberlippenbart, die langen, manikürten Fingernägel und die farbenfrohen, maßgeschneiderten, zwischen Rosa-und-Grün, Violett-und-Weiß oder – zurückhaltender – Schwarz-und-Gelb changierenden Anzüge. Seit einiger Zeit hat Bland die Blues-Komponente aus seinem musikalischen Profil gestrichen.

«Ich werde öfter von weißen Radiostationen gespielt», sagte Bland dazu, «weil ich den Namen 'Blue' habe fallenlassen. Nehmen sie den Song *Save Your Love for Me*. Er hat mir etliche Türen geöffnet. Mit so einem Song kann ich am Strip (in Las Vegas) auftreten, oder in ähnlichen Läden. Das Publikum hat mich ziemlich lange als reinen Bluessänger betrachtet. Dieser Song hat mir ein ganz anderes Image verschafft.» Bland, der R & B-Mann, setzte damit zum Sprung in den Schwarzen Pop an.

Die Firma, die Robey unabsichtlich zum Plattenproduzenten gemacht hat – Aladdin Records – war ein reines Familienunternehmen. Die Firma wurde im Juli 1945 unter dem Namen Philo Recording von Leo, Edward und Ida Menser aufgemacht und im März 1946 umgetauft. Aladdin war ursprünglich jazzorientiert und brachte Künstler wie den coolen Tenorsaxophonisten Lester Young, die Count-Basie-Sängerin Helen Humes und vor allem Nat «King» Cole heraus, bis er zu Capitol wechselte.

1950 mischte Lightnin' Hopkins mit seiner Aladdin-Version des *Shotgun Blues* in den R & B-Charts mit. Im Jahr darauf legten die FIVE KEYS mit *Glory of Love* einen vielversprechenden Erstling vor (später dann beeindruckten sie mit ihren Titeln *Close Your Eyes* und *Ting Ting Tong* bei Capitol).

Charles Brown ist nicht annähernd so bekannt wie etliche andere Künstler desselben Familiennamens, aber zwischen 1949 und 1951 erwies er sich mit R & B-Hits wie *Trouble Blues* und Jessie Mae Robinsons *Black Night* als regelrechtes Kraftwerk. Der wichtigste Künstler dieses Labels jedoch war Amos Milburn, ein Bluesman aus Houston, Texas, der seinerzeit wie viele andere Schwarze auf Jobsuche nach Kalifornien gezogen war.

Zwischen 1945 und 1949 nahm Milburn fast hundert Bluessongs für Aladdin auf; mit *Hold Me Baby* und dem *Chicken Shack Blues* plazierte er Songs in den R & B-Charts. Ab 1949 beschäftigte sich Milburn mit dem städtischen Blues und nahm Songs wie den *Rooming House Boogie* von

Jessie Mae Robinson und *Let's Rock Awhile* auf – letzterer ein Vorläufer von *Rock Around the Clock*.

1950 holte er sich mit *Bad, Bad Whiskey* die Nummer eins der R & B-Charts und nahm anschließend eine ganze Reihe von Songs über den Alkohol auf, die alle zu Bestsellern wurden: *One Scotch, One Bourbon, One Beer* von dem begabten Autor Rudolph Tombs und *Let Me Go Home, Whiskey* von Shifte Henry. Letzterer war thematisch gesehen ein Vorläufer von Jennie Lou Carsons *Let Me Go Devil*, einem Song, für dessen Promotion ich als General Professional Manager von Hill and Range zuständig war und den ich 1954 zu *Let Me Go, Lover* umschrieb. Der Song wurde mit der Hilfe von Mitch Miller zum ersten großen Hit, der durch eine Fernsehserie berühmt wurde.

Nach dem Aufstieg des Rock 'n' Roll verlor die Plattenkarriere Amos Milburns ihren Schwung. Aladdin konnte seine Marktposition mit Hilfe eines Duos namens SHERLEY AND LEE noch eine Zeitlang halten, dessen wichtigster Titel *Let the Good Times Roll* aus dem Jahr 1956 war. Aber als die musikalischen Neuerungen Mitte der fünfziger Jahre mehr und mehr aus dem Mittleren Westen und aus dem Osten kamen, verlosch die Wunderlampe von Aladdin endgültig.

An der Westküste gab es noch zwei andere Familien-Labels: Modern, März 1945 von den Gebrüdern Bihari gegründet, und Black and White, das 1947 von Paul Reiner und seiner Frau aufgemacht wurde. Modern ging es wie allen kleinen Unabhängigen; Talente waren nicht immer zu halten. Unter den Künstlern, die zum Wachstum dieses Labels beitrugen, finden sich Jimmy Witherspoon, ein Bluesman aus Gurdon, Arkansas, mit einer gewaltigen Stimme (der übrigens auch Jazz singt), John Lee Hooker aus Clarksdale, Mississippi, dem mit *Boogie Children* und *Crawlin' Snake Blues* der große Wurf gelang, und schließlich Etta James, deren Version von *Wallflower (Dance With Me, Henry)* von der Weißen Georgia Gibbs sogleich kopiert wurde. In gewissem Sinne brauchte Modern solange keine erfolgreiche Truppe, wie es B. B. King hatte.

Der wichtigste Künstler von Black and White war Aaron T-Bone Walker aus Linden, Texas, einer Kleinstadt in der Nähe von Dallas. Walker hat für so viele Labels gearbeitet, daß er keinem richtig zugeordnet werden kann. Die meisten dieser Firmen waren jedoch an der Westküste zu Hause, und sein Markenzeichen, der Song *Stormy Monday*, wurde 1947 für Black and White aufgenommen. Die erste Aufnahme von Walker entstand bei Capitol in dessen Gründungsjahr 1942. Während eines dreijährigen Zwischenspiels in Chicago nahm er vorübergehend bei Rhumboogie und Mercury auf. Nach seiner Rückkehr nach Hollywood im Jahr 1946 folgten ungefähr zwanzig Stücke für Black and White, ein

Dutzend für Comet und ein Dutzend für Capitol. Seit April 1947 nahm er dann drei Jahre – ohne jedes Techtelmechtel mit anderen Labels – für Imperial auf. Danach spielte er für alle und jeden; 1955 für Atlantic, Modern 1964 und Jet Stream (Pasadena, Texas) 1966.

Walker konnte von sich sagen, daß er mit seinem Pferdegebißlächeln immer ganz vorne mitgemischt hat. 1933 trat er in die COUNT BILOSKI BAND in Fort Worth, Texas, ein und war damit der erste Schwarze in einer sonst weißen Band des Südens. Nach seinen Behauptungen war er auch der erste Schwarze, der am Strip von Hollywood den Blues gesungen hat (1936 bis 37): In einer Show des Trocadero – in der auch Billy Daniels und Ethel Waters auftraten – sang er *In the Evening When the Sun Goes Down* und den *T-Bone Blues*.

Sehr wichtig aber ist seine Angabe, er sei der erste Bluesman gewesen, der eine E-Gitarre benutzt habe.

«Es war gar nicht so leicht, sich an das Ding zu gewöhnen», hat er mal gesagt. «Es hatte nämlich einen Echo-Sound. Wenn ich eine Saite anschlug, dann habe ich den Ton irgendwo hinter meinem Rücken gehört.»

Trotzdem blieb er dabei, denn die Bands übertönten ihn immer hoffnungslos, wenn er sich mit einer unverstärkten akustischen Gitarre begleitete. Er datierte seinen Griff zur E-Gitarre auf das Jahr 1935, also noch bevor Charlie Christian dieses Instrument im Benny Goodman-Sextett einführte und damit den Startschuß für die weite Verbreitung dieses Instruments in den Big Bands der späten dreißiger Jahre gab. Weil B. B. King T-Bone Walker und seine E-Gitarre als wichtigen Einfluß auf seine eigene Technik anerkennt, ist Walkers Anspruch durchaus wohlbegründet.

Die Karriere von T-Bone Walker ist selbst schon ein eigenes Kapitel der Geschichte des Blues. Walker wurde 1910 geboren; eine Schule sah er nie von innen, Musikunterricht hat er ebenfalls nie genossen. Eine Zeitlang war er Blindenjunge bei Blind Lemon Jefferson, später begleitete er Ida Cox und Ma Rainey. Von 1939 bis 1940 spielte und sang er in der LES HITE BAND. Als er begann, eigene Platten aufzunehmen, hatte er bereits Erfahrungen im Country-Blues, klassischen Blues und bei einer regional bekannten Swing-Band gesammelt. Aus dem Country-Bluesman im Texas-Stil war ein städtischer R & B-Künstler geworden. Bevor er mit *Call It Stormy Monday* seinen ersten Hit hatte – der Song ist besser bekannt als *Stormy Monday* und hieß laut T-Bone ursprünglich eigentlich *Tuesday's Just As Bad* – hatte er schon mehr als zwanzig Stücke aufgenommen.

Obwohl er über vierzig Songs geschrieben hat, darunter *This Is a Mean Old World*, *Hard, Hard Way to Go* und *Woman You Must Be Crazy*, hatte er nie wieder einen Hit, der dem Erfolg von *Stormy Mon-*

day nahegekommen wäre. 1956 nahm er seine Songs – darunter auf den *T-Bone Blues* – noch einmal auf. Aber diese Aufnahme hatte mehr nostalgischen Wert; die Wirkung war gering. Im März 1975 ist Aaron T-Bone Walker an einer Lungenentzündung gestorben.

Ein weiteres wichtiges Westküsten-Label von kurzer Lebensdauer war das 1946 von Jack Lauderdale gegründete Label Swing Time. In den sechs Jahren seiner Existenz brachte es immerhin die ersten packenden und zärtlichen Balladen von Ray Charles heraus – *Baby, Let Me Hold Your Hands*, das den Titel des ersten großen Beatles-Erfolgs in Amerika vorwegnahm, kam 1951 auf den ersten Platz; *Kiss Me Baby* schaffte es im darauffolgenden Jahr in die Top Ten.

Der wichtigste Beitrag von Swing Time bestand jedoch in der Arbeit eines Blueskünstlers aus Tulsa, Oklahoma: Lowell Fulson (manchmal auch Fulsom geschrieben). Der Mann aus Oklahoma wurde, genau besehen, in Oakland von Bob Geddins aufgenommen, der die Platten unter seinen beiden eigenen Labels – Big Town und Gilt Edge – herausbrachte, sie aber zur nahezu gleichzeitigen Veröffentlichung bei Swing Time weiterverkaufte. Von seinen über fünfzig Stücken wurde 1951 (das zehn Jahre später von B. B. King wieder ausgegrabene) *Blue Shadows* zu einem gewaltigen Erfolg; mit *Old Time Shuffle* und *Everyday I Have the Blues* (von Memphis Slim) gelangen ihm ebenfalls Bestseller.

Der 1921 in Oklahoma geborene Fulson – sein Vater war Halbindianer – kam in seiner Teenagerzeit nach Texas, wohin er den Bluesman Texas Alexander begleitete; nach dem Wehrdienst bei der Marine verschlug es ihn nach Oakland, California. Der Nachkriegsboom in der Werftindustrie zog schwarze Abwanderer aus dem Südwesten an, darunter auch Musiker wie den Boogie-Pianisten Pete Johnson, den Blues-Shouter Joe Turner aus Kansas City und den Jazz-Pianisten Jay McShann. Fulson, der oft von McShann und gelegentlich auch von Lloyd Glenn begleitet wurde, vollzog wie sie den Sprung vom ländlich-texanischen Blues zum städtisch-kalifornischen R & B.

Die Liste der Fulson-Platten ist nicht gerade klein. Als Swing Time 1952 Pleite machte, fuhr er nach New Orleans, wo er vier Stücke für Aladdin aufnahm. Nach seiner Rückkehr nach Los Angeles ging er zum Label Checker, obwohl dessen Produktion zu der Zeit auf ungefähr eine Platte pro Jahr zurückgegangen war. Nach 1964 nahm er in Los Angeles für Kent, eine Tochterfirma von Modern, auf. Tulsa Red (so nannte er sich kurz und prägnant) blieb seinen Ursprüngen im Country-Blues immer eng verbunden und zeigte eine besondere Vorliebe für Songs, die von der Tageszeit, besonders der Nacht, handelten. Dazu gehören unter anderen *I Walked All Night*, *Between Midnight and Day*, *Rocking After Midnight*, *Midnight Showers Of Rain* und *Black Night*.

Eine repräsentative Auswahl von Fulson-Titeln ist im Katalog von Arhoolie Records zu finden, jener seltsamen kleinen Firma in Berkeley, California, die im Herbst 1960 von Chris Strachwitz, einem ehemaligen Lehrer aus Österreich, gegründet wurde. Diese Firma und ihre Ableger haben sich auf Wiederveröffentlichungen spezialisiert, aber auch eigene Aufnahmen produziert. Unter anderem hat die Firma auch eine Auswahl von John Littlejohn's Chicago Blues Stars herausgebracht, die vor Ort aufgenommen wurde. Strachwitz: «Ich war ein großer Fan des Blues und der anderen typischen Formen der amerikanischen Musik: R & B und damals eben vor allem Blues, Gospel, Hillbilly und New-Orleans-Jazz. Mit dem Plattensammeln habe ich so um 1951 herum angefangen. Später habe ich auch an mexikanisch-texanischer Musik, an zeitgenössischem Jazz, an der Cajun-Musik und eigentlich an allen Formen von Musik Geschmack gefunden, die es hier so gibt.» (Arhoolie, der Name der Firma, stammt aus dem Slang der Schwarzen und bedeutet das gleiche wie Field Holler).

Seine Sammelbegeisterung brachte Strachwitz schließlich auf die Idee, selber Platten zu produzieren und zu pressen. In der Annahme, daß authentischer Blues nur noch schwer aufzutreiben sein werde (nur bei Chess und Prestige fand sich in den frühen sechziger Jahren noch eine kleine Auswahl), ging er nach Texas und fand dort mit Hilfe eines anderen Sammlers – Mack McCormick – Mance Lipscomb. Dessen erstes bei Arhoolie erschienenes Album bestand aus urwüchsigen, unverfälschten Bluessongs, vierzehn an der Zahl, die der Pächter und Sänger aus Texas allein auf seiner Gitarre spielte und sang, darunter *Rock Me All Night Long* und *Jack O'Diamonds Is a Hard Card to Play*. Seitdem hat Strachwitz seiner Kollektion drei weitere Alben von Mance Lipscomb hinzugefügt. Ebenso stark ist auch Lightnin' Sam Hopkins aus Houston vertreten.

Obwohl diese respektable Zahl von Texas-Blues-Platten den Eindruck vermittelt, als ob Arhoolie es speziell auf Musik aus dem amerikanischen Westen abgesehen hätte, findet sich im Katalog dieses Labels auch Bukka White aus Houstin, Mississippi, Willie Mae «Big Mama» Thornton aus Montgomery, Alabama, Memphis Minnie aus Algiers, Louisiana, und etliches von Sonny Boy Williamson aus Jackson, Tennessee. Inzwischen erstreckt sich die dokumentarische Arbeit von Strachwitz auch auf den Chicagoer Nachkriegsblues – wie etwa auf John Littlejohn Funchess.

Ganz allgemein gesagt, war die Entwicklung des R & B an der Westküste eine Folge der Zuwanderung von Schwarzen aus Texas, Oklahoma und Arkansas, die nach dem Zweiten Weltkrieg in den Fabriken, Werften und Weinfarmen Kaliforniens Arbeit suchten und fanden. Amos Milburn, Lowell Fulson und T-Bone Walker repräsentieren eine elektrifizierte, mit Band-Begleitung gespielte Version des Texas-Blues – und spiegeln damit die Kluft zwischen ihrem Großstadtleben und der Baumwollpflückerwelt eines Blind Lemon, Mance Lipscomb und Lightnin' Hopkins wider. Ihre Musik ist mehr vom Zorn als von der Resignation geprägt, mehr dem ungehemmten Amusement als der stillen Nachdenklichkeit verschrieben, und als fetzige, dröhnende Begleitung für die ausgelassenen Tänze der Schwarzen gedacht: Jitterbug, Jive und Boogie.

Die Plattengiganten
des Mittleren Westens

Während die westlich vom Mississippi großgewordenen Bluesmen weiter nach Westen zogen, nahmen die Blueskünstler aus dem so wichtigen Mississippi-Delta, Louisiana und Alabama im allgemeinen die Riverboat-Route nach Norden, wo sie schließlich Chicago zu *dem* Nachkriegszentrum des Blues machten.

«Die Illinois Central Railroad hat den Blues nach Chicago gebracht», sagt George Leaner, der seinen Groove Record Shop in den dreißiger Jahren im Chicagoer Getto aufgemacht hat. «Mit den Tausenden von Arbeitern, die auf der Suche nach Arbeit in den Schlachthöfen, Konservenfabriken und Stahlwerken nach Norden strömten, kamen auch Peatie Wheatstraw, Ollie Shepard, Blind Boy Fuller, Washboard Sam, Little Brother Montgomery, Blind Lemon, Memphis Minnie und Rosita Howard hierher.» Nicht zu vergessen die größte Gruppe der wichtigsten Bluesmen, darunter Muddy Waters und Chuck Berry.

Leaner gründete One-Derful Records – zusammen mit seiner Schwester und seinem Schwager – im Jahr 1946, nachdem er auf Lester Melrose, einen Songschreiber und Produzenten, gestoßen war, der damals für die American Recording Corporation arbeitete und Blues-Agent war.

«Am Anfang», erklärt Leaner, «arbeiteten die Künstler nicht direkt mit den Plattenfirmen zusammen. Sie hatten Agenten. Ich hab meine ersten Blues-Aufnahmen oben über dem Eli Pawn Shop im 34nd. Block auf der South State Street gemacht. Die großen Labels waren damals Exclusive, Modern, Aladdin, Specialty und Supreme. Das waren im Grunde alles Westküsten-Labels. Der Blues strömte von Texas nach Los Angeles.»

«Zu der regelrechten Explosion des Blues nach dem Krieg hat eine ganze Reihe von Umständen geführt. Als Cecil Gant 1945 mit *I Wonder* groß rauskam, hatten ein paar Flüchtlinge aus Europa, die sich mit Volksmusik auskannten, das richtige Feeling für die Möglichkeiten, die im Blues steckten, und das war die Geburtsstunde der kleinen unabhängigen Labels. Die Entstehung von BMI und das schnelle Wachstum der schwarzen Radiostationen in den späten Vierzigern hat die Bluesbewegung dann noch mehr in Schwung gebracht.»

Ob Leaner nun gerade speziell an sie gedacht hat oder nicht, die Brüder Leonard und Phil Chess kamen am Kolumbus-Gedenktag des Jahres 1928 nach Amerika und ließen sich auf der South Side von Chicago nieder. Eine Zeitlang betrieben sie den Macomba-Club an der Ecke 39th Street – Cottage Grove, wo Billy Eckstine, Ella Fitzgerald, Lionel Hampton, Louis Armstrong und viele andere schwarze Entertainer Blues, Jazz und Pop spielten.

Irgendwann 1947 bekamen die Chess Brothers dann mit, daß die Talentsucher anfingen, an dem Nachwuchssänger Andrew Tibbs Gefallen zu finden. «Wir haben uns entschlossen, ihn selber aufzunehmen», berichtet Leonard Chess, «haben ein Studio gemietet und *Union Man Blues*, eingespielt. Wir haben auch *Vilbo's Death* aufgenommen, im Gedenken an den damals vor kurzem verstorbenen Gouverneur von Mississippi.»

Mit diesen Aufnahmen war Aristocrat Records, der Vorläufer von Chess und deren Tochterfirmen, geboren. Obwohl die Tibbs-Platte die erste Platte dieser Firma überhaupt war, trug sie die Katalognummer 1425, die Hausnummer an der South Karlov Avenue, wo sich die Brüder als russische Emigranten in Chicago niedergelassen hatten.

Aristocrat holte sich die Talente gewissermaßen von der Straße. Eines der ersten war McKinley Morganfield, der bald als Muddy Waters berühmt werden sollte. Ein weiterer Fund von Aristocrat war Robert Nighthawk aus Helena, Arkansas, dessen Session insofern erwähnenswert ist, weil mit ihr die lange Zusammenarbeit von Aristocrat mit dem Bluesbassisten, Sänger und Autor Willie Dixon begann.

Als Dixon, 1915 in Vicksburg, Mississippi, geboren, die Nighthawk-Session für Aristocrat produzierte, war er in der Bluesszene von Chicago schon gut zehn Jahre ein bekannter Mann. Eigentlich war er in die Stadt der Schlachthöfe gekommen, weil er – seltsam genug – von einer Karriere als Schwergewichtsboxer träumte. Big Willie war ein Spieler, dessen Körpergröße die altmodische Baßgeige wie ein Spielzeug erscheinen ließ. Aber bevor das «Golden-Boy»-Syndrom sich entwickelte – er war ein exzellenter Bassist – wurde er Mitglied der FIVE BREEZES, einer in Chicago ansässigen Gruppe, die für Bluebird aufnahm. Später spielte er dann bei den FOUR JUMPS OF JOY und 1946 im BIG THREE TRIO, das Blues zum «Zuhören und Tanzen» spielte.

Dixon bastelte fleißig an seiner erfolgreichen Karriere als Plattenproduzent, Studiospieler und Songschreiber weiter und trat erst in den sechziger Jahren wieder selbst auf; er tat sich mit Memphis Slim und gelegentlich auch Pete Seeger zusammen und nahm mit ihnen mehrere Alben für Verve und Folkways auf. Zu seinen großen Erfolgen als Autor zählen drei der größten Hits von Muddy Waters, *I'm Ready*, *Just Make Love to Me* und *I'm Your Hoochie Coochie Man*, das von Little Walter gesungene *My Babe* und Sam Cookes *Little Red Rooster*.

Trotz Dixon und Muddy Waters ging Aristocrat nach zwei kurzen Jahren ein; es hinterließ eine unschätzbare Sammlung des frühen Chicagoer

Nachkriegsblues. Aber aus den Stapeln unverkaufter Platten erhob sich jetzt Chess Records, dessen erster Titel ein improvisierter Instrumental des Tenorsaxophonisten Gene Ammons war – er verkaufte sich derart gut, daß dieses Newcomer-Label fast über Nacht im ganzen Land vertrieben wurde.

Der Ammons-Hit *My Foolish Heart* war zur gleichen Zeit auch ein großer Verkaufserfolg für Billy Eckstine (mit Junior Mance am Klavier). Da die Chess Brothers ihr berühmtes «2 x 4»-Studio noch nicht gebaut hatten, nahmen sie in den Universal Studios von Bernie Clapper auf. Sie waren damals schon recht erfinderisch; sie verbesserten den Saxophon-Sound von Ammons mit dem schwachen Ton eines in der Studiotoilette aufgehängten Mikrofons. Sie behaupten, das sei der erste Echokammer-Effekt, der jemals bei der Produktion einer amerikanischen Platte benutzt worden sei.

Dank des Erfolgs von Howlin' Wolf, Bo Diddley, Little Milton, Little Walter – und natürlich Chuck Berry und Muddy Waters – entwickelte sich Chess zu einem R & B-Giganten. Etliche von den ersten Künstlern dieses Labels waren Zufallsfunde. Die anderen spürte Leonard Chess bei regelmäßigen Streifzügen durch den Süden auf.

Er packte ein schweres, zweiteiliges Tonbandgerät in seinen Wagen und nahm direkt vor Ort auf, wobei er oft erst von den Bohnen- oder Baumwollfeldern ein langes Verlängerungskabel bis zu einem Stecker in irgendeinem Farmhaus legen mußte, um überhaupt an Strom zu kommen. Arthur «Big Boy» Crudup, den Leonard in Forrest, Mississippi, entdeckte, wurde auf diese Weise auf Band genommen. Auf einer seiner Reisen wurde Chess in Shreveport, Louisiana, Ferdinand «Fats» Washington von dem Diskjockey Stan the Record Man vorgestellt.

«Washington wollte mir seine Songs zu fünfundzwanzig Dollar das Stück verkaufen», erinnert sich Chess. «Ich habe abgelehnt. Beim Ankauf von Stücken habe ich viel Lehrgeld zahlen müssen. Wenn der Song gut ist, wird sein Autor später vielleicht mal sagen, du wärst als erster an ihn herangetreten. Also habe ich Stan vorgeschlagen, ein Stück zu kaufen. Das hat er auch gemacht.» Chess erwarb die Veröffentlichungsrechte und nahm den Song – als dessen Autoren nun Ferdinand Washington und Stan Lewis zeichneten – mit den Flamingos bei seinem Label Chekker auf. Randy Wood schließlich coverte den Titel für das Label Dot mit Pat Boone – und *I'll Be Home* wurde zu einem Millionenhit.

Howlin' Wolf wurde 1948 auf einer Erkundungsreise in West Memphis, Arkansas, entdeckt, wo Chess mit einer Fünf-Mann-Combo, zu der auch Ike Turner am Piano und James Cotton an der Mundharmonika zählten, eine Platte aufnahm. Howlin' Wolf, als Chester Burnett 1910 in Aberdeen, Mississippi geboren, blieb nach einem Zwischenspiel bei RPM und Crown auf Dauer bei Chess unter Vertrag. Seine erste Platte,

Moanin' at Midnight – auf der Rückseite war *How Many More Tears* zu hören – wurde 1951 ein ordentlicher Verkaufserfolg.

Howlin' Wolf, ein weitaus weniger verfeinerter Musiker als etwa Muddy Waters, sang auf eine Art, die stilistisch an die kernigen Field Hollers erinnerte. Von den Tracks seines Albums «Moanin' in the Moonlight» klingen etliche so, wie sie W. C. Handy um 1900 im Delta Country hätte hören können, Songs, die der «Father of the Blues» einmal «jene unendlichen Melodien ohne richtigen Anfang und ganz bestimmt ohne Ende» genannt hat.

Der auf einer Baumwollplantage in Mississippi geborene Howlin' Wolf interessierte sich schon als Teenager für Musik; als Sänger war er jedoch erst kurz vor seinem vierzigsten Lebensjahr richtig flügge. «Charley Patton hat mir den Start verschafft.»

Patton war der älteste der aus Mississippi stammenden Slide- oder Bottleneck-Gitarristen, zu denen unter anderem Bukka White, Son House, Skip James und Robert Johnson gehörten. Patton – seine erste Platte war der *Pony Blues* von 1929 – nahm mehr als sechzig Platten für Paramount auf, jeweils zur Hälfte Blues und Gospel. Der erste von Howlin' Wolf eingespielte Titel hieß übrigens *Saddle My Pony*. Seine Frau, Berta Lee, erinnert sich an einen Tag in Cleveland, Mississippi, an dem »Charly den ganzen Tag mit Chester Burnett probte, bevor der ihn in Ruhe ließ». Die schwere Stimme Pattons und ihre Kraft haben deutlich auf den Stil von Howlin' Wolf abgefärbt.

Er hatte noch zwei weitere Lehrmeister: Robert Johnson, mit dem er zusammenspielte, bis die Freundschaft wegen einer Frau zerbrach, und Rice Miller, den zweiten Sonny Boy Williamson. Wolfs großes Jugendidol jedoch war ein weißer Sänger, der von Beruf Bremser bei der Eisenbahn war, aus dem nahen Meridian, Mississippi, stammte, der als Vater der Country-Musik berühmt geworden ist und dessen große Stärke das Jodeln war. Wolf setzte seinen ganzen Ehrgeiz daran, den tuberkulosekranken Jimmie Rodgers zu imitieren, der in den späten zwanziger und frühen dreißiger Jahren so populär war, daß die Verkäufer in den General Stores des Südens schon völlig an folgende Bestellung ihrer bäuerlichen Kundschaft gewöhnt waren: «Ein Pfund Butter, 'ne Tüte Nägel und die neueste Platte von Jimmie Rodgers.» Als er entdeckte, daß seine Stimme für das Bluesjodeln zu schwer war, verlegte sich Burnett aufs Heulen und nahm schließlich den Namen «Howlin' Wolf» an. Obwohl er zeitweise auch als «Bull Cow» oder «Foot» aufgetreten sei, sei er «immer beim Wolf geblieben», erklärte er. «Jodeln konnte ich einfach nicht, da hab ich mich halt aufs Heulen verlegt.» Der Spitzname paßte auch seltsam gut zu dem Wolfsgesicht von Burnett, dem gewaltigen Kopf mit den Schlitzaugen, der hohen Stirn und dem massiven Kinn.

Seine erste Band, die in den späten vierziger Jahren zusammenfand, als er noch in West Memphis auf einer Plantage arbeitete, war eine Combo im ländlichen Stil mit zwei Harmonikas und drei Gitarren, zu der auch der Harmonikaspieler James Cotton, damals gerade dreizehn Jahre alt, und (Little) Junior Parker gehörten, der damals Anfang zwanzig war. Später wurde Howlin' Wolf Blues-Diskjockey bei der Station KWEM in West Memphis. Schließlich interessierte der Pianist Ike Turner die Biharis dafür, das heulende Urviech für RPM Records aufzunehmen.

Der Wolf hatte nicht das Gefühl, daß sich sein Stil besonders verändert hatte, seit er seine Wohnung in einem Slum von Chicago mit einem schicken Häuschen auf dem Lande vertauscht hatte und im Big Squeeze Club auf der South Side von Chicago oder im Silvio's im Getto der West Side auftrat. «Mein Stil hat sich wirklich kaum verändert, aber ich hab natürlich mit dem Tempo mithalten müssen. Ich hab immer ziemlich langsam gespielt, aber ich hab mich dem Tempo von heute einfach anpassen müssen. Ich hab noch nicht mal die Begriffe gewußt, mit denen ich meinen Slow Blues gespielt habe. Aber in den letzten paar Jahren hab ich an der Chicago Music School Unterrricht genommen, und da haben sie mir beigebracht, welche Griffe ich gespielt hab.»

Die Aufrichtigkeit, mit der Wolf über sich selber sprach, hatte ihr Gegenstück in seinem harten Realismus, was die Zukunft des Blues betrifft. «Ich mag den Blues», sagte er, «für mich klingt er gut. Aber Blues, das heißt Problem, und vom Singen wird es auch nicht besser. Ich glaube, der Blues lenkt einen nur von seinen Problemen ab.»

Mit dem wiedererwachten Interesse an den Pionieren des R & B sind auch einige Songs von Howlin' Wolf wieder bekannter geworden. Sein 1957er Hit *Sitting on the Top of the World* wurde von GRATEFUL DEAD, CREAM und anderen Gruppen neu aufgenommen. *Killing Floor*, ein Song, den er in den sechziger Jahren geschrieben und aufgenommen hat, taucht in einem Album der ELECTRIC FLAG, einer Rockgruppe, unter dem Titel *Killing Ground* wieder auf.

Obwohl er den Plattenfirmen nicht über den Weg traute, kehrte er 1969 in die Chess-Studios zurück und nahm – wenn auch nicht ohne Zögern – zusammen mit einer neuen Begleitband auf. Nach einem Sprecher von Chess Records fing Wolf nicht eher an zu spielen, «bis Phil Chess reinkam und ihm einen Blick à la ‹Jetzt-kenn-ich-dich-schon-zweiundzwanzig-Jahre› zuwarf». Der Sprecher gab zu, daß «ihm das Ergebnis nicht besonders gefallen hat, aber vielleicht bringt es ihm einen Hit». 1976 ist der Wolf dann gestorben.

Bo Diddley, der 1928 als Elias McDaniel in McComb, Mississippi, geboren wurde und um etliches jünger ist als Howlin' Wolf und Muddy Waters, hat viel weniger Platten gemacht als seine Chess-Mitstreiter. Aber die schreiend gestreiften Jacketts und Krawatten, die er so gern trug, repräsentierten ein junges Draufgängertum im Blues. Auf seiner ersten, bei Checker erschienenen Platte verkündete er: *I'm a Man*, und eine ganze neue Generation schwarzer Plattenkäufer zeigte, daß er einen Volltreffer gelandet hatte; seine Scheiben gingen reißend weg.

Die folgenden Platten *Bo Meets the Monster* und *Cops and Robbers* demonstrierten, daß er die Wellenlänge der jungen Käufer traf.

Leonard Chess behauptet zwar steif und fest, daß er McDaniel seinen Künstlernamen verpaßt habe – als Anspielung auf seine Begabung im Geschichtenerzählen. Es sieht aber so aus, als ob McDaniel diesen Spitznamen schon seit seiner Jugend trug. Neben der thematischen Relevanz seiner Stücke fand die Ausdruckskraft von Bo Diddley in seinem Background-Chor, den MOONGLOWS, ihre Ergänzung. Die beste Aufnahme der MOONGLOWS war *Sincerely*, ein R & B-Hit bei Chess, der für die McGUIRE SISTERS bei dem Label Coral zu einem gewaltigen Erfolg geworden ist. Der Song wurde von Harvey Fuqua (einem späteren Motown-Manager) und Alan Freed geschrieben, einem Cleveland-New Yorker Diskjockey, dem die Erfindung des Begriffs Rock 'n' Roll zugeschrieben wird; Freed fiel 1959 der Payola-Affäre (einer Korruptionsaffäre) zum Opfer.

Chess trat den Marsch in die sechziger Jahre mit etlichen neuen Tochterlables und Künstlern sowie dem Ankauf der Radiostation WHCF an, die ihren Namen nach dem Besitzwechsel in WVON änderte. Zu den neuen Künstlern zählten der Organist Dave «Baby» Cortez, der an dem immer größeren Interesse an der Elektrischen Orgel als Soloinstrument mit *Happy Organ* (1959) und *Rinky Dink* (1962) gut verdiente, und der jazzorientierte Ramsey Lewis, dessen Trio sich mit *The 'In' Crowd* einen Riesenerfolg holte.

Am bedeutendsten von diesen Neuerwerbungen war jedoch Etta James, die spätere Dinah Washington, die in den sechziger Jahren eine gewaltige Anhängerschaft um sich scharte. Miss James hat seit 1960 mit Blues-Balladen wie *All I Could Do Was Cry* und *My Dearest Darling*, 1962 mit *Something's Got a Hold on Me* und 1963 mit *Pushover* ihre Stimmkraft reichlich beweisen können. 1969 war sie unter den sieben besten weiblichen Künstlern von *Billboard* zu finden.

Die Begeisterung der Rock 'n' Roll-Generation für die Pioniere des R & B hat Chess dazu gebracht, nicht nur die alten Platten neu aufzulegen und auf den Markt zu bringen, sondern auch die alten Figuren wieder zu neuen Sessions in die Studios zu holen. Die fünf LPs von «The Blues», die bei Argo, einer Tochterfirma von Chess, erschienen sind, bieten eine reiche Auswahl von Originalaufnahmen der bereits schon vorgestellten Künstler sowie von Little Walter, Little Milton, Washboard Sam, Rice Miller, John Lee Hooker und anderen R & B-Künstlern der Nachkriegszeit aus Chicago. Ein weiteres Album dieser Art ist »Heavy Heads». Die neuen Aufnahmen von Muddy Waters und Howlin' Wolf, im Multitrack-Verfahren und mit supermoderner Elektronik gefahren, sind aber von den jungen Leuten, für die sie bestimmt waren, und auch von den Künstlern selbst nicht eben freundlich aufgenommen worden.

Vee Jay, ein Label, das 1954 von dem Diskjockey Vivian Carter gegründet wurde, hatte zwar nur ein kurzes, dafür aber aufregendes Leben. Schon zehn Jahre nach seiner Gründung war es wieder aus dem Geschäft. Aber in diesen zehn kurzen Jahren zeigte es, daß es das Zeug zur Hit-Produktion mit bekannten Künstlern wie Jay McShann und Roscoe Gordon hatte, daß es neu zusammengestellte Gruppen wie die EL DORADOS und die DELS ins Geschäft bringen und ein Quartett lancieren konnte, das zu einem der heißesten Plattenverkäufer der sechziger Jahre werden sollte – die FOUR SEASONS. Obwohl die Gruppe aus Weißen bestand, nutzte sie doch eine typische Besonderheit der schwarzen Gesangsgruppen aus der Zeit der INK SPOTS: eine hohe, fast schon lächerlich klingende Falsett-Stimme, die mit einem tief im Keller orgelnden Baß kontrastiert wurde. Mit *Sherry* und *Big Girls Don't Cry*, die beide 1962 auf Platz eins kamen, begann eine lange Kette von Goldenen Schallplatten und LPs.

Auch GLADYS KNIGHT AND THE PIPS verdanken Vee Jay ihren Einstieg ins Plattengeschäft. Diese Gruppe, ein Quartett, das erst bei dem Soul-Label von Motown zu ganz großer Form auflief, hat mit *I Heard It Through the Grapevine* einen ganz großen Hit gelandet.

Gladys Knight, ihr Bruder Merald und ihre Vettern William Guest und Edward Pattern sangen schon vor ihrer High-School-Zeit in Atlanta zusammen. Gladys hatte sich bereits kurz nach ihrer Einschulung dreimal den ersten Preis des Ted Mack-Nachwuchswettbewerbs erkräht. Die Mutter, die ihre Tochter erst nach Abschluß ihrer Ausbildung der rauhen Welt des Showbusiness aussetzen wollte, schickte Gladys in den MOUNT MORIAH BAPTIST CHURCH CHOIR, wo sie bald zur gefeierten Solosängerin wurde. Die Gruppe, die bis dahin die Gospel-Hymnen des sonntäglichen Gottesdienstes verschönert hatte, bekam ihren endgültigen Namen, als sie begann, regelmäßig bei Schulbällen und anderen Lustbarkeiten aufzutreten.

Gladys Knight hat eine vibrierende, aber auch klar konturierte Stimme, mit der sie sich gegen die stimmliche Untermalung ihrer Gesangsgruppe und ihre rockende Blues-Begleitband leicht durchsetzt. Die Gruppe hat – unter den Fittichen der gewitzten Motown-Promotion – eine exakte, choreographisch durchgearbeitete Bühnenshow entwickelt, mit der sie bis ins Copacabana und die Fernsehshow von Ed Sullivan vorgedrungen ist. Die *Billboard*-Liste der besten R & B-Künstler plazierte die Gruppe 1969 auf den gar nicht so leicht zu erklimmenden Gipfelplatz Nummer zehn.

Zu den Vee Jay Talenten gehört auch Jimmy Reed aus Leland, Mississippi, der seine ersten Stücke im Dezember 1953 einspielte und 1955 mit *You Don't Have to Go* einen Bestseller landete. In den folgenden Jahren schuf er sich mit Balladen wie *Ain't That Lovin' You, Baby* und *Bright Lights, Big City* eine große Anhängerschaft. Als Vee Jay aufgab, wurde er vom ABC Paramount-Label Bluesways unter Vertrag genommen.

Der Künstler jedoch, der die in ihn gesetzten Erwartungen mehr als erfüllt hat, ist Jerry Butler. Butler, der in Sunflower, Mississippi geboren wurde, wuchs in der North Side von Chicago auf, nur einige Blocks von den vielen Clubs der Rush Street entfernt. Als sein Vater starb und der Fünfzehnjährigen vor der Aufgabe stand, seine Familie (er hatte drei jüngere Geschwister) zu ernähren, wurde Jerry Gospelsänger.

Trotz des stimmlichen Talents, das er in den Chören des Olivette Institute der Wayne Baptist Church und der Mount Sinai Baptist Church entwickelte, lernte er nebenher bei einem Schweizer Küchenchef – mit dem Ziel, Chefkoch zu werden. Schließlich wechselte er zur Traveling Souls Spiritualist Church, wo ein Zusammentreffen mit dem Songschreiber Curtis Mayfield und Sam Goodin zur Gründung der Gruppe JERRY BUTLER AND THE IMPRESSIONS führte.

Der erste Song von Butler, der in die Charts kam, war *He Will Break Your Heart*, eine Ballade, die er 1960 zusammen mit Mayfield schrieb. Im Jahr darauf wurde er mit seiner Version des Academy-Award-Gewinners *Moon River* im ganzen Land bekannt. Nur die Version von Andy Williams verkaufte sich noch besser. Als Co-Autor von *For Your Precious Love* hatte er mit *I Stand Accused* und *Need To Belong* bald weitere Bestseller. Als Vee Jay Pleite machte, wurde er von Mercury unter Vertrag genommen, wo er unter anderem *Moody Woman* einspielte, einen Song, der ihm half, sich als einer der bedeutendsten schwarzen Popsänger zu etablieren.

Für diejenigen, die das Mississippi-Delta verließen, aber nicht in Richtung Norden nach Chicago zogen, sondern dem Lauf des Ohio Rivers folgten, war Cincinnati der Anlaufpunkt. Syd Nathan, der Plattengroßhändler geworden war, nachdem er das väterliche Möbelgeschäft verlassen hatte, bezog in dieser Stadt in den frühen vierziger Jahren ein aufgegebenes Kühlhaus und gründete die King-Dynastie. In der ersten Zeit – wahrscheinlich, weil die Radiostation WLW sich besonders stark für C & W engagierte – verdiente er sich die ersten Sporen vorwiegend mit C & W. Aber 1945 hatte er bereits einen kleinen Trupp schwarzer Künstler beisammen, von denen Bullmoose Jackson der erfolgreichste war.

Benjamin Clarence Jackson, ein junger Spund aus Cleveland, kam aus der LUCKY MILLINDER BAND, deren Leute den Grundstock für das

Label King stellten. Millinder, der Bullmoose entdeckte, als er noch bei den HARLEM HOTSHOTS war, einer frühen Blues-Gruppe, stellte ihm seine Begleitgruppe, die BEARCATS zusammen. Sein Spitzname Bullmoose (Elchbulle) bezog sich mehr auf den Körperbau als auf die Stimme, denn Jackson hatte einen überraschend hohen Bariton.

Jackson wurde 1946 mit einem Answer-Song zu einem Millinder-Stück, das die Charts im Sturm eroberte, zum Plattenseller (der Millinger-Song hieß *Who Threw the Whiskey in the Well?*; Answer-Songs, die ein anderes Stück aufgreifen oder karikieren, sind im Pop sehr selten, aber sowohl im R & B als auch im C & W sind sie Tradition). In den Jahren darauf gelangen Bullmoose mit Songs wie *I Love You, Yes I Do* und *Little Girl, Don't Cry* weitere Treffer. Daß er jedoch ein geborener Komiker war, zeigten neue Songs wie *Sneaky Pete* und *I Want a Bow-Legged Woman.*

Es kursiert die Geschichte, daß Bullmoose einmal eine Fahrt im Leichenwagen unternommen hat, die ihn achtunddreißig Dollar kostete. Ein King-Großhändler in Miami behauptete steif und fest, daß Jackson eines Tages vor seiner Ladentür umgekippt sei. Der Händler bekam den Mann nicht vom Fleck und wollte seinen Laden nicht schließen, deshalb rief er ein Bestattungsunternehmen an. Jackson wachte im Leichenwagen auf und kapierte nach einigen Momenten der Unsicherheit, daß man ihm einen makabren Streich gespielt hatte. Der Leichenwagenfahrer soll erst mit Hilfe von achtunddreißig Dollar ein Einsehen gehabt und ihn in sein Hotel zurückgefahren haben. Bullmoose hat diese Geschichte nie bestätigt.

Ebenfalls aus der Millinder-Band holte Nathan Wynonie «Blues» Harris, zu dessen Shouter-Songs aus den späten vierziger und den frühen fünfziger Jahren so einladend betitelte Songs gehören wie *Good Rockin' Tonight*, *Lollypop Mama*, *All She Wants to Do Is Rock* und *I Love My Baby's Pudding*. (Die R & B-Autoren haben die Bluestradition, das Essen als Sex-Umschreibungen zu benutzen, übernommen und sogar noch erweitert.)

Zwei weitere von Nathan aufgebaute Erfolgsgruppen sind es wert, an dieser Stelle genauer unter die Lupe genommen zu werden. Als erste die DOMINOES, aus denen später Clyde McPhatter und Jackie Wilson als Solostars hervorgingen; sie hatten 1951 mit dem anzüglichen *60 Minute Man* eine Platte, von der umwerfende zwei Millionen Stück verkauft wurden. Im nächsten Jahr kamen die DOMINOES mit *Have Mercy Baby* auf den ersten Platz der Hitparaden. Dieser Song war aber nur das Vorspiel einer ganzen Reihe von ausgesprochenen Rennern aus dem Jahr 1953, zu denen unter anderem auch *I'd Be Satisfied* gehörte.

Die zweite heiße Gruppe waren die MIDNIGHTSTERS, die von dem Songschreiber Hank Ballard angeführt wurden, der 1954 zwei Songs auf Platz eins brachte, *Annie Had a Baby* und *Work With Me, Annie*, ein

133

Titel, der trotz des beschönigenden *work* eigentlich kaum Anlaß für Mißdeutungen gewesen sein kann.

Fünf Jahre danach machten die MIDNIGHTSTERS immer noch gutgehende Platten und landeten auch gelegentlich einen Volltreffer, so die Ballade *Teardrops on Your Letter*, die von Herby Glover, dem A & R-Direktor und Ziehvater von Millinder, geschrieben worden war.

Auf der Rückseite dieser Platte war ein Tanztitel von Ballard zu hören, der bis 1961/62 keine Aufmerksamkeit erregte, sich dann aber zu einem der größten Krachmacher der Ära entwickelte. Das von Kings Lois Music herausgegebene *The Twist* wurde für Chubby Checker bei Parkway Records zu einem unglaublichen Renner.

Bevor Ballard in den späten Genuß seines *Twist*-Erfolges kam, heimste er schon 1960 mit zwei schnellen Shuffles Hits ein, *Finger-Poppin' Time* und *Let's Go, Let's Go, Let's Go*. Für ein Engagement in Dayton, Ohio kassierte er damals schon mehr als tausend Dollar pro Abend, und das zwanzig Abende hintereinander. Sechs Jahre danach, 1967 war Dayton nur noch an einem Auftritt interessiert, und das für lumpige vierhundert Dollar. Der Unterschied läßt sich an Hand der Charts erklären. Wie ein Autor im *Crawdaddy* nostalgisch beobachtete, «ist Hank gezwungen, nun schon seit fast zehn Jahren immer wieder dasselbe zu machen, weil er keinen Hit mehr hatte.»

Drei weitere Songschreiber und Musiker aus der King-Truppe, die für kurze Zeit im Plattengeschäft einen Platz an der Sonne genießen konnten – aber alle wesentlich kürzer als Hank Ballard – waren Earl Bostic, ein Altsaxophonist aus Oklahoma, Boyd Bennett und schließlich Bill Doggett, ein früherer Arrangeur der INK SPOTS.

Bostic, der seine Plattenkarriere als Jazzer begann, kam mit einer unvergeßlichen, gefühlvollen Version des Duke Ellington/Herb Heffires-Hits *Flamingo* auf den ersten Platz der Charts. *Seventeen* von Boyd Bennett kletterte mit seinen ROCKETS die Hitparaden hoch, auf Platz eins kam dieser Song jedoch mit den FONTANE SISTERS von Perry Como.

Bill Doggett, ein rockender Organist – sein Stil wurde von Wild Bill Davis geformt, den er schließlich an der Orgel der TYMPANY FIVE von Louis Jordan ablöste – holte sich mit dem berühmten Instrumental *Honky Tonk* den größten Erfolg von den dreien. *Honky Tonk* hatte fünf Autoren, zu denen auch Doggett und der Plattenproduzent Henry Glover gehörten. Der Song füllte A- und B-Seite der Platte und wurde 1956 und 1957 über viermillionenmal verkauft. Die einzigen Aufnahmen mit einem ähnlichen Verkaufsergebnis, an die ich mich erinnern kann, sind *Heart Break Hotel* und *Hound Dog* von Elvis Presley bei RCA Victor sowie der erste große Hit der BEATLES in Amerika, *I Want To Hold Your Hand*, bei Capitol. Und das waren Platten, die von den Großen des Geschäfts in die Regale gedrängt wurden.

Auch für die Karriere von Ivory John Hunter, einem sehr begabten Songautor und Sänger, erwies sich King Records als feste Stütze. Der in Kirbyville, Texas, als siebtes von dreizehn Kindern geborene Hunter (er lebte von 1911 bis 1974), zeigte schon in seiner frühen Jugend so viel musikalisches Talent, daß er bereits als Dreizehnjähriger sein Geld mit professionellen Auftritten bei örtlichen Veranstaltungen, im Radio und als Spiritualsänger in Kirchenchören verdiente. (Eine Zeitlang war er als «Rambling Fingers» bekannt).

Obwohl er in ganz Texas bekannt und geschätzt war (in Beaumont hatte er eine eigene Radioshow bei dem Sender KFDM), schien auch ihm der Umzug an die Westküste für seine Karriere wichtig. 1944 konnte er mit *Blues at Sunrise* einige Aufmerksamkeit auf sich ziehen, einem Song, den er selbst geschrieben und auf seinem eigenen Label, Ivory Records, herausgebracht hatte. Die kriegsbedingte Materialknappheit zwang ihn, seine unabhängige Plattenproduktion einzustellen; er stieg daraufhin bei dem kurzlebigen Label Pacific in Berkeley ein. Sein *Blues at Midnight* schließlich verkaufte sich 1946 so gut, daß Syd Nathan ihn unter Vertrag nahm.

Drei Jahre nacheinander half die Kraft von King Records, Ivory Joe auf die R&B-Bestsellerlisten zu bringen, mit Songs wie *Don't Fall in Love With Me*, *Pretty Mama Blues*, *Landlord Blues* und dem Country-Hit von Jenny Carson, *Jealous Heart*. Der größte seiner King-Erfolge war *Guess Who*. Aber keine dieser Aufnahmen kam an die Wirkung der ersten beiden Platten heran, die er 1950 für MGM Records machte: *I Need You So* und *I Almost Lost My Mind*. Letzterer Song wurde für Pat Boone zum großen Erfolg und brachte Ivory Joe an Tantiemen das wieder ein, was er durch den Erfolg des Konkurrenten an Einkünften aus der eigenen Version des Stücks verlor.

1956 wechselte der begabte Autor zu Atlantic; sein größter Songerfolg bei diesem Label war die Bluesballade *Since I Met You Baby*. In den späten sechziger Jahren nahm Ivory Joe für Capitol und andere Labels auf, hat seinen Erfolg aus den fünfziger Jahren jedoch nicht mehr erreichen können.

Zu den Künstlern, die vorübergehend bei King Records aufnahmen, zählt auch Memphis Slim, der im September 1916 in Memphis, Tennessee, als Peter Chapman geboren wurde. Memphis Slim ist ein so potenter Blues- und Boogie-Pianist, wie er lang ist (beinahe einsneunzig). Der Verfasser eines großen R&B-Standards, *Everyday I Have the Blues*, verschaffte dem Chicagoer Label Miracle eine kurze Blüte; seine Sänger wurden von King Records übernommen. Bei Miracle hatte Memphis Slim drei Hits: Zuerst den Volltreffer *Fool That I Am*, dann 1949 *Angel Child* und *Blue and Lonesome*. Wenn sich das Label auch nicht gerade lange hielt, Memphis Slim selbst wurde einer der langlebigsten Plattenkünstler des R & B, auch wenn er die meiste Zeit keinen richtigen Renner hatte.

Um einmal die Art von Leben zu zeigen, das diese Leute führen mußten, soll hier der Verlauf der Plattenkarriere von Memphis Slim kurz angerissen werden. Während er noch in Chicago zu Hause war, fuhr Slim 1949 nach Cincinnati, um dort bei King eine LP einzuspielen; dann begab er sich nach Houston, um einige Stücke für Peacock aufzunehmen, die dann allerdings nie veröffentlicht wurden.

In die Chicagoer Zeit fallen 1950 und 1951 Aufnahmen für drei verschiedene Labels – Premium, Argo und Mercury. Abstecher nach Cleveland und Houston brachten Veröffentlichungen bei Chess und – wiederum unveröffentlichte – Einspielungen für Peacock. 1953 tauchte er in den Studios von United Artists in Chicago auf, wo er *Blues and Lonesome* zum zweitenmal aufnahm.

Nach einer Pause von vier Jahren spielte er im Januar 1958 bei Vee Jay in Chicago einen Song ein. Ein Jahr später veröffentlichte United Artists den Mitschnitt eines Konzerts vom April 1959 in der Carnegie Hall. Im Juli 1959 nahm er für Folkways in New York City eine LP auf. Im Monat darauf befand er sich bereits wieder in Chicago, wo er eine LP für Vee Jay aufnahm. Noch vor Ende des Jahres war er wieder in New York, um gemeinsam mit Willie Dixon diverse LPs für Verve und Folkways einzuspielen.

Danach reiste er viel und nahm im Ausland auf, im Juli 1960 in London eine LP für Collector; im Monat darauf in Kopenhagen für die in Boston ansässige Storyville Records eine weitere LP; im Oktober kehrte er nach Chicago zurück, wo er für Folkways und Xtra aufnahm. Gegen Ende des Jahres fuhr er nach New York, wo er zwei Alben für Bluesville und zwei für Candid einspielte.

1961 war er in Chicago zu finden, wo er für das Label Strand aus New York City ins Studio ging; im April dann war er in London und für Fontana aktiv; in Bayonne im Monat Mai für Agorilla, im Juni in Kopenhagen, diesmal wieder für Storyville. Im Oktober schließlich fing er für die Hamburger Firma Polydor in Bremen ein Album an, das er in Paris fertigstellte. Im Oktober 1963 nahm er für Fontana in Bremen auf, im November für Storyville in Kopenhagen. Offensichtlich rettete Memphis Slim seine Karriere mit ständigem Wechseln des Labels und dank der anhaltenden Anziehungskraft des Blues über die Runden, denn keines seiner vielen Alben zog genügend Kundschaft an, um die Firmen zu einem längerfristigen Vertrag mit ihm zu bewegen.

Eine ganze Reihe von Künstlern begann ihre Karriere bei King. In der überraschend langen Liste finden sich so große Namen wie Otis Redding, Nina Simone, THE PLATTERS, Joe Tex, Little Esther und Tiny

Bradshaw. Aber Nathan hatte mit dem Anleiern von Karrieren eine ebenso glückliche Hand wie mit dem Ausschöpfen einer solchen. In dieser Hinsicht sind besonders zwei Namen zu nennen: James Brown, dessen bemerkenswertes Leben im Soul-Kapitel dieses Buches behandelt wird, und Little Willie John, dessen Karriere mit seinem viel zu frühen Tod jäh endete.

Willie John, dessen bekannteste Songs *Fever* aus dem Jahr 1956 (zwei Jahre danach in der Version von Peggy Lee ein Bombenhit) und sein eigener Erfolgstitel *Talk to Me, Talk to Me* von 1958 waren, wurde im Mai 1966 wegen Totschlags zu Gefängnis verurteilt. Im Walla Walla, einem Washingtoner Gefängnis, starb er dann im Juni 1968 an Lungenentzündung. James Brown, Soul Brother Nr. eins, hat kurz nach seinem Tod eine Gedächtnis-LP herausgebracht, «Thinking About Little Willie John and a Few Nice Things», auf der einige der von dem unglückseligen Bluesman beliebt gemachten Titel zu hören sind.

Talk to Me, Talk to Me, von Willie John gesungen, findet sich im Vol. 1 der «Anthology of Rhythm and Blues» von Columbia. Für diejenigen, die diesen Titel nicht gehört oder längst wieder vergessen haben, wird das Hören dieser Aufnahme eine Überraschung sein, denn es steht außer Zweifel, daß Willie John dem warmen, bittenden Balladenstil von Sam Cooke einiges verdankt. Die Phrasierungen, die *You Send Me* den richtigen Touch gaben, kann man auf dieser Platte fast so hören, wie Cooke sie auf seinem eigenen Hit bringt. In einer weiteren wertvollen Anthologie, wo 18 Bestseller des Labels King zusammengestellt wurden, «18 King Size Rhythm and Blues», findet sich ein informatives Kompendium der Nonsens-Riffs, die von den Background-Sängern der fünfziger Jahre als Rhythmisierungsmittel verwendet wurden: *«ah-oom, ah-oom»* in der Aufnahme der MIDNIGHTSTERS von *Work With Me, Annie*; *«bupbup-bup-BUP, bup-bup-bup-BUP»* im PLATTERS-Hit *Only You*; *«doo-wah, do-wah»* in *Hearts of Stone* von den CHARMS. Das beste Stück dieser Sammlung ist jedoch *Tomorrow Night* in der Version von Lonnie Johnson, ein wahres Bravourstück, wenn man sich vor Augen hält, daß der Bluespionier aus New Orleans schon jenseits der Siebzig war, als er diese Ballade einspielte.

Vor langer Zeit sagte mir Syd Nathan, der die King-Dynastie bis zu seinem Tod im Jahr 1967 geleitet hat, in seiner typisch asthmatischen Art: «Gute ausführende Künstler finden, das ist keine Kunst.» Er sah mich durch seine dicken Brillengläser an, die seine Augen stark vergrößerten, und fügte hinzu: «Die Kunst, mein Junge, besteht darin, gute Autoren zu finden, die dazu noch spielen und singen können. Die Stücke, die großen Songs, die machen den Unterschied.»

Nathan hatte nicht nur eine gute Nase für Plattentalente, er war selbst ein begabter Songschreiber. Dieser Teil seiner Arbeit war nur Insidern bekannt, denn er benutzte seinen eigenen Namen aus geschäftlichen Gründen nur selten. Als Pseudonyme gab er sich am liebsten weibliche Namen wie «Lois Mann», den Mädchennamen seiner Frau, der auf *Signed, Sealed and Delivered*, einem Hit von Cowboy Copas, *Annie Had a Baby*, einem Hit der MIDNIGHTSTERS, *Sittin on It All the Time*, einem Hit von Wynonie Harris und *I Quit My Pretty Mama*, einem Bestseller von Ivory Joe auftaucht.

Moon Mullican schlug mit dem *Cherokee Boogie* voll ein, einem Song, den er mit einem William Chief Redbird schrieb, über den nichts näheres bekannt ist. Ganz selten erschien sein eigener Name unter einem Song, zum Beispiel bei *New Pretty Blonde (New Jole Blon)* und *I Can't Go on With You*, die beide von Moon Mullican aufgenommen wurden.

Diese positive Haltung, die Nathan dem Autor in der Musikszene zuwies, zeigt sich gleich zu Anfang seiner Karriere. Als seinen ersten A & R-Produzenten engagierte er nämlich einen Angehörigen aus der LUCKY MILLINDER BAND – aber erst, nachdem er sich vergewissert hatte, daß Henry Glover Stücke schreiben und arrangieren konnte.

Glover, ein ausgebildeter Musiker, dem zu einem Magister Artium der Wayne University nur wenig fehlte, spielte in den vierziger Jahren in etlichen schwarzen Tanzmusik-Bands, einschließlich der Bands von Buddy Johnson, Willie Bryant und Tiny Bradshaw. Er war Co-Autor der meisten frühen Songs von Bullmoose Jackson; auf sein Konto gehen eine ganze Reihe von Hits. Sein bekanntester Song ist *I'll Drown in My Own Tears*, der von vielen Künstlern – auch Ray Charles – aufgenommen wurde. Seine Zusammenarbeit mit King begann im Jahr 1946 und wurde von einem sechs Jahre dauernden Zwischenspiel bei Roulette Records (1956–62) unterbrochen; seitdem war er wieder ununterbrochen für seinen ersten Brötchengeber tätig.

Zur Invasion schwarzer Künstler im C & W-Bereich in den sechziger Jahren – wie etwa Charles Pride und Joe Tex – hat Glover einmal bemerkt: «Das kann man kaum eine neue Entwicklung nennen. Noch nicht einmal, als sich Ray Charles in den frühen sechziger Jahren auf den Country geworfen hat. Kann sein, daß wir bei King dauernd die Grenzen überschritten haben, weil wir mit weißen Country-Sängern wie auch schwarzen R & B-Künstlern gearbeitet haben. Syd Nathan ließ mich Blues mit C & W-Sängern aufnehmen wie Cowboy Copas und Moon Mullican. Und mit Wynonie Harris hab ich Country-Songs eingespielt.» Und dieser ‹Mr. Blues› hat doch tatsächlich mit seiner Version eines Songs von Hank Penny, *Bloodshot Eyes*, einen seiner größten Verkaufserfolge erzielt. Das war schon in den frühen fünfziger Jahren. Bullmoose Jackson hat mit dem Country-Song *Why Don't You Haul Off and Love Me*, – die Originalaufnahme war von Wayne Raney – eine große Scheibe gehabt. Und bei Ivory Joe Hunter mit seiner Version von Lou Carsons *Jealous Heart* war es doch dasselbe, damals 1949!»

Kurz nach dem Tod von Syd Nathan wurde King Records von der Westküstenfirma Starday Records aufgekauft, die das Label Ende der sechziger Jahre an einen Mischkonzern weiterverkaufte, an Lin Broadcasting.

Die Rhythm and Blues-Plattenszene
der Ostküste

Eine Arbeit über die R & B-Szene oder die Ära des klassischen Blues wäre unvollständig und sinnlos, wenn sie den Tempel des schwarzen Entertainments, das Apollo Theatre an der West 125th Street in Harlem übergehen würde. Es gibt zwar auch noch das Howard Theatre in Washington D. C., das Royal in Baltimore, das Uptown in Philadelphia, das Regal in Chicago, das Paradise in Detroit und noch viele andere wohlbekannte Theater in den schwarzen Gettos der amerikanischen Großstädte. Aber das, was das Palace am Broadway für den Höhepunkt des Vaudeville bedeutete, war und ist das Apollo nach wie vor für das populäre schwarze Entertainment.

Es wurde um 1910, ungefähr zur gleichen Zeit wie das Lafayette Theatre an der 2227 Seventh Avenue gebaut und beherbergte zunächst ein Kabarett, das Hurtig & Seamon's. In den zwanziger Jahren, als Harlem immer mehr zum Wohnviertel der Schwarzen wurde und sich das Interesse an den Sängern des klassischen Blues auf seinem Höhepunkt befand, engagierte auch das H & S allmählich schwarze Künstler und gemischte Revuen. Nachdem das Kabarett 1934 von Frank Schiffman übernommen worden war, wurde es von seinem neuen Eigentümer Apollo getauft. Schiffman hatte vorher das Lafayette betrieben und zum wichtigsten Forum der schwarzen Jazzbands gemacht.

Um mit dem Harlem Opera House mithalten zu können, das östlich vom Apollo an der 125th Street lag, nahm Schiffman schwarze Bühnenshows und bekannte Bands wie Fletcher Henderson, Chick Webb und Duke Ellington ins Programm. Das Harlem Opera House hat aufstekken müssen, und das Lafayette und das an der 135th Street gelegene Lincoln, die den Schiffmans ebenfalls gehörten, sind zugemacht und in schwarze Kirchen umgewandelt worden.

Das Apollo ist wegen drei Dingen so wichtig: Erstens hat es immer nur schwarze Entertainer engagiert. Wenn ein gemischtes Duo wie Billy Vera & Judy Clay gebucht wurden, trat nur Judy auf. Zweitens ähnelt das Verhältnis zwischen der schwarzen Gemeinde und dem Theater dem des Gläubigen zu seiner Kirche. Das Apollo ist *ihr* Theater – bei den Harlemer Rassenkrawallen ist ihm nie was passiert –, und es wird von allen schwarzen Künstlern erwartet, daß sie ihre Zugehörigkeit zum Apollo mit Auftritten beweisen – besonders, wenn sie das große Los gezogen haben und in den großen weißen Theatern der City wesentlich mehr Geld machen könnten. Als Eartha Kitt vor etlichen Jahren mit einer sensationellen Revue in die Schlagzeilen kam, wurde sie von Bobby Schiffman, dem Sohn von Frank Schiffman, der für die Engagements zuständig war, zu einem Auftritt im Apollo eingeladen.

«Mein erstes Gefühl war Angst», sagte Eartha. «Ich wurde von der Vorstellung verfolgt, daß mich meine eigenen Leute von der Bühne jagen würden ... Den Beifall, den ich nach jedem Auftritt bekommen habe, werde ich nie vergessen. Die nackte Tatsache, daß ich überhaupt im Apollo auftrat, hat ihnen mehr gesagt als alles, was ich hätte sagen können. Aber in der Regel bin ich dann noch mal vor den Vorhang gegangen und hab eine kleine Ansprache gehalten, ungefähr so: ‹Ich hab nicht gewußt, ob Ihr mich als Freund empfangen würdet oder ob Ihr mich einfach vor die Tür setzen würdet (wegen dem, was Ihr in Euren Zeitungen über mich gelesen habt). Aber jetzt, wo ich Eure Gesichter sehe und Euren Applaus höre, muß ich nicht mehr fragen, ob ich hier erwünscht bin – obwohl ich genau das befürchtet habe.› Der Beifall für diese Rede war ungeheuer; mir ist richtig warm ums Herz geworden.»

Zur Heirat von Harry Belafonte mit einer Weißen – nach der Scheidung von seiner schwarzen Ehefrau – meinte sie: «Das mußte einfach so aussehen, als ob er von seinem Volk desertieren würde ... Jemand wie Harry sollte nach Harlem kommen und im Apollo auftreten. Finanziell würde ihm das nichts bringen, und auch für seine Karriere wäre der Auftritt belanglos. Aber für die Schwarzen würde das viel bedeuten.»

Die dritte wichtige Besonderheit des Apollo ist seine wöchentliche *Amateur Night*. Die ist nach wie vor am Mittwochabend, und jeder kann auftreten; er muß sich nur am Montag in eine Liste eintragen. Das Publikum ist hart und wählerisch. Wenn die Nachwuchskünstler nicht genug Auftrittsroutine zeigen, werden sie von einer mit Platzpatronen schießenden Dame von der Bühne vertrieben – wenn sie nicht bereits vorher von einem altmodischen Hirtenstab, der aus den Kulissen herabfährt, von der Bühne geprügelt worden sind. Wenn es einer jedoch schafft, dank des Publikumsbeifalls drei Wochen hintereinander den ersten Platz zu belegen, wird er für drei Wochen auf der Basis der mit der Gewerkschaft ausgehandelten Normalgage im Apollo engagiert.

Eine – bei weitem nicht vollständige – Liste der Künstler, die so angefangen haben: Ella Fitzgerald, Billy Eckstine, Sarah Vaughan, Billie Holiday, Leslie Uggams, THE DRIFTERS, Joe Tex. Und das sind nur die wirklich großgewordenen Stars. Der Mittwoch bleibt nach wie vor der Wochentag, an dem Manager, Impresarios und Plattenleute zum Apollo pilgern, um dort der Suche nach schwarzen Talenten zu frönen.

Nach all dem sollte man sich nicht wundern, daß eines der ersten unabhängigen Labels, in den vierziger Jahren in New York gegründet,

Apollo Records hieß. Obwohl die Firma 1943 in einem Harlemer Musikaliengeschäft gegründet wurde, hatten seine drei weißen Besitzer keine Verbindung zum Apollo. Der erste Verkaufserfolg des Labels war keine Vokal-, sondern eine Instrumentalaufnahme des Jazzsaxophonisten Coleman Hawkins, *Rainbow Mist*.

In den frühen fünfziger Jahren hatte das Label die LARKS unter Vertrag, die mit *Eyesight to the Blind* und *Little Side Car* zwei Bestseller landeten. Damals waren gerade Vogelnamen in, und die schwarzen Gesangsgruppen dieser Zeit hießen dementsprechend ORIOLES, CARDINALS, SWALLOWS, CROWS, FALCONS, ROBINS und RAVENS, um nur ein paar zu nennen. Die beeindruckendste Gruppe von Apollo Records waren die FIVE ROYALES, die in einem einzigen Jahr sage und schreibe vier Hits hatten, von denen zwei zu den Top-Bestsellern des Jahres 1953 gehörten: *Baby, Don't Do It* und *Help Me, Somebody*.

Deluxe Records, ein ungefähr um dieselbe Zeit in Linden, New Jersey gegründetes Familienunternehmen (die Eigentümer hießen Braun), hatte in seinem Stall die FOUR BLUES, das SOUTHERN JUBILEE QUARTET und den Saxophonisten Benny Carter. 1946, als der Katalog dieses Labels auf über hundert Titel angewachsen war, kam auch die BILLY ECKSTINE BAND dazu. Anfang der fünfziger Jahre war Deluxe zu einem heißen R & B-Label herangewachsen; zu seinen Hitmachern und Charts-Stürmern gehörten nun Roy Brown, Annie Laurie und die CHARMS, an deren Hit *Hearts of Stone* man sich auch heute noch gern erinnert. Brown hatte 1950 ein ganz besonders erfolgreiches Jahr, zu dessen vielen Bestsellern auch *Hard Luck Blues* zählte.

Von den vier weiteren R & B-Labels, die in den vierziger Jahren entstanden, wurden Manor und National von anderen Labels übernommen, wovor Jubilee und Savoy erst einmal bewahrt wurden. Manor, das in Newark, New Jersey, sitzt, hat mit Savannah Churchill, die in New Orleans geboren ist, aber seit ihrem sechsten Jahr in Brooklyn aufwuchs, einer bemerkenswerten Balladensängerin zum Durchbruch verholfen.

Savannah, die in ihrer Jugend in einem Chor sang, nahm zusammen mit dem Jazzsaxophonisten Benny Carter auf, bevor sie es bei Manor im Alleingang versuchte. Zwei ihrer bewegendsten Stücke sind *I Want to Be Loved (But By Only You)* und *Time Out for Tears* (1948). Da sie sich eines Timbres wie Sarah Vaughan rühmen konnte, würzte sie ihren Stil mit einer von innen kommenden Gospelintensität und einem Sinn für Improvisation, der sich auch darin zeigt, daß sie sich von Jazzern wie Don Byas (Tenorsax) und J. J. Johnson (Posaune) begleiten ließ.

Unter Herb Abramson, dem späteren Mitbegründer von Atlantic Records, entwickelte National Records ein Programm, zu dem der Boogie-Woogie-Pianist Pete Johnson, der Bluesshouter Joe Turner und auch der Posaunist Billy Eckstine gehörte, als der sich nach langen Jahren als Bandleader zu einer Solokarriere entschloß. Von den Bestsellern, die Eckstine bei National hatte, sollen nur zwei genannt werden, *Prisoner of Love* und *You Call It Madness (But I Call It Love)* – beides Neuaufnahmen von Balladen, die stark mit Russ Columbo verbunden sind, der die zweitgenannte Melodie als Erkennungsmelodie benutzte. Columbo, einer der drei großen Baritone der Crooner-Ära – neben Vallee und Crosby –, hat sich auf dem Gipfelpunkt seiner Karriere versehentlich selbst erschossen.

Die wichtigste R & B-Gruppe von National waren die RAVENS, ein Vokalquartett, dem das Verdienst zukommt, die Welle von schwarzen Gruppen ins Rollen gebracht zu haben, die sich Vogelnamen gaben. Sie waren musikalischer und ausgefeilter als die CHARMS oder die LARKS und stehen damit dem glatten Pop der INK SPOTS näher als dem ungeschliffenen R & B. Zu ihren Plattenhits zählen *Write Me a Letter*, eine rührende Ballade von Howard Biggs, und *I Don't Have to Ride No More*. Aber die Platte, die sie ganz groß herausbrachte, war *Ol' Man River*. Ihre Neuauflage des «Show Boat»-Jahrhundertsongs von 1947 – mit einer tiefen Baß-Leitstimme und einem rollenden Mills-Brothers-Rhythmus – eröffnet die aus acht LPs bestehende Anthologie «History of Rhythm and Blues» von Atlantic Records.

Weitere Vogel-Gruppen, denen zwei der bekanntesten Aufnahmen dieser Zeit gelangen, waren die PENGUINS, die eine denkwürdige Einspielung der Teenager-Ballade *Earth Angel* von Jesse Belvin zuwege brachten, und die CROWS, die sich mit *Gee* etablierten. Beide kamen im *Sh-Boom*-Jahr heraus, die erste Platte bei Dootune und die zweite bei Rama 5, einem der vielen Labels von Roulette.

Eine weitere beeindruckende Vogel-Gruppe dieser Zeit waren die ORIOLES, die ursprünglich VIBRANAIRES hießen, sich jedoch später nach dem Baltimore-Pirol einer mit ihnen befreundeten Songautorin aus Baltimore, Deborah Chessler, nannten. Die unternehmungslustige Deborah Chessler war es auch, die die Gruppe nach New York schleifte und den ehemaligen Bandleader Jerry Blaine, der gerade ein Label namens Natural aufgemacht hatte, dazu brachte, ihnen einen Plattenvertrag zu geben.

Als der von ihr geschriebene Song *It's Too Soon to Know* erschien, kam er bei Jubilee, einem weiteren von Blaine lancierten und gut florierenden Label heraus. Der Song wurde auch von Dinah Washington für Mercury aufgenommen und hinterließ 1948 einen derartig starken Eindruck, daß er zehn Jahre später von Pat Boone wieder ausgegraben wurde. Die ORIOLES spielten bis in die Mitte der fünfziger Jahre weiter unentwegt Renner ein; ihr bestes Stück war *Crying in the Chapel*, ein Tränendrüsendrücker aus dem Jahr 1953, der in einer Popversion auch von June Valli und in einer C&W-Version von Rex Allen aufgenommen wurde.

Der Katalog der in Newark, New Jersey, beheimateten Savoy Records ist groß und breit angelegt; er reicht vom Jazz über Gospel bis zum R&B und ist wahrscheinlich der langlebigste von allen unabhängigen Firmen. Er ist von Anfang an das geistige Kind von Herman Lubinsky, der als Gründungsjahr des Labels 1939 angibt.

Don't Stop Now, eine Platte von Bonnie Davis, sei seine erste Aufnahme gewesen, sagt er; auf sein Konto kämen immerhin zwanzig Goldene Schallplatten, und er hätte die einzige Gospelplatte im Katalog, von der mehr als eine Million verkauft wurde, Katalognummer 14076 von James Cleveland.

Außer den Major Companies waren nur Beacon, Continental, Keynote und Musicraft im Geschäft, als Lubinsky seinen Laden aufmachte – und keine dieser Firmen ist noch aktiv oder doch wenigstens noch im Besitz des Gründers. 1942 wurde Lubinsky auch im Jazzbereich aktiv und baute sich einen gehaltvollen Bop-Katalog auf, in dem sich unter anderem Archivproduktionen mit Charlie Bird Parker und dem Trompeter Fats Navarro finden. In den späten vierziger Jahren ging Savoy dann auch in den R&B-Markt.

Zwei Instrumentalisten markieren den Beitrag von Lubinsky zu dieser Sparte der Plattenindustrie. 1949 hatten sowohl Paul Williams wie Cecil «Big Jay» McNeely Instrumental-Renner; McNeely traf mit seinem Tenorsaxophon und der Honk-Platte *Deacons' Hop* ins Schwarze, Williams schlug mit dem *Hucklebuck* ein, der später ein wilder R&B-Tanz werden sollte, *Billboard* stufte diese Platte als den Bestseller Nummer eins des Jahres ein.

Im Vokalbereich hatte Varetta Dillard 1952 ihren ersten Charts-Treffer mit *Easy, Easy Baby* und blieb bis 1954 mit *Mercy Mr. Percy* und *Johnny Has Gone* auf den oberen Sprossen der Erfolgsleiter.

Ungefähr seit dieser Zeit brachte das Label die harten, mit einem kompakten Drive arbeitenden Platten von Nappy Brown heraus; sein *Don't Be Angry* wurde von den CREWCUTS (kurz nach ihrem Erfolg mit *Sh-Boom*) übernommen, und *Piddily Patter Patter* von Patti Page gecovert (nachdem ich die Rechte von Savoy für E. B. Marks Music angekauft hatte). Brown selbst nahm einen von Hank Snow populär gemachten Country-Hit neu auf, nur daß er statt *I Don't Hurt Anymore* *It Don't Hurt Anymore* sang.

Das wertvollste Pferd im Stall von Savoy war jedoch ein Trio ohne Gruppennamen – Johnny Otis, Little Esther und Mel Walker. 1950 brachte das Trio es fertig, das Jahr mit drei Platten unter den zehn bestverkauften R&B-Hits abzuschließen: *Double Crossing Blues*, *Cupid's Boogie* und *Mistrustin' Blues*. Nachdem Little Esther eine Solokarriere begonnen hatte, spielte Mel Walker weiter Songs mit dem JOHNNY OTIS ORCHESTRA ein; und Otis selber nahm Instrumentals wie *Harlem Nocturne* auf.

Little Esther, eine Kreuzung aus Dinah Washington und Kay Starr, ist 1962 mit ihrer Version von *Release Me* (bei Lenox) einer der großen Standards der R & B- und C & W-Musik gelungen. Nach einer schöpferischen Pause nahm sie für Atlantic wieder unter dem Künstlernamen Esther Phillips auf, bekam aber für ihre drei hervorragenden Alben kaum Publikumszuspruch.

Johnny Otis, der alle Hits von Little Esther bei Savoy geschrieben hat, hat immer wieder als Autor auf sich aufmerksam gemacht. 1956 war er Co-Autor von *Wallflower*, einem Stück, das auch als *Dance With Me, Henry* bekannt ist. Auch für zumindest eine frühe Fassung von *Hound Dog* zeichnet er verantwortlich. 1957 hatte eine Gruppe namens FIESTAS mit seiner schwarzen Ballade *So Fine* einen Renner. Einer seiner größten Songs ist die R & B-Ballade, die zur Eintrittskarte von GLADYS KNIGHT AND THE PIPS in der Plattenszene wurde – *Every Beat of My Heart*.

Bis er enthüllte, daß er ein Weißer ist, wurde er zu jener kleinen Gruppe schwarzer Autoren gezählt, die über längere Zeit bemerkenswerte Erfolge verzeichnen konnten, einer Gruppe, zu der auch der verstorbene Jesse Belvin, Jessie Mae Robinson, Rudolph Toombs, Winfield Scott, Rose Marie McCoy, Charles Singleton, Lincoln Chase und der verstorbene Chuck Willis gerechnet werden.

Die fünfziger Jahre sahen die Entstehung einer neuen Gruppe von Ostküsten-Labels und eine zunehmende Aktivität der Major Companies, die zwar nicht gerade übermäßig investierten, das Feld aber auch nicht den unabhängigen Labels überlassen wollten.

Columbia holte sein Label Okeh wieder aus dem Keller und ging mit Big Maybelle, einer Bluesshouterin in der Tradition von Ma Rainey, die später jedoch zu Savoy wechselte, sowie mit Chuck Willis, dem begnadeten Songschreiber aus Atlanta, Georgia, in die fünfziger Jahre. Willis hatte, wie es scheint, ausnahmsweise keine Wurzeln in der schwarzen Kirchenmusik, und sein erstes Engagement als Profi war als Sänger bei der Band von Red McAllister. Die sensiblen Ohren eines Scouts von Columbia führten zu seinem Plattenvertrag mit Okeh (1953). *Don't Deceive Me* (*Please Don't Go*) zeigte allerdings mehr seine ungewöhnliche Begabung als Autor und nicht so sehr seine Befähigung zum Sänger. Als Sänger hinterließ er dann auch bis zu seiner Fassung des Ma Rainey-Songs *See See Rider* weiter keinen Eindruck. Das war 1957, kurz vor seinem Tod.

Als Autor stand er jedoch schon lange vor dieser Zeit hoch im Kurs. Ruth Brown erregte mit ihrer Version seines Songs *Oh, What a Dream*

1954 sogar so viel Aufsehen, daß Patti Page nichts Eiligeres zu tun hatte, als mit einer eigenen Aufnahme nachzuziehen. Im Jahr darauf führte die Aufnahme der FIVE KEYS von seinem Song *Close Your Eyes* zu einer Version von STEVE AND EYDIE, und *The Door Is Still Open* kam mit den CARDINALS heraus und führte prompt zu einem Nachzieher von Don Cornell.

1956 wechselte Chuck Willis zu Atlantic, wo er mit seiner Aufnahme seines Songs *Its Too Late* einen BMI-Award gewann. Es war dies das erste Jahr, in dem der Hauptrivale von ASCAP Preise für R & B vergab. In seinem Todesjahr kam Willis mit *What I'm Living For*, einem Stück, das er nicht selber geschrieben hat, aber sein wohl größter Erfolg wurde, und mit (*I Don't Want to*) *Hang Up My Rock and Roll Shoes*, einem Song, den er selbst geschrieben hatte, auch als Sänger zu seinem Recht. Sein Tod (1958) wurde in der American-Bandstand-Show von Dick Clark dramatisch bekanntgegeben. Atlantic gab Ende der sechziger Jahre als würdiges Zeugnis seiner Tätigkeit als Sänger ein Erinnerungsalbum, «I Remember Chuck Willis», heraus.

Auch RCA Victor begab sich mit der Gründung seines Tochterlabels Groove in den fünfziger Jahren auf die R & B-Szene; allerdings war Groove leider finanziell ziemlich schwach auf der Brust, und seine Promotion war auch nicht die allerbeste. Es konnte zwar das Idol von Elvis Presley, Arthur Crudup, von Bluebird abwerben; die erfolgreichsten Aufnahmen des neuen Labels stammten jedoch von Mickey and Silvia und Piano Red. Piano Red, bürgerlich Willie Perryman, hat in seiner achtjährigen Plattenkarriere schöne Beispiele seines Könnens als Boogie-Woogie-Pianist auf Platte gebracht – bei Sessions, die meist in Atlanta und New York stattfanden, gelegentlich aber auch mal in Nashville. Der fröhliche Übermut von Mickey und Silvia brachte 1957 mit *Love Is Strange* einen Renner hervor. (Nachdem Presley groß herausgekommen war, finanzierte er die Sessions von Crudup, die bei dem Label Fire veröffentlicht wurden; auf diesen Platten findet sich auch *Rock Me Mama*, das in den vierziger Jahren für Bluebird aufgenommen wurde.)

Von den in den fünfziger Jahren entstandenen unabhängigen Labels gehörten Herald und Rama/Gee zu den erfolgreicheren. Faye Adams, die bedeutende Entdeckung von Herald, brachte 1953 *Shake a Hand, Baby* auf den ersten Platz und hatte im darauffolgenden Jahr mit *Hurts Me to My Heart* einen weiteren Hit. Rama/Gee erschien das erste Mal 1954 mit den bekannten CROWS und *Gee* auf den R & B-Charts. Aber seine aufregendsten Platten stammen von den TEEN AGERS, einer Gruppe, die 1956 sechs Teenagersongs in den Charts plazierte, einschließlich der Nummer eins *Why Do Fools Fall in Love?* (die jedoch kaum als Teenagersong bezeichnet werden kann).

Die ältesten Mitglieder des Quintetts waren der Bariton Joe Negroni und der Tenor Herman Santiago mit jeweils sechzehn. Der Tenor Jimmy Merchant und der Baß, Sherman Garnes, waren damals nur fünfzehn. Und der jüngste von den fünf, Frankie Lymon, der Leadsänger und erstaunlich begabte Autor der fetzigen, schnellen Ballade, war erst dreizehn Jahre alt. Lymon – 1942 in Harlem geboren, 1956 schon ein Star – starb 1968 mit nur sechsundzwanzig Jahren.

Schon als Schüler trat Lymon im Brooklyn Paramount und dem London Palladium auf. Er war in der Ed Sullivan Show zu sehen, die seinerzeit im Fernsehen noch «Toast of the Town» hieß. In dem von Diskjokkey Alan Freed – dem Nabob des Rock 'n' Roll – produzierten Film, «Rock, Rock, Rock», sangen Frankie Lymon und die Teen Agers den Song *Baby, Baby* und *I'm Not a Juvenile Delinquent*. Im Juni 1966 wurde Lymon wegen Besitzes von Rauschgift festgenommen. Ein Jahr später schrieb er einen Zeitungsaufsatz darüber, wie er von dem Zeug losgekommen sei. Als er im Harlemer Apartment eines Freundes tot aufgefunden wurde – er war auf Urlaub vom Wehrdienst – lag eine Spritze neben seiner Leiche.

In den späten fünfziger Jahren erlebten Cameo/Parkway Records in Philadelphia einen steilen Aufstieg; ihre Aufnahmen *Silhouette* von den Rays und *Butterfly* von Charlie Grace kamen 1957 in die R & B-Charts. Die produktivste Zeit des von dem Songschreiber Bernie Lowe gegründeten Labels kam in den frühen sechziger Jahren, als Bobby Rydell, ein Teenage-Superstar, ihnen den richtigen Schwung gab. Mit Hilfe der Dovells, der Orlons *(Wah-Watusi)*, Dee Dee Sharp *(Gravy for My Mashed Potatoes)* und der Tymes *(So Much in Love)* wurde Cameo/Parkway noch verkaufsstärker. Aber die eigentliche Rakete der Lowe-Labels war ein früherer Hühnerschlächter, der sich seinen Künstlernamen – Chubby Checker – aus Begeisterung für Fats Domino zugelegt hatte und dessen Karriere mit dem Aufstieg und Fall des Twist wortwörtlich identisch ist. Erst 1969 versuchte Chubby Checker nach seinem hastigen Abgang vier Jahre zuvor noch einmal ein Comeback.

Ein weiterer in New York beheimateter Newcomer der fünfziger Jahre war Scepter, ein Label, das zunächst von Decca vertrieben wurde. 1960 jedoch, als die Shirelles sich mit *Dedicated to the One I Love* eine Goldene Schallplatte angelten, traute sich der Gründer des Labels, Florence Greenberg, an die völlig eigenständige Produktion und Promotion heran. Die erste unabhängig produzierte Scheibe war *Tonight's the Night*: wieder eine Goldene Schallplatte.

Es war die Zeit der *tough* klingenden, sexorientierten Mädchengruppen – Schwarze, Weiße, Mädchen aus der Dritten Welt; die Zeit der Ronettes mit *Be My Baby* bei Philles, der Crystals mit *Da Doo Ron Ron*, ebenfalls bei Philles (dem Label von Phil Spector) und der Shangri-Las mit *Leader of the Pack* bei Red Bird. (Der Song der SHANGRI-LAS provozierte übrigens einen parodistischen Nachzieher der DETERGENTS: *Leader of the Laundromat.*)

Als die kreischigen SHIRELLES zum heißesten Damenquartett auf dem Markt geworden waren, mit Hits wie *Mama Said*, *Baby, It's You* und *Foolish Little Girl*, warf Scepter ein weiteres Label ins Rennen – Wand – und nahm Chuck Jackson und die ISLEY-BROTHERS unter Vertrag. Jackson kam 1962 mit *Any Day Now* und *I Keep Forgettin'* groß raus, während die ISLEY BROTHERS ihre historische Version Von *Twist and Shout* – einen der ersten großen BEATLES-Bestseller – aufnahmen.

1963 lancierte Scepter Dionne Warwick mit ihrem Song *Don't Make Me Over*, den ersten einer langen Reihe von Hits, die ihre Songschreiber Bacharach und David zu Schlüsselfiguren der Rock 'n' Roll-Revolution machten. Im selben Jahr brachte Scepter dann das ansteckende *Louise Louie* Von den KINGSMEN heraus, eine Aufnahme, die sich als langlebige Radio-Platte erwies – von den Radiostationen oft gespielt, aber nur mäßig verkauft –, und auch von PAUL REVERE AND THE RAIDERS eingespielt wurde.

Von ihrem ersten großen Erfolg mit *Twist and Shout* bis zu *It's Your Thing* und *I Turned You On* im Jahr 1969 hatten die ISLEY BROTHERS eine siebenjährige Durststrecke durchzustehen. Nicht, daß sie in der Zwischenzeit keine Platten gemacht hätten. In diesen sieben Jahren erschienen drei LPs mit ihren Aufnahmen – eine bei United Artists (1964), «Twisting and Shouting», und zwei bei Tamla, einem Motown-Label («This Old Heart» 1966 und «Soul on the Rocks» 1968). Aber allen dreien fehlte die magische und unberechenbare Zutat, die den Unterschied zwischen Platte und Renner ausmacht.

It's Your Thing, ihr erster Hit seit Jahren – der zudem noch über Nacht nach oben schoß – wurde von den drei ISLEY BROTHERS – Kelly, Ronnie und Rudolph – geschrieben, produziert und gesungen. Sie waren einmal vier gewesen, aber Vernon war bei einem Verkehrsunfall umgekommen. In der Band, mit denen die drei ihre Platten aufnahmen, befanden sich jedoch noch zwei weitere Isley-Brüder; Ernest Isley arrangierte und spielte viele Instrumente, Marvin Isley stand am Baß.

Kelly Isley über die Brothers-Karriere: «Wir haben mit Gospel angefangen. Nie wurde ein Song aufgenommen. Aber als wir schließlich als R & B-Künstler Aufnahmen machten, hatten wir das Gospel-Feeling immer noch drauf; sogar heute noch, nach so langer Zeit. Und wir könnten es auch gar nicht loswerden, selbst wenn wir es wollten.» Und er fügte hinzu: «Unser Vertrauen in Gott hat uns die Kraft gegeben, das zu werden, was wir heute sind, besonders als Vernon umkam.»

Bezüglich ihrer späteren Unternehmungen – die Brüder gründeten das Label T-Neck, auf dem auch ihre beiden späten Hits herauskamen –

Noten…

... können Freude bereiten, wenn es Musiknoten sind, können Ärger machen als Zensurnoten, können internationale Schwierigkeiten heraufbeschwören, wenn es sich um diplomatische Noten handelt, können als besondere Note Aufsehen erregen, und sie können tausenderlei Annehmlichkeiten vermitteln – als Banknoten.

hatte Kelly folgendes zu sagen: «Bis wir unsere eigene Plattenfirma besaßen, mußten wir uns nach dem richten, was gerade lief. Jetzt können wir machen, was wir wollen, Gospel, C&W oder Rock, wie es uns eben paßt ... Das gilt sogar für die Texte, die man schreibt. Wenn ein ganz bestimmtes Stück zum Hit wird, und wenn man nicht alles gut unter Kontrolle hat, dann ertappt man sich plötzlich dabei, daß man immer wieder dasselbe schreibt. Wir schreiben dagegen über die heutige Zeit. Wir wollen, daß die Leute kapieren, was los ist.»

Die wichtigsten Künstler
des Rhythm and Blues

Aus dem Wirrwarr des Honky-Tonks, der fetzigen Boogie-Rhythmen, der brüllenden E-Gitarren und heiseren Vokalgruppen mit ihrem ewigen Bomp-Bomp-Bomp schälten sich schließlich vier unverwechselbare, überragende Künstler heraus: B. B. King war der wichtigste und einflußreichste. Chuck Berry der kommerziellste – ein Songautor, der die Gefühle der ersten Rock 'n' Roll-Generation am besten umsetzen konnte. Little Richard war der erste ekstatisch-verrückte Sänger auf der Szene und setzte die ersten Zeichen für den Aufstieg des Soul.

Muddy Waters, der erste Delta-Bluesman, der den Country-Blues mit dem Drive der Großstadt und dem Klang der E-Gitarre anreicherte, betrat gegen Ende 1946 zum erstenmal das Büro von Aristocrat Records im winterlich-ungemütlichen Chicago. Zusammen mit Sunnyland Slim am Klavier und Big Crawford am Baß nahm er *Gypsy Woman* und *Little Anna Mae* auf. Dann, 1948, nur von Crawford auf dem Baß begleitet, kam *I Can't Be Satisfied (Looking for My Baby)* und *I Feel Like Going Home* heraus. Auch die nächste Platte klang nicht gerade nach überschäumender Lebensfreude; *Train Fare Home* auf der A- und *Sittin' Here and Drinkin'* auf der B-Seite. Muddy war eben ein ausgesprochener Country-Bluessänger, der alle seine großen und kleinen Erlebnisse und Erfahrungen zum Inhalt seiner Songs machte.

Muddy hat Pete Welding Jahre nach seinen ersten Aufnahmen folgendes gesagt: «Aristocrat gehörte außer Leonard Chess noch einer Dame. Chess hat mein Gesangsstil nicht gefallen, er hat sich gefragt, wer so was kaufen würde. Da hat die Lady gesagt: ‹Du wirst dich noch wundern›. Also hat er mich am Ende doch noch eine Platte machen lassen ... Aber meine Aufnahmen kamen als allerletzte raus. Andrew Tibbs zum Beispiel kam vor mir mit zwei Platten raus ... Aber als meine Scheiben draußen waren und wie Raketen losgingen, ist Chess auf einmal ganz zuvorkommend geworden.»

«Als die Platte einschlug *(I Can't Be Satisfied)*, hab ich die Gruppe mit Little Walter Jacobs (Harmonika), Baby Face Leroy Foster (Schlagzeug), Jimmy Rogers (Gitarre) und mir aufgebaut. Chess hat sich ganz rausgehalten; er kam nicht mit der Forderung nach 'ner Harmonika oder 'ner zweiten Gitarre. Er wollte die Kombination beibehalten, die den Hit gemacht hatte – nur den Baß von Big Crawford und meine Gitarre.»

In dieser Kombination machte Muddy Waters dann auch den *Walkin'*

Blues und *Rollin' Stone*; nach diesem Titel nannte sich später eine gewisse englische Rockgruppe und ein recht erfolgreiches Untergrundblatt in San Francisco.

Seine ersten Platten hatte Muddy Waters jedoch schon sechs Jahre vor seinem ersten Besuch im Büro von Aristocrat Records aufgenommen. Waters stammt aus Rolling Fork in Mississippi, wo er 1915 als McKinley Morganfield das Licht der Welt erblickte und wo er schon als kleines Kind mit der Mundharmonika in Berührung kam. Gitarre lernte er von einem befreundeten Baumwollpflücker. Sein entscheidendes Erlebnis hat er Don DeMichael geschildert: «Eines Abends sind wir zu einer von diesen *Fish Fries* gegangen, einem typischen Samstagabendvergnügen, und da hat Son House gespielt. Ich hab mit nem Bottleneck gespielt, weil die meisten Delta-Leute diesen Bottleneck-Stil gespielt haben. Aber als ich Son House hörte, hätte ich mein Bottleneck am liebsten kaputtgeschlagen – mein erster Lehrer hatte mir überhaupt nichts beigebracht. Son House hat vier Wochen da gespielt. Ich bin jeden Abend dagewesen und bin ihm auf den Pelz gerückt; ich näher an ihm dran als jetzt an Ihrem Mikrofon. Und da war ich nicht wegzukriegen – ich hab ihm genau auf die Finger geguckt.» Muddy war damals jünger als Paul Butterfield, als der mit ihm zusammen in einem Club der South Side von Chicago auftreten durfte.

Sechsundzwanzig war Muddy, als ihn die Folklorekenner Alan Lomax und John Work auf einem Baumwollfeld der Plantage von Howard Stovall auftaten und den *Country Blues* und *I Be's Troubled* für die Library of Congress aufnahmen. Diese Seiten sind auf Platten von Testament zu hören, ebenso die Stücke, die Muddy im Juli und August 1942 am selben Ort mit den SON SIMMS FOUR aufnahm. (Lomax und Work waren eigentlich auf der Suche nach Robert Johnson nach Mississippi gekommen, aber der war zu der Zeit schon tot. Obwohl nicht alle dieser frühen Waters-Aufnahmen allerbester Blues sind, sind sie von Pete Welding ganz zu Recht als «von der tödlichen Spannung, Bitterkeit, unbändigen Kraft und rohen Leidenschaft eines Lebens am Rande der Verzweiflung getränkt» charakterisiert worden.

Danach vergingen mehr als fünf Jahre, bis Muddy wieder ein paar Aufnahmen machte. Er lebte nun in Chicago, wo er in einer Papierfabrik und später als Lastwagenfahrer arbeitete. Diese Titel, der *Jitterbug Blues*, der *Buryin' Ground Blues* und der *Hard Day Blues* liegen unveröffentlicht im Columbia-Archiv.

In dieser Zeit spielte Muddy in einer Dreierformation mit, die sich THE HEADCUTTERS nannte. Zusammen mit dem Harp-Spieler Little Walker und dem Gitarristen Jimmy Rogers zog er des Nachts durch das Getto von Chicago und klapperte die Läden ab, wo sie eventuell auftreten konnten. «Wir haben uns die HEADCUTTERS genannt, weil wir in die Läden reingegangen sind, und wenn wir auftreten durften, dann haben wir den Leuten die Ohren angebrannt ... Aber der alte Schwung ist bei mir hin.»

Seitdem er dann regelmäßig in Smitty's Corner (an der Ecke Indiana/35th Street) und anderen Bars auftrat, gab er in seiner Band immer wieder anderen Musikern eine Chance. Auch Chuck Berry hat bei ihm angefangen.

Im Jahr 1950, als aus Aristocrat Chess geworden war, hatte Muddy Gelegenheit zu gemeinsamen Aufnahmen mit dem Mundharmonika-Giganten Little Walter. Zwei Jahre darauf spielte er die ersten Platten mit seinem Halbbruder Otis Spann, einem begabten Bluespianisten, ein. 1953 schließlich verewigte sich die komplette MUDDY WATERS BLUES BAND auf den schwarzen Scheiben: Little Walter (oder Walter Horton) Mundharmonika, Spann am Piano, Jimmy Rogers mit der zweiten Gitarre, Elgar Edmonds am Schlagzeug und Big Crawford am Baß. Zwei von ihren ersten Aufnahmen, die auch heute noch Aufmerksamkeit verdienen, waren *Mad Love (I Just Want You to Love Me)* und der aufregende Song *I'm Your Hoochie Coochie Man*.

Damals war bereits offensichtlich, daß der Mississippi-Bottleneckstil von Robert Johnson und Son House, in dem Waters in seiner Zeit als Baumwollpflücker erzogen worden war, wichtige Veränderungen durchgemacht hatte. Der *Walkin' Blues*, den Johnson 1936 in San Antonio aufgenommen hatte, ist eindeutiger Country-Blues. Aber die Version dieses Songs von Muddy Waters, 1950 in Chicago entstanden, ist R & B. In gewissem Maß läßt sich der Unterschied zwischen diesen beiden musikalischen Formen auf den unterschiedlichen Sound von elektrischer und akustischer Gitarre, einfacher Gitarrenbegleitung und der schnelleren und akzentuierteren Combo-Begleitung zurückführen. Aber dieser Unterschied ist ebensosehr der Ausdruck des Tempo- und Spannungsgefälles zwischen dem ländlich-beschaulichen Leben in Mississippi und dem rassistischen Chicago der Nachkriegszeit.

Die Seufzer, Vibrationen und gezogenen Töne des Delta-Stils nehmen – durch den Verstärker gejagt – einen neuen, schärferen Klang an, die majestätische Stimme von Waters hat trotz der Herausforderungen der Zeit und der Instrumente rasiermesserscharfen Kraft. Diese trotzige Widerborstigkeit liegt in der Musik selbst, nicht in den Worten. Wie Robert Johnson, sein sexbesessener Ahnherr, war Waters ein «Hoochie Coochie Man», dessen Songs sich fast immer um die Frauen drehten. Und er hatte ihnen immer wieder stolz dasselbe mitzuteilen: *I'm Ready* und *Got My Mojo Working* (so heißen zwei seiner heißesten Songs).

Es ist übrigens nicht uninteressant, daß die Verkaufszahlen der Waters-Platten keinen wirklichen Eindruck von seiner Rolle bei der Popularisierung des modernen Chicago-Blues und für seinen Einfluß auf die englischen Rockmusiker geben. 1951, als sein *Long Distance Call* und der *Louisiana Blues* in die Top Ten der R & B-Charts kamen, hatte ein weiterer Künstler, der bei Chess unter Vertrag war, Jackie Branston, mit *Rocket 88* einen gewaltigen Verkaufserfolg und landete auf Platz eins. Im nächsten Jahr, als Waters mit *She Moves Me* in den Top Ten zu finden war, kam Willie Mabon mit *I Don't Know* auf den ersten Platz, und Little Walter, dessen Mundharmonikaspiel so viel zum Bluesstil des Waters-Ensembles beitrug, erklomm mit *Sad Hours* und *Juke* sogar zweimal den ersten Platz.

In den späten sechziger Jahren kam es zu einem Waters-Revival, das nicht nur eine ganz neue Käufergeneration – von Weißen wie Schwarzen – in die Plattenläden lockte, sondern ihm auch die Türen von Clubs und Konzerthallen geöffnet hat, die bis dahin für ihn verschlossen waren. Chess versuchte, aus seiner wiederaufblühenden Popularität Kapital zu schlagen, und holte Waters wieder ins Studio. Er nahm zusammen mit einer «elektronischen» Bluesband der sechziger Jahre auf, der die besten Verstärker und Feedbacktechniken zu Diensten standen. «Electric Mud», wie sich das Album nennt, das bei dieser Gelegenheit entstanden ist, so treffend nennt, ist für seinen Stil des R & B kaum repräsentativ. Wer diesen Stil hören will, muß zu alten LPs wie «The Best of Muddy Waters» oder «Real Folk Blues» greifen. Chess hat darüber hinaus zwei LPs herausgebracht, auf denen seine vier R & B-Stars – Muddy, Howlin' Wolf, Bo Diddley und Little Walter – zusammen nochmal ihre alten Sachen spielen.

Wenn man aber diese Platten hört, hat man ein komisches Gefühl: entweder ist das musikalische Material unbefriedigend und der Stil beschränkt, oder (was noch am wahrscheinlichsten ist) ihre Art des Ausdrucks steht im falschen Kontext. Schließlich kommen diese vier Männer aus der musikalischen Welt der vierziger und fünfziger Jahre, einem musikalisch ganz anders gearteten Universum.

Muddy Waters hat bei einem Vortrag in einer amerikanischen Hochschule über seine neue Popularität gesagt: «Um in den USA bekannt zu werden, mußte ich erst mal nach England gehen.» Diesen Gedanken äußerte auch Bo Diddley, der einmal bemerkt hat: «Wir alle verdanken den BEATLES einiges. Sie haben angefangen, R & B mit C & W-Rhythmen zu spielen. Das hat erst aus dem Ausland kommen müssen, bevor die amerikanischen Kids Geschmack dran fanden.»

Wenn die neuen Platten auch nicht gehalten haben, was man sich von ihnen versprach – die Auftritte von Muddy Waters in dieser Zeit jedenfalls haben nicht enttäuscht.

Sie erinnerten einen an die Wirkung von Muddy auf dem Newport Festival von 1960, einem Ereignis, das glücklicherweise auf einem Album von Chess verewigt ist. Ebenfalls wichtig ist das Album «Fathers and Sons», das Muddy 1969 mit zwei weißen Schülern, Paul Butterfield und Mike Bloomfield, in drei Nächten eingespielt hat.

Von den großen Plattenmachern aus dem Stall von Chess-Checker-Cadet-Argo war keiner als Songautor und Hitmacher erfolgreicher als jener strubbelige junge Mann, der eines Tages im Büro dieser Firma mit einem stark nach Country klingenden Song mit dem Titel *Ida Red* auftauchte: Charles Edward Berry, besser bekannt als Chuck Berry. Berry wurde im Oktober 1926 in St. Louis, Missouri geboren; und dort war er natürlich von Anfang an den städtischen Popeinflüssen viel stärker ausgesetzt als etwa Muddy Waters.

Bei einem Vortrag in Berkeley hat er denn auch erzählt, daß er stark von dem Benny Goodman-Gitarristen Charlie Christian, von T-Bone Walker und Carl Hoagan beeinflußt worden ist. «Viele meiner Stücke beginnen mit dem bekannten Riff von Carl Hoagan: ‹ba-doo-doo-daa/ ba-doo-doo-daa› ... Das seien ja Jazzmusiker? Na ja, Sie können meinetwegen Les Paul einen Jazzsänger nennen. Sein *How High the Moon* ist einfach schön ... Einer meiner Lieblingssänger – oder sagen wir lieber, meine beiden Lieblingssänger – sind Nat und Frank, weil ich halt schwermütig bin, und Nat singt schwermütige Lieder ...»

Obwohl er in der Schulzeit und am Poro College ein gewisses Interesse für Musik zeigte, er beherrschte Gitarre, Saxophon und Klavier, sollte Berry eigentlich Kosmetiker werden. Aber dann fuhr er übers Wochenende nach Chicago. Dort hörte er in einem Club der South Side Muddy Waters, wurde von ihm zum Mitspielen eingeladen und bekam schließlich den Rat, sich doch einmal bei den Chess Brothers vorzustellen.

Leonard Chess erinnert sich an die erste Begegnung so: «Berry kam mit einem altmodischen Tonbandgerät rein und spielte uns *Ida Red* vor, diese heiße Country-Rakete. Von Capitol und Mercury war das Stück abgelehnt worden. Als C & W hat es uns auch nicht ganz gefallen, deshalb haben wir es in unserem kleinen Studio hinter dem Büro mit zwei Begleitmusikern nochmal aufgenommen.»

Ida Red kam, mit einem stampfenden Afterbeat versehen, als schneller R & B mit dem Titel *Maybellene* heraus. Der Titel hatte nichts mit Berrys vorzeitig abgebrochener Kosmetiker-Karriere zu tun – jedenfalls heißt es so. Zum Zeitpunkt, als *Maybellene* auf den Markt kam, hatte er seine Kosmetik-Ausbildung bereits abgeschlossen und übte diesen Beruf immerhin schon sechs Monate aus.

«Ich hab die Kosmetik nicht gleich an den Nagel gehängt», erzählt er, «bis ich einen Vierhundert-Dollar-Vertrag in der Tasche hatte. Damit war ich erst mal zufrieden, ich hab meinen Laden verkauft und mich auf die Musik gestürzt.» *Maybellene* wurde zu einer Seltenheit auf dem Musikmarkt: Der Song wurde mit einer *Billboard Triple Crown* ausgezeichnet, als Nummer eins auf den R & B-, C & W- und Pop-Charts.

1956, das Jahr, in dem Chuck zum erstenmal seinen berühmten Entengang vorführte, brachte eine ungeheure Nachfrage nach Berry-Auftritten. Als Star der Ostershow von Allen Freed im Brooklyn Paramount Theatre stand Berry dann vor einem Bekleidungsproblem. «Man hätte ein gelbes Jackett, rosa Hosen und blaue Schuhe anziehen können – alle waren wie aus dem Ei gepellt», sagt er mit einem Augenzwinkern, «und ich mußte doch das Trio ausstaffieren, das ich mir aus St. Louis mitgebracht hatte. Ich werde niemals vergessen, daß mich die Klamotten zweiundzwanzig Dollar pro Nase gekostet haben. Wir mußten ja von den Schuhen angefangen alles kaufen. Als wir schließlich in New York ankamen, sahen die Sachen schon ziemlich billig und schäbig und abgewetzt aus – obwohl sie aus teurer Kunstfaser waren. Wir hatten nur den einen Anzug pro Kopf und wußten nicht, daß man von uns erwartete, daß wir uns für den Auftritt umziehen. Um der Wahrheit die Ehre zu geben: den Entengang hab ich eigentlich nur gemacht, damit man die Falten nicht so sah. Ich hab einen Begeisterungssturm dafür geerntet und hab mir gedacht, daß es dem Publikum gefällt, und hab's dann immer wieder gemacht.»

Nach *Maybellene* kam dann eine lange Reihe von Hits, Songs, die Berry selber schrieb und aufnahm und die sich im wesentlichen in dem Doppelalbum «Chuck Berry's Golden Decade» finden. Ein Blick auf die Titel zeigt, daß die Bestseller einander seit 1955 mit bemerkenswerter Regelmäßigkeit folgten. Viele wurden sogar zu Top-Bestsellern, und das ist auch verständlich, wenn man sich vor Augen führt, mit welchem Einfühlungsvermögen er sich der plattenkaufenden Teenager angenommen hat: *School Days, Johnny B. Goode, Almost Grown, Sweet Little Sixteen, Rock 'n' Roll Music.* Aber Berry konnte auch ergreifende Bluesballaden wie etwa *Wee Wee Hours* schreiben.

Seine originellste Gabe jedoch war sein Witz, eine Qualität, die ihn zu einem der Vorläufer der BEATLES macht, die *Rock 'n' Roll Music* und seinen witzigsten Song, *Roll Over Beethoven*, ja auch wieder ausgegraben haben. Humor und Satire war im frühen Rock 'n' Roll ziemlich selten – nicht aber bei Chuck Berry, der über derart viel – im Grunde gutmütigen – Humor verfügte, daß er – wie es Terry Southern mit seinem Song gegen die Atombombe demonstriert hat – die Rassendiskriminierung als lächerlich idiotisch entlarven konnte, ohne bitter oder verletzend zu werden.

Trotz des rockenden Backgrounds, den er verwendet, ist Berrys Vokalstil keineswegs schwarzer R & B, sondern weißer Rock 'n' Roll. Das liegt nicht etwa nur daran, daß er die klare Aussprache und Artikulation des Pop hat, sondern auch, daß seinem Vortrag die typisch schwarze Intensität fehlt. Die Auftritte von Berry sind ein Triumph des Showmanship und des Songschreibers über den Gesangsstil – und auch die Wirkung der Combos, die den einfachen, animalischen, unwiderstehlichen Background liefern, nach dem es sich so gut tanzen läßt, sollte man nicht unterschätzen.

Es ist deshalb auch kein Wunder, daß die weißen, einen betont simplen Stil pflegenden BEACH BOYS die Melodie von Berrys *Sweet Sixteen* für einen ihrer ersten Hits, *Surfin' USA* adaptiert haben. Der Surfer-Sound war schließlich ein Typ des weißen Rock 'n' Roll, und für die BLEACH BOYS – wie sie manchmal boshaft genannt worden sind – wie für ihre Fans war der Rock 'n' Roll von Berry viel eher annehmbar als etwa der von Muddy Waters oder Howlin' Wolf.

Daß der Stil Chuck Berrys auch Elemente des C & W enthält, läßt sich am Erfolg des Country-Stars Buck Owens ablesen, der aus *Johnny B. Goode* einen C & W-Bestseller ersten Ranges gemacht hat. Damit soll der gewaltige Beitrag Chuck Berrys zur heutigen Rock-Szene natürlich in keiner Weise geschmälert werden. Es ist aber dennoch bemerkenswert und in sozialer Hinsicht sehr bezeichnend, daß seine Wirkung und sein Einfluß letzten Endes ihre Wurzel darin haben, daß er eine blässere, weißere Schattierung des R & B vertrat – was in gewissem Sinn für den ganzen früheren Rock 'n' Roll typisch ist.

Berry spricht – in echter Bluestradition – über sich selber und über seine Kunst ehrlich und offen. «Hätten Sie diese Songs auch dann geschrieben, wenn Ihnen keiner was dafür bezahlt hätte?» wurde Berry von einem Berkeley-Studenten gefragt. Berrys klare Antwort: «Nein. Ich hätte gar keine Zeit dafür gehabt. Der kommerzielle Wert eines Songs bildet einen großen Anreiz.»

Eine weitere Studentenfrage: «Was meinen Sie: Bewegt die Musik das Land oder das Land die Musik?» Antwort: «Der Dollar diktiert, welche Musik geschrieben wird ... Jeder weiß, was es mit den Charts auf sich hat, zumindest die Produzenten, und sie wollen die Sachen aufgenommen haben, um Geld zu verdienen, um zu verkaufen, und auf einen Trend steigt jeder ein. Als beispielsweise die ersten psychedelischen Stücke rauskamen, wurden ein paar Nummern reißend verkauft. Und Sie wissen ja, was dann passiert ist; psychedelische Musik in rauhen Massen.»

Ein weiterer Student erkundigte sich nach seinem Verhältnis zu den Plattenbossen und dem Einfluß der Firmen auf die künstlerische Freiheit der Musiker. Die Antwort: «Leonard Chess ist der Eigentümer von Chess Records. Sein Laden war erst ein paar Jahre alt, als er mich unter Vertrag nahm. Wir können einfach miteinander. Und das, seitdem ich das erste Mal ins Studio gegangen bin. Er sagte, es sei schön gewesen, wie ich durch die Tür gekommen sei. Als ich dann zu Mercury wechselte, und zwar – ich kann's ruhig sagen, das Geld ist längst wieder ausgegeben – für hundertfünfzigtausend Dollar, da hat er nur gesagt: ‹Hau ruhig ab, in drei Jahren bist du wieder hier.› Seit ich bei Mercury bin, läuft es nicht mehr so richtig ... Ich mag die kleinen Firmen, weil dort ein herzlicheres Verhältnis zwischen dem Künstler und dem Management besteht. Ich werde bald zu Chess Records zurückkehren. Zur Zeit bin ich noch bei Mercury.»

Das war im Mai 1969. Im Juli desselben Jahres hatte Mercury eine neue Berry-LP auf dem Markt, «Concerto in B. Goode», der Titel spielt ganz ohne Zweifel auf den Erfolg von Buck Owens mit dem Berry-Stück an. Man war sich allgemein einig, daß der Altmeister durchaus noch Funken sprühen konnte. Das Gefühl für Komik, das Feeling für Bluesballaden, alles war noch da, und das *Concerto*, das eine ganze Seite dieser LP füllt, macht deutlich, daß Chuck Berry seine gutartige, aufrichtige Lebensfreude nicht verloren hat. Er ist nach wie vor der Meister des unprätentiösen, schnellen, rhythmischen Typs von Körpermusik, die eine ganze Generation in Brand gesetzt hat, eine Generation, die von den zweiunddreißigtaktigen Klischeeballaden (dem, was man so «gute Musik» nennt) die Nase gestrichen voll hatte und für intellektuell-unterkühlten Jazz (für Bop und für progressiven Jazz) kein Interesse zeigte.

Der zweite der Großen Vier, Richard Penniman, kam aus Macon, Georgia, und landete bei dem Label Specialty. Das Image dieses ständig in Schweiß aufgehenden Künstlers – der Schweiß war übrigens auch an seiner Lockenpracht schuld – ist heute noch lebendig. Der als Little Richard berühmt gewordene Schreihals hat ein neues Element im R & B populär gemacht – die Ekstase des Gospel –, das in der Ära des Soul zum unverwechselbaren Kennzeichen der schwarzen Musik geworden ist.

Penniman war noch bei Peacock in Houston unter Vertrag, als er Art Rupe, dem Eigentümer von Specialty, ein selbstproduziertes Demo schickte.

Rupe erinnert sich: «Ich habe da was ziemlich Heißes herausgehört, etwas, was vom Gospel kam, dieses Oh! Oh!, das zu seinem Markenzeichen geworden ist.»

Trotz der amateurhaften Qualität der Aufnahme waren Rupe und Bumps Blackwell, Rupes damaliger Assistent und späterer Manager von Little Richard, so beeindruckt, daß Specialty dem Richard Penniman sechshundert Dollar lieh, damit er sich aus seinem Vertrag mit Peacock freikaufen konnte.

Little Richard äußerte eine gewisse Vorliebe für den Sound von Fats Domino, und deshalb entschloß sich Rupe, ihn in New Orleans aufzunehmen, wo er schon mit Lloyd Price und *Lawdy Miss Clawdy* auf eine Goldader gestoßen war. Bumps Blackwell organisierte diesen Ausflug in den Süden und kam mit neun Tracks an Stelle der geplanten acht nach Hause. Der überzählige neunte Track war anfangs nur als Demo gedacht; er bestand ja auch nur aus einem halbfertigen Text, ein paar deftigen Sex-Anspielungen und einem explosiven Scat: «*Wop bop-a-lou bop-a-lop bam-boom*» – aber das wurde der sensationelle Hit *Tutti Frutti*, der Vorreiter einer ganzen Reihe schneller Shuffles.

Rupe sagt dazu: «Blackwell wollte diesen Song ursprünglich eigentlich gar nicht veröffentlichen, weil er für die damalige Zeit ganz schön mit gewagten, um nicht zu sagen anstößigen Anspielungen gespickt war, und Bumps wußte genau, daß er nicht im Radio gespielt werden würde. Ein Mädchen, das damals unser Studio belagert hat, um uns Songs anzudrehen, Dorothy LaBostrie, hat den Text für uns entschärft, und dafür haben wir ihr einen Anteil an den Tantiemen abgegeben.»

1955 wurde das *Tutti Frutti*-Jahr und bereitete den Aufstieg Elvis Presleys vor, der bald schon viele der Hits von Little Richard aufnahm. 1956, als Elvis mit *Heartbreak Hotel* und *Hound Dog* einschlug, hatte Richard nicht weniger als vier heiße Renner, die den ersten Platz der R&B-Charts erreichten: *Ready Teddy, Rip It Up, Slippin' and Slidin'* und *Long Tall Sally*.

Von heute aus betrachtet scheint es klar, daß das Boogie-Piano, das Little Richard so gut spielte, die Quelle seiner Musik und der Gospelgesangsstil die Grundlage seines Stils war. Die Struktur seiner Songs basierte nicht auf dem Blues – der vom gleichmäßigen, gleichbleibenden Takt und einem langsameren, nachdenklicheren Tempo lebt –, sondern auf dem Gospelgesang, für den Takt- und Tempowechsel und schnelle Rhythmen typisch sind. Die oben erwähnten Songs von Little Richard beginnen mit einem unbegleiteten, improvisiert wirkenden Vers, der die Spannung aufbaut, bis Richard dann in seinen heulenden, tobenden, shuffleartigen Derwischgesang ausbricht.

Long Tall Sally, ursprünglich *The Thing* betitelt, war der größte Verkaufserfolg der Specialty-Geschichte. Zunächst in New Orleans aufgenommen, wurde es dann in Los Angeles noch einmal mit einem heißen Saxophon-Solo eingespielt, einem Solo, wie es auch schon auf *Tutti Frutti* zu finden ist.

1957 setzte Little Richard die aufsehenerregende Serie von Hiterfolgen und Songs fort. Zu den zehn besten R&B-Scheiben des Jahres zählten sein *Keep A-Knockin', Send Me Some Lovin'* und die Songs über *Jenny, Miss Ann* und die lüsterne *Lucille*. Das vierte Jahr seines dynamischen Aufstiegs brachte jedoch eine überraschende Wende: Mit *Good Golly Miss Molly* hatte Little Richard einen weiteren großen Hit – und hörte dann einfach auf.

Little Richard

Rupe erklärt diese seltsame Entwicklung so: «Er interessierte sich auf einmal für die Adventisten des Siebten Tages. Joe Lutcher, einer von den frühen Specialty-Künstlern, wurde Pfarrer. Und Lutcher glaubte, daß es seine Aufgabe sei, Popsänger für die Kirche zu gewinnen, und zwar mit diesem alten Vorurteil, daß es eine Sünde sei, weltliche Poplieder zu singen. Er hat sich an Little Richard rangemacht. Und als 1957 der erste Sputnik in den Weltraum flog, hat sich Richard dann wirklich entschlossen, die Tourneen und Aufnahmen aufzugeben. In der Zeit hat er in Australien seinen wertvollen Schmuck aus dem Boot ins Wasser geschmissen. Er glaubte, daß der Sputnik ein Wink des Himmels sei und daß es höchste Zeit für ihn wäre. Er hat sich an einem College in Alabama eingeschrieben und auf Pfarrer studiert.»

Aber lange vor der Wiederauferstehung des R & B in den späten sechziger Jahren kehrte Little Richard auf die Musikszene zurück. Zunächst trat er nur außerhalb der USA auf. Bei seiner Rückkehr ins Plattengeschäft bestand er darauf, nur Gospelstücke aufzunehmen. Er wechselte von Gone Records in New York zu Mercury, von dort zu Atlantic und kehrte schließlich zu Specialty zurück, als Rupe für die Vertragsübernahme an Atlantic tausend Dollar zahlte. Die letzte Platte, die Specialty herausbrachte, bevor die Firma 1963 die Arbeit einstellte, war Little Richards *Bama Lama Bama Loo*, eine nicht besonders weltbewegende Scheibe. Die Platte war zwar in der typischen Little Richard-Tradition entstanden, aber es zeigte sich eben, daß sich die Rockszene über den Punkt hinausentwickelt hatte, wo sie Little Richards krause Kombination aus Scatgesang und doppeldeutigen Texten noch begeistert angenommen hätte.

Nachdem aber der Rock das Stadium der artifiziellen, langen Stücke mit tiefsinnig-spinnerten Texten überwunden hatte, bestand wieder Bedarf nach der simplen, üppigen, körperlichen Musik des frühen Rock 'n' Roll. Zur selben Zeit, als Specialty «Little Richard's Grooviest 17 Original Hits» nach elektronischer Stereoaufbereitung wiederauflegte, schnitt auch Okeh eine neue LP mit dem übermütigen Schreihals ein, auf der die gleichen Songs zu hören sind: «Little Richard's Greatest Hits».

Ein Vergleich dieser beiden Platten zeigt, daß sich die Begleitung musikalisch mehr verändert hatte als Little Richard, dessen Stimme rein gar nichts von ihrer gewaltigen Kraft verloren hatte; und sein Stil verbreitete immer noch eine Hochspannung, der man sich einfach nicht entziehen konnte.

Zur Auftrittsroutine von Little Richard gehört immer mal wieder der überdeutliche Hinweis auf seine Schönheit – «Macht doch mal die sexy Lampen an, damit man sieht, wie schön ich bin!» –, der Ruf «Shut Up» als belebendes Moment, und dann ein in den Bart gemurmeltes: «Das würd ich auch am liebsten.» Im Vergleich zu den meisten Motown-Künstlern – wie zum Beispiel Ray Charles und Ike & Tina Turner – fehlte den Shows des «King of Rock and Soul», wie Penniman sich anpreist, Stil und Perfektion. Nur mit der Eleganz seiner Kleidung – er schien eine unendliche Menge teurer und exotischer Bühnen-Outfits zu haben – und mit der gewaltigen Energie, die seinen schwarzen Haarschopf jedesmal mit Schweiß tränkte und sein Gesicht wie eingeölt erscheinen ließ, steckte er sie alle in die Tasche.

Auf der Bühne, im direkten Kontakt mit dem Publikum, zeigte er auch eine Seite seiner Sängerpersönlichkeit, die auf Platte kaum einmal von ihm zu hören ist. Die meisten seiner Aufnahmen sind schnelle Stücke, im irrsinnig schnellen Boogie-Shuffle-Tempo aufgenommen. Aber auf der Bühne brachte er beispielsweise eine langsame, intensive Version des Ray Charles-Hits *I Can't Stop Lovin' You*, die einen entdecken ließ, daß er auch zu den besten Balladensängern des Soul zu rechnen ist.

Bumps Blackwell, sein Manager, war nicht recht zufrieden mit der Rolle, die Little Richard im Comeback des R & B spielte. Während sein Schützling ein sechswöchiges Engagement im Aladdin Hotel von Las Vegas abriß, kaufte sich das International – das mit einem Doppelauftritt von Barbra Streisand und Peggy Lee eröffnet hatte, die eine im

Großen Saal, die andere in der Lounge – zwar Elvis Presley ein, zeigte aber Little Richard die kalte Schulter. «Ziehen Sie doch mal die Songs ab, die Presley von Richard übernommen hat», meinte Blackwell, «was bleibt denn da noch übrig?» Natürlich war bei Presley auch der Einfluß von Arthur «Big Boy» Crudup zu spüren, und dann gab es ja auch noch die Songs von Lieber und Stoll. Aber es ist auch kein Geheimnis, daß die Hits und der Stil von Penniman beim Aufbau der Karriere des Zöglings von Colonel Parker eine gewichtige Rolle gespielt haben: zu den Little Richard-Standards, die Elvis gecovert hatte, zählten ja zum Beispiel *Rip It Up, Long Tall Sally, Ready Teddy* und *Tutti Frutti*. Und zudem ließ sich aus den frühen Hits des Hüftenschwenkers – wie übrigens auch aus denen von Jerry Lee Lewis – das Wilde und Ungehobelte, der typische Little Richard-Stil eben, leicht heraushören.

Nach seiner Rückkehr auf die Musikszene, noch in der Zeit, als er nur außerhalb der USA auftrat, rief Little Richard einmal Art Rupe von Hamburg aus an. Der Specialty-Boss war ganz aufgeregt; er hoffte, daß Little Richard seine Plattenkarriere wieder aufnehmen würde. Aber statt dessen «wollte er mich auf eine Gruppe aufmerksam machen, die mit ihm in der gleichen Show auftrat», erinnert sich Rupe, «vier Jungs, die sangen und einfach jeden nachmachen konnten. Es waren die BEATLES, und er wollte wissen, ob ich Interesse hätte.»

Paul McCartney konnte das Geheule von Little Richard tatsächlich bemerkenswert imitieren. Little Richards Einfluß auf die BEATLES zeigt ihre Version von *Long Tall Sally*, die Art, wie sie *I'm Down* brachten, dessen Ähnlichkeit mit *Sally* einfach jedem aufgehen muß, und auch ihre Präsentation amerikanischer Rock 'n' Roll-Stücke wie *Kansas City*.

Der Künstler jedoch, den Little Richard wohl am stärksten beeinflußt hat, stammt ebenfalls aus Macon: Otis Redding, der ihn in seiner Jugend im Radio hörte und ihn abgöttisch verehrte. In seinem ersten Album, «Pain in My Heart», findet sich Little Richards *Lucille*. Auf der Bühne legte sich Redding mit derselben Macht ins Zeug wie sein großes Vorbild. Wenn Richard als Sänger nicht so sensitiv wie Redding war, so war er dennoch die ausschlaggebende Figur für die Weiterentwicklung des Soul bis zu jener Phase, die in James Brown und Aretha Franklin ihren reichsten Ausdruck gefunden hat.

Der R & B-Künstler, der vom R & B-Revival am meisten profitiert hat und heute als der Altmeister des modernen Blues gilt, ist Riley B. King. King, der seine Karriere schon im zarten Alter von neun Jahren begann und unter seinem Künstlernamen B. B. King wohl wesentlich bekannter ist, ist ein bemerkenswert unabhängiger, bescheidener Mann, der als Mensch wie als Künstler die erstaunliche Fähigkeit besitzt, potentiell destruktive Lebenslagen in Siege umzumünzen.

Er wurde 1925 auf einer Baumwollplantage des Mississippi-Deltas geboren, in der Nähe von Indianola. Er blieb dort bis zum Tod seiner Mutter, die von ihrem Mann getrennt lebte. Damals war er gerade neun. Statt daß er aber zu seinem Vater gegangen wäre, schlug er sich auf eigene Faust durch und arbeitete für den Farmer, der auch seiner Mutter Arbeit gegeben hatte.

Er bekam fünfzehn Dollar im Monat und besuchte eine einklassige Dorfschule, die fünf Meilen von der Farm entfernt lag – ein ordentlicher Fußmarsch jeden Tag. Im Alter von zwölf Jahren besaß er bereits ein Muli und einen Pflug; zur Schule ging er nur noch in der kalten und nassen Jahreszeit, in der es nicht so viel Arbeit gab. «Das war mit die glücklichste Zeit meines Lebens», hat er Stanley Dance vom *Jazz Magazine* erzählt. Glücklich, weil er anerkannt wurde, nicht etwa nur geduldet, bespöttelt und bekrittelt, sondern *als das anerkannt, was er war,* etwas, worum es ihm sein ganzes Leben lang gegangen ist.

Als er vierzehn war, fand ihn sein Vater und bestand darauf, ihn in den Schoß der Familie zurückzuholen. Unter seiner weiteren Verwandtschaft gab es auch einen hochangesehenen Prediger, der in seinen Gottesdiensten Gitarre spielte. Die Besuche dieses Predigers bei seiner Schwester, einer Tante von B. B., erweckten sein Interesse an dem Instrument und regten ihn zum Kauf seiner ersten eigenen Gitarre an. King: «Diese rote Gitarre mit dem runden Schalloch werde ich nie vergessen; sie hat acht Dollar gekostet.»

Nach Ausbruch des Zweiten Weltkriegs absolvierte er in Camp Shelby seinen Grundwehrdienst, wurde für kurze Zeit in Fort Benning stationiert und dann wieder heim auf die Baumwollfelder geschickt. Er meint nachträglich, daß die Plantagenbesitzer Einfluß auf die Einberufungsbehörde hatten und sich auf diese Weise ihre besten Arbeiter erhielten. Er selbst war ein guter Traktorfahrer. Der Effekt seines kurzen Gastspiels bei der Army: er fing an, Blues zu singen.

Bei seiner Rückkehr zum Plantagenleben stand er vor einem Dilemma: Er wußte, daß es durchaus welche gab, die sich als Bluessänger über Wasser hielten. «Aber meine Leute waren sehr religiös», sagt er, «und ich hab mich nicht getraut, daheim Blues zu singen. Meine Tante – für die ich dann später ein Gedenkalbum mit Spirituals gemacht hab – hat sich über jeden aufgeregt, der Blues gesungen hat.»

Aber B. B. wußte sich zu helfen. Samstagabends fuhr er in die Stadt, postierte sich an einer Straßenecke, sang und ließ den Hut herumgehen. Manchmal brachte er es an einem Wochenende auf drei oder vier Städte und ergatterte fünfundzwanzig bis dreißig Dollar – mehr, als er in einer ganzen Woche auf der Plantage verdiente.

Gegen Kriegsende dann machte er ernst mit der Musik. Er hatte von W. C. Handy, der Beale Street und einem Cousin, Bukka White, ge-

hört, der sich in Memphis niedergelassen hatte. Er fuhr die hundertdrei-
ßig Meilen nach Norden und besuchte Sonny Boy Williamson, den er
schon bei den Spiel- und Tanzabenden seiner Plantage in Indianola gesehen hatte. Es handelte sich dabei übrigens nicht um den Sonny Boy Williamson, der für Bluebird Platten besang, sondern um den begabten
Mundharmonikavirtuosen gleichen Namens, den man von *Eyesight to
the Blind* her kennt und der Star von «King Biscuit Time» war, einer täglich gesendeten Radio-Show, die von KFFA in Helena, Arkansas, und
WROX in Clarksdale, Mississippi, ausgestrahlt wurde. (Willie Rice Miller aus Glendora, Mississippi, kam deshalb zu seinem Künstlernamen
Sonny Boy Williamson, weil eine der Waren, für die in «King Biscuit
Time» geworben wurde, Sonny Boy White Corn Meal hieß.)

Auch Riley B. King bekam durch seine Arbeit für das Radio einen
neuen Namen. Die Verbindung zum Radio kam indirekt als Folge davon
zustande, daß Miller ihn in seiner Show vorstellte und ihn großzügiger-
weise für einen Job empfahl, den er selber nicht annehmen konnte. Die
Dame, die das 16th Street Grille – eine Mischung aus Tanzschuppen und
Spielsalon – besaß, war unter der Voraussetzung, daß B. B. King eine
eigene Radioshow hatte, in der er für seine Auftritte im Grille die Werbetrommel rühren konnte, bereit, ihn fest zu engagieren.

B. B. bewarb sich bei WDIA, weil er nicht bei derselben Station wie
Sonny Boy Williamson auftreten konnte, und landete einen zehnminüti-
gen Spot (ohne Vergütung), durch den er als Pepticon Boy bekannt wurde. (Pepticon war ein neues Duftwasser.) Obwohl WDIA weißen Süd-
staatlern gehörte, war es damals die erste und möglicherweise einzige
Radiostation, die Schwarze beschäftigte. Als ein schwarzer Diskjockey
ausschied, bekam B. B. seine Stelle.

Auf Vorschlag der Station nahm er den Titel «Boy from Beale
Street» an; daraus wurde später der «Beale Street Blues Boy», was
schließlich zu seinem endgültigen Künstlernamen B. B. King führte.
Als er den Radiojob nach dreieinhalb Jahren aufgab, war King jeden
Tag zweieinviertel Stunden im Äther. Von der 50000-Watt-Station
WDIA spricht er noch heute als der Mutter aller schwarzen Radio-
stationen.

In dieser Zeit ging es ihm bereits finanziell recht gut, wozu auch seine
Auftritte und Plattenaufnahmen ein gut Teil beitrugen. Die Wochengage
des Grille betrug immerhin sechzig Dollar, freie Kost und Logis für fünf
Tage, wozu bald wesentlich lukrativere Wochenendengagements kamen. Durch seinen immer größer werdenden Bekanntheitsgrad wuchs
auch die Nachfrage nach persönlichen Auftritten. B. B. King war zwar
nur Anfang zwanzig, hatte aber schon die bekannteste Band in der
Stadt, ein Umstand, der es ihm möglich machte, die besten und bekanntesten Musiker zu engagieren. Er gesteht, daß diesen Musikern zwar das

Gehalt, das er ihnen bezahlte, gefiel, daß sie aber nicht unbedingt gern mit ihm gespielt hätten, weil sein Timing so schlecht war. «Ich blieb zwar im Takt – das war kein Problem – aber ich habe manchmal dreizehn oder vierzehn Takte auf einen zwölftaktigen Blues gespielt! Die Takte zählen – das war bei mir nicht drin!»

Diese Schwäche stand vielleicht mit einer anderen Eigenart in Beziehung, die King in einen Vorteil umgemünzt hat. «Meine Koordinationsfähigkeit war nicht besonders gut», gibt er zu, «deshalb war gleichzeitig singen und spielen einfach nichts für mich ... Ich unterhalte die Leute, oder ich schöpfe Atem, oder ich denke über den nächsten Vers nach, den ich singen will – und solange ist eben die Gitarre dran.» King stand somit vor der Notwendigkeit, von einem Stil, in dem die Gitarre vorwiegend als Begleitinstrument und nur gelegentlich als Dialogstimme diente, wegzukommen. Unfähig, zur gleichen Zeit zu singen und zu spielen, entwickelte King einen Stil, der für den neuen, urbanen Blues typisch geworden ist. Es war der einnotige E-Gitarrenstil von Charlie Christian – im Jazz – und T-Bone Walker im Blues.

King bewies schon früh, daß er nicht umsonst Ohren hatte. Die Lieblingskünstler seiner Jugend waren Blind Lemon Jefferson und Samuel H. McQuery von den FAIRFIELD FOUR, Big Maceo und Tampa Red. Er mochte Country-Sänger wie Jimmy Rogers und Gene Autry und vergötterte zeitweilig auch das GOLDEN GATE QUARTET. Er bewunderte Jazzkünstler wie Django Reinhardt und Phineas Newborn, die auf den ersten Platten seiner Solokarriere aus den Jahren 1949 bis 1951 zu hören sind. Mit dem Einnotenstil brachte er die Harmonie, die rhythmische Komplexität des modernen Jazz in den Blues ein.

Eine weitere Begrenzung seiner spielerischen Fähigkeiten, die B. B. zu einer Neuerung ummünzte, war seine Unfähigkeit, den Bottleneck-Stil in den Griff zu bekommen. King liebte den hellen, vibrierenden, getragenen Sound, den Bukka White und andere Gitarristen aus dem Delta mit ihren stählernen Utensilien, ihren Ringen, Tuben oder Flaschenhälsen zustande brachten. «Damit bin ich selbst aber nie klar gekommen», gibt er zu. «Also habe ich versucht, mit den Fingern ein Vibrato zu erzeugen, das so ähnlich klang. Das kam dann dem ausdrucksvollen Vibrato von Django Reinhardt so halbwegs nahe.» Und B. B. fügt hinzu: «Der Sound hat mich immer mehr interessiert als der Versuch, möglichst schnell zu spielen.»

Schließlich vertraute King seine Band dem Pianisten Johnny Ace an und eröffnete seine Plattenkarriere 1949 mit vier Stücken bei dem Label Bullet. Im Jahr darauf wechselte er zu RPM, und diese Verbindung hielt zwölf ganze Jahre. Trotz seines Interesses an allem Neuen und den ganz unterschiedlichen Einflüssen, die er verarbeitete, war er zuerst und vor allem ein Bluessänger, und er weigerte sich, von seinem Kurs abzugehen, obwohl ihm die Märkte bis in die Mitte der sechziger Jahre dadurch verschlossen blieben.

Zu Jimmy Rushing hat er einmal gesagt: «An dir und Dinah Washington hat mir eins gefallen: ihr hättet den Blues an den Nagel hängen und euch auf Balladen und Standards umstellen und die genausogut singen können. Wenn ich eine Ballade singen sollte, ich wäre aufgeschmissen. Und deshalb bleib ich beim guten alten Blues.»

Er gesteht ein, daß er zu Beginn der Rock 'n' Roll-Welle von verschiedenen Seiten unter Druck gesetzt worden sei, von Weißen, am meisten aber von Schwarzen. Alle wollten vor allem wissen, warum er immer noch an einer Musik hänge, die von *damals*, aus der Zeit der Knechtschaft, stamme. Aber B. B. King sang nicht über die Vergangenheit, es sei denn die eigene.

«Ich hab immer wieder an meine Kindheit denken müssen, wie es damals bei uns aussah, die Rassenprobleme, und wie schlimm es in den Dreißigern war ... Danach kam mein Leben unter den *modernen* Menschen, und dann die Tragödien, die ich erlebt habe, über die ich nie und nimmer mit jemandem reden konnte und die deshalb immer in mir gewesen sind ... Und deshalb ist der Blues seit Blind Lemon Jefferson und Leroy Carr zu einem Teil von mir geworden ... Ich hörte Lonnie Johnson und habe ihn angebetet ...»

1952 sperrten die Bluesmen die Ohren auf. Der *Three O'Clock Blues* und *You Know I Love You* demonstrierten, daß B. B. King nicht nur den R & B-Charts Stoff gab, sondern auch Ohrwürmer für das breite Publikum machen konnte. Dem Song *Please Love Me*, der 1953 unter die Top Ten kam, gab eine Conga-Trommel einen südamerikanischen Touch. 1955 nahm King mit einer kleinen Combo *Everyday I Have the Blues* auf und kam mit diesem Stück in die Charts; 1959 nahm er es, diesmal mit einer städtischen Big Band aus Kansas mit sieben Blechinstrumenten und fünf Saxophon- und Klarinettenbläsern, noch einmal auf.

Damals setzte er statt des unförmigen akustischen Basses bereits einen handlichen elektrischen Baß ein. Er experimentierte immer noch musikalisch herum und nahm beispielsweise 1959 ein Gospel-Album mit der typischen Kirchenmusikbegleitgruppe aus Orgel, Piano, Schlagzeug und Tamburin und den CHARIOTEERS, einem Gospelchor, auf.

Der hervorstechendste Zug am Gesang von B. B. King ist seine Mimik. Er bewegt sich kaum und gestikuliert ebenfalls wenig, von einer Handbewegung abgesehen, mit der er seinen Gesang ab und an unterstreicht. Aber bei den gefühlsstarken Passagen seiner Songs, wenn er die Zeilen zieht, ist seine Stirn tief gefurcht, sind die Muskeln um die Bakkenknochen gespannt, sind seine Augen im Schmerz geschlossen.

B. B. nennt seine Gitarre Lucille, und das ist für einen Sänger, dessen

B. B. King

wichtigster Gegenstand der Kummer mit den Frauen ist, auch die richtige Wahl. Er ist weniger ein Erzähler, sondern konzentriert sich statt dessen vor allem auf seine eigenen Reaktionen, seine eigenen Gefühle. Niemals verfällt er in die klassische Pose des schwarzen Mannes, mit dem man einfach Mitleid oder Sympathie haben muß, eine Haltung, die in den Songs von Bobby Bland so deutlich herauskommt.

Er besitzt einen unbändigen Stolz und verlangt selbst dann, wenn er sich über etwas beklagt, Respekt – und seine Selbstachtung würde er für nichts auf der Welt opfern. In *Paying the Cost to Be the Boss* zeigt er sich verletzt. Er befiehlt seiner Frau mit einem komischen Gefühl im Bauch: *Don't open the door for nobody when you're home and you know you're all alone.* Er wird aber doch betrogen und schlecht behandelt und meint dazu: *That's Wrong, Little Mama* oder *You Upset Me, Baby.* Er kann aber auch ganz unglaublich zärtlich sein wie in seinem wohl bekanntesten Song *Sweet Little Angel.*

1964 war er zusammen mit der Jackie Wilson Show auf dem Weg von New Orleans nach Dallas, als sein Bus von der Straße abkam und sich überschlug. Zwei Insassen wurden verletzt; sein Tenorsaxophonist mußte am rechten Oberarm mit vierzig Stichen genäht werden, am Unterarm waren zwölf Stiche vonnöten, und die sieben Stiche über dem rechten Auge hinterließen eine sichtbare Narbe. Nach einem Tag Erholungspause in einem Krankenhaus in Shreveport mietete King einen Bus, es ging weiter nach Dallas, und die fünf angesetzten Shows wurden wie geplant durchgezogen.

King sagte, daß er selbst nach achtzehn Jahren Bühnenpraxis immer noch «total verängstigt» rausgehe. «Mir wackeln die Knie. In Clubs ist es genauso, obwohl ich mich da ein bißchen besser fühle als vor einem Auftritt in einer großen Halle.» Die Bescheidenheit ist ihm auch geblieben; wenn man ihn irgendwo als den «großen B. B. King» vorstellt, ist ihm gar nicht wohl in seiner Haut. Ein Freund stellte King vor einiger Zeit großspurig zwei Mädchen vor. Keins von den beiden hatte eine Ahnung von Musik oder Bluessängern, und eine fragte schnippisch, warum sie denn beeindruckt sein solle. B. B. King wäre vor lauter Pein am liebsten im Boden versunken.

King gibt ohne Zögern zu, daß er sich gern mal einen hinter die Binde kippte, spielte und Geld verschleuderte, als er halbwegs anständig zu verdienen anfing. Zudem litt er unter der Zwangsvorstellung, er hätte nicht genug anzuziehen, und kaufte massenhaft Klamotten ein. Auch plagte ihn das Gefühl, er hätte nicht genug zu essen, zum Beispiel «Sweet Potato Pies, ob Sie's glauben oder nicht. Das ist ganz schön lange so gegangen, aber heute hab ich 'nen Volkswagen in der Garage, und das reicht mir zum Fahren. Damals mußte es auf Teufel komm raus ein Cadillac sein, für mich war das der handgreifliche Beweis dafür, daß ich es zu etwas gebracht hatte und angesehen war». Er gesteht, daß er sich diese Flausen durch Berichte über Hollywoodstars in den Kopf gesetzt habe, und daß er gelegentlich richtige Aufläufe verursachte. «Ich war ein Star. Und ich mußte alles haben, was ein Star so haben muß. Und ich hatte es auch, alles außer Schneid, den konnte ich mir nicht kaufen. Später hab ich dann kapiert, daß das alles völlig unwichtig war, und ich hab mich lieber darum gekümmert, daß es den Leuten gut ging, die mit mir auf Achse waren.»

167

1960 erschienen drei King-Platten, die seine Anziehungskraft auf die Plattenkonsumenten bewiesen: *Sweet Sixteen, Parts 1 and 2, Got a Right to Love My Baby* und *Partin' Time.* Jetzt war es schon soweit, daß die Bluesleute aus Chicago ihm zu Füßen saßen, statt sich an Muddy Waters zu halten; und die Künstler aus der jungen Generation wie Buddy Guy, Junior Wells, Otis Rush, Albert King, Magic Sam und Freddy King studierten seine Aufnahmen und seinen Stil. Besonders interessiert waren sie an der phantasievollen Art, in der er seine Gitarre als zweite Stimme einsetzte, die seinen Gesang kommentierte und verstärkte.

Trotzdem mußte B. B. um seine Anerkennung als Bluessänger kämpfen – selbst 1965 noch:

«Wenn Frank Sinatra in seinem Fach der größte sein kann und Nat Cole in seinem, warum gesteht man mir dann nicht zu, daß ich ein großer Bluesinterpret bin? Blues ist nichts Schmutziges. Blues ist etwas Amerikanisches ... Ich möchte endlich als Sänger anerkannt sein und dieselbe Anerkennung für meinen Stil genießen wie Sinatra für seinen ... Ich bin ein Bluessänger, so weit so gut. Es macht mir solange nichts aus, als Bluessänger bezeichnet zu werden, solange der Unterton stimmt. Bei vielen Leuten ist das so: wenn die ‹Bluessänger› sagen, dann weiß man schon, daß sie damit einen dummen Typ meinen, der irgendwo in der Gosse krakeelt. ... Es gibt keinen Grund, warum jemand nicht professionell Blues singen und ein ehrenwerter Mann sein kann.»

Für die jüngere Plattenkäufergeneration – ob weiß oder schwarz – ist das eine Selbstverständlichkeit. Aber B. B. laboriert offensichtlich immer noch an den Schrammen, die er in den Jahren abbekam, als weder der schwarze noch der weiße Mittelstand etwas für Bluessänger übrig hatten. «Die Schwarzen aus der Mittelschicht hatten das Gefühl, Blues sei etwas Rückständiges», hat er *Newsweek* einmal anvertraut.

Trotz des Ansehens, das er bei den jungen Blueskünstlern genießt, war sein Publikum bis 1966 ausschließlich schwarz, und King mußte sich seine Brötchen ziemlich mühsam mit Tourneen durch den «chitlin circuit», die Clubs und Hallen der schwarzen Ghettos, verdienen.

«Wenn ich in einer Woche an fünf verschiedenen Plätzen auftrete, habe ich immer noch weniger in der Tasche als Ray Charles mit drei Auftritten an einem Platz pro Woche. Aber immerhin werde ich jetzt auch von den besseren Läden engagiert, wo man keine Angst haben muß, eine in die Fresse zu bekommen. Manchmal bin ich richtig verbittert, weil wir das so lange haben machen müssen.»

Auch die Einkünfte aus seinen Aufnahmen für Modern-RPM-Kent-Crown waren so gering, daß er sich 1962 von dieser Firma trennte. Er wechselte zu ABC/Bluesway, wo er im März 1962 seine ersten Aufnahmen einspielte. Bei diesem Label kam er schließlich auf über fünfzig

Songs, traditionellen wie modernen Blues, bevor er 1966 endlich mit dem zweiseitigen *Don't Answer the Door* einen Bestseller hatte. Zu dieser Zeit hatte sein Auslandserfolg und die Tatsache, daß er im Vorprogramm verschiedener englischer Rockgruppen auftrat, das Interesse an ihm und seiner Musik auch in seinem Heimatland geweckt. «B. B. King Live at the Regal», 1964 von ABC aufgenommen, gilt als die meisterlichste Dokumentation seines Genies. Auch «The Great B. B. King», eine seiner frühen Crown-LPs, wurde trotz ihrer antiquierten Soundtechnik gern gekauft.

Sein Stern war Ende der sechziger Jahre immer noch im Steigen; 1969 wurde er von *Billboard* auf Platz siebenundzwanzig der besten R & B-Singlemacher des Jahres gesetzt. Das ist keine besondere Belohnung für einen Mann, dessen Gitarrenstil die gleiche selbstverständliche Autorität hat wie ein Trompetensolo von Louis Armstrong, für den Musiker, der den zeitgenössischen Blues aus der Taufe gehoben hat.

Der geringe Anklang, den B. B. King in den fünfziger Jahren fand, war kein Einzelphänomen. Seit 1954 und 1955, dem Jahr, als der «Lord des Rock 'n' Roll» die Szene betrat, verloren die R & B-Künstler einen Hit nach dem anderen an weiße Popkünstler, die sie coverten.

Um nur einen Teil dieser Entwicklung zu dokumentieren: *Sh-Boom* von den CHORDS (Atlantic) wurde von den CREWCUTS (Mercury) gecovert; *Sincerely* von den MOONGLOWS wurde von den MCGUIRE SISTERS übernommen; *Shake, Rattle and Roll* von Joe Turner wurde von Bill Haley übernommen; *Tweedle Dee* wanderte von LaVern Baker zu Georgie Gibbs; *Dance With Me, Henry* – wieder schlug Gibbs zu, diesmal bei Etta James; *Seventeen* – die FONTANE SISTERS coverten Boyd Bennett; *Ko Ko Mo* von Gene & Eunice tauchte bei Perry Como auf; *Piddily Patter Patter* – Patti Page coverte Nappy Brown.

Weil ich an der ersten und letzten dieser Aktionen selber beteiligt war, möchte ich noch sagen, daß die kleinen Labels mit dieser Praxis eigentlich durchaus einverstanden waren. Aus einem ganz einfachen Grund: Sie besaßen ja die Rechte an diesen Songs und machten mit ihren Tantiemen für die Covers mindestens soviel wieder gut, wie sie an eigenem Umsatz einbüßten. Auch die Songautoren verdienten an den Covers. Die eigentlichen Verlierer aber waren die schwarzen Künstler, selbst wenn die Cover-Versionen auch den Verkauf des Originals in die Höhe trieben. Als das weiße Publikum bereit war, den schwarzen Künstler zu akzeptieren – und dies trat wenig später ein – konnte das Cover den Erfolg des Originals nicht mehr beeinträchtigen.

Natürlich – als die Rockwelle Anfang 1956 die Dimensionen einer Flutwelle annahm, begrub sie auch die Generation der weißen Cover-Künstler unter sich und schwemmte sie praktisch über Nacht vom Plattenmarkt. Ein seltsames Randphänomen der Musikszene dieser Jahre besteht übrigens darin, daß die weißen Teenager-Sänger ihrerseits tief in den R & B-Markt einzudringen begannen.

Wenn man einmal die R & B-Charts von *Billboard* für das Jahr 1957 betrachtet, dann sieht man, daß die weißen Kids von sechzehn Platten, die auf Nummer eins landeten, neun für sich verbuchen konnten – im Vergleich zu sieben, die an schwarze Künstler gingen. Presley war gleich fünfmal vertreten, dann kamen Paul Anka, Jerry Lee Lewis, Jimmie Rodgers und DANNY AND THE JUNIORS mit je einem Hit. Im Jahr darauf setzte sich dieser Trend fort. Allerdings waren bis dahin auch die R & B- und Pop-Charts schon miteinander verschmolzen; wie sich die weißen Künstler jetzt im R & B durchsetzen konnten, kamen auch Fats Domino, Chuck Berry, Sam Cooke und die COASTERS auf den weißen Pop-Charts nach ganz oben.

Die Großen Drei des Rhythm and Blues

Motown: Der Detroit-Sound

Den radikalen Schwarzen mag die totale Invasion und Übernahme der Pop-Charts und Märkte durch den Medienkomplex des Berry Gordy vielleicht nicht ganz geheuer erscheinen. Aber historisch betrachtet repräsentiert der Erfolg von Motown den Höhepunkt von zwanzig Jahren Vorarbeit der R&B-Labels. Bis Gordy kam, sah und siegte, machten die Schwarzen die Musik, aber die Weißen machten Kasse und Konzept.

Der Beitrag der Engländer zur Beseitigung der Rassenschranken in der amerikanischen Musik ist immer wieder hoch eingestuft worden. Und an der wichtigen Rolle, die die BEATLES, ROLLING STONES und andere englische Rockgruppen für die Wiederentdeckung des R&B gespielt haben, ist auch überhaupt nicht zu zweifeln. Aber der R&B begann die weißen amerikanischen Plattenkäufer schon kurz nach dem Aufstieg Elvis Presleys zu interessieren.

1956, als die weißen Künstler Songs coverten, die von schwarzen Künstlern gestartet worden waren – etwa *You Send Me* von Sam Cooke – hielten sich die Teenager in der Regel an das Original, statt daß sie, wie in diesem Fall, die weiße Kopie von Teresa Brewer gekauft hätten. Und schon einige Zeit vor der Invasion der Briten waren die schwarzen Künstler drauf und dran, die Pop-Charts an allen Ecken und Enden aufzurollen. Im August 1962 beispielsweise, als *Cash Box* ihre Jubiläumsnummer zum zwanzigjährigen Bestehen herausbrachte, waren immerhin dreizehn schwarze Künstler unter den ersten fünfzig ihrer Top 100. Und fünf von ihnen waren unter den ersten zwanzig.

Zu dieser Gruppe von schwarzen Sängern, die von weißen Jugendlichen gekauft wurden, gehörten Little Eva bei Dimension, die ORLONS bei Cameo, die ISLEY BROTHERS bei Wand, Chubby Checker bei Parkway, Dee Dee Sharp bei Cameo, Etta James bei Argo, die SHIRELLES bei Scepter, Jerry Butler bei Vee Jay, Timi Yuro bei Liberty, Dave «Baby» Cortez bei Chess, Sam Cooke bei RCA und Ray Charles bei ABC-Paramount.

Die Fusion von C&W und R&B zum Rockabilly war das kleine Feuer, das von dem Wind aus Übersee zu einem Steppenbrand entfacht wurde. Zwischen dem Comeback des R&B und dem Aufstieg von Motown besteht ein himmelweiter Unterschied, obwohl sich von beiden sagen läßt, daß sie im wesentlichen vom Einströmen schwarzer Künstler und schwarzer Musik in den Pop profitiert haben. R & B ist für den schwarzen Markt geschriebene und produzierte Gettomusik. Motown ist schwarze – oder besser braune – Musik, die für den weißen Markt zubereitet worden ist.

Über die Herkunft von Berry Gordy ist nicht besonders viel geschrieben worden, wenn auch immer wieder darauf herumgeritten wird, daß er eine Zeitlang in den Autofabriken von Detroit am Fließband gestanden hat. (Motown kommt natürlich von *motor town*.) Tatsache ist jedoch, daß Gordy keineswegs jahrelang als erfolgloser Songautor und ums Überleben kämpfender unabhängiger Plattenproduzent vor sich hin werkelte, bis der Erfolg dann wie ein Blitz einschlug. In der Zeit von 1958 bis 1959 arbeitete er mit seiner Schwester Gwen und Tyran Carlo zusammen; aus dieser Zusammenarbeit entstanden immerhin drei Bestseller für einen Detroiter Künstler, den Sänger Jackie Wilson: *Lonely Teardrops, To Be Loved* und *I'll Be Satisfied*.

In dieser Zeit lernte Gordy Smokey Robinson kennen, den Leadsänger der Miracles, die von Robinson schon in seiner Teenagerzeit auf die Beine gestellt worden waren. Gordy war von ihrem Sound so beeindruckt, daß er sich von der Bank seiner Eltern siebenhundert Dollar lieh, um mit ihnen einen seiner Songs, *Way Over There,* und einen Song von Smokey, *Mama Done Told Me,* aufzunehmen. Keiner konnte seinerzeit ahnen, daß mit dieser Platte der Motown- oder Detroit-Sound begann und zu einer musikalischen Legende wurde.

Nur sieben Jahre später umfaßte Motown vier ungeheuer erfolgreiche Tochterfirmen: Jobete, den Verlag, zu dessen Vertragsautoren zum Beispiel das Hit-Team gehört, das in der Branche unter H-D-H läuft, den Anfangsbuchstaben von Holland, Dozier und Holland; das International Talent Management, das über alle Aktivitäten der Künstler dieses Labels neben dem eigentlichen Plattengeschäft wacht – Clubs, Konzerte, Film, Theater, TV-Engagements –, dann Hitsville, USA, Eigentümer der vollbeschäftigten Studios, und schließlich die Motown Record Corporation, die über fünf heiße Labels verfügt – Gordy, Tamla, Soul, VIP und Motown.

Dem Konzern gehören sieben Bungalows, die auf einem baumbestandenen Grundstück in einem gemischtrassigen, gutbürgerlichen Stadtteil von Detroit liegen. Über einem von den Bungalows, in denen Gordy als Halbwüchsiger wohnte, ist ein gewaltiges Schild angebracht, das den Ort als «HITSVILLE, USA», ausweist. In der Mitte der sechziger Jahre wurde der Umsatz des Firmenkomplexes auf zwanzig Millionen pro Jahr geschätzt. Gordy hat den Motown-Sound einmal als eine Mischung aus «Ratten, Kakerlaken, Krawall, Mut und Liebe» beschrieben. Später dann – was nicht besonders überrascht – definierte er ihn als «Happy Sound, einen dicken Happy Beat mit einem schönen starken Baß drunter. Die Tamburins geben ihm einen Hauch von Gospel, aber heute nicht mehr so stark wie früher».

Es dauerte allerdings noch bis 1960, bis Gordy mit seinen MIRACLES den ersten großen Hit hatte. *Shop Around,* eine Gemeinschaftsarbeit von Berry und Smokey, marschierte auf Platz eins der R & B-Charts und wurde die erste von vielen Goldenen Schallplatten für Motown. Im Jahr darauf schlugen die MARVELETTES mit *Please, Mr. Postman*, das die BEATLES drei Jahre später ihrem ersten Mammutalbum einverleibten, ebenso phantastisch ein.

Im Jahr 1962 hatte sich die Zahl großer Gordy-Platten eindrucksvoll vervielfacht. Mindestens sieben, die meisten davon von den MARVELET-TES, kamen unter die Top Ten, und zwei Platten, *Do You Love Me?* von den CONTOURS und *You Beat Me to the Punch* von Mary Wells, kletterten auf Platz eins. Im Jahr darauf kam es noch besser. Die MIRACLES zogen mit *You've Really Got a Hold on Me* auf Platz eins. Aber das gelang auch noch zwei neuen Motown-Künstlern: Little Stevie Wonder mit *Fingertips* und MARTHA AND THE VANDELLAS mit *Heat Wave*.

Außer *Fingertips*, das auch in den Pop-Charts nach ganz oben gelangte, erzielte Gordy seine größte Wirkung vorerst noch im R & B. 1964 jedoch, als die BEATLES, die ROLLING STONES, die ANIMALS, PETER AND GORDON, GERRY AND THE PACEMAKERS und die DAVE CLARK FIVE die Top Fifty der amerikanischen Charts stürmten, erzielten die Schützlinge von Gordy einen wichtigen Durchbruch.

Die große Jahresausgabe von *Cash Box* vom August 1964 hatte Erstaunliches zu berichten: Marvin Gaye lag mit *Try It Baby* auf Platz fünfunddreißig, die MIRACLES lagen mit *I Like It Like That* noch günstiger, die SUPREMES glänzten mit *Where Did Our Love Go?* auf dem zweiten Platz. Auf den unteren Rängen waren die MARVELETTES mit *You're My Remedy* und die FOUR TOPS mit *Baby, I Need Your Lovin'* vertreten, mit dem sie im Lauf des Jahres dann noch auf Platz eins kamen.

Die Jahre 1965 und 1966 fielen noch viel besser aus: Motown brachte es auf 36 bis 40 Prozent aller von den R & B-Labels produzierten heißen Platten.

Obwohl der Erfolg der SUPREMES über Nacht gekommen zu sein schien, hatten Diana Ross, Mary Wilson und (die später durch Cindy Birdsong ersetzte) Florence Ballard eine ziemlich lange Lehrzeit hinter sich. Die drei dünnen Teenager, die alle aus großen, armen Familien im Brewster Housing Projekt stammten, fingen schon in der Grundschule gemeinsam zu singen an. Diana Ross über ihre Kindheit: «Wir waren sechs Kinder, drei Jungs, drei Mädchen. Wir schliefen alle im gleichen Zimmer, zu dritt in einem Bett, und immer war eine Petroleumlampe an, um die Mücken fernzuhalten.» Nach der Schule bekam sie in einem

Kaufhaus einen Job als Kellnerin. «Ich war die erste Farbige in der Cafeteria. Alles ist runtergekommen, um mich anzustarren.»

Gordy hörte sie sich schon während ihrer Schulzeit an, bestand aber darauf, daß sie vor einem Engagement erst ihre Ausbildung abschlossen. Also traten sie weiter bei Schulfeiern und Wohltätigkeitsfesten am Ort auf. Als sie die Schule hinter sich hatten, machten sie ihre erste Aufnahme. *I Want a Guy* (Rückseite: *Buttered Popcorn*) stellte für die SHIRELLES, die damals führende weibliche Gruppe, kaum eine Gefahr dar. In diesem Jahr (1963) spielten die SUPREMES noch weitere acht Scheiben ein, ohne aber auf dem Markt Fuß fassen zu können.

Dann, im Frühjahr 1964, wurden sie dem Autoren-Produzententeam H-D-H anvertraut. Innerhalb von zwei Jahren, nachdem sie mit dem H-D-H-Song *Where Did Our Love Go?* ihren ersten großen Hit geliefert hatten, verkauften sie insgesamt an die zehn Millionen Platten und bekamen für *Baby Love, Come See About Me, Stop in the Name of Love, Back in My Arms Again, I Hear a Symphony* und *You Can't Hurry Love* Goldene Schallplatten.

Ungefähr um diese Zeit wurde Diana Ross von *Look* interviewt. Mit ihrer Stimme, die wie die von June Allyson klingt, nur viel rauher, sagte sie damals: «Wir haben sechs Nummer-Eins-Hits nacheinander zustande gebracht, aber wir werden immer noch wie eine hergelaufene Rock 'n' Roll-Gruppe behandelt, außer in den Clubs. In TV-Shows wie der von Ed Sullivan werden wir so schnell auf die Bühne geschubst und wieder runtergeholt, als ob wir nichts wären ... In der Hullabaloo-Show geben sie mir einen Spickzettel mit einer dümmlichen Ansage in die Hand, die ich aufsagen soll. Wie können die das wagen? Ich könnte den ganzen Laden schmeißen, aber ich werde nie gefragt. Ich sehe die ganzen dubiosen Figuren rumlaufen und sich wie große Stars aufführen. Ich hab was, was die nicht haben, und die Kids wissen das. Ich bin echt, und wenn ich einen Song singe, dann ist das immer ein Teil von mir selbst, ein Teil meines Körpers ...»

Diana muß den Körper einer Katze haben, denn sie schnurrt mehr als sie singt, und ihre Stimme hat eine weiche, fast kindliche Art, die einen mehr an ein kleines Kätzchen denn an eine ausgewachsene Katze denken läßt.

Der phänomenale Erfolg der SUPREMES hatte einen großen Anteil an der Herausbildung des Detroit- oder Motown-Sounds – und ganz gewiß auch an seiner «Öffnung» oder doch wenigstens Verwässerung für die weiße Kundschaft. Die Mädchen hatten ein gewisses Gospel-Feeling für Harmonie und Frage-und-Antwort-Muster, und dann natürlich einen vibrierenden Beat, der in die Füße ging. Aber sie hatten auch einen Sound, der immer nach kleinen Mädchen klang und nur schwarz eingefärbt war; ihre ureigene Ausdrucksweise war sanft und relaxed.

Der Motown-Sound ist letztlich doch viel komplexer, als daß er sich wasserdicht definieren ließe, denn der Sound der Miracles ist ganz anders als der der Supremes. Am ehesten läßt er sich wohl als gelungene Mischung aus Pop und R & B bezeichnen. Er benutzt schwarze Zutaten wie die Harmonik und Rhythmik des Gospel, einen betonten Afterbeat, und einen swingenden Tanztakt. Aber diese Zutaten werden in einem Ofen gebacken, der nicht über die Maßen heiß ist – und die Biskuits, die so gebacken werden, sind dementsprechend leicht und lokker. Soul Food ist das kaum, sondern mehr was für weiße Hörer, die vom vielversprechenden schwarzen Duft dieses Sounds angelockt werden.

Die glühendsten Bewunderer der Supremes sind ohne Zweifel unter dreißig, und meistens unter zwanzig. Aber die Auftritte der Gruppe in plüschigen Clubs und Konzerthallen beweisen, daß sie auch das ältere Publikum ansprechen.

Der Charakter des Motown-Sounds läßt sich wohl auch damit ein bißchen deutlicher machen, daß er das Produkt schwarzer Komponisten, Produzenten und Sänger ist, die sich am liebsten von den einschmeichelnden Klängen der Streicherabteilung des Detroiter Symphonieorchesters begleiten lassen; viele Symphoniker spielen nebenher auch für Motown. Der Detroit-Sound ist denn auch nicht annähernd so schwarz, giftig, laut oder intensiv wie der Memphis- oder Atlantik-Sound. Rhythmisch baut er auf dem Achtachteltakt auf, einem geraden Takt also, wie fast die gesamte moderne schwarze Musik und der Rock, außer daß der Baß und die Drums zusammen die ungeraden Achtel akzentuieren und damit eine Art indianischen Tom-Tom-Effekt simulieren.

Mary Wilson, die die untere Stimme der Supremes singt, hat einmal sinniert: «Kann sein, daß der Motown Sound einfach nur Wärme und Liebe ist. Wir arbeiten den ganzen Tag wie eine große Familie zusammen; wir kabbeln und küssen uns.» Das ist wohl keine Definition. Aber «Liebe und Wärme» sind weit von der Armut und dem Jammer entfernt, in dem diese drei Mädchen großgeworden sind, und auch weit entfernt von den Spannungen, Enttäuschungen, der Eintönigkeit und Armseligkeit des Stadtlebens, wie es im R & B gang und gäbe ist. Aber ganz bestimmt brachte die Genugtuung, so zwischen 250 000 und 500 000 Dollar im Jahr zu verdienen, viel Wärme und Liebe in ihr Leben.

«Mit den Supremes haben wir den Durchbruch geschafft», berichtete der Promotion-Manager von Motown einem Reporter der *New York Times*. «Noch vor ein paar Jahren kamen wir einfach nicht auf die WABC-Liste drauf (nach der sich die Diskjockeys orientieren), weil die Leutchen meinten: ‹Das ist Blues-Sound›. Damals war es noch so, daß man entweder ‹gute› oder populäre Musik hatte oder eben ‹race›-Musik. Dann kam eine Zeit, da hatte man entweder Rock 'n' Roll oder R & B.

Aber inzwischen hat Motown den Graben zwischen Pop und R&B übersprungen.»

Die Supremes brachten nicht nur den Durchbruch in den weißen Radiostationen, sondern auch in den weißen Clubs und Musiktheatern. Schlank, jung und hübsch wie sie waren, lernten die Mädchen in der Charm School von Motown bald, wie sie in der guten Gesellschaft gehen, reden, sich zurechtmachen mußten. International Talents Management half ihnen, ihre Attraktivität visuell umzusetzen und arbeitete für ihre persönlichen Auftritte Leitlinien und die ansprechende Choreographie aus, für die alle Motown-Veranstaltungen bekannt sind.

Das Resultat dieses Unterrichts und der vielen Probemonate zeigte sich schon bei den ersten Auftritten der Supremes im New Yorker Copa, im Coconut Grove in Hollywood und anderen weißen Plüschclubs. Die ersten paar Mal war das Publikum meist unter zwanzig. Aber im Lauf der Zeit stellte sich dann das mittelalterliche und zahlungskräftige Publikum in hellen Scharen ein.

Auf dem Gebiet der LPs haben die Mädchen denselben Kurs verfolgt. Am Anfang ihrer Laufbahn demonstrierten sie ihre Vielseitigkeit mit einer LP, deren Inhalt sich schon am Titel ablesen ließ: «The Supremes Sing, Country, Western, and Pop». Als sie die Welt des weißen Entertainments immer gründlicher eroberten, kam als nächstes Album ein Live-Mitschnitt heraus, «The Supremes at the Copa». Nach einer gewissen Zeit folgte dann «The Supremes Sing Rodgers & Hart», und danach «Diana Ross and the Supremes Sing and Perform Funny Girl».

1967 und 1968 ging der Plattenerfolg der Gruppe bedenklich zurück, was sich an den Jahresübersichten der Fachblätter ablesen läßt: Die Gruppe fiel von Platz fünf in den Singles-Charts auf Nummer siebenundzwanzig zurück; von Platz neun bei den LPs auf Nummer achtzehn; bei den R&B-Singles und R&B-Alben, wo sie 1967 auf Platz sechs beziehungsweise vier gelegen hatten, tauchten sie 1968 unter den fünfzig besten überhaupt nicht mehr auf. Dafür kommen drei Erklärungen in Betracht: Ihre Hit-Kette – die bei den meisten Künstlern nicht sehr lang ist – war zu Ende. Holland, Dozier und Holland, die eine Zeitlang mit dem Motown-Management auf Kriegsfuß standen, waren entweder verbraucht oder brachten in der gespannten Atmosphäre nichts Ordentliches zustande. Außerdem setzten sich Soul und R&B stärker am Markt durch, und die Käufer bewegten sich zum schwärzeren Pol des musikalischen Spektrums.

1969 schnitten die Supremes unter dem neuen Management von Berry Gordy jr. persönlich und H. Cosby etwas besser als im Vorjahr ab.

Im Sommer 1967 wurde die Gruppe dann in Diana Ross and the Supremes umbenannt, was einer späten Anerkennung der Leadsängerin Diana Ross gleichkommt. Ungefähr zur selben Zeit wurde aus der Männergruppe des Schwesterlabels Tamla, den MIRACLES, SMOKEY ROBINSON AND THE MIRACLES. Die Gruppe, mit der für Gordy alles begonnen hatte, war schon fünf Jahre zusammen, als sich Gordy 1958 für sie zu interessieren begann. William Smokey Robinson hatte die MIRACLES als Straßensänger-Quintett gegründet, als er noch die Northern High School in Detroit besuchte. In der Besetzung – Ronnie White, Peter Moore, Marv Tarplin (Gitarre), Bobby Rogers und dessen Schwester Claudette, die später Smokey Robinson geheiratet hat – hat sich seitdem nichts geändert.

«Wir sind zusammengeblieben», hat Robinson mal gesagt, den seine Freunde «Smokey» nennen, «weil wir einander richtig gern haben ... Wenn du nicht mehr einfach nur ein ganz normaler Mensch sein willst, der seine Brötchen eben als Sänger verdient, und wenn mit dem ganzen Glamour des Showbusiness die Nervenzusammenbrüche und Kräche anfangen, dann stehst du nämlich schwer auf dem Schlauch ...»

Von Robinsons Takt und selbstverständlicher Menschlichkeit einmal abgesehen, wurde die Gruppe von seiner Begabung als Autor zusammengehalten, einer Begabung, die von Berry Gordys kritischem Urteilsvermögen viel profitiert hat, was Smokey auch gern zugab. Robinson erinnerte sich gern an jene Audition 1958, in der ein anderer Produzent seine Gruppe ablehnte, aber Berry Gordy Interesse an seinen Songs bekundete.

«Ich muß mindestens sechsundachtzig von meinen Songs mit Gordy durchgegangen haben», erinnert er sich, «und bei jedem hab ich gesagt: ‹Was soll denn an dem Song falsch sein?›, und er hat gesagt, ‹Na ja, das hast du nicht so recht gepackt, und diese Idee hast du nicht durchgehalten, und das hast du nicht auskomponiert›, und damit hat er mich dazu gebracht, über die Songs richtig nachzudenken. Mann, der Gordy, dieser alte Halunke, der hat mir mehr als sonst jemand geholfen, daß ich es zu etwas gebracht habe.»

Nach *Shop Around* machten die vielen Hits, die aus der Feder von Robinson flossen, die MIRACLES bald zur wichtigsten Gruppe unter den schwarzen Gesangsgruppen: *I'll Be Doggone, Ain't That Peculiar, Going to a Go-Go*. In *Tracks of My Tears* zeigt Robinson seine Fähigkeit, das schon ziemlich abgelutschte *Great Pretender*-Thema mit neuer Intensität aufzuladen:

> Take a good look at my face
> You'll see my smile looks out of place
> If you look closer it's easy to trace
> The tracks of my tears.

Sein Talent als Autor hat Smokey nicht nur zahlreiche BMI-Preise und zahlreiche Covers von Künstlerkollegen eingebracht, sondern auch die Bewunderung Bob Dylans, der ihn den «größten lebenden Dichter Amerikas» genannt hat.

Trotz seiner Kreativität nimmt Smokey zu seiner Begabung und seinem Handwerk eine nüchterne, realistische Haltung ein: «Ich hab mich an das angepaßt, was bei den Radiosendern so üblich ist. Je kürzer heute eine Aufnahme ist, desto öfter wird sie gespielt. Das ist ganz wichtig, wenn man in die Radioshows reinwill, verstehst du ...Aber das ist eigentlich kein großes Hindernis, weil ich mich in meiner Arbeit darauf einstelle und in dem zeitlichen Rahmen sage, was ich zu sagen habe ... Wir versuchen also ganz einfach, mit dem Schritt zu halten, was auf dem Markt ist ... Der Markt, Mann, der Markt, das sind die Leute. Das sind die Kids, die die Platten kaufen. Das sind die Leute, die du erreichen willst. Ich glaube, daß es wichtiger ist, die Leute zufriedenzustellen, als sich mit sich selber zufrieden zu geben.»

1962 war für viele Motown-Künstler das Jahr des großen Durchbruchs. Vier Gruppen, die MARVELETTES, die CONTOURS, GLADYS KNIGHT AND THE PIPS und die TEMPTATIONS kamen mit Platten heraus, die Staub aufwirbelten, selbst wenn sie nicht immer unter die ersten Zehn gelangten. Die TEMPTATIONS haben sich als die erfolgreichste Gruppe von diesen vier erwiesen, selbst wenn der Leadsänger in den sechziger Jahren ausgewechselt wurde: Dennis Edwards kam als Ersatz für David Ruffin, der eine Solokarriere wagte. Im Mai 1969 hatte Ruffin mit *My Whole World Ended* eine Top Ten-Single, während die neuformierten TEMPTATIONS mit ihrem Album «Cloud Nine» unter die Top Ten-LPs kamen.

Obwohl die TEMPTATIONS mit *Paradeis*, einem von Berry Gordy geschriebenen Song, bereits ein gewisses Aufsehen erregt hatten, kamen sie erst volle zwei Jahre später mit *My Girl* zu einer Nummer eins. Im Jahr darauf schlug dann allerdings mit drei Spitzenreitern – *Ain't Too Proud to Beg, Beauty is Only Skin Deep* und *(I Know) I'm Losing You* – ihre große Stunde.

Damals waren die TEMPTATIONS nicht mehr nur für ihren Gesang, sondern auch für ihre Tanznummern, die ihnen Beifallsstürme einbrachten, bekannt, sowie für ihre Imitationen der INK SPOTS, MILLS BROTHERS, FOUR FRESHMEN und anderer weißer wie schwarzer Gruppen.

«Wenn das gute alte Vaudeville jemals ein Comeback erleben sollte», hat ein Kritiker 1967 bemerkt, «dann sind die TEMPTATIONS für den ersten Platz auf dem Programm des Palace gut.»

Billboard hat die TEMPTATIONS 1967 und 1968 zur besten Gruppe aller R & B-Album-Künstler ausgerufen.

Dennis Edwards, der neue Leadsänger der Gruppe, fing bei Motown mit den CONTOURS an. In seinen Teenagerjahren sang er bei zwei Gospelchören, den GOLDEN WONDERS und den REVELATION WONDERS. Die CONTOURS waren so kurzlebig wie die TEMPTATIONS langlebig, obwohl sie 1962 mit einem Berry-Gordy-Song, *Do You Love Me?*, auf den ersten Platz der Charts kamen. Diese Platte wirbelte im Ausland derart viel Staub auf, daß sie zwei Jahre später von der DAVE CLARK FIVE neu aufgelegt wurde. Aber auch die Bestseller der Jahre 1963 und 1964 verhinderten nicht, daß die CONTOURS sang- und klanglos wieder von der Plattenszene verschwanden.

Seit den Tagen, als die SUPREMES noch ganz unten waren, veränderte sich die Hackordnung bei Motown um einiges. Zwei weibliche Gruppen fielen zeitgleich mit dem Aufstieg der SUPREMES die Erfolgsleiter wieder hinunter. Eine von den beiden, die MARVELETTES, hatten wie die SUPREMES als Schülerchor begonnen.

Gladys Horton, Katherine Anderson und Wanda Rogers hatten an der Inkster High School (in einem Vorort von Detroit) derartigen Anklang gefunden, daß ein Lehrer eine Audition bei Gordy arrangierte. Ihre erste Platte, *Please Mr. Postman*, kam in Rekordzeit auf den ersten Platz der Charts und ließ auch schon den späteren Starruhm der Gruppe ahnen, die es an Bestsellern dann auch nicht hat fehlen lassen. Obwohl sie noch lange Zeit auf dem Plattenmarkt eine Zugnummer waren – mehr im R & B-Bereich als im Pop – wurden sie von den SUPREMES doch schon ziemlich bald überholt.

MARTHA REEVES AND THE VANDELLAS, ein weiteres weibliches Trio, hat die Höhen, die die SUPREMES bei Motown erkletterten, ebenfalls nie erreicht. Ganz ähnlich wie Diana Ross, die ebenfalls kurz im Büro von Berry Gordy gearbeitet hatte (aber schon nach zwei Wochen wieder vor die Tür gesetzt worden war), arbeitete Martha Reeves als Sekretärin eines Plattenbosses, bis sich ihr in einer Notsituation die Chance bot, ihre Gesangstalente an den richtigen Mann zu bringen.

Dieser Mann war William Stevenson, ein vielgeplagter Plattenproduzent, und er nahm ihr Angebot mit dem Erfolg an, daß Gordy Martha und zwei Mädchen aus ihrem früheren Schulgesangsverein vorsingen ließ; sie durften sich als Background-Sängerinnen bei einer Session produzieren. (Hören Sie sich mal ihre rockenden Chorusse auf *Stubborn Kind of Fellow* an!)

Ziemlich beeindruckt von dem, was er da gehört hatte, setzte Gordy einen Aufnahmetermin für das «neue» Trio an. Ihre zweite Platte (im November 1962) war der H-D-H-Hit *Come and Get These Memories*. H-D-H, die Martha als «unsere Autoren» bezeichnet – «die SUPREMES haben sie nur 'ne Zeitlang von uns ausgeborgt» –, zeichneten auch für die anderen Hits auf den Platten der Gruppe – von *Heat Wave* und *Quicksand* bis *Jimmy Mack* verantwortlich. Martha und die erste Sopranstimme der Gruppe, Rosalind Ashford, hielten der Gruppe die Stange, während Annette Sterling zuerst von Betty Kelly und dann von Lois Reeves, der jüngeren Schwester von Martha, abgelöst wurde.

Anfang 1969 trat die Gruppe im Copa auf, wo Martha Reeves einem Interviewer gesagt hat: «Wir sind uns für das Apollo überhaupt nicht zu schade. Aber wir arbeiten halt auf einem anderen Feld. Wir erweitern unser Publikum.» Martha meinte weiter, ihr Publikum sei wohl «wegen der Soul-Revolution» breiter und größer geworden. «Natürlich mag uns nicht jeder hören. Ich glaube, die SUPREMES haben viele Türen aufgestoßen. Ihre Musik ist nicht so R & B-mäßig wie unsere, aber die Leute, denen sie gefällt, die wollen uns auch hören.»

Auf ihren Tourneen – meistens ein Auftritt pro Veranstalter, fast immer in Bars und Colleges – hatten sie ein eigenes Trio dabei. Aber wenn sie nach Detroit zu Plattenaufnahmen zurückkehrten, griffen sie auf die Motown-eigenen Begleitmusiker zurück: den gefürchteten James Jamison (Baß), Earl Van Dyke (Piano) und Benny Benjamin (Drums).

Die FOUR TOPS, die erst ziemlich spät (1964) zu den Motown-Gruppen stießen, schafften schon mit ihrer ersten Aufnahme, dem H-D-H-Song *Baby, I Need Your Loving*, den Sprung in die Hitlisten. Der Leadsänger Levi Stubbs jr., der Sprecher der Gruppe, hat diesen Song einmal ihre «Nationalhymne» genannt. Als Berry Gordy die Gruppe gnädig in sein Imperium aufnahm, war sie schon seit zehn Jahren zusammen, und angefangen hatte sie nach der Entlassung ihrer Mitglieder aus einer Detroiter High School.

Am stärksten sind sie von dem Sänger Billy Eckstine beeinflußt worden, mit dem sie mehrere Jahre zusammenarbeiteten. Eckstine unterwies sie nicht nur in Fragen der Musik, sondern auch im Auftreten hinter und auf der Bühne. Das zweite Jahr ihrer Plattenkarriere erwies sich als besonders ertragreich. Sie brachten es zu fünf Top Ten-Scheiben, darunter *I Can't Help Myself* und *Reach Out, I'll Be There*, die bis auf Platz eins kletterten, letzterer eine intensive Ballade mit aufregenden Frage-und-Antwort-Passagen.

Wie die TEMPTATIONS waren die FOUR TOPS eine versierte Truppe, die so gut tanzte wie sie sang. Und wie die SUPREMES haben sie sich huldvoll aus dem R & B verabschiedet, um die Leute über dreißig zu erobern, die das Copa in New York und das Diplomat in Miami bevölkern. Der verstorbene Manager der BEATLES, Brian Epstein, der die FOUR TOPS nach London geholt hatte, mußte gleich zwei weitere Konzerte ansetzen, um diejenigen zufriedenzustellen, die für das erste Konzert keine Karten mehr hatten ergattern können.

Selbst in den späten sechziger Jahren schien die Popularität der Gruppe noch zu wachsen, obschon die Jahresübersichten der Fachpresse einen leichten Rückgang im Verkauf der Platten von Levi Stubbs jr., Lawrence Payton und Abdul Fakir verzeichneten.

1962 sah es noch so aus, als ob Mary Wells die große Motown-Königin werden würde; sie hatte mehrere Hits, die den R & B-Plattentellern viel zu tun gaben, darunter einen, *You Beat Me to the Punch*, der auf Platz eins kam. Aber es ist ihr nach diesem vielversprechenden Anfang irgendwie nicht gelungen, einen dauernden Erfolg zu erzielen.

Dagegen gewann Marvin Gaye immer mehr Statur. Marvin, der sich mit gutmütigem Spott selber gern «Mr. Perfectionist» nennt, hat als Sänger und Orgelspieler in der Kirche seines Vaters in Washington D. C. angefangen. Nach seiner Entlassung aus der High School ging er mit den MOONGLOWS auf Tournee und erwarb sich dabei das Selbstvertrauen und die Kraft, die Berry sofort spürte, als er ihn zum erstenmal auf einer privaten Party in Detroit hörte.

Nach *Stubborn Kind of Fellow* und *Pride and Joy*, seinen Bestsellern von 1962–63, kam *Ain't that Peculiar*, ein Riesenerfolg und Nummer eins der Charts, und Hits wie *Little Darling* und *One More Heartache* 1965–66. Nach einer erfolgreichen Periode gemeinsamer Aufnahmen mit Tami Terrell war Gaye Mitte 1969 schon wieder in der beneidenswerten Position, ein Album zu besitzen, das auf Platz eins der R & B-Charts gekommen war, «M. P. G.», sowie eine Nummer-Eins-Single, *Too Busy Thinking About My Baby*. Sie wurden von Norman Whitfield produziert, dessen einfühlsame Edition ihm und auch den TEMPTATIONS zusätzliche Schubkraft gab.

Der blind auf die Welt gekommene Little Stevie Wonder war erst dreizehn Jahre alt, als *Fingertips*, ein Track aus dem Mitschnitt eines Auftritts im Apollo Theatre, 1963 auf dem R & B-Markt und den Popcharts gleichzeitig den ersten Platz eroberte. Unter dem bürgerlichen Namen Steveland Morris in Saginaw, Michigan, als drittes Kind einer sechsköpfigen Familie geboren, kam er kurz nach seiner Geburt mit der Familie nach Detroit. Hier schloß er in seinen frühen Teenagerjahren Freundschaft mit einem jüngeren Bruder von Ronnie White, einem Mitglied der MIRACLES, der eine Audition bei Berry Gordy für ihn arrangierte. 1966 wurde ein Rekordjahr für den Knaben, mit so heißen Sachen wie *Nothing's Too Good for My Baby, A Place in the Sun, With a Child's Heart* und den absoluten Spitzenreitern *Blowin' in the Wind* und *Up Tight*.

Auch Mitte 1969 zeigte Stevie noch keine Ermüdungserscheinungen. *My Cherie Amour* mischte die Top Ten des R & B auf wie auch die des Pop. Mittlerweile hat Stevie das «little» aus seinem Künstlernamen gestrichen. Er hat einmal bemerkt: «Schauen Sie sich mal die ganzen großen Namen von heute an, die aus armen und unterprivilegierten Familien kommen. Sie werden finden, daß es in ihrer Vergangenheit jemanden gegeben hat, der sie angeregt und ermuntert hat, als sie das als Heranwachsende am meisten gebraucht haben. Wenn der junge Mensch jemanden hat, der sich wirklich um ihn kümmert, die Eltern, einen Verwandten, einen Pfarrer, einen Lehrer meinetwegen, und wenn er einen anständigen Platz hat, wo er sich mit Gleichaltrigen treffen kann, dann hat er die besten Chancen, im Vertrauen zu sich selbst und zur Gesellschaft groß zu werden.»

So fleißig und talentiert die Motown-Künstlerfamilie auch war: für den phänomenalen Erfolg dieser Firma waren noch zwei andere Zutaten nötig, gute Songs und schöpferisches Management. In der Frühzeit waren es vor allem Smokey Robinson und Berry Gordy, die diese Talente einbrachten. Aber den drei Männern, die so oft einfach nur H-D-H genannt werden und Brian Holland, Lamont Dozier und Eddie Holland heißen, fällt ebenfalls ein Riesenanteil dieser beiden wichtigen Eigenschaften zu. Alle ihre Hits oder alle Künstler, die ihre Stücke aufgenommen haben, hier getreulich aufzuzählen, würde den Rahmen dieses Buches sprengen. Aber schon 1966 rühmte sich die Jobete Music Company, dreizehn lobende Erwähnungen von BMI eingeheimst zu haben, und die allermeisten stammten aus der Feder dieser drei Songautoren und Produzenten.

Nachdem sie die SUPREMES mit *Where Did Our Love Go?* auf einen Schlag berühmt gemacht hatten, hielten sie die Gruppe mit *Stop! In the Name of Love, I Hear a Symphony, Come See About Me, Love Is Here and Now You're Gone* und *Nothing But Heartaches* – um nur ein paar Titel aufzuzählen – ganz oben in den Hitparaden. Den FOUR TOPS gelang – mit H-D-H-Hits wie *Baby, I Need Your Lovin', I Can't Help Myself* (Nummer eins), *It's the Same Old Song* und *Reach Out, I'll Be There* (auch eine Nummer eins) – eine ähnliche Erfolgsserie. Marvin Gaye hatte mit *How Sweet It Is*, die CONTOURS mit *Ain't Too Proud to Beg*, die MARVELETTES mit *Please Mr. Postman* (Nummer eins), die MIRACLES mit *Mickey's Monkey*, und MARTHA REEVES AND THE VANDELLAS mit *(Love Is Like a) Heat Wave* (Platz eins) und *I'm Ready for Love* einen H-D-H-Hit.

Zwischen 1961 und 1967 erhielten sie bis dahin nie erreichte vierundzwanzig BMI Songwriter Achievement Awards – diese Auszeichnung wird nur für Songs vergeben, die auf die Top Ten der Verkaufscharts kommen. Und noch eine Zahl, die erahnen läßt, was die drei für die Tresore und Konten von Motown taten: vom 1. Januar 1965 bis zum 30. Juni 1968 erhielten sie insgesamt an Gehältern, Prämien und Tantiemen 2235155 Dollar und 71 Cents.

Die Marktstärke von Motown ist ein Image-Produkt, aber ebensosehr auch ein Ergebnis des künstlerischen Könnens und der Kreativität seiner Künstler, Musiker und Autoren. Wer das bezweifelt, der muß nur mal die Briefe lesen, die das *Soul Magazine* bekam, nachdem definitiv feststand, daß Diana Ross die SUPREMES verlassen würde.

«Diana Ross hat so oft gesagt, daß nichts in der Welt die SUPREMES auseinanderbringen kann», schrieb ein Fan. «Es fällt mir schwer, das zu sagen, aber ich habe den Glauben an die SUPREMES verloren . . .»

Ein weiterer, etwas analytischerer Leser: «Die drei haben eine ganz einzigartige Einheit gebildet. Die drei kleinen Mädchen aus dem Getto, die es bis zu Superstars gebracht haben, gaben uns allen Hoffnung.»

Aber die Einheit und Geschlossenheit dieser Gruppe war mehr als bloßes Image. Als die Schwester von Berry Gordy, Vizepräsidentin von Motown, 1965 starb, gaben die Stars des Konzerns ihrer Trauer über diesen Verlust damit Ausdruck, daß sie bei der Beerdigung sangen. Eine Gedächtnis-LP von Songs, die in der Detroiter Bethel AME Church aufgenommen worden waren, erschien unter dem Titel «In Loving Memory». Für die Welt der Plattenmacher und Plattenhörer bot Motown das Bild einer großen, glücklichen Familie. Die Motown-Platten strahlten eine Lebendigkeit und ein Zusammengehörigkeitsgefühl aus, das weit über die bloße Musik hinausging.

Aber mit der Zeit bildeten sich in der glänzenden Fassade auch die ersten Risse. Der Weggang Diana Ross' von den SUPREMES und das Ausscheiden von David Ruffin bei den TEMPTATIONS schien zunächst nur eine familieninterne Veränderung zu sein, weil beide ja bei Motown blieben. Aber im Oktober 1968 gingen Motown und International Management gerichtlich gegen zwei New Yorker Agenten vor, denen sie vorwarfen, sie versuchten die vertragliche Bindung Ruffins an ihre Firma zu zerstören. Ein paar Monate später gab es Gerüchte, daß die TEMPTATIONS selber versuchten, aus ihrem Vertrag mit Motown herauszukommen.

Aber diese Querelen wurden von dem Zwist zwischen Motown und dem Autoren-Produzententeam Holland-Dozier-Holland weit in den Schatten gestellt. Mit Wirkung vom Mai 1969 wurde dem Trio für die Dauer des von Motown angestrengten Verfahrens wegen Vertragsbruch (mit einem Streitwert von vier Millionen Dollar!) untersagt, seine Dienstleistungen anderen Firmen anzubieten. Keine Seite war willens, die Ursache des Streits zu offenbaren; es liegt aber auf der Hand, daß es wohl ums liebe Geld ging.

Brian Holland hat sich damals so geäußert: «Wir haben um bessere Arbeitsbedingungen verhandelt. Wir waren mitten in den Verhandlungen drin, als die Company alle Luken dicht gemacht und uns verklagt hat.»

Daraufhin machten H-D-H ihr eigenes Label auf. Die Trennung aber haben beide Teile nie ganz überwunden.

Jedenfalls waren es Holland-Dozier-Holland, die der Company geholfen haben, aus dem R&B zum Pop hinüberzuwechseln. Ihr «Soft

Rock»-Konzept, auf modernen Harmonien basierender Blues, mit vielen Streichern garniert – ihr Stil, Soul Food mit Appetithäppchen aus der weißen Mittelklassenküche zu einem delikaten Ohrenschmaus anzurichten – führte zu einem Produkt, das Schwarze wie Weiße ansprach. Der Erfolg der SUPREMES war dafür das Symbol.

An diesem schwierigen Balanceakt – vom R&B zum Pop – waren aber auch andere Schreiber und Produzenten beteiligt. Deutlich wird das zum Beispiel an Norman Whitfield, der für den dauerhaften Erfolg von Marvin Gaye und den TEMPTATIONS verantwortlich war und auf der Liste der heißesten Produzenten von Platz 17 (1967) auf den zweiten Platz (1968) geklettert ist, während H-D-H in dieser Zeit von Platz zwei auf Platz einundzwanzig abrutschten. Aber das Image der glücklichen Familie, das Image der benachteiligten Minderheit, die munter um den Platz an der Sonne kämpft, war verloren. Motown wurde zu einem Spiegel, in dem die Risse und Brüche der Welt zu sehen sind, die ihn umgibt.

Stax: Der Memphis-Sound

Als ein Journalist Janis Joplin – damals schon nicht mehr bei BIG BROTHER AND THE HOLDING COMPANY – erzählte, er wolle für *Rolling Stone* einen kleinen Artikel über das Debut ihrer neuen Band in Memphis schreiben, bekam er folgende entrüstete Antwort: «Für den *Rolling Stone*? Die wissen doch überhaupt nicht, was läuft. Die hocken weit weg in San Francisco und bilden sich weiß Gott was ein, weil sie glauben, sie sitzen am Nabel der Welt. Aber der liegt hier, in Memphis!»

Memphis ist zwar auch der Sitz von Sun Records, eines Labels, das die Entwicklung des Rockabilly entscheidend gefördert hat – Rockabilly, das sind weiße Country-Jungs, die schwarz singen: Elvis Presley, Jerry Lee Lewis, Carl Perkins, Roy Orbison, oder anders gesagt, eine Mischform von C&W-Hillbilly und städtischem R&B. Aber heute wird der Memphis Sound vor allem mit einer anderen Plattenküche assoziiert: Stax. Dieses Label und seine Ableger wurde erst 1959 von Jim Steward und seiner Schwester, Estelle Axton, aufgemacht. Stax, der Firmenname, setzt sich aus den Anfangsbuchstaben ihrer beiden Familiennamen zusammen.

Die Sängerin Carla Thomas, nach dem Unterschied zwischen Memphis- und Detroit-Sound befragt, erklärte: «Im Memphis-Sound sind vor allem mal die Bläser und die Gitarre wichtig, die legato spielenden Blechbläser und die Gitarre beherrschen diese Musik. Und genau darin liegt auch der Unterschied zum Detroiter Motown-Sound, wo die Drums und der Baß wichtig sind und wo vor allem Beat, Beat und noch mal Beat zählt.» Carla Thomas, eine der ersten Künstlerinnen, die bei dem

Stax-Label zu hören waren, ist als «Queen of the Memphis Sound» berühmt geworden.

Die Motown-Sängerin Martha Reeves hatte dagegen eine ganz andere Erklärung zur Hand: «Der Memphis-Sound lebt von der Baß-Trommel und dem Beat der Baßgitarre. Motown baut zwar auch auf dem Baß-Sound auf, legt aber im oberen Bereich viel mehr drüber. Der Motown Sound ist wesentlich besser durchgearbeitet. Und im Gegensatz zum Memphis-Beat verwendet der Motown-Sound einen Shuffle-Beat.»

«Der Memphis-Sound ist in der Kirche geboren worden», sagt Booker T. Jones, der begabte Chef der berühmten M. G.s, «in der schwarzen Kirche des Südens. Diese Musik war wirklich ‹soul-searching›; man kam beim Zuhören öfter mal ins Heulen. Wir haben im Memphis-Sound die Grundelemente dieser Kirchenmusik erhalten.»

Und was kam dazu? Jim Steward meint: «Wir halten uns aus den wechselnden Trends heraus und bleiben gleichzeitig eng an der Tradition ... Die Menschen von heute sind auf der Suche nach der Wahrheit ... sie sind auf der Suche nach der Realität ...und das macht die Popularität der bluesorientierten Musik von heute aus.»

Stax repräsentiert also eine Synthese von Gegenwart und Vergangenheit, eine Synthese aus dem Blues von gestern und den Harmonien und Rhythmen von heute. Stax, das ist die Beale Street des seligen W. C. Handy, umgebaut zur Startrampe Elvis Presleys – und schließlich aufgerüstet zur Abschußbasis der Mondrakete Soul.

Wenn Motown für die Gettos des Nordens steht, deren Bewohner langsam in die Welt der noblen Superschlitten und plüschigen Clubs vordringen, dann wäre Stax mit dem Mississippi vergleichbar, der über die Ufer der sechziger Jahre dringt. Denn der Memphis-Sound hat unverkennbar mehr Schlamm und Steine in sich als der Detroit-Sound. Wie früher Motown, bot Stax auch noch in den späten sechziger Jahren das Bild einer glücklich zusammenarbeitenden Familie. «Wir haben ganz bestimmt die beste Mischung von Leuten auf der ganzen Welt», hat Steve Cropper damals Jann Wenner vom *Rolling Stone* erzählt. «Wir arbeiten rund ums Jahr alle mit dem gleichen Gedanken im Kopf, vom Präsidenten, Vizepräsidenten bis zu den Sekretärinnen und Musikern ... Ich kenne keine andere Firma oder Gruppe von Leuten auf der ganzen Welt, die mit Musik zu tun haben und so gut aufeinander eingespielt sind, daß man fast sagen könnte, sie sind miteinander verheiratet. Heute ist heute, und alle leben für das Morgen, dafür, daß Stax noch besser wird ...»

Der Drummer Al Jackson bemerkte zu den Auswirkungen des Todes von Otis Redding auf die Stax-Familie: «Wir haben erkennen müssen, daß wir Otis niemals ersetzen können. Und deshalb setzen wir unsere ganze Zeit dran, einen William Bell, einen Johnnie Taylor zu etwas zu machen. Wir müssen uns eben am Riemen reißen und das wieder rausholen, was wir mit Otis und, das muß auch mal gesagt werden, mit den BAR-KAYS verloren haben.»

Die Stax-Familie war von Anfang an eine Familie, in der Rassengleichheit herrschte. Und die Betonung bei diesem Image lag nicht so sehr auf der Harmonie der Familie, sondern auf der Harmonie in den Beziehungen zwischen den Rassen. Obwohl Stax einem Weißen gehört, war sein engster Mitarbeiter und Freund immer ein Schwarzer, der bis zum Vizepräsidenten mit weitreichender Handlungsvollmacht aufgestiegen ist, möglicherweise der erste Schwarze, der südlich der Mason-Dixon-Linie einen solchen Posten erreicht hat. Auch die Band des Hauses bestand schon immer aus Schwarzen und Weißen.

Nachdem Jim Stewarts Schwester sich auf ihr Haus 2500 Dollar geliehen hatte, um einen Ampex-Recorder kaufen zu können, richteten sich die Geschwister ihr Aufnahmestudio und ihr Büro in einem leerstehenden früheren Vaudeville Theater und gewesenen Kino ein. (Die Markise des früheren Capitol-Theater trägt seitdem den legendären Namen «SOULSVILLE/USA», was natürlich eine Anspielung auf «HITS VILLE/USA» von Motown ist.) Der Schuppen lag mitten im schwarzen Viertel.

Stewart meinte dazu: «Hätten wir uns nicht an der 926 East Lemore Street niedergelassen, dann wäre Stax etwas ganz anderes geworden, als es heute ist. In unserem Fall war es vor allem der Erfolg, der Schwarz und Weiß auf gleichen Fuß stellte. Und wir haben der Welt gezeigt: Menschen unterschiedlicher Hautfarbe, Herkommen und Überzeugungen können eins werden in der Arbeit für das gleiche Ziel. Weil wir bei Stax gelernt haben, wie man zusammenlebt und -arbeitet, haben wir auch die materiellen Früchte ernten können. Aber was am wichtigsten ist: wir sind reifer und ruhiger geworden. Wenn im ganzen Land Haß und Gewalt ausbricht, dann lassen wir die Jalousien runter und hängen ein Transparent raus: ‹Seht, was wir ZUSAMMEN geleistet haben›.»

Stewart führt seine soziale Einstellung letzten Endes auf «die Beziehung zwischen Al Bell (seinem schwarzen Vizepräsidenten) und mir» zurück.

Obwohl BOOKER T. AND THE M. G.s ihre erste Goldene Schallplatte erst drei Jahre nach Gründung von Stax produzierten – *Green Onions*, ein Millionenerfolg, kam erst im Frühjahr 1962 auf den Markt – fängt bei Stax alles mit dieser außergewöhnlichen Gruppe an. Der Orgelspieler Booker T. und der Drummer Al Jackson jr. sind Schwarze, der Gitarrist Steve Cropper und der Bassist Donald «Duck» Dunn sind Weiße.

Diese entspannte Zusammenarbeit von Schwarzen und Weißen aus den Südstaaten ist der Schlüssel zum Memphis Sound, einer Verquikkung von schwarzem Blues und weißem Country, die zusammen so etwas wie Country-Soul ergibt. M. G. heißt eigentlich nichts anderes als einfach nur «Memphis Group», ein angemessener Name, weil alle außer Steve in Memphis geboren sind und auch Steve als Kind nach Memphis kam und dort aufwuchs.

Booker T. Jones wurde am 12. November 1969 fünfundzwanzig Jahre alt. Aber da hatte er bereits seinen ersten großen Filmerfolg hinter sich – das schwarze Remake von «The Informer» («Der Verräter») von Jules Dassin, «Uptight» («Black Power»). Und *Green Onions*, den ersten großen Erfolg der M. G.s, konnte er schon vor seinem achtzehnten Geburtstag abhaken, kurz nach Gründung seiner Gruppe, in der damals noch Lewis Steinberg an Stelle von Donald Dunn den Baß bearbeitete.

Booker T., der seit seiner Entlassung aus der Grundschule professionell Orgel spielte, stieß praktisch schon bei dessen Gründung zu Stax. In der Begleitband der Stax-Studios verdiente er sich zwischendurch immer wieder mal die Tagesgage von fünfzehn Dollar, solange er noch die Booker T. Washington High School besuchte. Zwei Jahre, nachdem er bereits kein namenloser Begleitmusiker, sondern auf dem Weg zum Star war, schrieb er sich an der Indiana University ein und studierte Musik; er schloß sein Studium mit einem Bachelor of Arts ab. Am besten spielt er Posaune, aber er kann noch eine Unmenge anderer Instrumente. Auf *Cause I Love You* von Rufus Thomas zum Beispiel ist sein Baritonsaxophon zu hören, auf *Tribute to a King* spielt er Gitarre, und auf einer Session von SAM & DAVE sogar Tuba.

Außer dem Bassisten Donald «Duck» Dunn, der sich sein Instrument selber beigebracht hat, sind die M. G.s alle studierte Leute oder ausgebildete Musiker. Steve Cropper studierte zwei Jahre Ingenieurwissenschaften an der Memphis State University, und der Drummer Al Jackson jr. spielte schon in jungen Jahren im Sechzehn-Mann-Orchester seines Vaters mit und studierte später am A. M. & N. College in Pine Bluff, Arkansas. Cropper, der später A & R-Boß bei Stax wurde, baute seinen Ruf langsam auf – zunächst war er nur in Fachkreisen bekannt, später auch jenseits des großen Teichs.

Neben seiner phantastischen Arbeit als Hausgitarrist von Stax hat Cropper viele Hits komponiert, so etwa *Knock on Wood* (Eddie Floyd), *634–5789* und *Midnight Hour* (Wilson Pickett).

Zur Entstehung seiner Songs hat Cropper dem *Rolling Stone* gesagt: «Fünfzig bis fünfundsiebzig Prozent von unseren Songs entstehen aus dem Gespräch heraus, würde ich sagen. Die entstehen nicht etwa so, daß Dave Porter von der Muse geküßt wird, schwitzend heimläuft und dann bis drei in der Frühe arbeitet ... Die kommen ganz von selbst, unsere Songs ... Wir hocken zusammen und halten ein Schwätzchen ... und einer sagt was, und der andere merkt sich den Einfall, weil er ständig auf der Suche nach Titeln ist ... so haben es Al und Otis immer gemacht ...»

Jackson erzählte die Geschichte des berühmten Otis-Songs *Respect*: «Ich kann mich noch an ein Gespräch mit Otis über den Sinn des Lebens erinnern. Ganz allgemein über die Höhen und Tiefen des Lebens, ... und ich hab gesagt ‹Was hast du denn zu meckern, du fährst die ganze Zeit durch die Gegend, und alles was du erwarten kannst, ist 'n bißchen Respekt, wenn du heim zu Muttern kommst›. Das war die Idee für den Text. Darüber haben wir oft gelacht. Otis hat sich gar nicht mehr einkriegen können über den Spruch. Aber Aretha Franklin hat einen astreinen Song daraus gemacht ...»

Zu seiner Trommelei meinte Jackson: «Ich glaube einfach an den soliden Takt, ob ich jetzt einen betonten Vierviertltakt oder einen Zweivierteltakt spiele. Der Rhythmus muß synkopisch zur Baßtrommel kommen, auf dem linken Stock muß weniger Betonung liegen ... Das ist ganz anders und viel lebendiger als der Motown-Beat. Die nehmen immer den gleichen Rhythmus und variieren nur den Baß-Rhythmus. Ich mag ihren Sound, aber die nehmen ihren Stomp für praktisch alles und jedes. Ihre Platten entstehen auf dem Mischpult, unsere ganz natürlich. ... Sie benutzen Nachhalleffekte, wir nicht. Wir stellen unsere Drums von Hand auf einen erniedrigten Notenwert ein ...»

«Ich benutze keine Dämpfer. Ich spiele einfach, wie es mir in den Sinn kommt. Ich spiele mit dem dicken Ende meines linken Stocks. Ich hab das im harten Tournee-Einsatz gelernt ... Das klingt richtig knackig, weil es ganz trocken kommt, ohne Nachhall. Wir plazieren unsere Mikros so, daß sie den natürlichen Sound der Trommeln einfangen, und wir decken sie dann nicht auch noch mit Congas, Bongos und Tamburins und den ganzen modischen Rhythmusgeräten zu. Das wäre echt Motown. Aber unser Bier ist das nicht.»

Der Bassist Donald «Duck» Dunn mag zwar Autodidakt sein, aber sein musikalisches Wissen hat Profi-Niveau: «Im C & W spielen die Bässe meistens zwei und vier (legen also die Betonung auf den Afterbeat des Takts). Im R & B muß man eine klare Linie durchhalten und nur gelegentlich mal ein bißchen Farbe reinbringen. Die Farbe ist notwendig, weil der Sound sonst zu monoton wird, selbst wenn man eine glasklare Linie spielt.»

Was die M. G.s aber als Musiker so einzigartig machte, war nicht nur das unbestreitbare Talent jedes einzelnen, sondern die Art, wie sie aufeinander eingingen.

«Wenn Sie uns bei einer Session zugucken könnten, würden Sie sehen, was wir damit meinen», hat Booker T. mal gesagt. «Wenn ein Takt besonders akzentuiert werden soll, brauchen wir uns nur anzugucken. Wir verbringen so viel Zeit zusammen, daß wir das ganz große Feeling füreinander haben. Wir bilden eine ganz feste Gemeinschaft.»

188

Steve Cropper versucht, das Phänomen der «Stax-Klassik» zu erläutern: «Stax klingt so klassisch, weil an dem Sound mehr Leute als nur ein Autor, ein Produzent, ein Sänger und ganz bestimmte Musiker und Techniker beteiligt sind ... *Midnight Hour* zum Beispiel hat sich zuerst ganz anders angehört als nachher auf der Platte. Am Anfang hatte es einen komplizierten Rhythmus und eine Melodie. Raus kam es aus dem Studio mit einer klaren Baßlinie, einer klaren Gitarrenführung, einem ganz bestimmten Drum-Rhythmus. Und mit schönen Bläsersätzen ... und fast alles während der Session geschrieben.»

Obwohl Stax in aller Regel mit «Head Arrangements» arbeitete, also die Begleitung für die Sänger erst im Aufnahmestadium endgültig ausgearbeitet wurde, setzen die M. G.s so wenig Mischtechnik («Dubbing») ein wie möglich. Lieber legen sie noch einen Take vor, um ja nur die natürliche Ausstrahlung des Stücks zu erhalten.

Der *Record Mirror*, ein englisches Fachblatt, schrieb zum Unterschied zwischen Detroit- und Memphis-Sound: «Der Motown Sound kommt einer computerisierten Musik ziemlich nahe, in der alles sorgfältig ausgefeilt wird, bevor es in die Studios geht; die Mischtechnik kommt voll zum Einsatz. Dagegen haben die Stax-Musiker die Kontrolle über ihre Musik, weil ihre Sessions mehr oder minder ‹live› sind. Sie sind bei einer Session voll dabei und glauben deshalb, daß der Stax Sound mehr ‹Herz›, mehr Soul hat als die Musik, die Motown produziert.»

Nicht lange, nachdem die M. G.s für *Green Onions* eine Goldene Schallplatte der RIAA in Empfang genommen hatten – der Song überschritt die Millionengrenze erst 1967 –, verdrängten sie den Superstar Herb Alpert und seine TIJUANA BRASS BAND vom Spitzenplatz der 67er *Billboard*-Umfrage nach der besten Instrumentalgruppe des Jahres. Im Februar 1968 spielten sie als erste gemischtrassige Combo beim jährlichen Preis-Diner der NARAS in Nashville.

Inzwischen war die Liste ihrer Hit-Instrumentals beachtlich angeschwollen und enthielt so bekannte Titel wie *Tic Tac Toe, Chinese Chekkers, Soul Dressing, Hip Hug Her, Soul Limbo, Hang'em High* und *Time Is Tight*. Der letzte Titel stammt aus dem Soundtrack des Films «Uptight», für den Booker T. statt des üblichen riesigen Studioorchesters nur die vier Mitglieder seiner M. G.s einsetzte.

Kurz nachdem der ehemalige Buchmacher, Bankangestellte und Country-Geiger Jim Stewart im Getto von Memphis seinen Laden aufmachte, kamen Rufus Thomas, damals noch Diskjockey bei WDIA, und seine Tochter und fragten an, ob sie nicht zusammen eine Platte machen könnten. Das war im April 1959, und Stax war damals noch unter Satellite Records bekannt.

«Im Mai 1960», erinnert sich Stewart, «haben wir *Cause I Love You* von Thomas und seiner Tochter rausgebracht. Wir haben in der näheren Umgebung von Memphis so ungefähr fünfzehntausend Stück davon verkauft, und das war für uns wie ein Millionenseller. Atlantic Records aus New York sind an uns rangetreten, und wir haben einen Vertrag über den landesweiten Vertrieb der Platte abgeschlossen, und damit kam sie auf eine verkaufte Auflage von über fünfunddreißigtausend.»

Damals entdeckte Stewart auch, daß es in Kalifornien bereits eine Firma gleichen Namens gab – und das war die Geburtsstunde des Namens Stax.

Rufus Thomas, wie Booker T. früher Schüler der Booker T. Washington High School von Memphis, fing im Showbusiness als schwarzer Komiker an. Sänger wurde er rein zufällig: Georgia Dixon, eine bekannte Bluessängerin, bot ihm einen Auftritt in ihrer Show an. Zwei Jahre, nachdem die Vater-und-Tochter-Platte erschienen war, wurde Thomas als Schöpfer des Dog, eines Rocktanzes, landesweit bekannter Rock 'n' Roll-Star, und das mit fünfundvierzig Lenzen.

Bei einem Auftritt in einem Tanzsaal in Millington, das vierzehn Meilen von Memphis liegt, sah Thomas ein Mädchen, das ungefähr so tanzte, wie ein Hund Männchen macht.

«Die hat mir unheimlich gefallen», erinnerte sich Thomas. «Ich hab den Baß einen anderen Beat spielen lassen. Die Band hat mitgezogen, und der Drummer hat die Kurve auch gerade noch gekriegt. Dann hab ich zwölf Takte von *Do the Dog*, dann zwölf von *Do the Hound Dog*, dann *Do the Bird Dog* und von allem anderen mit *Dog* gespielt, was uns eingefallen ist. Am Ende haben wir alle Wau-Wau gemacht.» Es dauerte nicht lange, und Stax kam mit einer Platte raus, auf der *The Dog* als B-Seite eines Blues zu hören war. Die Platte drehte sich ziemlich schnell um: Die B-Seite wurde zur A-Seite und verkaufte sich zwei Jahre lang. Thomas zog natürlich mit einer weiteren Hundescheibe nach, *Can Your Dog Do the Monkey?*, einer Kombination aus zwei Tänzen der Nach-Twist-Ära. Weitere denkwürdige Titel von Rufus Thomas: *Walkin' the Dog, The World Is Round (But It's Crooked Just the Same)* und *Greasy Spoon*.

Seine Tochter Carla kam im Dezember 1942 auf die Welt und war bereits mit acht Jahren als Mitglied einer sonst nicht weiter erwähnenswerten Gruppe, der Teen Towers, über die Radiostation WDIA zu hören. Carla, ein freundliches Mädchen, das aber bereitwillig einräumte, ein ziemlicher Snob zu sein, war erst achtzehn Jahre, als sie *Ghee Whiz! (Look at His Eyes)* schrieb und aufnahm. Die Scheibe erschien 1961 bei Stax, verkaufte sich reißend und brachte dem Label seine erste Goldene Schallplatte ein. Acht Jahre später war Carla auf Tournee in Deutschland. Eines der Blätter kommentierte ihren Auftritt mit dem Satz: *Carla ist Gold wert* – eine Einsicht, die in jeder Sprache ihr Gewicht behält.

In den Jahren zwischen diesen beiden Ereignissen produzierte Carla nicht nur einige heiße Aufnahmen, darunter *I'll Bring It Home to You* und *B-A-B-Y*, sondern erwarb auch den Grad eines Bachelor of Arts an der Tennessee A. & I. State University im Fach Englisch. Danach begann sie an der Howard University in Washington D. C. eine Doktorarbeit im selben Fach. Den Leuten, die sie vom Campus kannten, fiel es nicht unbedingt leicht, ihren Sound mit ihrem alltäglichen Auftreten in Einklang zu bringen. Carla Thomas, die Studentin: ein ruhiges, nachdenkliches Mädchen. Die Queen des Memphis-Sound (den Titel bekam sie für das Album «The King and Queen», zusammen mit Otis Redding): Ein Mädchen mit Feuer im Hintern und Gold in der Kehle.

Die Stax-Produzenten gaben sich jedoch nicht damit zufrieden, einfach nur die einschmeichelnde und doch temperamentvolle Stimme von Carla mit einer schönen Begleitung zu unterlegen. Lange hegten sie den Verdacht, daß der Memphis-Rhythmus für ihre Stimme zu stark und dicht wäre. Die Produzenten Isaac Hayes und David Porter, die an *Pikking Up the Pieces* arbeiteten, flogen mit dem Track, auf dem Carlas Part drauf war, hoch nach Detroit, wo sie den Chor, die Geigen und die Rhythmusgruppe in einem Studio produzierten und beimischten – sie betonten hinterher, es habe sich nicht um die Motown-Studios gehandelt. Andererseits kann es für sie auch keine große Überraschung gewesen sein, daß anscheinend alle Detroiter Studios diesen Sound draufhatten.

Der leichtere und in seiner Struktur weniger dichte, poppigere Detroit Sound ließ Carlas Stimme so gut herauskommen wie nie zuvor. (Es war übrigens auch ganz richtig, daß Carla für dieses Experiment ausgewählt wurde; schließlich war ja ihr *Ghee Whiz* für Stax der erste Einbruch in den Pop-Markt. Booker T. meinte, daß sich Stax dann mit *Green Onions* endgültig in der Welt des Pop etabliert habe.)

Isaac Hayes und Dave Porter waren damals die Hausautoren und -Produzenten bei Stax. Der bärtige, bebrillte, beinahe glatzköpfige Hayes hatte schon in seiner Studentenzeit an der Memphis Manassas High School von einer Karriere als Sänger geträumt. Er machte eine Gruppe, die Teen Tones, auf, sang bei einer Gospelgruppe mit, den Morning Stars, und schließlich in einer Rock 'n' Rhythm-Gruppe, den Ambassadors.

Isaac: «Eines schönen Tages hat mich der Sänger Jeb Stuart angerufen und gefragt, ob ich nicht für ihn Klavier spielen will. Das konnte ich zwar gar nicht, aber ich hab die Knete gebraucht ... Also hab ich mit ganz einfachen Sachen bei ihm angefangen und schaffte es irgendwie. Ich muß echt ein Ohr für das Gerät gehabt haben.» Ike hing seitdem öfter in den Stax-Studios rum und wurde schließlich ab und zu eingesetzt, wenn der Hauspianist Booker T. studienhalber abwesend war.

Sein Partner Dave Porter: «Ich bin in Memphis geboren. Ein Haufen Kinder und nur die Mutter. Ich bin barfuß rumgelaufen, wir waren so arm, daß es richtig weh getan hat. Ich hab seit der Gründung von Stax hier in der Nähe gewohnt. Ich war einer von den ersten Künstlern bei dem Label Stax, mit einer Scheibe, die überhaupt nicht gelaufen ist, eine schmalzige R & B-Nummer, *Old Grey Mare*. Ike war bei ein paar Sessions dabei, wir haben miteinander geredet und gemerkt, daß wir in vielem ähnlich denken. Bevor ich zu Stax gegangen bin, hab ich gegenüber in einem Supermarkt Preisetiketten auf die Waren geklebt, und abends hab ich in Nachtclubs gesungen.»

Hayes: «Ich lebe seit meinem siebten Lebensjahr in Memphis. Meine Großeltern haben mich aufgezogen – meinen Vater und meine Mutter hab ich nie gesehen. Das war in Covington, Tennessee, meine Großeltern haben da auf einer Farm gearbeitet. Ich hab dann in einer Fleischfabrik malocht. Aber als ich da rausgeworfen worden bin, hab ich bei einer Band mitgemacht und mir vorgenommen, daß ich dabeibleibe, bis ich es geschafft hab. Zu Stax bin ich drei- oder viermal mit Bands und Vokalgruppen gekommen, die versucht haben, ihre Sachen unterzubringen. Ich hab damals Saxophon gespielt.»

Die Zusammenarbeit der beiden fing mit einer ganzen Reihe von Flops an. Erst 1966 schafften sie mit *Hold On, I'm Coming* und *Soul Man* – zwei Riesenerfolgen von Sam & Dave – den Durchbruch. An die Entstehung von *Hold On...* haben die beiden noch eine lebhafte Erinnerung.

Hayes hat Jim Delehant vom *Hit Parader* folgende Story darüber erzählt: «Ich hab den Einfall für den Anfang gehabt. Die Bläsermelodie hab ich von einem Instrumental genommen, an dem ich gerade saß. Dann ging es an die Melodie – und wir waren auf einmal völlig blockiert. Wir haben beschlossen, die Sache erst mal auf sich beruhen zu lassen. Und eines Abends haben wir uns den Titel dann wieder vorgenommen.»

Porter: «Ich bin in den Pausenraum gegangen und hab mich ein paar Minuten hingehauen. Aber Hayes hat mich gesucht und mit seinem Gebrüll aus dem Schlummer gerissen. Ich hab zurückgebrüllt: ‹Halt noch 'n bißchen aus, Mann!› (Hold on, man, I'm coming), und ich kann's beschwören, in dem Moment bin ich wie von der Tarantel gestochen hochgefahren, aus dem Pausenraum gerannt und hab geschrien: ‹Ich hab's!› Hayes ist auf den Titel auch sofort abgefahren, er hat am Klavier im Handumdrehen die perfekte Melodie geklimpert, und der Song stand in fünf Minuten.»

Als der Song fertig war, tauchte das Problem auf, ihn optimal auf Sam & Dave abzustimmen. «Wir schneidern unsere Titel dem jeweiligen Künstler auf den Leib», sagte Porter. «Zuerst mal haben wir geprüft, ob die Melodie stimmte. Dazu haben wir sie mit anderen Bändern verglichen, die wir mit ihnen aufgenommen hatten. Wir haben noch ein paar kleine Arabesken reingebracht, die sie verwenden konnten, wenn sie wollten. Wenn sie nämlich mal auf den Song abgefahren sind, legen sie natürlich ihre Interpretation hinein. Wir mußten also auch auf die Message achten. Wenn wir mit dem Text nicht ganz klarkamen, haben wir an den Titel gedacht, *Hold On, I'm coming,* und da geht's ja um einen Hilferuf. Das haben wir dann auch konsequent durchgehalten.»

Auf allen Platten, die Porter und Hayes gemeinsam produziert haben, spielte Ike Klavier. «Aber ich war auch bei vielen anderen Aufnahmen dabei. Wilson Pickett hat hier sein *99 1/2* und *634–5789* eingespielt, darauf bin ich auch zu hören. Außerdem noch auf Scheiben von Albert King. Bei den BAR-KEYS spiele ich Klavier und Orgel. Booker T. spielt zwar auf den meisten seiner Aufnahmen selber Orgel, aber manchmal wechseln wir uns auch ab. Booker spielt langsamer und weicher als ich.»

Daß Memphis zu einer wichtigen Musikstadt geworden ist, liegt nach Meinung von Hayes und Porter daran, daß hier die Rassenintegration weitgehend verwirklicht ist: «Es ist eine bunte Mischung von Leuten, die ihre Ideen einbringen und sie dabei zu etwas unverwechselbar Neuem verschmelzen. Hayes und ich, wir studieren sogar C & W-Stücke, weil wir dahintergekommen sind, daß aus dieser Ecke ein paar von den besten Texten der Welt stammen. Wir könnten durchaus eine Country-Melodie nehmen und auf R & B trimmen und trotzdem unsere Aussage und unseren Stil zur Geltung bringen.»

Ike Hayes spann den Gedanken von Porter weiter: «In Memphis gibt es kein Rassenproblem. Hier geht es wirklich harmonisch zu.» Auf die Frage, ob die Ballung von Talenten in Memphis etwas mit dem Mississippi zu tun habe, meinte Ike: «Klar, mich hat er auch enorm inspiriert. Jeden Sommer bin ich abends in den Park am Fluß gegangen und hab mich dort eine Weile hingesetzt. Ich hab eine Menge über Geschichte gelesen, und dort im Park hab ich richtig gespürt, was das schwarze Erbe für mich bedeutet, die Riverboats, das Singen, die Sonnenuntergänge, die ganze Geschichte. Ich kann das wohl kaum erklären, was für ein Gefühl das ist, so am späten Abend. Damit hat das wohl was zu tun. Memphis hat früher Baumwolle exportiert. Bei der Arbeit ist unheimlich viel gesungen worden. Und das hat Handy und alle die andern ganz bestimmt beeinflußt.»

Im Handy-Park in der Nähe der Beale Street steht heute ein bronzener W. C. Handy mit einer Trompete in der Hand – leider direkt vor einer Bedürfnisanstalt. Die Beale Street, der Entstehungsort so manches Handy-Blues, war nach dem Bürgerkrieg das Mekka der befreiten Sklaven aus den Nachbarstaaten Mississippi, Arkansas und Missouri. Hierher zog es die begabten Musiker aus New Orleans und St. Louis via Highway (Nr. 49, 51 und 61) und Eisenbahn (Texas & Pacific, Illinois

Central, Louisville-Nashville), die allesamt in Memphis zusammen-
laufen.

Nach dem Zweiten Weltkrieg ging B. B. King, der bis dahin niemals
aus seinem Heimatstaat Mississippi herausgekommen war, nach Memphis, weil er was von Handy gehört hatte und sein Cousin Bukka White
(der auch aus Mississippi stammte) dort wohnte. Als B. B. als Diskjokkey bei WDIA in Memphis angestellt wurde, war das noch die einzige
Station, die Schwarze einstellte. Sie ist auch noch lange danach «die einzige schwarze 50 000-Watt-Station Amerikas» geblieben.

Ike hat mal über die Bedeutung des Soul gesagt: «Soul ist ein bestimmtes Gefühl – so drückt sich jemand aus, der lange Zeit unter irgendeiner Bedrückung hat leben müssen ... Und das, was er sagen will,
kommt auch rüber: die anderen können richtig spüren, was du selber
fühlst, wenn du singst oder malst oder schreibst oder wie du dich auch
immer mitteilst. Jedenfalls erreichst du die Leute – und sie spüren genau
das gleiche Gefühl wie du, zur gleichen Zeit. Das ist Soul.»

In ihrem Song *Soul Man* geht es dagegen viel irdischer zu:

> I was brought up on a side street
> I learned how to love before I could eat
> I was educated to good stock
> When I start lovin', oh, I can't stop
> I'm a soul man, I'm a soul man, I'm a soul man,
> yeah, I'm a soul man.

SAM & DAVE, die für diesen Song 1967 eine Goldene Schallplatte kas-
sierten, arbeiteten damals schon sechs Jahre zusammen. Samuel David
Moore, der Sohn eines baptistischen Diakons aus Miami, lernte Dave
Prater, den Sohn eines Arbeiters aus Ocilla, Georgia, bei seinen Auftritten in einem Club in Miami kennen. Prater arbeitete seinerzeit noch als
Aushilfskoch und Bäckergehilfe. Sie taten sich zusammen und nannten
sich DOUBLE DYNAMITE.

Ihre erste Stax-Platte, *It Was So Nice While It Lasted*, verkaufte sich
nicht besonders. Aber schon ein Jahr später, 1966, hatten sie einen
Charts-Renner nach dem anderen. Zuerst *You Don't Know Like I
Know*, dann *Said I Wasn't Gonna Tell Nobody* und schließlich das an-
steckende *Hold On, I'm Coming*, das wie eine Rakete auf den ersten
Platz der Charts schoß.

SAM & DAVE sind ausgesprochen starke Bühnenkünstler, weil sie ihre
Plattenkarriere erst nach langen Jahren Clubauftritten begannen. *Time*
hat mal geschrieben: «Keiner von den ganzen ausgefuchsten R & B-
Künstlern kann einem Saal so einheizen wie SAM & DAVE ... Sie hopsen
und tanzen und verrenken sich bei ihrer Bodenakrobatik derart heftig,

Sam & Dave

daß sie pro Jahr über hundert Bühnenanzüge verschleißen. Ihre Stimmen – die von Sam ist eher hoch und schneidend, die von Dave eher rauh und dunkel – ergänzen sich bei todtraurigen, harmonischen Klagen so gut wie bei hitzigen Songs im Gospel-Stil. Und ihre Zuhörer reagieren wie Bekehrte bei einem Revival-Meeting.» Auf ihren besten Platten gelingt es SAM & DAVE, die Aura ihrer überschäumenden Live-Auftritte, die gewaltige Energie, die sie auf der Bühne zu «Double Dynamite» werden läßt, zu erhalten und dem Zuhörer mitzuteilen.

Zu den Künstlern, die erst relativ spät in den verzauberten Kreis der Künstler vorstoßen konnten, der Stax die Goldenen Schallplatten bringt, ist ein junger Mann zu zählen, von dem Ike Hayes einmal gesagt hat: «Bei SAM & DAVE müssen wir schon bei den Stücken darauf achten, daß sie viel Pfeffer haben. Bei Johnnie Taylor» – das war der Name des neuen Stars – «müssen wir wesentlich subtilere Stücke ansetzen.» Dave Porter fügte hinzu: «Johnnie verkauft die Message seiner Songs hundertprozentig. Der kriegt jede Message rüber.»

Taylors erster Hit (1969) war zugleich auch die Platte, die sich in der ganzen Geschichte von Stax am besten und schnellsten verkaufte. In nur fünf Wochen kam *Who's Making Love?* auf die nötige Verkaufszahl für eine Goldene Schallplatte. Das war zwar sicherlich ein Erfolg, der über Nacht gekommen war; doch Taylor hatte auch eine lange Lehrzeit hinter sich. Der 1937 geborene Sohn eines Geistlichen aus Crawfordsville, West Memphis-Arkansas, sang schon mit sechs Jahren im Kirchenchor mit. Und im Radio hörte er schon damals am liebsten Sonny Boy Williamson und Junior Parker.

Mit fünfzehn verließ er Arkansas und nahm Arbeit in einer chemischen Fabrik in Cleveland an; in seiner Freizeit sang er in einer Gospelgruppe. In Chicago, der nächsten Station seiner Wanderjahre, schloß er sich den FIVE ECHOES an, einer Gruppe, die bei Vee Jay unter Vertrag war und mit den SPANIELS, den FLAMINGOS, den MOONGLOWS und BILLY WARD AND THE DOMINOES im Vorprogramm auftrat.

In seiner Chicagoer Zeit mischte er auch – auf Empfehlung des ausscheidenden Sam Cooke – bei den SOUL STIRRERS mit. Die STIRRERS waren eine bedeutende Gospel-Gruppe, die mit Mahalia Jackson auf Tournee ging und sogar in der Carnegie Hall und im Madison Square Garden auftrat. Taylor zog über Kansas City nach Los Angeles, wo er drei Jahre blieb. Als er 1960 den ersten Anlauf zu einer Solokarriere machte, nahm ihn Sam Cooke für sein Label Sar unter Vertrag. Sein erstes Album bei Stax trug den Titel: «Wanted: One Soul Singer». Er hatte damals zwar schon den richtigen Sound; aber was ihm noch fehlte, war der richtige Song.

Der Titel *Who's Making Love* läßt einen sofort an James Brown denken. Taylor kann es in der Ausdrucksintensität mit jedem Ekstase-Sänger aufnehmen. Aber *Poor Make Believer* läßt vermuten, daß auch Sam Cooke einen mindestens genauso starken Einfluß auf Taylor ausgeübt hat wie seine Lehrjahre in diversen Gospel-Chören. Taylor hat die gleiche Wärme und Intonation wie Sam Cooke, wenn auch vielleicht eine etwas rauhere Stimme.

Taylor: «Die SOUL STIRRERS haben mich genommen, weil sie jemanden mit der gleichen Stimme wie Sam brauchten. Die Umstellung hat mich viel Arbeit gekostet.» Eine spätere Stellungnahme: «Stempeln Sie mich um Gottes willen nicht als Bluessänger ab. Bobby Bland und B. B. King reden mir dauernd zu, ich soll beim Blues bleiben.» (King und Bland waren seine Bluesfavoriten.) «Sie sagen, das kann ich am besten. Aber Blues ist mir zu wenig, ich will meine Karriere doch nicht von vornherein beschränken.»

Die Karriere Eddie Floyds, der 1966 zum erstenmal die Top Ten erklomm, entwickelte sich ganz ähnlich wie die von Taylor: sie begann in einer Gospelgruppe in Montgomery, Alabama. Eine Zeitlang war er bei den FALCONS, einer Truppe, bei der damals auch Wilson Pickett sang, für den Eddie später *634–5789* schrieb.

Floyds Gospel-Background kommt in Songs wie *Someone's Watching Over You* (von Solomon Burke bei Atlantic aufgenommen) und *Comfort Me* (Carla Thomas) besonders deutlich raus. Seinen ersten Auftrag als Autor und Produzent bekam er von Stax. Mit Al Bell, dem späteren

Vizepräsidenten von Stax und damaligen Diskjockey in Washington D. C., produzierte er *Comfort Me* mit Carla Thomas.

Floyd, ein leidenschaftlicher Fan von Johnny Ace, war natürlich scharf darauf, selber aufzunehmen, statt immer nur andere Künstler zu überwachen. 1965 wurde er festes Mitglied der Stax-Familie; seine erste Soloerscheinung war *Things Get Better*. Und es konnte auch gar nicht besser kommen: Mit *Knock on Wood*, einem Song, den er zusammen mit Steve Cropper geschrieben hatte, fuhr er seinen ersten Erfolg ein.

Seine späteren Songs – wie etwa *A Saturday Night* – profitierten ganz gewaltig von seiner Produzenten-Erfahrung und zeigen die vielfältigen Einflüsse, denen er ausgesetzt war. Floyd über die Entstehung von *A Saturday Night*: «Ich hab mir die DIXIE NIGHTINGALES als Chor geholt – das ist von Haus aus eigentlich eine Spiritual-Gruppe. Den Baß hab ich mir bei einer von diesen ‹Schabadabaduu›-Gruppen geliehen. Die Idee für die Gitarre holte ich mir bei HANK BALLARD AND THE MIDNIGHTSTERS. Ich glaube, das Stück, das ich da beerbt habe, war *There's a Thrill on the Hill*. Diese alte, blecherne Gitarre kennen Sie ja. Dann kam noch der gleiche Shuffle-Beat wie bei *634–5789* von Wilson Pickett dazu.»

Zu den weiteren Zuwächsen in der Stax-Familie gehört ein Bluesman aus den fünfziger Jahren, der solange kein Publikum und keine Anerkennung fand, bis er 1966 in Memphis Platten zu besingen begann. Laut Rockkritiker Richard Goldstein fanden die Blues-Süchtigen, die auch noch den hintersten Winkel des Bayou nach einem Soul-Guru durchstöbern, in ihm – Albert King – ihren Großen Meister. «Dank ihres Eifers hat sich Albert vom Pop-Getto losgesagt und spielt jetzt überall, wo sich eine Gelegenheit findet, im vergänglichen Reich des Hip-Rock vor ehrfurchtsvollem Publikum.»

Es dauerte ziemlich lange, bis der Ruhm den im April 1923 in Indianola im Herzen des Mississippi-Deltas als Halbbruder von B. B. King geborenen Albert King ereilte. Die vaterlose, dreizehnköpfige Familie zog andauernd um, und Albert mußte sich sein Brot schon früh mit harter Arbeit verdienen. Sobald er stark genug war, gab er die Farmarbeit auf und fuhr schwere Baumaschinen.

«Eigentlich bin ich ja Bulldozerfahrer», meint Albert King. «Ich bin auf Baustellen in ganz Mississippi, Arkansas und Tennessee und anderswo gewesen. Vier Jahre habe ich als Mechaniker gearbeitet. Aushilfskoch und Truckdriver bin ich zeitweise auch schon mal gewesen.» Und mit einer Ehrlichkeit und Offenheit, die im Showbusiness ziemlich rar ist, hat er Jim Delehant vom *Hit Parader* anvertraut: «Manchmal möchte ich am liebsten den ganzen Kram hinwerfen und wieder Bulldozer fahren. Diese Musik kann einem entsetzlich auf den Wecker fallen. Wenn man seine Ruhe will, dann geht's nicht, und wenn man grade mitten in der Arbeit steckt, geht's auch nicht. Immer taucht einer auf, der einen unbedingt sprechen muß. Nein kann man nicht sagen, sonst drehen sie durch.»

Für Puristen, die aus diesen Worten den Schluß ziehen, daß King keineswegs so vom Blues besessen ist, wie sie es bei ihren Blues-Göttern und schwarzen Volkshelden gerne hätten, wird es ein Schock sein, wenn sie hören, von wem und was Albert King sich beeinflussen ließ. Nach seinem eigenen Geständnis hörte er früher die MILLS BROTHERS und das GOLDEN GATE QUARTET besonders gern.

«Aber die WOODY HERMAN BAND hab ich am allerliebsten gehört. *Blue Flame* und *Uptown Blues*. Dann die Dorsey Brothers. Ihre Band hat mir irre gefallen, weil sie *Jumpin' at the Woodside* im Repertoire hatten. Das Boogie-Woogie-Piano war damals ungeheuer beliebt, und ich hab es auch gemocht ...»

Und um die Verblüffung der Folk-Fanatiker komplett zu machen, die die Country-Bluesmen gerne als Menschen sehen möchten, die im luftleeren Raum leben, dem alles Unreine fremd ist: Gegen Country – oder besser gesagt, Western Swing – hatte er auch nichts einzuwenden, im Gegenteil.

Als Truckdriver hatte er eine Zeitlang in El Paso zu tun: «Wir arbeiteten auf einer Ranch, die hundert Meilen lang gewesen sein muß. Der BOSS gab eine Barbecue-Party und hatte BOB WILLS AND THE TEXAS PLAYBOYS als Tanzkapelle engagiert ...Sie spielten Jitterbug. Die ganzen Teenager waren damals begeistert von dieser Musik ... Der Shuffle kam aus dem Boogie-Woogie; irgendein schlaues Kerlchen ist mal auf die Idee gekommen, daß man diesen Rhythmus auch auf dem Klavier spielen kann ... Die Band von Wills konnte das Zeug besser spielen als alle, die ich sonst gehört hab. Er konnte sogar auf der Geige einen Jitterbug spielen.»

Auch Rock 'n' Roll – oder was er dafür hielt – verachtete King keineswegs: «Rock hab ich per Zufall das erste Mal in den vierziger Jahren in einer Kleinstadt in Virginia gehört. Ich hörte mir die FATS DOMINO-BAND und Ray Charles an. Das war lange vor der Zeit, als sie berühmt wurden.» Und zweifellos natürlich lange bevor sie hätten Rock spielen können, denn der war ja schließlich eine Entwicklung der Mittfünfziger.

Trotz der vielen unterschiedlichen Sounds, die King gehört und zum Teil auch gemocht hat, ist und bleibt er ein Bluesman aus dem Mississippi-Delta. Die Gitarre hat er sich nach Schallplatten – meistens von T-Bone Walker und Blind Lemon Jefferson – selbst beigebracht. Es heißt, sein erstes Instrument sei ein kühner Eigenbau gewesen: An Wand und Boden genagelte Saiten, die von einem Besen stammten. Die Bottleneck-Technik lernte er – wie die meisten Bluesgitarristen – mit jenem Hilfsmittel, das ihr den Namen gegeben hat: einem abgebrochenen und zurechtgeschliffenen Flaschenhals.

Eine E-Gitarre bekam er erst als Siebzehnjähriger zu Gesicht, als er genug Geld gespart hatte, um nach Memphis zu fahren und dort die Dorsey Band spielen zu hören. Seine erste elektrische Gitarre kaufte sich King etliche Jahre später, als er in Little Rock, Arkansas arbeitete. Später besaß er ganze vier: eine große, kräftige Showman für Live-Auftritte, eine Epihone, eine V-förmige Gibson Flyer und für Plattensessions «eine hübsche handliche Fender Amp, die ist ungefähr so groß wie der größte Radiowecker».

Bestimmt mehr als ein Kritiker hat die Wirkung Kings ähnlich wie Albert Goldman beschrieben: «Seine Musik wirkt wie aus knorrig-dreckigen Deltastrünken gepreßt, durch ein engmaschiges Metallsieb getrieben, und dann im Säurebad geschwenkt – sie schneidet wie zerbrochener Stahl, brennt wie Trockeneis und fährt einem ins Mark wie eine Elektronadel, die auf einen Nerv trifft. Die Blue Notes von King, eine Mischung aus dem altertümlichen Bottleneck-Stil des Mississippi-Deltas und dem seufzenden, weinerlichen, ja ‹psychedelischen› Sound der Hawaiigitarre, sind so ‹häßlich›, so grausam eindringlich, daß es einen, steht man auch nur eine Viertelstunde unter ihrer hypnotischen Wirkung, nach einer zerbrochenen Flasche und einer schrägen Visage gelüstet, die man mit ihrer Hilfe zerfleischen könnte.»

Selbst wenn man die Neonröhren-Rhetorik dieses Schreibers abzieht, eins steht fest: King ist ein Bluesman von ganz außergewöhnlicher Kraft.

Im Gegensatz zu Goldmans Behauptungen, King habe seine Erstlingswerke bei dem Label Bobbin Records 1956 in St. Louis aufgenommen, hat Albert King seine ersten Scheiben beinahe drei Jahre früher – nämlich im Dezember 1953 – in Chicago eingespielt – zwei Stücke für das Label Parrot. Der «große Schwung», von dem Goldman angeblich wissen will, wurde zwar tatsächlich bei Bobbin Records eingespielt, aber erst 1959, 1960, 1961–62. Besonders eingeschlagen haben sie nicht gerade. Und auch mit den sieben Stücken, die er um 1962 für King Records aufnahm, und den vier Stücken, die er 1965 bei Coun-tree Records in East St. Louis unter Dach und Fach brachte, hinterließ er bei den Hörern keinen sonderlich bleibenden Eindruck.

Für Goldman sind die Stücke, die King 1966 bei Stax einspielte, «echter Country-Sound ohne Zugeständnisse an den Kommerz». Doch wie soll das zu dem Goldman-Ausspruch passen, daß *I Love Lucy*, eine Single, die in die Charts kam, «beim ersten Hören auch nicht viel besser klingt als die Novelty-Nummern, die damals von der weißen Tin Pan Alley in rauhen Mengen auf den Markt geworfen wurden: Ein Liebeslied über ein Mädchen, das sich als feurige Liebeserklärung an eine Gitarre entpuppt»? Ist *I Love Lucy* denn ein unkommerzieller Titel? Und was meint Goldman in aller Welt mit seiner Feststellung, daß Kings Gitarrenspiel «einen neuen Standard für Stilreinheit aufgestellt hat», wenn er doch gerade eben noch davon gesprochen hat, daß der Blues von King eine Mischung aus zwei ganz verschiedenen Stilen darstellt? Mit Goldman haben wir einen Fall jenes fanatisch-lächerlichen Purismus vor uns, der weder historischen noch ästhetischen Wert besitzt, noch den Musikern – ob Folk, Pop, Rock oder Soul – etwas nützt.

Wenn wir glauben, daß in der Musik das Feeling den Ausschlag für die Leistung gibt, dann ist damit auch schon gesagt, daß die Künstler sich mit der Zeit und den Umständen ändern. Was der junge Albert King, der nach einem Publikum hungerte, damals machte, interessierte ihn in dem Moment nicht mehr, wo er vollkommen anerkannt war. Und was ihn in den R & B-Fünfzigern anzog, mußte deshalb in den Sechzigern, dem Jahrzehnt des Soul, längst keinen Einfluß mehr auf ihn haben.

Albert King über den Blues: «Was die meisten Leute überhaupt nicht merken, das ist, daß er keine Farbe hat. Der Blues ist ganz einfach eine musikalische Sprache, mit der der Mensch das ausdrücken kann, was ihn tief drinnen bewegt ... Man könnte den Blues durchaus als Problemsong bezeichnen. Der alte Blues war seinerzeit ja ganz vernünftig, aber die Probleme von heute sind eben anders.»

Kings Wirkung ist nicht etwa eine Folge seiner ethnischen Reinheit, sondern seiner Fähigkeiten, wie Pete Johnson in der *Los Angeles Times* geschrieben hat. «King hat die traditionelle Ironie, das Pathos und die Komik des Blues in den Rahmen gestellt, der in die Mitte des zwanzigsten Jahrhunderts paßt.»

Ein gutes Beispiel dafür ist Kings Version des *Laundromat Blues*, das erste Stück, das er 1966 für Stax eingespielt hat. Es geht – wie in Hunderten von Bluessongs – wieder einmal um die Untreue. Aber die Dame seines Herzens befleckt ihren Ruf in einer ziemlich zeitgenössischen Umgebung – im Waschsalon. In einem anderen Stück modernisiert er ganz traditionelle Bluesmotive: *«I want to be your personal manager, baby / I want to do everything for you / If you sign my contract, baby, / All your worries are through.»*

Das kann man als Kommerz oder peinlichen Revisionismus abtun. Aber Albert King hat eben so seine Erfahrungen mit Managern, die ihm das Blaue vom Himmel versprachen. Diese Sorgen hatte Blind Lemon Jefferson natürlich nicht. Die Modernisierung der Motive, die es ihm erlaubt, seine ureigensten Gefühle auszudrücken, gibt den Songs ja erst ihre aktuelle Bedeutung. Was also – außer dem miesepetrigen Dogmatismus, der den Puristen so sehr am Herzen liegt – sollte Albert King daran hindern, seinen Blues nicht so zu singen, wie er in den zwanziger Jahren gesungen worden wäre?

Seine musikalischen Leistungen werden von Al Bell, dem schwarzen Vizepräsidenten von Stax, treffend so beschrieben: «Albert King hat ein

Extrem – den Gutbucket Blues in seiner ländlichen Form – genommen, hat alle seine Elemente bis auf seine Realitätshaltigkeit verändert und ihm einen Hauch von Urbanität hinzugefügt. Dadurch wird sein Stil zeitgemäß und verständlich. Wer vor zwanzig Jahren den nackten, puren Blues gehört hat, der mag Albert King auch heute noch. Und von seinen treuen Verehrern seit Urzeiten mal abgesehen: Albert ist dank der jungen Leute, der Hippies und der Europäer, zum großen Star geworden. Für sie ist Albert der Vater des modernen Blues.»

Wie Atlantic von Warner Bros./Seven Arts geschluckt wurde, so wurde Stax/Volt 1968 von Paramount Pictures aufgekauft, die wiederum von dem Mischkonzern Gulf and Western übernommen wurden. Stax expandierte seit 1968 vom reinen Produktionsstudio (dessen Platten von Atlantic Records hergestellt und vertrieben wurden) zum ausgewachsenen Plattenproduzenten. Die Geschwindigkeit, mit der zum Beispiel die Johnny Taylor-Version von *Who's Making Love* ganz phänomenale Verkaufszahlen erreichte, geht ganz sicher auf das Konto der viel besseren Kontrolle, die Stax seitdem über sein Produkt ausübte. In dieselbe Zeit fiel auch der Ankauf und die Produktion des ersten Film-Soundtracks durch Stax, dessen Musik von T. Bone Walker geschrieben wurde: «Uptight». Es war natürlich ein Paramount-Film.

Ob diese ungeheure Expansion – einschließlich der Gründung eines neuen Tochterlabels, Hip Records – zur Verwässerung oder Verbesserung des Memphis Sounds geführt hat, ist eine rein spekulative Frage. Der Charakter einer neuen Künstlergruppe jedoch, die seitdem zu Stax gestoßen ist, hat den Stax-Stil mit Sicherheit überhaupt nicht verändert.

Die STAPLE SINGERS sind einmal als die erste Familiengruppe des Gospel bezeichnet worden. Der Kritiker Nat Hentoff hat über sie geschrieben, im Vergleich zu anderen Gospel-Kommandokämpfern zum höheren Ruhme Gottes, die «ihr Publikum mit Gewalt, Lautstärke und hartnäckig wiederholten Rhythmen» im Sturmangriff überwältigen, seien die STAPLE SINGERS «in der Struktur ihrer Musik wesentlich weicher – dafür aber rühren sie die Menschen tiefer und wirken länger. Statt sich in eine wilde Tamburin-Euphorie zu stürzen, halten sie innere Einkehr, und das so intensiv, daß der Zuschauer den Eindruck erhält, er sei Zeuge einer Familienandacht».

Und als religiöse Familie haben die STAPLE SINGERS auch tatsächlich angefangen. Die Gruppe besteht aus Papa Roebuck «Pop» Staple, seinen Töchtern Cleothe und Mavis, und schließlich dem Filius Purvis Staple. Cleo: «Ein Mann, dem Papa Geld geliehen hatte, überließ ihm als Sicherheit seine Gitarre und hat sie nie wieder ausgelöst. Und da hat uns Papa am Feierabend um sich versammelt, und wir haben Choräle und Gospels gesungen. So hat sich Papa am liebsten entspannt.»

Purvis: «Ja, so war's. Wir haben nur aus Spaß an der Freud gesungen, bis eines Tages ein paar Leute aus dem Kirchenchor krank geworden sind und man uns gebeten hat, sie im Gottesdienst zu vertreten. Wir haben es gemacht, und die Gemeinde hat immer noch eine Zugabe verlangt. Danach traten wir auch in anderen Kirchen auf und bekamen Wochenend-Engagements in South Bend und Gary, Indiana.»

Schließlich spielte die Gruppe für United Records eine Single ein, *Sit Down Servant*, anschließend eine Single für Vee Jay, *Cloudy Day*. Seit 1962 bekamen die STAPLE SINGERS von *Down Beat*, dem *Chicago Courier* und anderen Blättern einen Preis nach dem andern. In der zweiten Hälfte der sechziger Jahre trat vor allem Mavis Staple in den Vordergrund, die Papa Staple als Leadsänger ablöste und deren Konteralt von einer Beinah-Bariton-Stimmlage bis in die höchsten Töne des Soprans reicht. Die Kritiker haben ihre Stimmkraft und ihre emotionale Ausdrucksweise mehr als einmal mit der von Aretha Franklin verglichen.

Purvis: «Unsere Message ist die Freiheit, und wir fordern sie vor dem Hintergrund unserer Erfahrungen als Schwarze. Der Weiße kann mit den Erfahrungen der Schwarzen nichts anfangen, weil er sie ganz einfach nie gemacht hat, und wir versuchen, ihm diese Erfahrungen zugänglich zu machen. Wir haben uns auch deshalb auf den neuen Stil umgestellt und den reinen Gospel aufgegeben, weil wir mehr Menschen erreichen wollen – wir wollen, daß sie verstehen, worüber wir singen. Und eins ist sicher wie das Amen in der Kirche: Als reine Gospelgruppe hätten wir ganz bestimmt nie in so vielen Sälen gesungen.»

Der neue Stil – Soul Folk genannt – hat ihrer ersten LP auch den Titel gegeben, «Soul Folk in Action». Ihr Produzent war der M. G. – Gitarrist Steve Cropper. Ein aus dieser LP ausgekoppelter Song, der aufregende *Long Walk to D. C.*, auf dem die STAPLE SINGERS von BOOKER T. AND THE M. G.s begleitet wurden, wurde ein großer Erfolg. Wie Albert King interessieren sich auch die STAPLE SINGERS nicht für Stilreinheit. Sie singen und machen Platten, um sich mitzuteilen. Und dazu müssen sie die Probleme von heute mit den Mitteln von heute angehen. Die Reinheit des Gospels – wie auch die ethnische Reinheit – kann nur in eifernder, aber fruchtloser Entfremdung und Isolation enden.

Die Bedeutung der Leistung von Stax/Volt zeigt sich unter anderem auch darin, daß der Memphis Sound weitaus mehr umfaßt als nur die Plattenmacher dieser Firma.

Zu denen, die an dem Ganzen beteiligt sind, gehören Joe Cuoghi, ein früherer Tante-Emma-Ladenbesitzer, der nach eigenem Eingeständnis keinen Ton halten kann, aber dessen ungeachtet die Hi Records managt; Rudolph «Doc» Russell, ein erfolgreicher Drogist, der für Goldwax verantwortlich zeichnet; Stan Kessler, ein Gitarrist und früherer Phillips-Produzent, der Ende der sechziger Jahre das 250000-Dollar-

Studio Sounds of Memphis gründete; Lyn-Lou Recording Studio, das das unabhängige Produzententeam von Dan Penn und Spooner Oldham beherbergt; und schließlich die von Chips Moman und Don Crews 1964 gegründeten American Recording Studios.

Jerry Wexler, ein Produzent von Atlantic Records, der sich anläßlich von Plattensessions oft im Süden aufhielt, rechnete noch zwei weitere Studios zum Memphis-Sound: Das Fame Recording Studio von Rick Hall in Muscle Shoals, Alabama, und das in Sheffield, Alabama, beheimatete Quin Ivy Recording Studio von Quin Ivy und Marlin Greene. Beide Städte liegen hundertfünfundzwanzig Meilen östlich von Memphis an der Grenze zu Alabama.

Der Gitarrist Chips Moman, in jungen Jahren Produzent bei Stax, erwarb sich still und leise einen so guten Ruf, daß Musiker aus den ganzen USA in seine American Recording Studios in Memphis strömten. Selbst Elvis Presley flog Anfang 1969 aus Hollywood ein, um bei ihm sieben Plattenseiten zu besingen. Ungefähr zur gleichen Zeit jettete auch Dionne Warwick aus New York ein – und Moman avancierte zum Koproduzenten ihrer in Memphis eingespielten LP «Soulful».

Buddy Killen von Dial Records (Nashville) brachte Joe Tex zu zwei außerordentlich lohnenden Sessions zu Moman. Aber auch Moman selber entpuppte sich als findiger Talentesucher. Eine seiner Entdeckungen, Sandy Posey, fing als Sekretärin und Background-Sängerin in seinem Studio an. Die Box Tops, ein weiterer Moman-Fund, kamen 1969 unter die ersten zwanzig der *Billboard*-Umfrage nach den Top-Single-künstlern des Jahres. Chips persönlich brachte es in diesem Jahr auf Platz fünfunddreißig bei den heißesten 100 Producers.

In der ersten Zeit von Aretha Franklin bei Atlantic Records nahmen Moman und sein Partner Tommy Cogbill ihre Sessions in Muscle Shoals auf; Moman spielte Gitarre, Cogbill Baß. Die Nachfrage nach Terminen im American Recording Studio war seinerzeit bereits so gewaltig, daß Moman Ende der sechziger Jahre ein zweites Studio am östlichen Stadtrand von Memphis eröffnen mußte.

Wenn es um den Memphis Sound geht, fällt unweigerlich auch der Name Joe Cuoghi. Cuoghi, ein hochdekorierter Veteran des Zweiten Weltkriegs, eröffnete nach seiner Entlassung aus der Armee ein erfolgreiches Plattengeschäft. Es gibt sogar Kenner, die behaupten, daß der Memphis Sound überhaupt erst von dem Besitzer dieses Ladens – Poplar Tunes hieß er – an der Ecke Poplar/Danny Thomas Boulevard bekannt gemacht worden sei. 1956 erweiterte Cuoghi seine Geschäfte um eine eigene Plattenproduktion und lancierte das Label Hi. Im selben Jahr geriet er an Bill Black und seine Combo, mit der Hi in die R&B-Charts vordrang, aber auch in den Popmarkt, mit Instrumentals wie *Smokey, Don't Be Cruel* (dem späteren Presley-Hit) und *White Silver*

Sands, einer Aufnahme, die zur Nummer Eins wurde. Bald machte auch ein Posaunist namens Ace Cannon Hits für Hi, unter anderem *Tuff*. Cuoghi, der sich weiter auf Instrumentals beschränkte, hielt sich in den sechziger Jahren mit dem Trompeter Willie Mitchell recht beachtlich, es entstanden zum Beispiel die LPs «Soul Serenade» und «Solid Soul». Auf den Plattenumschlägen von Hi fand sich immer mal wieder die legendenträchtige Zeile: «The label that created the Memphis Sound.»

Während der Memphis-Sound eine klare, runde, leicht definierbare Sache zu sein scheint, wenn man sich nur auf die Künstlerfamilie von Stax beschränkt – und das liegt wohl daran, daß es vor allem eine Gruppe war, die seine Struktur und seine besondere Klangfarbe schuf: BOOKER T. AND THE M. G.'s – ist es fast unmöglich, einen gemeinsamen Nenner für Bill Black, Booker T. und Willie Mitchell zu finden. Ganz ähnlich wie der Soul, ist der Memphis-Sound nicht nur ein musikästhetischer Begriff, sondern auch eine abgedroschene Vokabel der Promotion geworden. Seine konzeptionelle und kompositorische Verwässerung konnte auch gar nicht ausbleiben, seit immer mehr Studios, Künstler und Produzenten mit seiner Hilfe Kasse zu machen versuchten, und der Markt für diesen Sound immer breiter wurde.

Atlantic: Der Harlem-Sound

Einen Harlem-Sound gibt es eigentlich gar nicht, und deswegen ist diese Bezeichnung auch falsch und irreführend. Die aus acht LPs bestehende «History of Rhythm 'n' Blues» jedenfalls zeigt deutlich, daß es einen Atlantic- oder Harlem-Sound so nicht gibt. Der Atlantic-Sound ist eine bunte Mischung verschiedener Sounds. Zu ihm ließen sich Aretha Franklin und ehemals Ray Charles, aber auch die DRIFTERS, die CLOVERS und die COASTERS, Wilson Pickett und Salomon Burke und gar der Jazzflötist Herbie Mann, Percy Sledge, Arthur Conley und King Curtis, aber auch die RASCALS, die BEE GEES und Vanilla Fudge zählen. Aber bei der Jahresumfrage von *Billboard* nach den besten R & B-Labels des Jahres 1968 zeigte sich, daß sich Atlantic allmählich bei Singles wie LPs zur Nummer eins hocharbeitete und Motown und Stax, seine schärfsten und härtesten Konkurrenten, in die Ränge verwies.

Atlantic wurde im Oktober 1947 gegründet, seine ersten Aufnahmen erschienen jedoch erst im Jahr darauf. Und es handelte sich auch nicht um R & B-Aufnahmen. Herb Abramson und Ahmet Ertegun, die Atlantic-Gründer, hatten sich in Washington D. C. kennengelernt. Ertegun, der Sohn des türkischen Botschafters in den USA, und sein Bruder Nesuhi waren begeisterte Jazzanhänger, denen es sogar gelang, die türkische Botschaft zum häufigen Schauplatz von Jam Sessions zu machen.

Abramson – ebenfalls Jazzfan und während der Kriegszeit Regierungs-
beamter – half bei der Verlegung dieser Sessions aus der Botschaft in
einen Washingtoner Konzertsaal. Als Ahmet und Herb also schließlich
ins Geschäft einstiegen, hatten sie es auf den Jazz- und Bluesmarkt abgesehen.

Ihre ersten Produktionen waren denn auch Instrumentalaufnahmen
mit Jazzkünstlern wie Erroll Garner und den Bands von Boyd Raeburn,
Eddie Safranski, Joe Morris und Tiny Grimes. *Old Black Magic* von
Grimes und *The Spider* von Joe Morris erreichten solide Verkaufszahlen; der erste echte Atlantic-Hit jedoch war der alte, von Sticks McGhee
interpretierte Blues *Drinkin' Wine Spo-dee-o-dee.*

Der erste Star des Labels war die schlehenäugige Ruth Brown, Tochter eines Chorleiters aus Portsmouth, Virginia, die 1948 bei der LUCKY
MILLINDER BAND als Sängerin begann. Obwohl erst zwanzig, machte sie
einen so starken Eindruck, daß Blanche, die Schwester von Cab Calloway, sich auf der Stelle dazu entschloß, ihr Management zu übernehmen
– nachdem sie Ruth zum erstenmal in den Washingtoner Crystal Ca-
verns gehört hatte.

Anstatt auf eine Audition bei Atlantic hinzuarbeiten, rührte Blanche
Calloway die Werbetrommel für den ersten Ruth-Brown-Auftritt im
Apollo, der für den 29. Oktober 1948 geplant war. Doch dieser Auftritt
fiel einem Autounfall zum Opfer. An jenem besagten 29. Oktober näm-
lich lag Ruth mit zwei gebrochenen Beinen und etlichen anderen
Schrammen im Krankenhaus von Chester, Pennsylvania. Die erste At-
lantic-Session bestritt Ruth Brown noch in Gips und Krücken. In dieser
Session – übrigens mit der Dixieland-Combo von Eddie Condon mit Joe
Bushkin am Klavier und Will Bradley an der Posaune – entstand *So
Long*, eine Platte, die Ruth Brown über Nacht zum Star machte.

Übrigens hat Ruth Brown ihrem Produzenten Ertegun bei einer Ar-
beitsbesprechung einmal anvertraut, sie könne Blues eigentlich gar nicht
leiden. Das charakterisiert die damalige Zeit so sehr wie Ruth Brown:
Die schwarzen Künstler waren bereit, ihre kulturellen Wurzeln zu vergessen, nur um im weißen Markt Fuß zu fassen.

Ertegun schreibt: «Die Folge war, daß unsere Bluesaufnahmen mit
Ruth irgendwie urbanisiert und verwässert klangen. Wir stellten allerdings fest, daß die weißen Jugendlichen gerade auf diesen Blues flogen,
weil sie den wirklichen Blues gar nicht verkraften konnten. Die Händler
erzählten uns, daß sie diese Aufnahmen als Pop an den Mann brachten.»

Anläßlich des zehnjährigen Jubiläums seiner Firma stellte Ertegun
fest: «Was wir erreicht haben, ist ein fast authentischer Blues, nur sau-
berer, weniger rauh und insgesamt kultivierter.» Die Aussprache von
Ruth Brown war sauber, ihre Intonation nur ganz leicht schwarz ange-
haucht, ihre Bluesfärbung sehr dezent – nur gelegentlich Koloraturen

und Glissandi. Aber wie sie swingte! Der Spitzname «Miss Rhythm» paßte einfach haargenau.

1950 nahm Atlantic die erste von mehreren Gruppen unter Vertrag, die für die Firma selbst und für die Entwicklung des R&B wichtig werden sollten. Die CLOVERS aus der Gegend von Washington, Baltimore landeten sofort einen Top-Hit mit ihrer Nummer *Don't You Know I Love You*. Geschrieben hatte das Stück Ahmet Ertegun unter seinem Künstlernamen Nugetre. Von der Jahresmitte 1951 bis zum Ende des Jahrzehnts produzierten die CLOVERS einen Bestseller nach dem anderen – unter anderem *One Mint Julep* und *Devil or Angel*.

Wenn man diese Scheiben aus der achtteiligen Ausgabe der «History of Rhythm 'n' Blues» hört, stellt man sofort einen Unterschied zwischen den RAVENS und ORIOLES einerseits (ihr Sound war eher poppig und glatt wie der von den INK SPOTS und den MILLS BROTHERS) und den CLOVERS andererseits fest. Ihre erste Platte ist kein hundertprozentiger Boogie, Bop oder R&B, sondern eine eher rauhe musikalische Mixtur auf der Grundlage fetziger Riffs. Das Tenorsaxophon profiliert sich bereits, ist aber noch nicht so heiser und aufgekratzt wie später bei Sam «The Man» Taylor und King Curtis; von Anfang an arbeiteten die CLOVERS jedoch als typische R&B-Gruppe – mit lautem Leadsänger und rhythmisch orientiertem Background-Trio – und nicht mit den süßlichen, dreiteiligen Harmonieschemen der MILLS BROTHERS. Mit der Zeit entwickelte sich der Drive der Frage-und-Antwort-Muster zu einem kraftvollen Big Beat.

Zwei weitere Atlantic Gruppen, die Geschichte machten, waren die DRIFTERS und die COASTERS. Erstere entstanden in der Zeit, die in der «History of Rhythm 'n' Blues» als «Golden Years» (1953–1955) zu finden sind. Der R&B war damals ein aktiver Vulkan, dessen heiße Lava über die schwarzen Hänge in die weißen Täler hinunterströmte, um dort die Größen des Rock 'n' Roll unter sich zu begraben.

1953 nahm Atlantic Clyde McPhatter unter Vertrag, der BILLY WARD AND THE DOMINOES im Stich ließ und seinen Tenor fortan bei den von ihm zusammengestellten DRIFTERS ertönen ließ. Während McPhatter bei den Gospel-orientierten DOMINOES eher wie der Vorsänger eines Erweckungs-Gottesdiensts geklungen hatte, orientierten sich die DRIFTERS mit ihm mehr in die weltliche Richtung, die sie schließlich zu Giganten des R&B machte. Ende 1953 hatten sie mit *Money, Money* Erfolg, kurz darauf kam *Honey Love* im Calypso-Stil, und so viele andere Hits folgten, daß fast die Hälfte der vierten LP von «History of Rhythm 'n' Blues» ausschließlich ihren Aufnahmen gewidmet ist.

Unter den Hits der Big Beat-Jahre – 1958 bis 1960 – finden wir *A Lover's Question, There Goes My Baby, Dance with Me, (If You Cry) True Love, True Love, This Magic Moment, Save the Last Dance for Me* und *I*

Count My Tears. (Während die Kompositionen von Nugetre-Ertegun den CLOVERS zu vielen heißen Titeln verhalfen, sorgte bei den DRIFTERS das Team Doc Pomus/Mort Shuman für die letzten vier DRIFTERS-Titel.)

In den Aufnahmen der späten 50er und frühen 60er Jahre hatte der R & B eine solche Verfeinerung erfahren, daß man nun zu den detaillierten Arrangements von Stan Applebaum greifen konnte, der mit Streichern und großen Bläsergruppen arbeitete: acht Holzbläsern, fünf Blechbläsern und fünfköpfigen Rhythmusgruppen. Applebaum war ein erfahrener Pop-Arrangeur und -Dirigent. Als McPhatter mit seinem Titel *A Lover's Question* schließlich einen Alleingang wagte, wurde Ben E. King der neue DRIFTERS-Leadsänger. Doch auch er machte sich bald mit Solotiteln wie *Stand By Me* und dem lateinamerikanisch eingefärbten *Spanish Harlem* selbständig.

Im Jahre 1956 kaufte Atlantic die Sparks Records – eine Firma von der Westküste – und damit auch die COASTERS und das Kompositions- und Produktionsteam von Jerry Leiber und Mike Stoller. Die COASTERS – ursprünglich unter dem Namen ROBINS bekannt geworden – waren 1955 von Lester Sills gegründet worden. Bei ihnen spielten: Carl Gardner, ein Texaner, dessen Leadtenor in *Smokey Joe's Cafe* und *Young Blood* zu hören ist; Billy Guy am Baritonsaxophon, den man in *Searchin'* hören kann und der einstmals als Bip des bekannten swingenden Komikerduos BIP AND BOP einen Namen hatte; am Baß Bobby Nunn, der auch schon mit der JOHNNY OTIS BAND gearbeitet und bei Savoy eine Hitsingle herausgebracht hatte (*Double Crossin' Blues*); Leon Hughes am Tenorsaxophon, der früher bei den FOUR FLAMES gespielt hatte; und der Gitarrist Al Jacobs, der zum festen Gruppenmitglied avancierte, nachdem er einmal für den vormaligen Gitarristen eingesprungen war. Zwei Mitglieder der COASTERS, nämlich Carl Gardner und Billy Guy, waren noch dabei, als die Gruppe im Mai 1969 im Unltd!, dem ehemaligen Cafe Wha!, in New Yorks Greenwich Village auftrat.

Der erste Titel auf der dritten LP von «History of Rhythm 'n' Blues» ist *Smokey Joe's Cafe*, eine Aufnahme der ROBINS vor ihrer Umbenennung in THE COASTERS 1956. Es ist eine gelungene Aufnahme; Leiber und Stoller haben das Stück komponiert. Vor allem ist der Text besser an den Song angepaßt als bei vielen anderen R & B-Titeln. Auch der Doppelhit *Searchin'*, *Young Blood* wies dieses dynamische, provokative Zusammenspiel von Leadsänger und Gruppe auf. Die absolut besten COASTER-Aufnahmen mit Leiber-Stoller-Songs finden wir jedoch auf der vierten Platte des History-Albums.

Der erste Song auf dieser LP heißt *Yakety Yak* – immerhin eine Goldene Schallplatte. Das Lied dreht sich um den Konflikt zwischen Alt und Jung. Die Kinder sind – jedenfalls nach Ansicht der Eltern – in schlechter Gesellschaft, faul und verantwortungslos. Der Song geht dieses Thema ganz neu und unerwartet an. Die Titelzeile *Yakety Yak* taucht immer nur am Ende einer Strophe als höhnischer Kommentar der Jungen zu den guten Ratschlägen der Alten auf. Nachdem man einen ganzen Rattenschwanz elterlicher Klagen und Ermahnungen gehört hat, brummelt ein Baß: «*Geh da bloß nicht wieder hin! (Don't go back!)*» – und die Gruppe reagiert auf diesen guten Rat mit ihrem herzlosen *Yakety Yak*. Derart engagierte Satire war – und ist auch heute noch – eine ausgesprochene Seltenheit.

Ein weiterer herausragender Leiber-Stoller-Song der COASTERS ist *Charlie Brown*. Die Gruppe bringt eine Aufzählung von Browns Eskapaden (und verschmitzten Angriffen gegen die Autorität), und eine tiefe Baßstimme kommentiert die Fragwürdigkeit von Charlies angeblicher Unschuld: «*Warum haben es alle nur immer auf mich abgesehen? (Why is everybody always pickin' on me?)*» Die Platte ist eine dreiminütige dramatische und witzige Komödie. Beide Lieder machen deutlich, welche gewaltigen Fortschritte der R & B seit seinen ruppigen Anfängen nach dem Krieg gemacht hatte. Dennoch ist die Musik beider Platten so aufregend, lebendig und kraftvoll, wie man es eigentlich nur vom R & B mit seinen anzüglich-aggressiven Texten her gewöhnt ist.

Auch die CHORDS – eine ziemlich kurzlebige Gruppe – haben Rock 'n' Roll-Geschichte gemacht. Ihre erste Platte erschien bei dem Atlantic-Label Cat, das ebenfalls bald wieder verschwand. Soweit ich mich erinnern kann, wußten die Atlantic-Leute nicht so recht, was sie von der Aufnahme *Sh-Boom* der CHORDS halten sollten. Irgendwas war an dem Lied dran – aber was? Und wenn es sich nicht als Schlager herausstellen sollte, was so unwahrscheinlich auch wieder nicht war: warum den Namen Atlantic mit einem ärgerlichen Flop beflecken?

Sh-Boom aber war kein Flop. Die Scheibe hat buchstäblich Geschichte gemacht. Es war eine Studiokomposition, wie viele heutige Rockkreationen. Auf dem Cover der zweiten History-LP sind fünf Komponisten angegeben: die Mitglieder der CHORDS.

Die Aufnahme entstand im März 1954; auf leisen Sohlen marschierte sie an die Spitze der in Los Angeles erscheinenden Charts und hängte dabei die Spitzenreiter jener Zeit – die GAYLORDS, Perry Como und die FOUR ACES – mühelos ab. Als ich mir die Scheibe das erste Mal anhörte, reagierte ich zugegebenerweise ganz ähnlich wie die Atlantic-Leute. Ich war beeindruckt, aber nicht überzeugt. Die Tatsache, daß dieses Stück landauf, landab die Charts eroberte, war angesichts dessen um so beeindruckender.

Ich ging zu den Atlantic-Leuten und versuchte, das Lied zu kaufen. Man wollte mir nur eine 50%ige Beteiligung geben. Für diese Beteiligung machte ich sechstausend Dollar von Hill & Range (meinem derzeitigen Arbeitgeber) locker. Innerhalb von Tagen oder Wochen stiegen auch die Mercury Records ein. Sie nahmen das Lied mit einer jungen kanadischen Gruppe auf. Es waren die CREWCUTS, und ihre Version von *Sh-Boom* wurde im Sommer 1954 ein absoluter Verkaufsschlager.

Sh-Boom lag schließlich vor *Dance with Me Henry, Tweedle Dee* und *Sincerely*, lauter frühen Rock 'n' Roll-Hits, und nahm den Erfolg von Bill Haleys weltbewegendem *Rock Around the Clock* über ein Jahr vorweg. Bei den Älteren schlug Elvis mit seiner schwarzen, ungestümen Stimme, seinem aggressiven Hüftschwung und seinen wilden Verrenkungen erst im Herbst 1955 ein; und erst im Mai 1956 kam er in den Charts mit seinem ersten Plattenerfolg, *Heart Break Hotel,* auf den ersten Platz. Geschichtlich gesehen ist also *Sh-Boom* der erste wirkliche Rock 'n' Roll-Hit.

An aufregenden Solostimmen hat es Atlantic nie gefehlt – von Joe Turner angefangen bis Aretha Franklin. Der in Kansas City aufgewachsene Joe Turner wurde bei seinem zweiten Anlauf zur Eroberung der New Yorker Szene (1951) von Atlantic unter Vertrag genommen. Sein Engagement bei Benny Goodman in der großen Zeit des Swing wurde mit einem Auftritt bei dem berühmten – von John Hammond auf die Beine gestellten – *Spiritual to Swing*-Konzert in der Carnegie Hall gekrönt. Der Erfolg seiner damaligen Platten übertrug sich jedoch nicht auf seine Aufnahmen in der Nachkriegszeit.

Chains of Love, sein erster Atlantic-Titel, ein Slow Blues von Nugetre und Van Walls, war der Grundstein einer neuen Karriere. Das quenglige Bordellklavier im Hintergrund hätte einen schwächeren Sänger glatt an die Wand gespielt.

Es folgten mehrere R&B-Hits: unter anderem *Honey Hush, Sweet Sixteen* und im Sommer 1954 der Evergreen von Charles Calhoun, *Shake, Rattle and Roll*. Letzteres Stück ist auf der zweiten LP von «History of Rhythm 'n' Blues» zu hören: im Hintergrund ein rollendes Klavier, ein rülpsendes Baritonsaxophon gibt den Takt, und eine dumpfe Baßdrum hüpft auf der Eins und der Drei herum. Die Zeit hat dieser kraftstrotzenden Aufnahme nichts anhaben können. BILL HAILEY AND HIS COMETS haben sie 1954 nachgespielt, 1967 hat auch Arthur Conley noch mal auf dieses Stück zurückgegriffen. Im Frühjahr lieferte Turner eine Shufflebeat-Version von *Corrina, Corrina*; bei dieser Aufnahme wird seine dröhnende Stimme von einem weiblichen Background-Chor konterkariert und gewinnt dadurch noch. Das Mädchen, um das es in diesem Song geht – ursprünglich ein Cab Calloway-Geschöpf – war auch hier ein ganz schön irdischer Rock-Engel.

Die Karriere von LaVern Baker – sie stieg 1953 bei Atlantic ein – hatte schon begonnen, bevor sie in ihrer Heimatstadt Chicago mit behördlicher Genehmigung öffentlich auftreten durfte. Vor ihrer Verbindung mit Atlantic hatte sie bereits Soloauftritte und eine Tournee mit der Todd Rhodes Band durch Europa hinter sich. Ihr erster großer, südamerikanisch eingefärbter Hit *Tweedle Dee* brachte dem Komponisten Winfield Scott und der Sängerin Georgia Gibbs, die eine Pop-Version des Songs einspielte, wesentlich mehr ein als ihr selbst. Die hitzige Wettbewerbsatmosphäre der damaligen Zeit führte aber doch dazu, daß LaVern Baker eine der bestbezahlten Sängerinnen ihrer Zeit wurde. Der Einsatz der CUES – einer männlichen Background-Gruppe – zusammen mit LaVern, der von Atlantic angeregt worden war – das erste Mal hatte man das bei Ruth Browns *Oh What a Dream* versucht – wurde damals noch als ausgesprochene Neuheit empfunden. Zwei Jahre später kopierte Georgia Gibbs die Baker-Aufnahme von *Jim Dandy* (Komponist: Lincoln Chase), kam jedoch mit diesem Lied, im Gegensatz zu *Tweedle Dee*, zu keiner Goldenen Schallplatte.

Im Jahr 1958 brachte LaVern dann ihren ersten Millionenhit heraus. Merkwürdigerweise nicht in ihrem üblichen, rauhen und etwas krakeeligen Stil: es handelte sich um eine Ballade im Sechsachteltakt. *I Cried a Tear* war so etwas wie ein Jazzwalzer. Der kontrastreiche Text ihrer Liedversion ist typisch für den Verfeinerungsprozeß, den der R & B bei Atlantic durchgemacht hat. Ihre 1962er Version von *See See Rider* (dem Ma-Rainey-Blues) mit einem ausgefeilten Pop-Arrangement von Ray Ellis unterstreicht diese Entwicklung noch.

Solomon Burke – im November 1960 unterschrieb er seinen Vertrag mit Atlantic – wurde in seiner Heimatstadt Philadelphia in jungen Jahren als «Wonder Boy Preacher» gefeiert. Mit zwölf Jahren hatte er schon eine eigene Kirche, den Solomon Temple, und strahlte von dort aus eine eigene Radioshow aus. Seine erste Aufnahme – *Christmas Presents from Heaven* – war zwar ein Spiritual, doch seinem ersten Atlantic-Hit hört man seine Gospel-Herkunft in keiner Weise mehr an. Betitelt war der Song *Just Out of Reach (of My Empty Arms)*. Die folgenden Aufnahmen *If You Need Me* und *Everybody Needs Somebody to Love* zeigen sein tiefes Balladen-Feeling. Aber dieses Feeling ist letztlich eben doch mit der emotionalen Hinwendung des schwarzen Predigers zu seiner Gemeinde identisch.

Burke – übrigens ordinierter Priester – wurde 1964 von Diskjockey Rockin' Robin von WEBB in Baltimore zum König des Rock 'n' Roll gesalbt. Das war die verdiente Anerkennung jener Qualitäten, die *Cry to Me* zu einem der ergreifendsten Songs von Burke machten. Denn genau wie Ray Charles' *I've Got a Woman* und *What I'd Say* frühe Beispiele für die Verschmelzung von Gospel und Blues sind, ist *Cry to Me* eine der ersten Manifestationen des Soul. In einer Passage des Songs erreicht die Emotion solche Höhen, daß aus «cry» ein «crack» wird; anschlie-

LaVern Baker

ßend bricht Burkes Gefühl in unkontrolliertem Stottern vollends aus –
es hört sich so ungefähr wie das Krähen eines Hahns an.

Der Beitrag von Atlantic zum Soul – das war zugleich auch eine gewichtige Phase in der Entwicklung dieses Labels; der Schlußteil dieses Buchs

wird das noch ausführlich zeigen. Gleich drei Schlüsselfiguren des Soul –
Ray Charles, Wilson Pickett und Aretha Franklin – erreichten auf diesem Label den Höhepunkt ihrer künstlerischen Reife. Aber bevor Atlantic wirklich voll auf schwarze Musik setzte – Burke war da der große
Wendepunkt – schien Atlantic eher auf einen weißen Kurs, weiß mit einem kleinen Schuß Soul, hinzusteuern.

Es kann natürlich Zufall sein, daß Ray Charles seinen Abschied von
Atlantic nahm, nachdem sich Atlantic klar für den Pop entschieden hatte. Es kann ebenfalls kein Zufall sein, daß sich Atlantic dem Soul zu-
wandte, nachdem es eine Zusammenarbeit mit Stax/Volt und den Schöpfern des Memphis Sounds aufgenommen hatte. Aber die entscheidenden Faktoren hatten mit Musik nichts zu tun – es war die Krise in den
Beziehungen zwischen Weiß und Schwarz, die sich in den sechziger Jahren entwickelte, und der steigende Einfluß des schwarzen Nationalismus
auf die schwarzen Künstler und ihr Publikum.

Vol. 4 der «History of Rhythm 'n' Blues» umfaßt die Jahre 1958–60 in
der Entwicklung von Atlantic. Sofort fällt einem die unverkennbare Prä-
senz eines Sounds auf, der bis dahin im R & B nicht zu hören war – Geigen, und zwar richtige Violinen, keine Fiedeln. In Stücken von den
PLATTERS spielen die Streicher ganze Harmonien und Chorusse, in *This
Magic Moment* eine ganze achttaktige Gegenmelodie. In *Spanish Harlem* nehmen sie schon fast einen ganzen Chorus ein.

Zum zehnten Jahrestag der Gründung von Atlantic hat Ahmet Ertegun bemerkt: «In den ganzen ersten Jahren haben wir einen R & B-Typ
gepflegt, der dem vermeintlichen Publikumsgeschmack angepaßt, gewissermaßen ‹popularisiert› war. Und das hat anscheinend ja auch Anklang gefunden. Aber als Clyde McPhatter aus der Kaserne zurückkam,
sind wir mit *Seven Days* noch weiter in Richtung auf richtigen Pop zuge-
gangen. Die Platte hatte nur noch einen ganz leichten R & B-Ge-
schmack. Das war übrigens das erste Mal, daß wir Ray Ellis arrangieren
ließen.»

Ertegun und seine Mitarbeiter betrachteten den Einsatz von Studio-
musikern und geschriebenen Arrangements für ihre Aufnahmen mit
Bluessängern als ihre «erste und wirklich wichtige» Pioniertat. Ertegun
erklärte das so: Sie mußten die Aufnahmen mit ihren Bluessängern in
New York fahren – aber da fehlten die Provinzler-Combos, die gar
nichts anderes können als ‹Head Arrangements›, als eben «aus dem
Kopf» zu spielen. Ertegun weiter: «Das hat zur Entwicklung eines eigen-
ständigen, ‹arrangierten› Bluesstils geführt, und dabei haben sich gleich
auch heute so gut eingeführte Arrangeure entwickelt wie Jesse Stone,
Howard Biggs, Budd Johnson und – später Ray Ellis. Ein neuer Schlag
von Begleitmusikern ist auch entstanden: Leute, die Noten lesen und
trotzdem echten Blues spielen konnten. Eine Platte wie etwa *Teardrops*

from My Eyes von Ruth Brown mit dem Poparrangement von Bud Johnson – ein Arrangement für eine Tanzband, aber immer noch am Blues orientiert – das war nun wirklich etwas Neues.»

Bei derselben Gelegenheit – dem zehnjährigen Atlantic-Jubiläum – meinte Ertegun auf die Frage, was denn nun der Atlantic-Sound sei: «Das Geheimnis unseres Sounds liegt im Arrangement.»

Ertegun hatte dabei einen weiteren Teil des sogenannten Atlantic Sounds im Auge: «Eine Sache, die uns seit den ersten Aufnahmeterminen geblieben ist, das ist der starke und saubere Rhythmiksound, den wir von den Jazz-, Country- und Bluesaufnahmen der Vergangenheit geerbt haben. Wir waren – gemeinsam mit einer oder zwei anderen unabhängigen Plattenfirmen – die ersten, die damit angefangen haben, die Drums, den Baß und die Gitarre einzeln aufzunehmen. Der Indianer auf dem Bild da an der Wand» – eine bekannte Werbefigur aus der Zeit, als Jack Kapp noch die bestimmende Figur bei Decca war – «hätte bei uns eher fragen müssen: ‹Wo ist der Beat?› als ‹Wo ist die Melodie?›.» (Denn das war die Domäne von Decca.) Daß Atlantic besonderen Wert auf den Beat legte, kann man jedoch kaum als den hervorstechenden Zug eines R & B-Labels betrachten.

Bis zum zwanzigsten Jahr von Atlantic hatten sich die Gewichte nämlich ganz erheblich verschoben. Im Juni 1968 veranstaltete Atlantic zusammen mit den fünfhundert Mitgliedern der NATRA (National Association of Television and Radio Announcers) im Madison Square Garden ein Konzert zugunsten des *Martin Luther King Memorial Fund* und des Hilfsprogramms der NATRA für benachteiligte Kinder.

«Soul Together» – so hieß die Show – brachte gleich fünf der größten Atlantic-Stars auf die Bühne: Aretha Franklin, die Rascals, Sonny and Cher, Sam & Dave – die zwar bei Stax unter Vertrag waren, aber von Atlantic vertrieben wurden – und schließlich Joe Tex, dessen Platten ebenfalls von Atlantic vertrieben wurden, obwohl er zur Dial-Truppe gehörte.

Wenig später tönte der Atlantic-Boß Jerry Wexler: «Wir machen keine Scheiben mit weißen Jungs, die schlechte Kopien von schwarzen Sängern liefern. Wir bringen das Original.»

Zum explosiven Durchbruch Aretha Franklins (1967) bemerkte er: «Die Popularität der Art von Musik, die Aretha macht, die hat auch noch mit etwas anderem zu tun. Man kann das den Aufbruch der Schwarzen nennen oder die Schwarze Revolution oder sonstwas. Tatsache jedenfalls ist, daß die Schwarzen heute Oberwasser haben. Jetzt singen sie vor weißem Publikum *ihre* Lieder, also sind sowohl die Schwarzen wie ihre Musik heute um vieles populärer.»

Wexler, der 1968 wie auch im Jahr darauf aus einer Umfrage bei Industriegewaltigen und Diskjockeys als Plattenmanager des Jahres hervorging, war 1953 zu Atlantic gestoßen. Die Firma setzte damals noch weniger als eine Million Dollar im Jahr um. 1967 waren es laut Geschäftsbericht 22.5 Millionen Dollar, etwas mehr als ein Drittel von dem, was Giganten wie Columbia, Capitol und RCA damals umsetzten. Die schwarze Linie von Atlantic zahlte sich aus, genauso wie sich ihr aufgebügelter R & B zu Beginn ihres Bestehens ausgezahlt hatte.

Obwohl ein paar von ihren Künstlern aus den Anfängen auch in den Sechzigern noch Hits ablieferten – die DRIFTERS hatten mit *On Broadway* und *Up on the Roof*, LaVern Baker mit *See See Rider* Bestseller – waren es neue Künstler, die den Atlantic-Katalog dieses Jahrzehnts bestimmten.

Zu Solomon Burke und Wilson Pickett gesellte sich noch Barbara Lewis, die 1963 mit *Hello Stranger* auf den ersten Platz der Charts vorstieß.

Obwohl Barbara damals noch ein Teenager war, hatte ihre Stimme schon eine deutliche Fülle; und ihr Vortrag wies bereits eine Nuanciertheit auf, die für reife Stimmen charakteristisch zu nennen war. *Baby, I'm Yours* und *Make Me Your Baby* waren ebenfalls erfolgreiche Charts-Renner, die zeigten, daß Barbara wirkliche sängerische Qualitäten besaß. (Beim ersten von diesen beiden Titeln gab sie ihrer Stimme eine Art von Oboe-Timbre – exotisch und anziehend zugleich.)

Seit Don Covays *Mercy, Mercy* (1964) sandte die Atlantic-Pipeline einen Hit nach dem anderen Richtung Süden nach Memphis, Sheffield und Muscle Shoals – in kurzer Zeit hatten Wilson Pickett, Percy Sledge und Arthur Conley Goldene Schallplatten eingefahren. Covay war Co-Autor und -Produzent der Rosemart-Aufnahme von *Mercy, Mercy*, dessen Soul-Sound am Ende fast schon die Intensität eines Gospel-Gottesdienstes erreicht. Covay schrieb zusammen mit Steve Cropper *Seesaw*, einen von Stax produzierten Hit, der 1965 groß herauskam. Drei Jahre später erweckte Aretha Franklin diesen Song zu neuem Leben, nachdem sie vorher aus dem Cropper-Song *Chain of Fools* einen Millionenseller gemacht hatte. Covay war als Co-Autor auch an dem Wilson Pickett-Hit *I'm Gonna Cry* beteiligt, einem 64er Atlantic-Erfolg.

Sollte es einen geben, der an der Macht zweifelt, die allein schon bloße Rhythmik und Wiederholung haben, dann bringen Sie ihn dazu, eine Platte von Wilson Pickett aufzulegen und lassen ihn beweisen, daß er der Suggestion des Pickettschen Beats widerstehen kann. Seine Songs sind so elementar wie die Zehn Gebote – und nicht selten ein Flickenteppich altbekannter Klischees. Aber sein Sound, sein Drive, seine Glaubwürdigkeit reißen einen eben mit. King Curtis hat einmal bemerkt, daß er «im Studio genauso arbeitet wie auf der Bühne – er hopst herum, tanzt und schwitzt sich die Seele aus dem Leib».

Der 1941 in Prattville, Alabama geborene Wilson Pickett brachte lange Jahre in Detroit als Gospelsänger zu.

Wilson Pickett

«Sie haben doch so viel mit Gospel-Musik zu tun gehabt», wurde er einmal von einem Reporter des *Hit Parader* gefragt, «würden Sie sich religiös nennen?»

Seine Antwort: «Damals ja, und ich glaube, ich könnte das auch wieder sein, wenn ich will.»

Auf die Frage: «Glauben Sie, daß es die Gospelgruppen mit der Religion wirklich ernst meinen?» gab er die Antwort: «Ach du liebe Zeit! Wissen Sie, für mich ist der Mensch vor allem mal Mensch. Sogar ein Pfarrer kippt sich abends gern mal einen hinter die Binde. Also eine Sünde ist das meiner Meinung nach nicht.»

Pickett ist deswegen so interessant und verblüffend, weil er rein gar nichts Unehrliches an sich hat. Er sagt, wie es ist. «Die Leute sind in Ordnung», hat er einmal über die Atlantic-Crew gesagt. «Bei den Honoraren und auch in punkto Werbung gibt's nichts zu meckern. Wo man hinkommt, können die Diskjockeys einem ehrlich ins Gesicht sehen. Die brauchen nicht wegsehen, wenn man reinkommt, weil die Company mit beim Geschäft ist.»

Angesichts seines nicht lange einstudierten und unaufgeputzten Gesangsstils stellen sich ein paar grundlegende Fragen. Weil seine Songs so ungeheuer simpel sind und er sich auf einer derart grundlegenden Ebene mitteilt, demonstriert er die schiere Kraft der Gospel-Technik – die Ansteckungskraft eines drängenden, synchronen Rhythmus, des Wechselgesangs, der hartnäckigen Wiederholungen und stetigen Steigerungen der Spannung. (Wir dürfen dabei übrigens auch die musikalischen Qualitäten der bodenständigen Studiobands in Memphis und Muscle Shoals nicht vergessen!)

Bei wieviel Aufnahmen verwendet Pickett nicht die peitschende Phrase *«Git it! Git it! Git it!»*? Wie oft wiederholt er die Phrase *Midnight Hour*, die für ihn eine ganz spezielle Bedeutung hat und den Titel eines seiner großen Songs (und einer großen LP) darstellt? Und in wie vielen Songs besteht der Text nicht schlankweg einfach nur aus dem Titel?

Hören Sie sich einmal *I Found a Love* an – mit den paar Wörtern kommt er glatt zwei Plattenseiten aus – und seinen – nun wirklich hochintelligenten – Kehrreim *«Yeah! Yeah! Yeah! Yeah!»*. Das wirkt unweigerlich. Pickett führt den Beinamen «the Wicked» – so heißt auch eine seiner LPs – nicht ohne Grund, und ganz egal, ob ein Song nun *Soul Dance Number Three*, *Mojo Mama* oder *Mustang Sally* heißt – Wilson verkauft nur eines: puren, unverblümten Sex. Zwar nicht direkt im Text, auch nicht im Aufbau seiner Songs – aber im Feeling und im Sound.

Pickett gab das Gospelsingen erst 1959 auf, als er sich den FALCONS anschloß, einer führenden Detroiter R&B-Gesangsgruppe. In den vier Jahren, die er bei dieser Gruppe sang, machte sich Pickett nicht nur als Sänger einen Namen, er entpuppte sich auch als Hit-Autor. Unter den Bestsellern der Gruppe findet sich beispielsweise *I Found a Love*, ein Lied, das er geschrieben hat. Seit 1963 war Pickett als Solist beim Label Double LL unter Vertrag, das Lloyd Price gehörte.

Ein Song schließlich bewirkte, daß er von Atlantic unter Vertrag genommen wurde. Es war *If You Need Me*, und es war die Cover-Version von Solomon Burke bei Atlantic – die sich allerdings weit besser verkaufte als Picketts Double LP – aber sie weckte Interesse an ihm. *If You Need Me* wurde nacheinander von Bill Doggett, den ROLLING STONES und Tom Jones aufgenommen. Der Nachzieher von Pickett, *It's Too Late*, bewegte Atlantic schließlich, ihn einzukaufen.

Sein größter Song ist *Midnight Hour*; er hat ihn in Zusammenarbeit mit Steve Cropper während seiner ersten Session im Stax-Studio in Memphis eingespielt. Es war eine denkwürdige Session, nicht nur, weil Pickett in ihr und durch sie vom R&B zum Pop überschwenkte, sondern weil sie auch die verborgenen Talente des Produzenten Jerry Wexler als – Tänzer zutage förderte. Steve Cropper über die Session: «Wir bei Stax waren damals darauf eingefuchst, die Betonung immer auf die Eins – mit einem Afterbeat danach – zu legen. Das hörte sich dann so ungefähr wie *bum*-da an, und jetzt hatten wir auf einmal so was wie um-*tscha*, also genau anders herum wie gewohnt. Der Backbeat kam mit einer leichten Verzögerung ... Auf dieser Session war das richtige Feeling da – eigentlich war nur *Midnight Hour* angesagt, aber in dieser Session entstanden gleich noch drei weitere Hit-Singles, *Don't Fight It, I'm Not Tired* und *It's a Man's Way* ... Jerry geriet völlig aus dem Häuschen und fing an, Jerk zu tanzen ... Wir hatten zwar die richtige Stimmung, aber er hatte die richtige Nase dafür, was wir da auf die Beine gestellt hatten...»

Ende 1967 war Pickett bereits die Nummer zwei auf der Liste der Top-Singlekünstler. Pickett antwortete ungefähr um dieselbe Zeit auf die Frage, ob sein Hit *99 1/2&N* auf die Bürgerrechte anspiele, mit Nachdruck, daß seine Songs nicht nur den Schwarzen etwas zu sagen hätten, sondern allen. «Ich singe keine Bürgerrechtssongs. Jeder braucht sein Recht, das müssen nicht unbedingt die Bürgerrechte sein. Ich gehe nicht auf die Straße. Das liegt mir nicht so sehr. Aber ich steuere schon mal was bei. Ich hab Konzerte für den Marsch von Martin Luther King gemacht. Das hat ihnen vielleicht ein bißchen geholfen. King – so ein Mann gefällt mir. Das sind Leute, die sich für ihre Sache wirklich einsetzen. Ich würde eher noch mit Martin marschieren als mit Leuten wie Malcolm X.»

Große Worte? Sing lieber, Wilson Pickett!

Percy Sledge, der in Leighton, Alabama aufwuchs, wurde mit seinem Eintritt in die ESQUIRES COMBO 1961 Profisänger. Die Gruppe tingelte die Staaten Alabama und Mississippi ab und trat öfters bei Festen auf dem Campus der Mississippi State University auf, die die Rassen einander näherbringen sollten. Anfang 1966 stattete Sledge dem Tune Records Shop von Quin Ivy in Sheffield, Alabama, einen Besuch ab und machte für seinen Eigentümer, Quin Ivy, einen früheren Diskjokey, der sich zum Produzenten hochgearbeitet hatte, Probeaufnahmen. Resultat der Probe: *When a Man Loves a Woman*, eine Quin Ivy/Marlin Greene-Produktion, die blitzartig auf den ersten Platz der Charts stieg, etliche Record of the Year-Awards einheimste und einer sinnlichen Stimme, die in den unteren Lagen zärtlich rauh und in den oberen Lagen hart wie Stahl sein kann, zu Bekanntheit verhalf.

Wenn er im Gospel-Stil singt, kann Sledge so warm und zärtlich singen wie der verstorbene Sam Cooke (*Warm and Tender Love*). Auf seinem Album «The Percy Sledge Way» hat er gezeigt, daß er eine ganze Stilpalette beherrscht, von der Art, wie Ray Charles *Drown in My Own Tears* gesungen hat bis hin zu dem Stil, den Otis Redding mit *I've Been Loving You Too Long (to Stop Now)* und Johnny Ace mit *Pledging My Love* vorgeführt haben – und das alles auf einer LP.

217

Im Jahr, nachdem Percy Sledge mit einem großen Knall die Musikszene betrat, bescherte Arthur Conley, ein Protegé von Otis Redding, Atlantic mit *Sweet Soul Music* eine Goldene Schallplatte. Conley war Redding bei einem Auftritt in Baltimore aufgefallen – der Nachwuchssänger hatte Redding eine krächzige Demo-Aufnahme gebracht. Redding war von Conleys Sound derart angetan, daß er auf der Stelle sein Management übernahm und mit ihm bei seinem eigenen Label Jotis eine Platte aufnahm. Etwas später – bei dem Muscle Shoal-Label Fame waren ebenfalls zwei Platten von Conley erschienen – reichte ihn Redding an Atlantic weiter.

Sweet Soul Music, von Conley selbst geschrieben, ist ein Triumph der gewaltigen Emotionalität und Begeisterungsfähigkeit, die er einer Platte mit auf den Weg geben kann – der Song ist kaum mehr als eine Aufzählung der führenden Soul-Musiker: «*Spotlight on Sam & Dave ... Spotlight on Otis Redding ... Spotlight on James Brown ...*»

Wie seine Tourneen mit der Stax Volt-Revue gezeigt haben, ist Conley auf der Bühne ungeheuer dynamisch. Nachdem er den Plattenmarkt mit *Sweet Soul Music* handstreichartig erobert hatte, machte er sich erfolgreich über den alten Joe Turner-Erfolg *Shake, Rattle and Roll* her – mit diesem Stück erreichte er 1967 den zweiten Platz der Hitparade. Conley, der es vorzog, seine Stücke in den Fame-Studios in Alabama einzuspielen, verkörpert einen Stil, der von seiner starken Emotionalität lebt, in Balladen beinahe schon feminin wirkt und eine ausgesprochene Soul-Vitalität hat.

Wollten wir die Rolle von Atlantic für die Musik der Schwarzen angemessen darstellen und würdigen, dann würden wir schon bald bis über beide Ohren in einer ausführlichen Beschäftigung mit den vielen modernen Jazzmusikern stecken, die zu diesem Label gehört haben und noch gehören. Das aber ginge über den Rahmen dieses Buchs hinaus, obwohl das Material für unser Thema keineswegs irrelevant ist. Anders als Motown oder Stax/Volt hat Atlantic keine Haus- oder Studioband. Und wenn man sich die Spannweite und Anzahl von Künstlern vor Augen führt, die bei Atlantic unter Vertrag sind, wäre eine solche Band selbst dann unpraktisch, wenn man sie wollte.

Von allen Instrumentalisten, die auf einer gewaltigen Zahl von Atlantic-Aufnahmen zu hören sind, war der Tenorsaxophonist King Curtis (er lebte von 1934 bis 1971) der bemerkenswerteste. Nachdem er sich als aufregender Begleitmusiker auf Platten der COASTERS und von Bobby Darin hatte vernehmen lassen – von den unzähligen Musikern der anderen Labels, die er begleitet hat, gar nicht zu reden –, kam Curtis mit einem Instrumental 1962 groß heraus. *Soul Twist* hieß das Stück. Es war ihm kaum anzuhören, daß ausgerechnet Lester Young, der Guru der

King Curtis

Cool-Jazz-Saxophonisten, ihn in seiner Jugend am stärksten beeinflußt hatte.

1965 war Curtis bereits bei Atco, einem Atlantic-Label – Name Artist, das heißt, er wurde auf dem Cover als Solist namentlich genannt, und brachte eine soulige Saxophon-Version des Ben E. King-Hits *Spanish Harlem* auf den Markt. Seitdem nahm er mit seinen Instrumentalversionen ursprünglich gesungener R&B-Hits auf den Charts eine führende Rolle ein, wie zum Beispiel mit *On Broadway* von den DRIFTERS und *You Don't Miss Your Water* von William Bell. Und dazu kamen noch eigene aufregende Instrumental-Kreationen wie *Memphis Soul Stew*, ein Stück, das er selbst komponiert hat.

Daß Atlantic den R&B verfeinert hat, überrascht eigentlich kaum – man darf eben nicht vergessen, daß die Firma in New York sitzt. Andererseits waren in Gotham auch noch andere Unabhängige seßhaft, die diese Richtung nicht eingeschlagen haben. Zweifellos war die Jazzbegeisterung der Atlantic-Gründer der Grund für diese Entwicklung. Den Atlantic-Sound als «arrangierten R&B» oder «R&B mit Streicherbegleitung» zu bezeichnen, geht vielleicht nicht ganz an der Sache vorbei, zumindest als Kursbeschreibung bis zu den frühen sechziger Jahren. Nicht nur die durchkomponierten Arrangements und die Streicher, sondern auch die verfeinerten Texte, die in den treffenden Satiren von Leiber und Stoller, dem soziologisch genauen Sex von Phil Spector (*Spanish Harlem*) und dem raffinierten, wenn auch ein bißchen Mittelklasseorientierten Blues von Nugetre gipfelten. Daß es für auf seriös getrimmten R&B ein Publikum und einen Markt gab, hatte sich ja am phänomenalen Aufstieg von Motown gezeigt. Berry Gordy baute sein Reich auf der Atlantic-Formel des manikürten R&B auf, selbst als Atlantic in den sechziger Jahren einen schwärzeren Kurs einschlug.

Wenn die Anlehnung an den Memphis-Sound auch nicht für diesen neuen Kurs verantwortlich war, dann hat sie zu dieser Entwicklung zumindest stark beigetragen, wie die Atlantic-Bosse auch offenherzig zugaben.

Jerry Wexler: «Unsere Methoden, die zwölf oder fünfzehn Jahre Tradition haben, haben uns immer gute Dienste geleistet, bis die Stax-Kiste hochkam und uns gezeigt hat, daß wir uns schon eine gewisse Rentnermentalität zugelegt hatten. Aber wir hatten das Glück, uns symbiotisch zu ergänzen, so daß wir uns letztlich gegenseitig befruchtet haben.»

Aus diesem Zusammenspiel entstand der neue Atlantic-Sound, der Soul-Sound von Aretha Franklin, Wilson Pickett und Otis Redding.

Die modernen Bluesmen

Modern, das ist – wenigstens, was Musik anbelangt – ein genauerer Begriff als zeitgenössisch. Der Begriff stellt, weil er mehr stilistisch als zeitlich gefaßt ist, das Problem dreier möglicher Identitäten. Modern – damit können die Blueskünstler aus Chicago wie Johnny Shines (der lange als Backup-Gitarrist für Robert Johnson gearbeitet hat) gemeint sein, oder J. B. Hutto, dessen großes Vorbild Elmore James war, ein weiterer Meister der Bottleneck-Gitarre. Das wären dann gewissermaßen die Meisterschüler von Muddy Waters, Howlin' Wolf und der anderen Größen des Mississippi-Delta-Stils. Sie haben die verstädterte, elektrifizierte Form des Country-Blues auf die Höhen ihrer nostalgischen Ausdrucksfähigkeit getrieben.

Modern kann jedoch auch heißen: Blueskünstler wie Buddy Guy, Junior Wells, Otis Rush, James Cotton und Albert King, die mit dem Sound der Baumwollpflücker-Generation von John Lee Hooker, Lightnin' Hopkins und Mance Lipscomb großgeworden sind und deren Ausgangspunkt jenes Niveau der Verfeinerung war, auf das B. B. King den Blues gehoben hat. Sie, die dritte Generation, die bereits mit den elektrischen Bluesinstrumenten großgeworden ist wie die andere Gruppierung auch, sind die Gründer einer neuen Schule, die technisch raffinierter und rhythmisch härter ist als ihre Vorgängerin.

Beide diese Chicagoer Gruppierungen sind von einer blühenden Kette von Clubs auf der South Side und auf der West Side hochgepäppelt worden: Theresa's, Pepper's Lounge, der Turner's Blue Lounge, die zur Abwechslung auf der South Side zu finden war, und Smoot's und Silvio's auf der West Side. Sie waren die Nachfolger der Clubs vom Schlag des 708, wo Buddy Guy in den Mittfünfzigern den Grundstein für seine Karriere gelegt hatte, und sie gaben dem Chicago der sechziger Jahre einen Hauch der Live-Musik-Tradition, die einmal an der 52nd Streed von New York, in der Bourbon Street von New Orleans und in der Beale Street in Memphis geblüht hatte.

Außerhalb des Dunstkreises dieser Chicagoer Gruppierungen gab und gibt es Einzelkünstler und Bluesgruppen wie etwa Taj Mahal, SLY AND THE FAMILY STONE und die CHAMBERS BROTHERS, die in der Großstadt großgeworden sind, deren Beziehung zum Blues mehr im Ethnischen als in ihrer Lebensumwelt besteht und die es mit einem Publikum zu tun haben, das eine Mischung aus Rock und Soul bevorzugt.

Die Arbeiten der ersten Gruppierung sind in zwei Sammelalben gut dokumentiert; eines wurde von Pete Welding für das Label Testament produziert, das andere von Sam B. Charters für Vanguard. «Masters of Modern Blues», das Testament-Kompendium, das aus drei LPs besteht, präsentiert auf Vol. I die JOHNNY SHINES BAND, J. B. HUTTO AND THE HAWKS auf Vol. II und Floyd Jones und Eddie Taylor auf der dritten und letzten Platte.

Shines, der 1915 in Memphis, Tennessee, geboren ist, zog von 1933 bis 1935 mit Robert Johnson, dem Großmeister des Delta Blues, durch die Lande. Egal, ob er gerade Bottleneck spielt oder nicht, man merkt es allemal, daß Shines dem Sound und Repertoire seines Lehrers verhaftet und verpflichtet ist (ein Beispiel dafür ist *Walkin' Blues*).

Joseph Benjamin Hutto, 1929 in Augusta, Georgia, geboren, weist ebenfalls eine große, naturwüchsige Verwandtschaft zu Johnson auf, trotz der Tatsache, daß er erst acht Jahre war, als der ruhelose Schürzenjäger und Bluesman seine letzte Platte machte.

Der 1923 in Beneard, Mississippi, geborene Eddie Taylor nahm von 1955 bis 1957 unter seinem eigenen Namen bei Vee Jay auf, war aber auch praktisch auf jeder Platte von Jimmy Reed als Begleitmusiker zu hören.

Floyd Jones, der 1917 in Arkansas geboren wurde, machte 1947 seine ersten Aufnahmen und produzierte eine kleine Zahl von Scheiben, die ihn vor allem in den Bars und Clubs der South Side von Chicago zu einer bekannten und vertrauten Figur machten. *On the Road*, ein Blues, den er 1953 schrieb und aufnahm, ist einer der Lieblingstitel der CANNED HEAT BLUES BAND geworden.

Shines wie Hutto kann man auf der 1966 bei Vanguard erschienenen und aus drei LPs bestehenden Kollektion «Chicago / The Blues / Today» hören. Ebenfalls zu hören sind Walter Horton, der von vielen als der bedeutendste Harp-Spieler der Chicagoer Szene seit dem Tod von Little Walter eingeschätzt wird; Homesick James, der aus Somerville, Tennessee, stammt; und schließlich die SOUTH SIDE BLUES BAND von Johnny Young. Die Auswahl konzentriert sich jedoch vor allem auf die Exponenten der B. B. King-Tradition: Vol. I beginnt mit der CHICAGO BLUES BAND von Junior Wells, und Jimmy Cotton und Otis Rush nehmen den größten Teil von Vol. II für sich in Beschlag.

Daß sich das Personal der diversen Gruppen überschneidet, deutet darauf hin, daß eben doch ein gemeinsamer Nenner vorhanden war. Und es gibt auch einen: die gemeinsame Wurzel im Mississippi-Delta, aus der die beiden Zweige des modernen Blues entsprungen sind. Aber die Abkömmlinge von B. B. King weisen eine Beeinflussung durch zeitgenössischen Gospel, Soul und Jazz, durch den elektrischen Baß und das Feeling für den Einsatz der Elektrogitarre als improvisierendem Melodieinstrument auf.

Trotz seines Ansehens unter den Bluesmusikern und der beifälligen

Aufnahme, die sein *Voodoo Man* gefunden hatte, war Junior Wells außerhalb von Chicago kaum bekannt, bis er von Vanguard unter Vertrag genommen wurde. Seine ersten Aufnahmen entstanden 1953; bei einer Session für das Label State wirkte Muddy Waters als Begleitgitarrist mit. State war eines der vielen kleinen Chicagoer Labels, für die Wells aufnahm, ansonsten noch für Chief, Profile und Bright Star.

Wells, der 1932 in West Memphis, Arkansas, geboren wurde, kam im zweiten Lebensjahrzehnt nach Chicago. Daß er ein Mundharmonika-Talent war, machte sich schon damals deutlich bemerkbar. Geschnappt, weil er eine Mundharmonika im Wert von zwei Dollar gemopst hatte, die kein Pfandleiher angenommen hätte, beeindruckte er den Richter mit seinem Spiel derart, daß der ihm das Instrument bezahlte und die Klage niederschlug. Jahrelang war Wells ein fester Bestandteil des Programms von Theresa's, dem Straßenbistro im South Side-Getto von Chicago. Ein frühes Beispiel für seinen Stil findet sich auf der Vanguard-LP «A Tribute to Sonny Boy Williamson»; auf dieser Platte findet sich auch sein berühmter *Vietcong Blues*, den er über seine Brüder geschrieben hat, die in Vietnam Dienst taten. Früher waren sozialkritische Texte im Blues dünn gesät; aber die Lebensumstände sorgen offensichtlich dafür, daß die modernen Bluessänger nicht mehr an ihnen vorbei können.

Seit 1968 nahm Wells für Blue Rock auf, ein Tochterlabel von Mercury; seine Debüt-LP für dieses Label, «You're Tuff Enough», enthält auch den Single-Hit *Up in Heah*. Die Platte zeigt, daß zu der B. B. King-Synthese von Blues, Gospel und Jazz auch noch der Soul dazugekommen ist.

Bei Theresa's lernte Buddy Guy, 1936 in Lettsworth, Louisiana, geboren, 1958 Junior Wells kennen. Guy war erst seit kurzem in Chicago. Er hatte jedoch mit seinem bestaunenswerten Gitarrespiel im 708 Club bereits Aufsehen erregt. Obwohl er seit 1958 unter eigenem Namen Platten machte, festigte er seine Reputation vor allem als tragende Figur der Junior Wells Band.

Guy war mit der Musik der Bluespickers aus Texas und Louisiana – wie Mance Lipscomb und Lightnin' Hopkins – großgeworden. Aber die, die ihn im Theresa's und später im Sylvio's und der Pepper Lounge hörten, haben ihn immer mit B. B. King verglichen. Seine Souveränität und Meisterschaft zeigten sich in seiner Version des B. B. King-Stücks *Sweet Little Angel* auf seinem Debüt-Album für Vanguard, «A Man and the Blues» (1968). Die Platte bewies, daß er selbst seinen Lehrer überflügelt hatte. Ein Kritiker hat einmal bemerkt: «Die jazzorientierten Bluesphrasierungen, die Glanzlichter, diese blitzschnellen, prickelnden Knaller, die er einem um die Ohren haut, die hat nur er – die gibt es nur aus den Zauberhänden von Mr. Guy.»

Dazu sei bemerkt: Als Guy das erste Mal – auf Einladung des Blueskönigs selbst – mit B. B. King auf der Bühne stand, verhielt er sich genauso, wie seinerzeit der junge Charlie Parker gegenüber Dizzy Gillespie. Er führte die rasche Auffassungsgabe und Fingerfertigkeit vor, die es ihm möglich machten, die Spielweise seines Lehrers nachzuvollziehen und im Handumdrehen sogar noch zu verbessern.

Guy war der erste amerikanische Blueskünstler, der – 1969 – in Zentral- und Ostafrika auf Tournee ging. Nach seiner Rückkehr meinte er: «Ich werde immer Blues machen, weil ich mich damit selber glücklich mache – sogar dann, wenn ich sonst niemanden damit glücklich mache.» Das war seine Reaktion auf die verwirrende Entdeckung, daß der Blues in den städtischen Regionen Afrikas seine Zuhörer nicht so anrührte wie die extravertierteren und souligeren Auftritte seines Bruders Philip.

Ein afrikanischer Musiker hat einmal versucht, dieses Phänomen auf seine Weise zu erklären: «Ein Afrikaner, der aus dem Busch in die Stadt kommt und noch nie im Leben in einem Nightclub gewesen ist, der muß nur James Brown hören, und schon kann er zu dieser Musik mindestens tanzen.»

Anscheinend spricht der stark synkopisierende Achtachteltakt – Straight Time nennen ihn die Musiker – und seine Varianten, der Zwölfachteltakt und der Shuffle, auch kongolesische Füße an.

Peter Giraudo, der Guy auf seiner Tournee begleitet hat, meinte dazu: «Für den gewaltigen Einfluß des Soul im städtischen Afrika gibt es auch noch andere Gründe. Einmal das Bedürfnis vieler junger Afrikaner, schwarze Vorbilder zu finden, die es zu etwas gebracht haben, so, wie sie es für sich selber erhoffen – und die kulinarischeren, popigeren Soulinterpreten passen besser in dieses Wunschbild. Aber genauso wichtig ist, ... daß die traditionellen Afrikaner vom modernen Afrika auf dieselbe Weise verändert werden wie die schwarzen Amerikaner aus dem tiefen Süden von Chicago.»

James Cotton ist ein weiterer Begleitmusiker aus der Chicagoer Szene, der Mitte der sechziger Jahre eine Solokarriere begann. Erst nach langen zwölfeinhalb Jahren in der Band von Muddy Waters, wo er neben Otis Spann und dem Drummer S. P. Leary wirkte, nabelte sich der Mundharmonikaspieler Cotton ab. 1925 in Tunica, Mississippi, geboren, hatte er für das in Memphis ansässige Label Sun schon 1954 Platten aufgenommen. Aber die Zielstrebigkeit, die er bereits in seiner Jugend gezeigt hatte, hielt ihn noch lange in der Waters-Truppe, auch nachdem er selbst schon etwas galt. Als Neunjähriger hatte er die Baumwollfelder Mississippis mit einem Startkapital von ganzen dreißig Dollar verlassen, um nach Sonny Boy Williamson (alias Rice Miller) zu suchen, dessen Mundharmonikaspiel auf ihn so magisch wirkte wie die Pfeife des Rattenfängers von Hameln auf die Kinder dieser Stadt. Als er Sonny Boy

Williamson in Arkansas gefunden hatte, log er ihm vor, er sei ein armes Waisenkind, und schaffte es, in die Familie Williamsons aufgenommen und zum Maskottchen seiner Band zu werden.

Die Vanguard-Anthologie «Chicago / The Blues / Today» war es, die den Boden für seine Solokarriere bereitete. Zusammen mit seinen alten Kumpels aus der Muddy-Waters-Zeit – die Gruppe firmierte als JIMMY COTTON BLUES QUARTET – nahm er Oldies wie den *Cotton Crop Blues* von Williamson und den *West Helena Blues* und später R & B-Hits wie *Rocket 88* von Jackie Brenston auf. Im Sommer 1967 schließlich gab die JAMES COTTON BLUES BAND bei Verve/Forecast ihr Debüt, eine typische Bluescombo: Mundharmonika, Gitarre, Piano und Drums, das Ganze abgerundet mit Blechbläsern und Holzbläsern. Bei dem Label erschienen noch zwei weitere Cotton-Alben, «Pure Cotton» und «Cotton in Your Ears», beides exzellente Beispiele für die Begabung eines Mundharmonikaspielers, der aus der alten, etwas kurzatmigen Country-Harmonika ein ausdrucksstarkes Instrument gemacht hat, das im modernen Blues einen festen Platz hat.

Cotton über seinen unverwechselbaren Sound: «Den kriege ich wohl deshalb hin, weil ich aus dem Magen heraus spiele – da steckt mächtig Luft hinter ... Junior Wells spielt mehr aus dem Hals ...» Die Musik, die Cotton macht, rund, robust und flexibel, ist Sound von heute, ein Sound, der mit der Verstärker-Tonfülle der Elektrogitarre und des Fenderbasses nicht nur mithält, sondern sie übertrifft.

Otis Rush, dessen Fünfmanncombo auch auf «Chicago / The Blues / Today» zu hören ist – und zwar auf Vol. II – wurde 1934 in Philadelphia, Mississippi, geboren und nahm die ersten Stücke mit Anfang zwanzig auf. Mit den Sounds von Lightnin' Hopkins und Muddy Waters aufgewachsen, die er im Radio hörte, und später von Aufnahmen mit T-Bone Walker, Willie Mae Barnes, Little Walter und B. B. King beeinflußt, folgte er dem Weg, den vor ihm eine ganze Generation von Blueskünstlern eingeschlagen hatte, und zog nach Chicago.

Er arbeitete in einer Konservenfabrik, als ihm ein Freund, mit dem er übte, sein erstes Club-Engagement vermittelte – für eine Abendgage von 2.50 Dollar. Durch den Bassisten und Songschreiber Willie Dixon, den er im 708 Club kennenlernte, bekam er die Gelegenheit, seine ersten Stücke bei Cobra, einem ortsansässigen kleinen Label, einzuspielen. Dixon war bei dieser Session – wie auch bei weiteren Cobra-Sessions der folgenden Jahre – mit dabei.

Als das Label einging, wechselte Rush zur Firma Chess, bei der auch Dixon unter Vertrag war, wo er aber im Verlauf der nächsten zwei Jahre nur wenige Platten aufnahm. Ein Zweijahresvertrag mit Duke Records, der 1962 begann, brachte ebenfalls nur zwei veröffentlichte Aufnahmen. Nachdem bei Vanguard die Bluesanthologie erschienen war, von der ich schon gesprochen habe, schloß es einen Vorvertrag mit Rush, realisierte aber keine Platten mit ihm, offensichtlich weil die Firma nicht die richtigen Stücke für diesen Künstler finden konnte.

Obwohl man Rush auf der aus fünf LPs bestehenden Anthologie «The Blues» (bei Cadet) hören kann, erschienen die ersten neuen Rush-Titel erst im Frühjahr 1969. «Mourning in the Morning», bei Cotillion, einem Tochterlabel von Atlantic erschienen, wurde von den Gitarristen Mike Bloomfield und Nick Gravenites produziert. El Greco, wie Gravenites manchmal genannt wurde, hörte Rush zum erstenmal als Anfangssemester an der University of Chicago, bei seinen Besuchen im 708 Club in der siebenundvierzigsten Straße im South Side-Getto. In einem Interview, das El Greco im Februar 1969 gegeben hat, bestätigte er, daß es die Stücke waren, die im Fall von Rush das größte Problem bildeten.

Nick und Mike lösten es damit, daß sie elf neue Blues für Rush schrieben, aus denen dann die sechs ausgewählt wurden, die auf der LP schließlich zu hören waren. «Blues, der auf Soul basiert», das ist ihre Formel für diese Aufnahmen. Der Rest der LP besteht aus der zärtlichen Chuck-Willis-Ballade *Feel So Bad*, dem berühmten B. B. King-Stück *Gambler's Blues*, einer Instrumentalversion des Aretha Franklin-Hits *Baby, I Love You* und zwei Remakes alter Cobra-Singles von Rush selbst, *My Love Will Never Die* und *It Takes Time*.

Der Sound dieser LP war auf der Höhe seiner Zeit – eine moderne Mischung aus den Vorstellungen von Rush, Bloomfield und Gravenites und der kraftvollen Rhythmik der Studioband des Fame Studios in Muscle Shoals, Alabama. Das war ja auch das Studio, in dem Aretha Franklin ihren ersten großen LP-Erfolg aufgenommen hat, wo Wilson Pickett, Percy Sledge und Clarence Carter, ebenfalls ein Atlantic-Bluesman, LPs eingespielt haben und wo - zur Verblüffung El Grecos – alle Studiomusiker bis auf den letzten Mann weiße Bluesmusiker aus den Südstaaten sind.

Otis Spann nahm seit den frühen fünfziger Jahren regelmäßig auf; er wurde damals – wie der Bassist Willie Dixon – praktisch Hauspianist der Chess-Studios. Sein geschmackvolles Pianospiel läßt sich auf den Aufnahmen der R&B-Pioniere Howlin' Wolf, Bo Diddley und Muddy Waters bewundern, um nur einige zu nennen. Als Mitglied der MUDDY WATERS BAND blieb er fast ein Jahrzehnt anonymer Begleitmusiker.

1960 tat er jedoch den großen Schritt zur Selbständigkeit und nahm für Candid eine LP auf. Es folgte eine LP bei Storyville in Kopenhagen, Decca-Aufnahmen in London, Prestige- und Vanguard-Veröffentlichungen in Chicago; 1966 fand er dann bei Bluesway eine ständige Bleibe. Muddy war einer der drei Gitarristen, die auf seiner Debüt-LP für Bluesway vom August 1966 zu hören sind. Sein bodenständiges, solides Pianospiel ist sowohl in der Testament- wie der Vanguard-Bluesanthologie zu finden. Diese Aufnahmen vermitteln einen Eindruck vom großen Umfang seiner künstlerischen Fähigkeiten und machen das Ansehen verständlich, das er bei zwei Generationen von Blueskünstlern genießt.

Spann, der als Halbbruder von Muddy Waters 1931 in Jackson, Mississippi, geboren wurde und 1970 starb, war ein feinfühliger Bühnenkünstler.

Spann erinnerte sich: «Meine Mutter war Bluessängerin, sie trat zusammen mit Memphis Minnie auf. Im Alamo Theatre in Jackson (in Mississippi) habe ich den ersten Preis gewonnen und fünfundzwanzig Dollar bekommen. Damals war ich acht; ich hab den *Black Water Blues* von Bessie Smith gesungen ... Ich hab übrigens auch immer geboxt und in den vierziger Jahren die ‹Golden Gloves› gewonnen.»

Spann, der große Begleitmusiker, war als Solist überaus ausdrucksstark. Ein Teil seines Problems bestand darin, daß er eben Pianist war und kein Gitarrist. Das übrige war mehr eine Frage der persönlichen Ausstrahlung. Genauso, wie er nicht versuchte, die Solisten an die Wand zu spielen, die er begleitete, so scheute er es selber, sich zu exponieren. Ich habe erlebt, wie er unvermutet auf dem Newport Folk Festival von 1968 aufkreuzte, den Produzenten George Wein um ein Plätzchen im sowieso schon übervollen Programm bat, und schließlich ungehört und ungesehen wieder verschwand.

Auf der West Side von Chicago hat es immer ein Künstler-Getto gegeben, das im Windschatten der Publizistik lag. Da mußte erst Delmark Records kommen, eine Firma, die auch schon in den frühen sechziger Jahren Sleepy John Estes wiederentdeckt hatte, um die Beiträge dieses Gettos zum zeitgenössischen Blues festzuhalten und vorzulegen. Der Mundharmonikaspieler Shakey Harris, damals als Cadillac Jake bekannt, produzierte «West Side Soul» mit Magic Sam für das Robert Koester gehörende Label. Magic Sam (Maghett), 1937 in Grenada, Mississippi geboren nahm seine ersten Platten als Zwanzigjähriger in Chicago auf.

Seine 1968 bei Delmark erschienene LP enthält Stücke wie *All of Your Love*, die erste Platte, die er für Cobra aufgenommen hatte. In der Zwischenzeit ist er mit Stücken wie *Mama Mama – Talk to Your Daughter* und *I Feel So Good (I Want to Boogie)* bekannt geworden, Songs, die im Sylvio's und im Alex's, wo Magic Sam oft aufgetreten ist, noch lange verlangt wurden.

Einer Legende zufolge war Shakey Harris von der Art, wie Maghett *I Wanna Boogie* hinlegte, derart begeistert, daß er Muddy Waters, der damals im alten 708 Club auftrat, dafür gewinnen konnte, Magic Sam einmal in seiner Band mitspielen zu lassen. Maghett wurde nach Waters die Attraktion des Clubs. Wie Wes Montgomery reißt Maghett die Saiten mit dem Daumen an. Dabei liegt das Instrument wie bei Buddy Guy auf der Hüfte. Und wie B. B. King, in dessen Fußstapfen er wandelt, hat er eine gewaltige Stimme und einen modernen Gitarrestil.

Aus der jungen Generation der Chicagoer Blueskünstler hat vor allem John Littlejohn (Funchess) als Slide-Gitarrist von sich reden gemacht, der den Bottleneck-Stil des Deltas mit einer zeitgemäßen Harmonik veredelt hat. Arhoolie Records, in Berkeley, California ansässig, zeichnet für sein Erstlingsalbum «John Littlejohn's Chicago Blues Story» verantwortlich, das im Sommer 1969 erschien. Chris Strachwitz, der fanatische Bluesnarr der kalifornischen Plattenschmiede, wurde bei der Produktion der Platte von Willie Dixon unterstützt.

Sowohl mit seinem Gesangs- wie mit seinem Gitarrenstil verrät Littlejohn ganz deutlich, wie sehr er den verstorbenen Elmore James verehrt, der auf der LP mit dem *Catfish Blues* und dem suggestiven *Shake Your Money Maker* vertreten ist. Sein Repertoire ist jedoch modern und so umfassend, daß er nicht einmal vor dem von Brook Benton stammenden Pophit *Kiddio* zurückschreckt. Andererseits aber sind Nummern wie *What in the World You Goin' to Do* und *Slidin' Home* mit ihrem betonten Vibrato moderne, abgestaubte Fassungen des weinerlichen Glissandostils, den die gitarrenspielenden Baumwollpflücker in den vierziger Jahren nach Chicago gebracht hatten.

Während Chicago das Mekka des zeitgenössischen Blues bleibt und sich der größten Zahl an modernen Blueskünstlern rühmen kann, finden sich Mitstreiter um die Nachfolge B. B. Kings auch anderswo. Freddy King – 1934 in Gilmer, Texas geboren – nahm zwar 1956 in Chicago zwei Stücke auf. Aber von 1960 bis zu seinem Wechsel zu Cotillion gegen Ende des Jahrzehnts – wo er sich dann Freddie schrieb – nahm er für Federal, ein Tochterlabel von King, auf, das in Cincinnati beheimatet war. Fast hundert Stücke bezeugen, was King an mitreißendem Schwung mobilisieren kann – einschließlich übrigens eines Songs, der *Sittin' on the Boat Deck* heißt und schon etwas von dem späteren Otis Redding-Stück (*Sittin' On*) *The Dock oft the Bay* ahnen läßt.

Weil seine Debüt-LP bei Cotillion von dem lautstarken Tenorsaxophonisten King Curtis produziert wurde, hätte man eigentlich davon ausgehen können, daß eine explosive Platte mit viel Theaterdonner und hohem Dezibel-Niveau herauskommen würde. Aber «Freddie King Is a Bluesmaster» steht völlig im Einklang mit den Feinheiten und der beherrschten Musikalität, die ein Teil des modernen Blues geworden sind: es ist eine intensiv-geschmackvolle Platte geworden.

Mit *Hide Away* greift King auf einen der ersten Blues zurück, die er für Federal aufgenommen hat. In *Sweet Thing* und *Blue Shadows*, die sich beide deutlich hörbar an die Versionen B. B. Kings dieser Stücke anlehnen, scheint die Verbundenheit mit dem großen Vorbild durch. In der Art, wie er das gutaufgelegte *Funky* spielt, im Vergleich etwa zu dem gedämpften Kammerton, den er bei *Hot Tomato* anschlägt, teilen sich ganz unterschiedliche Stimmungen mit: sie stehen insofern in starkem Kontrast zum Slide-Guitar-Stil, als die Saitenschwingungen – von der rechten Hand, wie in der Weise des Dämpfpedals beim Klavier eingesetzt – in Schach gehalten werden. Der stiernackige Freddie mit seinem gewaltigen Brustkasten teilt schon mit seiner äußeren Erscheinung ein Gefühl von Kraft mit, die aus seinem Gesang kommt und einen selbst dann in ihren Bann schlägt, wenn eher Zärtliches angesagt ist.

Der 1927 in West Memphis, Arkansas geborene Junior Parker (gestorben ist er 1971) war einer der vielen jungen Schwarzen, die vom Mundharmonikaspiel Sonny Boy Williamsons magisch angezogen wurden. Die Wirkung von Williamson war vielleicht mehr eine Wirkung des Radios, als daß sie von seinen Platten oder Auftritten ausgegangen wäre – und das wiederum läßt einen vermuten, daß die Rolle der örtlichen Radiostationen für die Entwicklung der Musik der Schwarzen noch nicht richtig erkannt worden ist. So, wie Howlin' Wolf als Diskjockey im Delta Dünger verkaufen half, trat Williamson bei einem Sender in West Helena, Arkansas, mit den «King Biscuit Boys» auf, zu deren Besetzung auch Elmore James und B. B. King zählten.

Herman Parker hörte eines Tages im Radio, daß Williamson demnächst in der Gegend von Clarksdale auftreten würde – genau der Gegend, in der er sein Geld als Baumwollpflücker verdiente. Es gelang ihm, in ein Konzert reinzukommen. Williamson, der immer Amateure auf die Bühne bat, war von der Meisterschaft, mit der Parker seinen eigenen Stil beherrschte, derart bewegt, daß er ihn zu seinen Auftritten in den Städten der Umgegend mitnahm und auftreten ließ. Die Legende will es so, daß Publikum und Freunde annahmen, die beiden seien verwandt, und Herman dementsprechend auf den Rufnamen Junior tauften. 1949 fand der ehemalige Baumwollpflücker dann auch Gelegenheit, mit Howlin' Wolf zusammenzuspielen.

Junior nahm seine ersten Stücke 1952 auf, für das Label Modern Records in Memphis. Richtigen Schwung bekam seine Plattenkarriere aber erst im Jahr darauf, als er für das Sam Phillips gehörende Label Sun vier Plattenseiten einspielte. Es war die Zeit, als Phillips den Trupp von Rockabilly-Sängern aufbaute, zu dem schließlich Carl Perkins, Jerry Lee Lewis, Roy Orbison, Johnny Cash und, natürlich, Elvis Presley gehörten. Elvis nahm den von Parker geschriebenen *Mystery Train* auf, den Junior selber mit seinen Blue Flames eingespielt hatte. Junior landete mit einer seiner anderen Sun-Aufnahmen einen so guten Treffer – *Feelin' Good* kam in die Top Ten der R & B-Charts –, daß ihn Don Robey 1954 zu seiner ersten Duke-Session nach Houston holte. Diesem Label blieb er dann bis in die sechziger Jahre hinein verbunden.

Im Jahr seiner ersten Duke-Aufnahmen ging er mit zwei weiteren Robey-Künstlern auf Tournee – Willie Mae Thornton und dem frühverstorbenen Johnny Ace. Nach dem Unfalltod von Ace tingelte er mit Bobby Bland, der ebenfalls bei Robey unter Vertrag war, quer durchs Land. Obwohl er 1957 und 1958 mit *The Next Time You See Me* und *That's All Right* bereits Markterfolge vorweisen konnte, die nicht von schlechten Eltern waren, kam sein ganz großer Hit für Duke erst 1962 – mit *Annie Get Your Yo-Yo*, der auf den Hank-Ballard-Erfolg der fünfziger Jahre anspielte. Obwohl Junior Parker sehr wohl ein moderner Blueskünstler war, klang sein Sound doch ein bißchen mehr nach Country, war er weniger geschliffen als der der beiden Harmonikaspieler Junior Wells oder James Cotton.

In den späten vierziger und frühen fünfziger Jahren war Ike Turner vor allem im Gebiet um Memphis bereits ein gefragter Bluespianist. Als Leonard Chess 1948 in West Memphis die ersten Aufnahmen mit Howlin' Wolf machte, saß Turner am Piano und begleitete den Wolf anschließend bis 1952 immer wieder mal auf seinen Platten bei RPM und Chess.

Auch auf den RPM-Sessions von B. B. King von 1950 und 1951 griff Ike in die Tasten, einschließlich jener Session, in der King seinen ersten Hit, den *Three O'Clock Blues* einspielte. Auch beim ersten Aufnahme-Date von Junior Parker für Modern war er dabei. Aber diese Phase seiner Entwicklung liegt irgendwo tief unter dem Riesenhaufen von LPs vergraben, die Ike & Tina Turner in den sechziger Jahren produziert haben.

Die zwei sind ein attraktives Paar, voll Pfeffer und Sex, und überzeugen bei ihren Live-Auftritten mehr als auf der Platte. (PEACHES AND HERB erinnern einen an sie – aber die sind im Vergleich zu ihnen eher geschlechtslos.) Mit Platten haben die Turners bestimmt nicht gegeizt, und das auf einer ganz beträchtlichen Zahl von Labels, was den Verdacht nahelegt, daß das Duo nicht genug stimmliche Wirkung erreichen konnte, die zu einem längerfristigen Vertrag gereicht hätte.

Ihre Fähigkeit, Plattenproduzenten in Begeisterung zu versetzen, wenn auch nicht zu einer dauerhaften Zusammenarbeit zu bringen, erreichte im Fall von Phil Spector, dem grandiosen Mentor der RIGHTEOUS BROTHERS, der CRYSTALS und RONETTES ihren Höhepunkt. 1967 produzierte Spector mit ihnen eine LP, die um das von ihm geschriebene *River Deep – Mountain High* aufgebaut war. Obwohl Spector und andere, die was von der Sache verstanden, spürten, daß der Titelsong dieser LP die packendste Darbietung Tinas überhaupt war und das Zeug zu einem Senkrechtstarter hatte, fiel er in Amerika als Single erstmal durch. Auf den englischen Charts dagegen machte die Aufnahme ihren Weg, was den jähzornigen Spector dazu brachte, eine Anzeige mit dem Text:

«Benedict Arnold Was Right!» in die Blätter zu setzen. Wenn die Berichte stimmen, löste er wegen der Geschichte sogar seine Plattenfirma Philles auf. Auf der LP finden sich etliche von den Bestsellern, die die Turners zwischen 1960 und 1962, ihrer ganz heißen Zeit, in die R&B-Charts gebracht haben, etwa *It's Gonna Work Out Fine* und die von Ike geschriebene Ballade *Fool in Love*.

In einem ihrer gegen Ende der sechziger Jahre bei Blue Thumb erschienenen Alben, «Outta Season», führen sie ihr unablässiges Bemühen um schwarze Stücke vor. Der Sound ist auf der Höhe seiner Zeit, aber der Stimme von Tina scheint es ein bißchen an der emotionalen Beteiligung zu fehlen; die Stücke reichen von *Dust My Broom* des legendären Robert Johnson bis zu *I've Been Loving You Too Long* von Otis Redding.

Zwei Gruppen, die von manchen Kritikern als Soul-Gruppen eingestuft worden sind, denen aber meines Erachtens das *sine qua non* des Soul fehlt – das Mitreißen des Publikums – sind die CHAMBERS BROTHERS und SLY & THE FAMILY STONE. Ich zähle sie zu den modernen Blueskünstlern.

Wenn man mal bedenkt, daß SLY & THE FAMILY STONE ihr erstes Album, «A Whole New Thing», erst 1967 aufgenommen haben, dann ist ihre Wirkung keineswegs gering zu veranschlagen. «Life», ihre zweite LP, ist als «das wohl radikalste Soul-Album» bezeichnet worden, das je erschienen ist, wogegen «Stand!», gegen Ende der sechziger Jahre, als «entarteter Soul» klassifiziert wurde. Bevor Sly praktizierender Musiker wurde, war er der beliebteste R&B-Diskjockey von San Francisco und Umgebung.

Sly, ein energischer, ruheloser Mann, arbeitete in seiner Freizeit als Plattenproduzent für ein längst untergegangenes Lokal-Label. In vieler Hinsicht war es sein Umgang mit den Bluesbands der San Francisco Bay Area, die seine eigene gemischtrassige siebenköpfige Gruppe geformt hat. Die Gruppe, die einen aufgefrischten Bomp-Bomp-Gesangsstil einsetzt, der an den frühen R&B erinnert, rundet ihre Musik mit Trompeten, Saxophon und elektrischem Klavier ab und produziert eine unbekümmerte Mixtur aus Rock, Jazz und Blues.

Mit ihrer zweiten Epic-LP – die um die Hit-Single *Dance to the Music* aufgebaut ist – bewiesen SLY & THE FAMILY STONE, daß überraschende Wendungen und ständiger Wandel das Grundmuster ihrer Arrangements bilden. Der Gesang selbst ist beinahe unterentwickelt. Ihre Platten sind aus einer Vielzahl von Sound-Splittern zusammengesetzt – Stimmungswechsel, schneller Wechsel von Gesang und Instrumenten, überraschende Wechsel in der Instrumentierung machen das Bild komplett. Am treffendsten ließe sich das Ganze wohl als akustische Lightshow charakterisieren, die nur drei konstante Elemente aufzuweisen hat: schnelles Tempo, Lautstärke und den gewaltigen, elektrisierenden Tanz-Beat des unüberhörbaren Fender-Basses. Alles andere ist austauschbar – und je unerwarteter der nächste Wechsel, desto besser.

Doch Sly blieb dabei nicht stehen; ein späteres Album weist gewisse Fortschritte auf, wenn nicht in der musikalischen Technik, so doch immerhin in der Aussage. Im Mittelpunkt der Platte steht wieder ein Single-Hit, *Everyday People* – und das ist ein Appell an die Solidarität der «einfachen Leute». «Stand!», so heißt die LP, hat also einen Touch ins Sozialkritische. Sie nimmt Probleme auf, um die sich der Blues selten einmal gekümmert hat, Probleme, die einem einen festen Standpunkt abverlangen. Am deutlichsten wird das in dem Stück *Don't Call Me Nigger, Whitey*; es ist eigentlich kein Lied, weil es nur aus dem Titel und seiner Umkehrung besteht (*«Don't call me Whitey, Nigger»*). Diese beiden aggressiven Zeilen werden in verschiedenen Tempi immer und immer wiederholt. Der akustische Effekt läßt sich mit den Flimmerbildern vergleichen, die gelegentlich im Fernsehen zu sehen sind – nur daß die ständige Wiederholung hier bewußt als frustrierend-provozierendes Element eingesetzt wird.

Der Stil der Gruppe ist zwar hin und wieder mit dem von Jimi Hendrix verglichen worden; aber in diesem Album kommt die Gruppe höchstens der Freak-Out-Technik einer anderen sozialkritischen Truppe aus Kalifornien nahe – gemeint ist FRANK ZAPPA AND THE MOTHERS OF INVENTION.

Im Gegensatz zu SLY & THE FAMILY STONE haben die vier CHAMBERS BROTHERS aus Mississippi als Gospel-Gruppe angefangen. Ihre ersten Spirituals haben sie in der Mt. Calvary Baptist Church von Lee County gesungen. Nachdem sie alle auf der Suche nach Arbeit nach Los Angeles gezogen waren, wo sie sich mit den primitivsten Jobs durchbrachten, machten sie ihre alte Gospel-Gruppe wieder auf und fingen an, in diversen Kirchen zu singen.

George E., der Senior der Gruppe: «1961 schließlich haben wir unsere Jobs aufgegeben und wurden echte Profis. Allerdings nach wie vor als Gospel-Sänger. Wir sind auch in Kaffeehäusern und kleinen Clubs auf die Bühne gegangen, zum Beispiel im Ash Grove in San Francisco. Dann haben wir beschlossen, Pop und Blues zu spielen. Ich habe meinen Kloeimer-Baß weggelegt und mir einen elektrischen Fender gekauft. Damals waren wir mit unseren Instrumenten noch derart beschäftigt, daß wir uns nicht mehr mit rhythmischem Klatschen behelfen konnten. Also mußte ein Drummer her.»

Bei Odine's in New York City fanden sie ihn schließlich: den in London und der Bronx aufgewachsenen und damals in Manhattan beheimateten Brian Kennan. Damit wurden die CHAMBERS BROTHERS eine gemischtrassige Gruppe. Das eine weiße, britisch wirkende Gesicht unter den vier Schwarzen machte schon einen ausgesprochen denkwürdigen Eindruck.

Bevor die BROTHERS 1967 bei Columbia landeten, hatten sie bei Vault Records in Los Angeles schon drei LPs veröffentlicht. «Now!» und «Shot!» hatten beide weder die Direktheit noch die Wirkung, die ihre Titel suggerieren sollten. Aber die dritte, «People Get Ready», war kraftvoll genug, um ihnen den Weg zu einem großen Label freizumachen. *Time Has Come* war ihre erste Columbia-Single. Das Stück wurde ein Hit und verhalf ihnen zusammen mit der gleichnamigen LP zu einer Goldenen Schallplatte.

Auf ihrem zweiten Columbia-Album aus dem Jahr 1968, «A New Time – A New Day», kam dann *I Can't Turn You Loose,* ein Titel, der einem direkt in die Glieder fährt. Immer noch wurzelt der Gesang der Gruppe unüberhörbar im Gospel, aber dazugekommen sind jetzt aggressiv-großstädtisches Blues-Feeling und die Energie des jungen Rock. Im April 1969 entstand im New Yorker Fillmore East ein Live-Album. Ihre damalige Orientierung auf Blues-Rock zeigt sich in der Auswahl der Stücke für diese Platte: R & B-Oldies wie *So Fine* von den FIESTAS in buntem Wechsel mit Stücken wie *Love, Love, Love* von den CLOVERS und Popsongs wie *Undecided* – auch *Bang, Bang*, ein Hit von Joe Cuba, ist zu hören.

Der Bluessänger der dritten Generation, der am deutlichsten mit den alten Bluesbarden des Deltas und den R & B-Künstlern gebrochen hat, die die Nachkriegszeit geprägt haben, nennt sich selbst Taj Mahal. Über seine zweite Columbia-LP hat er einmal gesagt: «Ganz einfach, was ich da spiele: Liebe und Frieden.»

Und beides haben die Kritiker dem Album «The Natch'l Blues» denn auch attestiert. «Man kann sein Lächeln nachgerade hören», hat einer sogar geschrieben.

Die Welt des Blues hat schon immer das ganze Leben umfaßt. Ursprünglich Klageschrei der ländlichen, armen Schwarzen gegen Fron und Unterdrückung, nahm er alles, Freud und Leid, Trauer oder Schmerz, ob groß oder klein, alltäglich oder nicht, belanglos oder elementar, in sich auf. Aber Friede und Liebe? Der Blues ist immer existentiell gewesen. Aber kann er auch entspannt sein? Wenn ja, dann jedenfalls erst seit Taj Mahal alias Henry Sainte Claire Fredericks-Williams. Er hat dem Blues den Gefühlsbereich der Lebenslust erschlossen – früher ging es nur um das Ertragen der Wirklichkeit.

Seine Mutter stammte aus South Carolina, sein Großvater war Schaffner bei der New Yorker U-Bahn, und sein Vater war einer der besten Skate-Boarders von ganz Brooklyn. Taj Mahal selbst kam in New York City zur Welt; aufgewachsen ist er in Springfield, Massachusetts, wo er

auch sein Studium mit einem Bachelor of Arts der Tiermedizin abschloß. Er ist belesen, hat klare Ansichten und bringt im Gespräch gern
mal ein Zitat von Erich Fromm, Aldous Huxley und vielen anderen
Schriftstellern unter.

Trotz dieses großstädtischen und eher bildungsbürgerlichen Herkom-
mens, sagt er, er sei schon beim ersten Anhören alter Platten mitten im
Blues dringewesen. «Das war Wirklichkeit, das hat mich sofort angeturnt. Meine Mutter stand auf Klassik und Gospel, und mein Vater
spielte ein bißchen Jazzpiano und stand auf Count Basie, Duke Ellington und Louis Jordan. Der Blues haut mich einfach um, und wenn er
wirklich gut ist, geht er mir durch Mark und Bein, dann schwinge ich
richtig mit. Wie ein wahnsinnig attraktives Mädchen – das kann auch
nichts dafür. Der Blues macht einem klar, daß man lebt und daß es im
Leben auch ein paar gute Sachen gibt. Die sollten die Leute schon sehen, denn das ist der einzige Weg zum Glück. Die Leute sollten verant-
wortungsbewußt sein, liebevoll. Wenn jeder etwas gibt, dann kriegt
auch jeder was.»

In einem Artikel, den er zusammen mit Jim Delehant vom *Hit Parader* geschrieben hat, fügte er dem noch hinzu: «Ich will ganz einfach
glücklich sein. Ich renne doch nicht dem geschäftlichen Erfolg meiner
Band hinterher. Mir macht's nicht so viel aus, wenn ich nicht viel besit-
ze. Ich würde eher noch was von meinem an jemanden abgeben, der es
wirklich braucht.»

Was den Blues angeht, vertritt er die Ansicht, daß sein Ursprung
mehr in der Rasse als in den Lebensbedingungen oder der geographi-
schen Herkunft liegt. «Es gibt Leute, die glauben, man muß schon ein
blinder Opa aus dem Süden sein», hat er mal zu Tom Nolan vom *Rolling
Stone* gesagt, «und aus New Orleans nach Chicago tippeln, um dort zwei
Plattenseiten aufzunehmen. Die hört sich der große Boss dann an, sagt:
‹Nicht schlecht, geben Sie uns die Rechte, und dann werden wir mal sehen, was sich machen läßt.› Die glauben, man muß das alles durchgemacht haben, bevor man guten Blues spielen kann. Aber das hängt nicht
von Zeit oder Ort ab, es hängt von den *Leuten* ab.»

Offensichtlich hat Taj Mahal nicht die Stationen hinter sich gebracht,
die Blind Lemon, Muddy Waters oder B. B. King geformt haben. Seine
Familie besaß in Springfield ein Zweifamilienhaus. Dort – wie in New
York – wuchs er in einer gemischtrassigen Umgebung auf. Seine Großmutter väterlicherseits und sein Großvater wuchsen in einem jüdischen
Viertel auf. Als er noch klein war, wohnte die Familie oft Tür an Tür mit
jüdischen Nachbarn.

«Unsere Familie hat immer wie Pech und Schwefel zusammengehalten, auch schon vor der Zeit meines Vaters. Der hat Jiddisch, Spanisch,
Französisch, Portugiesisch, Englisch gesprochen, einfach alles. Aber

am besten hat er Jiddisch gekonnt. Meine Mutter, die aus dem Süden stammt und indische, irische und schwarze Vorfahren hat, hat öfter mal Fisch für uns gekocht. Meine Mutter ist ins College gegangen und arbeitet an ihrer Doktorarbeit in Psychologie. Sie hat sechs Kinder geboren und noch drei dazu adoptiert. Meine Eltern sind glückliche Menschen, und sie arbeiten schwer ...»

Aus dieser weltbürgerlichen, entspannten Umgebung ist ein Musiker-Charakter hervorgegangen, wie er im Blues sehr selten ist. «Alle ziehen sich doch an Situationen voller Wut und Zorn hoch. Und sie finden auch die Puppen, die sie an ihren Strippen tanzen lassen können – lauter Automaten. Ich hab's fertiggebracht, mich aus den Spielchen zu befreien, die überall gespielt werden. Das Spielchen Schwarz gegen Weiß, Weiß gegen Schwarz, Schwarz gegen Schwarz. Es ist ja so: Als Schwarzer in Amerika muß man dreimal so hart arbeiten, seinen Haushalt dreimal so sauberhalten, fünfzehnmal besser reden können – dann wird man vielleicht von allen akzeptiert. Damit hab ich nichts mehr am Hut, da spiele ich nicht mehr mit. Ich bin lieber ich selbst.»

Und mit viel Bewegung führt er das auch näher aus: «Mitgefühl ist etwas Schönes. Es macht das Leben um vieles leichter. Es hilft einem, die Schwächen seiner Mitmenschen zu verstehen. Wir sind darauf getrimmt, Sachen gut zu finden, die dem entsprechen, was wir verstehen. Aber das allein kann's ja noch nicht sein, weil wir dauernd auf Leute treffen, die ganz anders aufgewachsen sind als wir. Die Macht des Blues ist die Liebe. Durch ihn erfahren wir, daß wir alle schon mal ganz unten waren. Also müssen wir uns wieder hochrappeln. So, als ob ein Musiker aus dem Süden zu mir kommt und mir sagt: ‹Mann, du spielst wirklich gut›. Das sprengt die Schranken. Durch Musik gelangt man zum Mitfühlen mit anderen.»

Die Bemühung um Mitgefühl und nicht um Katharsis trennt Taj Mahal von den Soulmusikern von heute und stellt ihn zugleich etwas außerhalb des Kreises der herkömmlichen Bluesmusiker. Doch in seinem Repertoire sind Bluesklassiker wie *Dust My Broom* von Robert Johnson, *E Z Rider* (in seiner Spezialschreibweise) von Ma Rainey oder der *Walkin' Blues*, auch von Robert Johnson, in Hülle und Fülle vertreten. Er setzt jedoch keinen Ehrgeiz darein, die Schöpfer dieser Lieder nachzuahmen, weil er seiner Meinung nach mit der Welt, die ihre Entstehung veranlaßt hat, nichts zu tun hat.

Taj Mahal, der sich immer treu geblieben ist und einem Stil anhängt, der weder sensationell noch besonders aufregend ist, ist es gelungen, seit seiner ersten Platte, die 1967 bei Columbia erschienen ist, beträchtliches Aufsehen zu erregen. Er zählte zu den wenigen jungen Blueskünstlern, die zum Newport Folk Festival 1968 eingeladen wurden, und er trat im Jahr darauf in einer Fernsehsendung der Rolling Stones als Gast auf.

Seine bizarre Aufmachung sticht einem an meisten ins Auge. Er trägt – bei einer Körperlänge von immerhin fast zwei Metern – einen hohen, breitkrempigen Amish-Hut, den ein Hutband aus Bierflaschen-Kronkorken ziert. Seinen Hals schmückt ein zusammengebundenes Halstuch; auf dem linken Ärmel seiner Jeans-Jacke steckt ein Sheriffstern. Große, schwarze Schatten verdecken die Augen; wenn er lächelt – und das tut er oft – fallen einem deshalb die zwei Reihen weißschimmernder Zähne besonders auf. Von Haus aus gebildet und ausdrucksfähig, macht er aber am liebsten auf unwissenden Taugenichts.

Modern – das ist nicht gerade die vielsagendste Kategorie, wenn man sie auf Jimmy Witherspoon oder Arthur Prysock anwendet, die beide viel zu bluesig sind, als daß man sie leichthin als Oreo-Sänger etikettieren könnte. Obwohl der Begriff Soul in ihren LP-Titeln öfter mal vorkam, paßt er für sie ebensowenig wie Oreo. Die beiden repräsentieren einen Typ des neueren schwarzen Balladenstils, der sich durch einen starken Blues-Einschlag auszeichnet. Lange Jahre arbeiteten sie in rockorientierten Bluesbands – Prysock bei Buddy Johnson und Spoon, wie er gern genannt wird, bei Jay McShann. Der typische Blues-Jazz-Stil von McShann und Jimmy Rushing hat bei Witherspoon unverwechselbare Spuren hinterlassen. Prysock, in South Carolina geboren und in New England aufgewachsen, steht dem Pop näher als der in Arkansas geborene Spoon, der sich in den späten vierziger Jahren mit seiner Version des Billie-Holiday-Dauerbrenners *Tain't Nobody's Bizness If I Do* die ersten Sporen verdiente. Aber beide demonstrieren die urwüchsige Kraft und Faszination, die sie sich aus der «sinnlichsten Musik», die Amerika zu bieten hat, geholt haben. So wenigstens hat Del Shield den Blues charakterisiert.

Teil III

Soul

My Lord, He calls me,
He calls me by the thunder!
The trumpet sounds within-a my soul ...
(Traditional Spiritual)

Gospel und Soul

Zweimal im Jahr, zu Ostern und Weihnachten, wendet sich das Apollo Theatre vom Profanen ab und dem Sakralen zu und setzt den «Harlem Gospel Train» auf den Fahrplan. Die Bühne verwandelt sich in eine Baptistenkirche aus der guten alten Zeit: ringsum hohe, bunt verglaste Kirchenfenster, dazwischen zwei Reihen Kirchenbänke. Frauen in weiß-schimmernden Chorkleidern singen, dazu ertönt Orgelmusik. Dann öffnet sich der Vorhang: der Blick fällt auf einen alten Schwarzen, der bebend vor Angst wie gebannt über die Zuschauer hinwegschaut. Mit zitternder Hand weist er auf das Ende des Raums und schreit voll Entsetzen: «Schaut hinter euch!»

Doch niemand wagt sich umzudrehen, denn jeder weiß, welcher Schrecken dort hinten auf ihn wartet. Und die paar unerschrockenen Gemüter, die doch einen Blick riskieren, werden nie etwas sehen – der Teufel ist einfach zu schnell für sie.

Jetzt ist die richtige Stimmung im Saal. Die Stimmen des Chors schwellen, während ein Priester auftritt, der dem Publikum die Leviten liest und es auffordert, für Christus Zeugnis abzulegen. Das Feuer des Glaubens brennt immer höher, Frauen springen von ihren Sitzen auf, schreien und gestikulieren. Oben im zweiten Rang muß ein Mann, der völlig aus dem Häuschen ist, von Platzanweisern daran gehindert werden, sich für Jesus auf die Bühne hinunterzustürzen. Neben der Bühne kümmern sich zwei Schwestern in frischgestärkten Uniformen um die Leute, die in Ohnmacht fallen oder sich beim Hinfallen verletzt haben.

«Jetzt sind die Dinge nicht mehr aufzuhalten», schreibt Albert Goldman, der diese Abende kennt: «Das ganze Publikum steht wie ein Mann auf, sechzehnhundertundachtzig Menschen – man stelle sich das vor! – stehen wie eine Eins, schwenken die Arme, zeichnen Kreuze in die Luft, bieten sich dem Herrn an, vollziehen eine Massengeste, die so mächtig ist wie jene, mit der Moses die Fluten des Roten Meeres teilte.»

Goldman schließt: «Und wo bist du, Weißer? Du ersäufst am Grunde dieses Meeres. Du hockst so verängstigt da und bist so verloren und so klein, daß du am Ende aus dem Apollo kriechst wie Kafkas Kakerlake.»

Die Soul-Musik hat ihre Anfänge in den düsteren Tagen der Spirituals, der *Sorrow Songs*, wie sie nicht zu Unrecht genannt worden sind.

«In der alten Zeit», erklärt Langston Hughes, «hatten die Sklaven kaum eine Möglichkeit, gegen ihr Schicksal zu protestieren, ohne in Gefahr zu geraten, ausgepeitscht oder sogar umgebracht zu werden. Außer eben in ihren Liedern. In die schlichten Zeilen der Spirituals, die immer wieder gesungen wurden, legten sie den ganzen Schmerz und die ganze Pein ihrer Knechtschaft, komprimiert und intensiviert bis zum reinen Ausdruck des Leidens schlechthin.»

Die Sklaven hatten allerdings auch fröhliche Lieder, die den Triumph des neuen Josua vorwegnahmen, der die Mauern zum Einsturz bringen würde – «*de walls come tumblin' down*» – daher auch der Name der Fisk Jubilee Singers, die die Welt als erste auf die Spirituals aufmerksam gemacht haben.

Die Soul-Musik ist also mit dem Blues und dem R & B eng verwandt. 1928 veröffentlichte Vocalion eine Platte von Georgia Tom und Tampa Red, *It's Tight Like That.*

> Now the girl I love is long and slim,
> When she gets it, it's too bad, Jim.
> It's tight liket hat, beedle um bum,
> It's tight like that ...

Georgia Tom war der Begleiter von Ma Rainey und der Komponist einer der beliebtesten Songs von Ma, *Stormy Sea Blues*, und obendrein ein ausgesprochener Publikumsliebling, ob bei *Tent Shows* oder im Saal – die Leute kamen ins Fingerschnalzen, wenn er auf dem Piano seine Ragtime-Kunststücke vorführte. Nicht lange, nachdem er sich von Ma Rainey getrennt hatte, wollte Georgia Tom überhaupt nichts mehr davon wissen, daß er *It's Tight Like That* geschrieben hatte. Wenn die Rede auf dieses Lied kam, behauptete er immer – oder gab er zu –, daß der Text von Tampa Red stamme und die Melodie von dem Country-Bluessänger Papa Charlie Jackson geklaut sei.

Georgia Tom war nämlich der Spitzname des Chicagoer Künstlers Thomas A. Dorsey, der in den frühen dreißiger Jahren im musikalischen Leben der dortigen Pilgrim Baptist Church eine bedeutende Rolle spielte, ein Komponist, dem wir einige der schönsten Gospelsongs unserer Zeit verdanken. Man muß kein religiöser Mensch sein, um Evergreens wie *Someday, Somewhere*, *We Will Meet Him in the Sweet Bye and Bye*, *Precious Lord*, *Take My Hand* und viele andere zu kennen.

Spirituals, Blues, R & B – nicht das sind die nächsten Verwandten des Soul, sondern der Gospel. Der Blues kommt genaugenommen von der anderen Seite der Familie – was schon Mahalia Jackson meinte: «Blues sind Lieder der Verzweiflung. Gospelsongs sind Lieder der Hoffnung. Wenn man den Gospel singt, dann hat man das Gefühl, daß es ein Heilmittel für das gibt, was einen bedrückt ...»

Wenn Gospelsänger, wie die Bibel sagt, dem Herrn fröhlichen Lärm darbringen, dann machen die Soulsänger mitreißenden Lärm für Menschen. Und die Verzückung, die den Gospel beherrscht, wird im Soul zur Rage.

Der Gospel ist relativ jung. Anders als die von unbekannten Sängern geschaffenen Spirituals gibt es den Gospel erst seit Mitte der zwanziger Jahre; die Lieder sind von religiös engagierten Dichtern und Komponisten verfaßt. Normalerweise fallen einem bei Gospel sofort die Straßenkirchen der Schwarzen ein. Die Schwarzen, die nach dem Ersten Weltkrieg in die Städte des Nordens zogen, standen vor der Tatsache, daß sie es sich einfach nicht leisten konnten, Land zu erwerben und darauf eigene Kirchen zu bauen – und deshalb begnügten sie sich mit Gettoläden, die billig zu mieten waren und die es in rauhen Mengen gab, als die Depression durch das Land tobte.

Die Gottesdienste, die in diesen schmucklosen Räumen abgehalten wurden, besonders von den vielen Baptistensekten wie den Sanctified Baptists, den Pentecostal Baptists und anderen, zeichneten sich, wie Bill Johnson einmal angemerkt hat, vor allem durch «das Singen und ekstatische Tanzen in nie gekanntem Ausmaß» aus. «Der mächtige Rhythmus erschütterte die Kirchen in ihren Grundfesten. Eine Springflut religiöser Verzückung riß die Menschen mit sich, und niemand wußte so recht, warum. Die Depression trieb die Leute wieder in den Schoß der Kirche – aber nicht einmal das erklärte, warum es sie derart heftig dazu trieb, von ihren Sitzen zu springen, zu schreien, herumzuhüpfen und Gott ausgerechnet im Stehen zu loben.»

Wenn ich mal eine Vermutung riskieren darf: es lag daran, daß der Kirchgang den Armen eben nicht nur der Erbauung, sondern genauso sehr auch der Unterhaltung dienen mußte. In der Massenerregung, in der Ekstase, dem Jubel – Händeklatschen, Trommelschlag, Tamburingerassel, immer mächtigerer Wechselgesang der Gemeinde – befand sich der einzelne in der herzerwärmenden Einheit mit allen, die mit ihm litten. Er konnte für kurze Zeit sich selbst und seine Probleme vergessen. Und außerdem war mancher Prediger auch ein regelrechter Showman, der genau wußte, daß der Klingelbeutel schneller voll wurde, wenn er seine Schäfchen nur recht glücklich machte ...

James Baldwin, der selbst einmal Prediger an einer Harlemer Straßenkirche war, schreibt in «The Fire Next Time»: («Hundert Jahre Freiheit ohne Gleichberechtigung» Rowohlt, Reinbek 1970): «Es gibt keine Musik, die so ist wie diese, kein Drama wie das Drama der jubilierenden Heiligen, der seufzenden Sünder, der rasenden Tamburine und all jener Stimmen, die zueinander finden und Gott seligpreisen. Ich habe nie etwas gesehen, das dem Feuer und der Erregung gleichkäme, das die Kirche manchmal ohne jede Vorwarnung erfüllt, ja eine ganze Kirche, wie Leadbelly und andere bezeugt haben, ins ‹Rocken›, ins Erzittern brachte. Nichts, was mir seitdem widerfahren ist, gleicht der Kraft und dem Glück, das ich manchmal spürte, wenn ich und die Kirche eins waren. Ihre Schmerzen und ihre Freuden waren die meinen, und ihre Schreie ‹Amen!›, ‹Halleluja!› und ‹Yes, Lord!›, ‹Praise His Name›, ‹Preach it, brother!› trugen meine Soli und peitschten sie voran, bis wir eins wurden, schweißüberströmt, singend und tanzend, in Zorn und Liebe, zu Füßen des Altars.»

«Es herrschte eine Freude und Begeisterung und eine Fähigkeit, dem Unglück ins Gesicht zu sehen und es zu überleben, die sehr bewegend und selten sind. Wir alle – Zuhälter, Huren, Gauner, Gläubige, Kirchgänger, Kinder – waren wohl von der Art unserer Unterdrückung vereint. Und wenn, dann erreichten wir innerhalb dieser Grenzen manchmal eine gegenseitige Freiheit, die der Liebe nahekam … Zorn und Leid saßen im Dunkeln und rührten sich nicht, und wir vergaßen *the man*, den Weißen. Das ist die Freiheit, die man in manchen Gospelsongs hören kann.»

Und so wuchs in den dreißiger Jahren ein ganzer Komplex neuer Songs und geistlicher Sänger heran, die gelegentlich von den unabhängigen Blues- und Jazzlabels aufgenommen wurden. Erst in der Mitte der vierziger Jahre demonstrierten etliche der großen Gospelsänger die Kraft dieser geistlichen Musik – wie Sister Rosetta Tharpe und Mahalia Jackson – etwas häufiger auf Platten. Sister Rosetta hatte bei Decca mit dem von ihr selbst geschriebenen *Strange Things Are Happening Every Day* einen echten Hit. Im selben Jahr – 1945 – nahm Mahalia Jackson für Apollo *Move On Up a Little Higher* auf, eine Platte, die außerhalb des Getto-Markts kaum bekannt wurde – auf diesem Markt aber verkaufte sie sich rasend.

Vor Mahalia und Rosetta hatte es jedoch schon eine Gruppe gegeben, die CLARA WARD SINGERS, die mit einem Auftritt bei einem Baptistenkongreß 1943 landesweit bekannt wurde. Miss Ward war damals erst neunzehn. Geboren wurde sie 1924 in Philadelphia, wo sie schon mit fünf Jahren im Chor ihrer Mutter zu singen begonnen hatte. Und als sie in die High School kam, trat sie zusammen mit Mutter und Schwester auf. Nach Schulabschluß wurde aus dem Trio ein Quintett, als zwei Freundinnen aus Kirchenkreisen, Marion und Henrietta Waddy, dazustießen.

1957 traten die CLARA WARD SINGERS auf dem Newport Jazz Festival auf und gingen mit der Big Gospel Cavalcade auf Tournee. Man kann die Gruppe auf Platten verschiedener Labels hören – Duke, Peacock, Gotham und Savoy. (Savoy hat von diesen Labels den größten Bestand an Gospelstücken, und zwar nicht nur aus eigenen Aufnahmen seit den späten dreißiger Jahren, sondern auch durch die Übernahme von Gospel Record Company, einem Pionier auf diesem Gebiet.)

Sister Rosetta Tharpe dagegen schlug einen Weg ein, der mehr dem von Georgia Tom glich als dem von Clara Ward. 1921 in Cotton Plant, Arkansas, geboren, stand sie mit siebzehn schon im Scheinwerferlicht der berühmten Harlemer «Cotton Club Revue» und arbeitete mit Cab Calloway zusammen. Bis in die Mitte der vierziger Jahre hinein trat sie mit Calloway und der Band von Lucky Millinder auf, und dazu als Solosängerin in vielen Clubs, darunter auch im Cafe Society in Manhattan.

Seitdem sie bei Decca unter Vertrag war, machte sich ihr religiöser Hintergrund wieder stärker bemerkbar – als Kind hatte sie zusammen mit der Mutter in einem Kirchenchor ihrer Heimat gesungen – sie wurde, wie Pete Welding meint, «die Hauptverantwortliche für die Blüte des modernen Gospelstils».

Clara Ward steht dem ungeschliffenen Exhibitionismus des alten Shouter-Stils näher, während Sister Tharpe mehr die Richtung repräsentiert, die ihre innere Bewegung mit differenzierteren musikalischen Mitteln darzustellen versucht, wie etwa die STAPLE SINGERS, James Cleveland, Mahalia Jackson. Im Jahr 1949 nahm Rosetta Tharpe – ihr bürgerlicher Name ist Rosetta Nubin – mit ihrer Mutter, Katie Bell Nubin, eine Gospel-Platte auf. Viele ihrer Decca-Aufnahmen entstanden in Zusammenarbeit mit Marie Knight, die später eine eigene Gospelgruppe aufmachte, zu Mercury wechselte und von Pete Welding als «unvergleichlich» charakterisiert worden ist, eine Sängerin, die «jeden weiblichen Shouter mit ihrem vulkanischen Gospelstil bei weitem übertrifft».

Welding, der «Songs of the Gospel» von Marie Knight in seine Diskographie «The Best of Blues and Roots» aufgenommen hat, schreibt: «Dicht auf folgen der Spitzenreiterin – Marie Knight – Clara Ward mit ausgezeichneten LPs auf einer ganzen Anzahl von Labels, wobei die besten bei Savoy erschienen sind; Marion Williams, auch bei Savoy; die CARAVANS bei Gospel; die DAVIS SISTERS bei Savoy; die GAY SISTERS, ebenfalls Savoy; die SALLIE MARTIN SINGERS bei Vee Jay und Song Bird; INEZ ANDREWS AND THE ANDREWETTES bei Vee Jay; und schließlich die MEDITATION SINGERS bei Song Bird.» Über das Columbia-Album «The World's Greatest Gospel Singer» von Mahalia Jackson schreibt Welding: «Der Titel des Albums trifft den Nagel auf den Kopf, denn es enthält majestätischen, bewegenden Gesang im schlichten Gospelstil, vorgetragen von der unumstrittenen Königin des schwarzen religiösen Lieds.»

In New Orleans, wo sie 1911 geboren wurde, wuchs die Königin der Gospelsänger mit Jazz und den Songs von Mamie Smith, Ida Cox und der Blueskönigin Bessie Smith im Ohr auf. Sobald sie auch nur einen Ton halten konnte, sang sie schon im Chor ihres Vaters mit, der seinen Lebensunterhalt als Schauermann und nebenberuflicher Friseur verdiente und sonntags als Prediger wirkte. Der Aufstieg von Mahalia Jackson zur großen Gospelsängerin kam spät – lange Jahre ging sie den verschiedensten Berufen nach.

Als sie 1927 das erste Mal nach Chicago kam, arbeitete sie als Zimmermädchen in einem Hotel, später als Dattelpackerin in einer Konservenfabrik. Dann machte sie mit ihren Spargroschen einen Schönheitssalon auf und später einen Blumenladen. Aber seit ihrem ersten Tag in Chicago ging sie regelmäßig zur Kirche und sang ebenso regelmäßig im Chor. Ihre füllige Kontraaltstimme machte sie schließlich zur ersten Solistin dieses Chors und zur Solistin eines Quintetts, das vom Chordirektor für Auftritte bei Kongressen, Erweckungsabenden und anderen kirchlichen Veranstaltungen formiert worden war.

Die phantastische Aufnahme, die ihre bei Apollo erschienene Version von *Move On Up a Little Higher* gefunden hatte, wies ihr deutlich die Richtung – Gospel als Beruf und Berufung. 1954 wechselte sie von Apollo zu Columbia und gewann mit ihrer jeden Sonntagabend von CBS ausgestrahlten eigenen Sendung noch mehr an Format und Bekanntheit. Der Vorschlag, doch auch ein paar nichtreligiöse Songs oder Bluesstücke in ihre Shows aufzunehmen, provozierte sie zu dem Kommentar: «Ich kann doch nicht CBS über den Herrn stellen!»

1957 trat sie beim Newport Jazz Festival auf – aber nur in der nachmittäglichen Gospel-Session. Im Jahr darauf sang sie wieder in Newport; sie trug die Suite «Black, Brown and Beige» vor, die sie mit ihrem Komponisten, Duke Ellington, auch schon aufgenommen hatte. 1959 sang sie bei der Geburtstagsfeier von Präsident Eisenhower im Weißen Haus. Sie ist in dem Dokumentarfilm «Jazz on a Summer's Day» («Jazz an einem Sommerabend») zu sehen. Die ganzen Jahre durch hat sie sich jedoch konstant geweigert, lukrative Angebote, Auftritte in Nachtclubs betreffend, anzunehmen.

«Die Nachtclubs kommen und gehen, aber die Kirche bleibt bestehen», hat sie einmal gesagt. Und aus dem gleichen Grund hat sie sich zeitlebens auch geweigert, Blues zu singen. «Wer immer den Blues singt», meinte sie zu diesem Thema, «der sitzt in einem tiefen Loch und schreit nach Hilfe.» Ihre Berufung, das hat sie in langen Jahren hingebungsvollen Gospelsingens demonstriert, war es, «wie David sagte, einen frohen Lärm für Gott zu machen».

«Ich war ihr Zeitungsjunge», sagt James Cleveland, Autor von dreihundert Gospelsongs und – laut Auskunft von Herman Lubinsky von Savoy Records – der einzige Gospelsänger, der ein Gospelalbum mehr als einemillionmal verkauft hat: «In Service, Vol. III».

«Ich ging also immer rüber zu ihrer Wohnung in der Indiana Avenue», erinnert sich Cleveland, «und brachte ihr die Zeitung, und dann hab ich an der Tür gelauscht, um sie singen zu hören ... Ich bin in Chicago völlig in der Faszination Mahalia Jacksons aufgewachsen. Wir treffen

uns heute ab und zu und lachen darüber, wie ich ihr damals hinterherge-
trottelt bin.»

Thomas A. Dorsey, ebenfalls in Chicago zu Hause, verschaffte Cleveland die erste Möglichkeit zu einem öffentlichen Auftritt. «Er war
damals an der Pilgrim Baptist Church in Chicago», erinnert sich der
Leiter des Angelic Choir, «und das war die Kirche, der auch meine
Großmutter angehörte. Ich war so was wie das Chormaskottchen, und
ich hab lauter gesungen als alle. Mr. Dorsey hat mich gehört und mich
in eine Box gesteckt und mich *He's All I Need* singen lassen. Ich war
damals immerhin sieben Jahre alt und hatte einen schönen Knaben-
sopran. Später habe ich dann so laut und so viel gesungen, daß ich mir
die Stimme verdorben hab. Deshalb klingt sie jetzt wie ein Nebelhorn.
Es gibt eine Menge Leute, die nennen mich deshalb den Louis Armstrong des Gospel.»

Der New Yorker Diskjockey George Hudson, damals für die Bühnen-
produktionen von Gospel USA zuständig, hat Cleveland den König des
Gospel genannt. Und *Ebony* schrieb über ihn: «Cleveland kann viel
mehr als singen. Er hat Dutzende Gospelsongs geschrieben, die in vielen
Kirchen genauso zu den Standardhymnen gehören wie die großen alten
Gesänge. Außerdem ist er ein Meisterpianist; ein Arrangeur, der selbst
Pop- und Jazzkünstler zu Workshops in sein Haus in Los Angeles lockt;
ein Chorleiter, der ohne Mühe innerhalb weniger Tage nach Ankunft in
fast jedem Städtchen einen dreihundertstimmigen Chor auf die Beine
stellen kann, und ein Plattenstar mit um die zwanzig gut verkauften LPs.
Vor einiger Zeit wurde bekannt, daß sein Gospel Music Workshop of
America das erste Mal in Detroit stattfinden werde. Es kamen 3000 De-
legierte aus 23 Staaten zusammen, und sie waren alle gekommen, etwas
von ‹King James› zu lernen.»

King James ist der unumschränkte Herrscher über alle vokalen Mittel
des schwarzen Gesangs – Silbendehnung über viele Töne, Falsett-Glis-
sandi, Tonbeugung, Abreißen von Tönen und die Wechsel von Klang-
fülle und Betonung, wie sie die Blues- und Jazzsänger beherrschen.
Aber er und die Angelic Singers – auch die Cleveland Singers – können so süß und harmonisch singen wie ein wohlklingender Vogelchor.
Der swingende Beat, den er mit seinem Piano beisteuert, nimmt einen
unweigerlich gefangen – man rockt auf alle Fälle auf dem Sessel mit,
wenn man nicht anfängt, mit den Fingern zu schnalzen und mit dem Fuß
aufzustampfen.

Wenn Sie aber trotzdem an der engen Verwandtschaft von Gospel
und Soul Zweifel haben sollten, dann hören Sie sich den King und seine
Cleveland Singers mit *I Don't Need Nobody Else* an, seiner moderni-
sierten Fassung von *He's All I Need*, dem Gospelsong, den er als Acht-
jähriger in der Chicagoer Kirche von Georgia Tom gesungen hatte.

Ein synkopisierendes, taktbetontes Piano führt Cleveland ein, der mit den Erniedrigungen beginnt, die er erleben mußte. *«I've been lied on»* – der Frauenchor erwidert mit *«lied on»* – *«cheated»* – das weibliche Echo *«cheated»* – *«talked about»* – *«talked about»* – *«mistreated»* – *«mistreated»*. Dann kommt wieder er und singt: *«Just as long as I got King Jesus»*; die Wiederholung dieser Aussage bringt zugleich eine Steigerung in eine expressive Falsett-Lage, und die Frauen erwidern diesen ekstatischen Schrei, indem sie ihrerseits die Zeile hinausschreien– *«Long, long as I got King Jesus»*, worauf er erwidert: *«I don't need nobody else.»* Dann legt er Zeugnis ab – er trägt eine schwere Bürde, er teilt mit anderen eine schwere Last, die Brücke über das Wasser ... und *«so long, long, long, long, long, long, long»* – dieses Wort wird siebenmal, immer intensiver, wiederholt – nähert sich der Höhepunkt und die Rückkehr zum ursprünglichen Thema, zu *«long as I got King Jesus ...»*

Von Mahalia Jackson über James Cleveland bis zu Aretha Franklin, der King James das Gospelpiano beibrachte, hat die emotionale Ausdrucksfähigkeit der Gospelsongs eine zunehmende Anziehungskraft auf das breite Publikum entwickelt. Einstmals eine Kunst der schwarzen Gettos, ist der Gospel heute – wie der Soul – der emotionale Farbtupfer im Pop-Spektrum, was unter anderem auch der phänomenale Erfolg von *Oh, Happy Day* der EDWIN HAWKINS SINGERS beweist.

Besessenheit ist das Wort, ist der Zustand, der die schwarzen Sänger, die hier bisher vorgestellt wurden – mit Ausnahme der Gospel-Barden – von denen trennt, die jetzt an die Reihe kommen. Die Besessenheit fängt beim Sänger an. Wenn sie stark genug ist, wirkt sie wie eine Sturmflut, verschlingt sie den Zuhörer und zieht ihn in den emotionalen Bann der Erregung, der Hysterie der Masse. Im Blues verwurzelt, gehört der Soul-Gesang dennoch in eine andere Kategorie als der Blues. Es kommen zwar beide aus ein und derselben Tradition individueller Expressivität. Aber der Kern des Blues ist eine gewisse *Kontrolliertheit*, eine gewisse Zurückhaltung und Distanz, die es dem Sänger ermöglicht, bösen Widrigkeiten und schlimmen Enttäuschungen mutig und ruhig ins Auge zu sehen. Der Kern des Soul dagegen ist ein Maß an persönlicher Anteilnahme, ganz extremer Anteilnahme, die aus den Gefühlen des Sängers, Zorn und Empörung, kommt, dem Zorn und der Empörung über die Widrigkeiten und Enttäuschungen einer widerwärtigen Welt.

Die eine Haltung, die des Blues, war der natürliche Ausfluß einer Zeit, in der die Schwarzen das Gefühl hatten, daß sie einfach alles zu ertragen hatten, was ihnen auferlegt wurde. Die andere – die des Soul – ist eine Begleiterscheinung einer Zeit, in der sie sich nicht mehr scheuen, ihre Sorgen in die Welt hinauszuschreien, einer Zeit, in der sie entschlossen sind, sich von aller Ungerechtigkeit zu befreien. Die mittlere und die ältere Generation und auch das Establishment haben kaum Verwendung für Soul. Soul ist zu laut, zu wild, zu krude, zu exhibitionistisch, zu übertrieben und natürlich viel zu emotional – es fehlt ihm an der gebotenen Zurückhaltung. Die jüngere Generation, die der Gesellschaft so sehr entfremdet ist wie die Schwarzen, eine Generation, die angepaßte Autorität rundweg ablehnt, singt ein Loblied auf die Erregung, die Vitalität, die Fülle, den Drive, das Elektrisierende des Soul.

Mit Nina Simone beginnen wir die Parade der Soulsänger, weil ihr Aufbegehren gegen die Ungerechtigkeit am direktesten war. An ihrem Beispiel wird klar werden, daß Soul-Musik nicht nur bloße schwarze Protestmusik ist. Und wenn wir uns dann anderen Soulsängern zuwenden, wird vollends klar, daß das Besondere an diesem Sound, auch wenn es «nur» um Liebe oder Sex geht, Ausdruck der Lage der Schwarzen im Amerika von heute ist. Wie heiße Lava strömt diese Musik aus einem auf den ersten Blick harmlosen, doch im Innern kochenden Vulkan. Wir werden entdecken, daß Soul ein neues Selbstgefühl der Schwarzen in Musik umsetzt, daß er Ausdruck eines neuen Gefühls für die Würde der Schwarzen, einer neuen Militanz – und Ausdruck einer unaufhaltsamen Suche und Rückkehr zu ihren Wurzeln ist.

Nina Simone – Zorn und Wut

Bei einem Auftritt im Roundtable, einem ziemlich versnobten Jazzclub auf der East Side in Manhattan, regte sich Nina derart über die Geräuschkulisse ihres desinteressierten Publikums auf, daß sie den Kram mitten im Song hinschmiß und von der Bühne rauschte. Weder gute Worte noch Drohungen brachten sie dorthin zurück.

Einem Publikum im Apollo Theatre in Harlem ging es übrigens auch nicht besser. Eine gereizte Nina unterbrach ihren Auftritt, um ein paar vorwitzigen Zwischenrufern einen Vortrag über die Bedeutung guter Manieren zu halten. Damit jedoch aus diesen Vorfällen nicht auf Gleichgültigkeit gegenüber den Reaktionen des Publikums geschlossen wird, soll gleich angemerkt werden, daß sie eben dessen Zuwendung geradezu verzweifelt wünscht.

Nina Simone gehört jedoch, wie ein Kritiker in der *New York Post* ganz richtig geschrieben hat, «zu einer neuen Generation schwarzer Unterhaltungskünstler – dem völligen Gegenstück des nach Anerkennung lechzenden Onkel Tom, der alles getan hätte, wenn er dafür Applaus eingeheimst hätte ... Dieser Applaus, die Zuwendung des Publikums, muß sich jedoch an ihrer Person entzünden und auf den Respekt vor ihrer Arbeit gegründet sein.»

John S. Wilson von der *New York Times* charakterisierte ihre Auftritte als «Kampf zwischen zwei Willen – dem ihren und dem des Publikums».

«Ihr habt heute ja gar nichts drauf», giftete sie eines Abends im Village Gate, einem Club im New Yorker Greenwich Village, die Gäste an, «was seid denn ihr für welche?»

Gleichgültigkeit? Nein! Herausforderung? Allerdings! Die Intensität ihrer Reaktionen und Auftritte ist die Folge ihrer übermächtigen Gefühle.

«Musik verlangt mir alles ab», hat sie zu John Wilson gesagt. «Ich kann kein Lied singen, ohne daß ich voll dahinterstehe.» Und das, was hinter den meisten ihrer Lieder steht, ist so gelagert, daß die Konzertkritiken von Vokabeln wie «Zorn», «Wut» und dergleichen nur so strotzen.

«Ihre außerordentliche Fähigkeit, mit dem Publikum zu kommunizieren», schreibt Leonard Feather über ein UCLA-Konzert, «basiert einmal teilweise auf den brandheißen Themen ihrer Songs und zum anderen genau so sehr auf der Kraft, der manchmal geradezu furiosen Kraft, mit der sie sich dieser Anliegen annimmt ... Obwohl Zorn bei weitem nicht die einzige Stimmungslage ist, deren sie fähig ist, hat ein großer

Teil der Stücke, die sie bringt, eine hochaktuelle sozialkritische Aussage
... *Four Women* war wie immer die bewegendste Geschichte, die sie zu
erzählen hat, und sie wurde mit derartigem Nachdruck erzählt, daß die
Zuhörer, ob schwarz oder weiß, in einen Begeisterungssturm ausbra-
chen ...»

Four Women, 1966 auf ihrer LP «Wild Is the Wind» erschienen, ist
eine ätzende Satire über die Wirkungen, die ihre Hautfarbe auf die Lage
von vier Frauen hat. Sender in New York und Philadelphia maßten sich
mal wieder die Rolle des strengen Sittenwächters an und spielten die
Platte nicht, und das mit der Begründung, daß sie schwarze Hörer belei-
digen könne! (Derselbe Grund war Jahre zuvor auch schon mal vorge-
schoben worden, als die Sender eine Platte von Oscar Brown sperrten,
Black Boy, deren Text von der schwarzen Pulitzer-Preisträgerin Gwendolyn Brooks stammte.)

Mississippi Goddam!, ein weiterer umstrittener Simone-Song, war
ebenfalls kein einziges Mal im Radio zu hören. Die Gotteslästerung im
Titel machte den Sendern die Erklärung leicht. Nina Simone regte sich
so darüber auf, daß sie zu keinerlei Konzessionen bereit war. Die Anre-
gung zu diesem Lied war ein Bombenanschlag auf eine Sonntagsschule
in Birmingham, Alabama, bei dem vier kleine Mädchen umkamen.
Während Nina an einem Lied über dieses Ereignis schrieb, in ihrem
«Baumhaus», wie sie den von der Außenwelt abgeschirmten Raum über
der Garage ihres Hauses in Mt. Vernon, New York, nennt, wurde in
Mississippi James Meredith erschossen. Und da rutschte ihr die «Gotteslästerung» heraus:

> Alabama's got me upset
> Tennessee made me lose my rest
> And everybody knows about Mississippi – Goddam!

«Seit ich lebe», sagte sie John Wilson, «will ich dieses Gefühl des Ein-
gesperrtseins hinausschreien. Ich kenne das Schweigen, aus dem dieses
Gefängnis besteht, wie jeder Schwarze.»

Als Songwriter hat Nina Simone allerdings erst ziemlich spät begonnen, obwohl sie schon 1959 entdeckte, daß sie auch schreiben konnte.
1959 war das Jahr, in dem Nina Simone mit einer Bethlehem-Aufnahme
des Titels *I Love You, Porgy* aus der Gershwin-Oper «Porgy and Bess»
von sich reden machte. Während der Session nämlich überantworteten
die Bethlehem-Bosse zwei andere Songs dem Papierkorb, und um die
freigewordene Aufnahmezeit zu nutzen – die Gewerkschaften hatten
Tarife durchgesetzt, die auf einer Aufnahmedauer von jeweils drei Stunden mit maximal vier Songs aufbauten – schüttelte Nina, die sowas noch
nie probiert hatte, auf die Schnelle zwei neue Songs aus dem Ärmel.

Die Erkenntnis, daß sie überhaupt singen konnte, machte sie in einem kritischen Moment ihres Lebens. Im Sommer 1954 entschloß sie sich, einen Job in einem Nachtclub zu suchen. Das Musikstudio – sie lebte damals in Philadelphia –, in dem sie als Begleitmusikerin für Gesangsschüler arbeitete, machte den Sommer über zu, und ihre Privatschüler (sie gab Klavierstunden) waren in dieser Zeit sowieso nicht da. Nach kurzer Suche fand sie in einer Bar eine Stelle, die pro Woche immerhin das runde Sümmchen von neunzig Dollar einbrachte. Am ersten Abend wollte der Inhaber des Etablissements nach einiger Zeit wissen, warum sie denn nicht singe. Ohne es so recht gemerkt zu haben, war sie als Pianistin und Sängerin eingestellt worden. Bei ihrem zweiten Auftritt an diesem Abend sang sie dann eben eins – und seitdem hat sie nicht mehr damit aufgehört.

Während dieses Bar-Engagements wurde aus Eunice Kathleen Waymon, geboren im Februar 1935 in Tryon, North Carolina, die Sängerin Nina Simone. Diesen Künstlernamen nahm sie aus zwei Gründen an: Erstens wollte sie im Herbst wieder an der Musikschule arbeiten, und sie glaubte, es sei besser, wenn die Eltern ihrer Schüler nicht wüßten, daß sie auch in Bars arbeitete. Und dann war da auch noch ihr Vater – tagsüber Hilfsarbeiter und abends und sonntags geweihter Priester –, der sich womöglich auch darüber aufgeregt hätte. Also entschied sie sich für Nina (was auf Spanisch Mädchen heißt), einen Spitznamen aus ihrer Kindheit, und für Simone deswegen, weil das so gut zu Nina paßte.

Ihr Lebensweg bis zu jener Musikschule in Philadelphia war relativ gradlinig. Man muß bedenken, daß Nina das sechste von acht Kindern war und unter so ärmlichen Umständen aufwuchs, daß ihre Mutter tagsüber als Hausgehilfin arbeiten mußte.

«Als ich noch klein war», erzählt Nina, «war niemals jemand stolz auf mich, und meine Eltern waren niemals stolz auf sich oder irgend etwas, das sie getan hatten.» Daß sie eigentlich stolz hätten sein sollen und können, wurde durch eine Sache kompliziert: in Tryon war Nina zwar, wie sie selber sagt, «das außergewöhnlichste und begabteste Kind – aber ich war Schwarze».

Nina zeigte schon so früh eine ungewöhnliche musikalische Begabung, daß ihr eine Weiße, der ihre Mutter den Haushalt besorgte, die Klavierstunden bezahlte. Als die Wohltäterin nicht mehr für den Unterricht aufkam, führte ihre Klavierlehrerin die Ausbildung umsonst weiter. So aufregend und begeisternd, wie diese Anerkennung für das kleine Mädchen war – ihr erster öffentlicher Auftritt muß grauenhaft gewesen sein. Diesen Auftritt vergaß Nina nie. Er fand in der sogenannten «Weißen Bibliothek» statt.

«Erstmal gab es ein fürchterliches Hin und Her», erinnerte sie sich später nicht ohne Schmerz, «wo meine Mutter und mein Vater sitzen sollten. Das hat mir sehr wehgetan. Mis' Mazzie» – so hieß ihre Klavierlehrerin – «hat nie erfahren, wie verkrampft und verschüchtert ich von diesen Weißen war. Ich war innerlich in zwei Hälften zerrissen. Ich liebte Bach. Aber das Spielen war keine Freude, kein Vergnügen.»

Trotz ihrer inneren Spannungen und ihrer Zerrissenheit spielte Eunice Kathleen Waymon so gut, daß Mrs. Mazzanowich einen Fonds gründete, der ihre Ausbildung sichern sollte. Dank der Summen, die weiße und schwarze Zuhörer bei Auftritten in Kirchen und Schulen spendeten, war es ihr möglich, die Allen High School for Girls in Asheville, North Carolina zu besuchen, wo sie sich im Unterricht sehr hervortat und 1950 als Beste ihres Jahrgangs abging.

Der von Mis' Mazzie gegründete Fonds bezahlte auch das anschließende Studium an der Juilliard School of Music in New York City. Ihr Klavier- und Theorielehrer war Carl Friedberg, ein bekannter Lehrer für Tasteninstrumente; Nina, so sah es aus, würde die klassische Konzertkarriere einschlagen. Nach dem Studium nahm sie eine Stelle an der Musikschule von Arlene Smith in Philadelphia an (ihre Familie war nach dorthin umgezogen) und studierte nebenher am Curtis Institute bei dem gefeierten Musikerzieher Vladimir Sokoloff weiter.

Ein Wendepunkt in ihrem Leben war ihr Entschluß, nicht Konzertpianistin zu werden. «Das ist schon ein ziemlich hohes Ziel, das man sich da setzt», sagte sie mal. «Acht Stunden pro Tag immer nur üben. Daran habe ich nicht mal im Traum gedacht. Ich bin da nur so reingerutscht. Ich war sehr jung. Als ich dann älter wurde, wollte ich auch ein bißchen selbständiger leben. Die klassische Ausbildung war sehr anspruchsvoll und gründlich. Eine überaus beschützte Existenz. Obwohl ich im Radio schon gelegentlich Blues und Gospel gehört habe, habe ich mich anschließend gleich wieder brav ans Klavier gesetzt, habe geübt und Auftritte gegeben.»

Dabei erwähnte Nina Simone noch nicht einmal die besonderen Schwierigkeiten, die sich vor einer Schwarzen auftaten, die Konzertpianistin werden wollte. Aber diesen Plan gab sie dann in Philadelphia sowieso auf.

Der zweite Wendepunkt in ihrer Karriere kam 1966 – nach dem Tod der vier kleinen Mädchen bei dem Bombenanschlag von Birmingham. Vor dieser Zeit hatte sie LPs aufgenommen, die es ihr ermöglichten, ihre Fähigkeiten als Pianistin und ihren einzigartigen Gesangsstil auszuspielen. «In Concert» ist das beste Beispiel für das erste und «I Put a Spell on You» für das zweite. Kritiker wie Leonard Feather betrachteten sie nicht als Jazzpianistin, obwohl sie mit außerordentlicher Leichtigkeit und überdurchschnittlichem Geschmack improvisierte. Ihr Klavierspiel ist übrigens von Oscar Peterson, Art Tatum und Horace Silver geprägt, während ihre musikalischen Vorbilder – gleich hinter Bach – John Coltrane, Dizzy Gillespie und Miles Davis sind.

Als Sängerin zeigte sie schon früh ein Aufgehen im Material, das alles, was sie anfaßte, enorm persönlich und emotional auflud. In einem Lied wie *I Put a Spell on You* bekommt ihre Stimme den trockenen Ton eines Tenorsaxophons – sie schneidet wie ein Peitschenschlag. Ihr Scat-Gesang im Zwiegespräch mit einer Oboe hat zauberische Qualität, und sie kann stottern wie ein ungläubiger Prediger. Und in *Ne Me Quitte Pas* – diesem Song von Jacques Brel gilt ihre besondere Liebe – ist ihr angsterfülltes Flehen in seiner Zärtlichkeit einfach überwältigend.

Seit 1966 zeigen schon die Titel ihrer Platten einen neuen Schwerpunkt ihres Stils und ihrer expressiven Wirkung: «High Priestess of Soul, Sings the Blues!» und «Silk and Soul.» Zu ihren Eigenkompositionen aus dieser Zeit zählt eine Vertonung des bestürzenden Gedichts *Backlash Blues* von Langston Hughes. *Turning Point*, ein Stück auf der LP «Silk and Soul», setzt sich mit einem kleinen Mädchen auseinander, das zum erstenmal bemerkt, daß es anders – nämlich schwarz – ist: *«Can't she come over and play with me, ma? What? Oh ...»* Etwas später dann schrieb sie den bewegenden Song *I Wish I Knew How It Would Feel to Be Free*.

Go Limp ist eine erzählende Ballade, die sie zusammen mit Alex Comfort geschrieben hat, dessen Text von einem Mädchen erzählt, das an einem Freiheitsmarsch teilnimmt:

> With a brick in my handbag
> And a smile on my face
> And barbed wire in my underwear
> To shut out disgrace.

Nina Simone hat einen wachen Sinn für Humor, selbst wenn ihr Gesicht nicht für Heiterkeitsausbrüche gemacht ist.

Der Zorn, die Wut, die allmählich in ihrer Arbeit zum Vorschein kamen, sind genau besehen nicht neu. Lange vor 1966 trug Nina Simone oft den Song *Strange Fruit* vor, ein Lied, das von erstmals einer ihrer Vorbilder – Billie Holiday – aufgenommen wurde. (Sie hütet einen kurzen Brief von Billie über ihre Debütaufnahme – das Lied aus «Porgy and Bess» – wie einen Schatz.) Und Nina sang diesen Klassiker, eine Anklage gegen die Lynchjustiz, mit so intensiver, wenn auch mühsam gebändigter Abscheu, daß schließlich eine Spannung entstand, wie man sie in einem Nachtclub selten erlebt. Aber selbst wenn sie einschmeichelnde Balladen wie *Little Girl Blue* vortrug, dann sang sie sie mit einer derart hypnotisierenden Intensität, daß das Publikum jedesmal gefesselt war. Miss Simone hat immer mit und in ihren Songs gelebt und war so gut wie immer in der Lage, ins Innere ihrer Zuhörer vorzudringen. Auch das ist Besessenheit, wenn auch eine sehr subtile, und genauso wirksam wie die psychedelische Sorte eines James Brown oder einer Aretha Franklin.

Ein Reporter der *New York Times* schrieb über die zwei rundum gelungenen Jazztage im Mai 1969 in Berkeley: «Der Auftritt von Nina Simone war wohl der emotionale Höhepunkt des Festivals. Kompromiß-, doch keineswegs humorlos sang sie ihre Lieder auf die schwarze Schönheit und war in ihrer Persönlichkeit so überzeugend, daß das gesamte Publikum, Weiß wie Schwarz, enorm auf Touren kam.»

James Brown – Raserei und Sex

Sich selbst nennt er: «America's No. 1 Soul Brother». Er ist aber auch schon «die letzte große Gestalt in der Geschichte der schwarzen Tanzkunst» (*Newsweek*), «der größte Demagoge in der Geschichte des schwarzen Entertainment» (*New York Times*), «großer Bühnenliebhaber» (*New York Times*), «der aufregendste Livekünstler von heute, auf der Platte wie der Bühne» (*Music Business*), «bedeutender schwarzer Kapitalist» (*Look*) und «der erste Schwarze in der dreißigjährigen Geschichte von *Cash Box*» genannt worden, «der bester männlicher Sänger der Pop-Single-Sparte wurde.»

Der Mann, der das alles ist, wurde irgendwann zwischen 1930 und 1934 in der rotlehmigen Hügelgegend an der Grenze zwischen Georgia und Carolina als Sohn armer Schwarzer geboren. Er war das einzige Kind, aber von seinen Eltern hat er trotzdem kaum etwas mitbekommen. Die Schule sah ihn nur bis zur siebten Klasse. Und als er sie verließ, war er schon Baumwollpflücker, Autowäscher, Straßentänzer, der von den Münzen der Soldaten von Fort Gordon (in der Nähe von Augusta) lebte, und Schuhputzer vor dem Portal einer Radiostation in Macon gewesen, die ihm heute gehört.

Nur fünf der damals 528 R & B-Sender gehörten Ende der sechziger Jahre Schwarzen. Zwei davon gehörten Brown, der sich damals mit dem Gedanken trug, noch weitere vier dazuzukaufen. Außerdem hatte er eine eigene Plattenfirma, beträchtlichen Grund- und Hausbesitz, einen Musikverlag und diverse Kleinigkeiten, die den Alltag erst schön machen (fünfhundert Anzüge, dreihundert Paar Schuhe, sechs Autos, einen zweimotorigen Lear Jet und ein Wasserschloß samt Zugbrücke in St. Albans, New York). Bei immerhin fünfundachtzig Angestellten warf er, wie es heißt, allein eine Million Dollar Löhne im Jahr aus.

1968 machte er mit seinen Einzelauftritten einen – geschätzten – Umsatz von zweieinhalb Millionen Dollar, von denen zehn Prozent an schwarze Hilfsorganisationen und Jugendgruppen in den Gettos gegangen sein sollen. Außerdem war er gerade dabei, eine Restaurantkette unter schwarzem Management aufzubauen, die Gold Platters Inc.

Seit 1964 sang er immer wieder einen Song aus dem Musical «Pickwick»: *If I Ruled the World*, und das so oft – wobei er übrigens meist sang: *«If I had the world»* –, daß man dieses Lied beinahe schon seinen Leitsong nennen kann. Und das mit gutem Recht, wenn man bedenkt, wieviel er sich von der Welt schon unter den Nagel gerissen hatte. Aber wird ihm das gerecht?

Im April 1969 kündigte er nach einem Privatbesuch beim Bürgermeister von Macon, dem ehemaligen Gospelsänger Ronnie Thompson, an, daß er von New York, wo er «nur eins von den großen Tieren» sei, nach Macon übersiedeln werde, wo er «wie ein Mensch» behandelt werde.

Und als er im Juni 1968 aus Vietnam zurückkam – als erster bedeutender Künstler seiner Hautfarbe, der jemals das Kampfgebiet besucht hatte –, sagte er den wartenden Reportern: «Wir haben schwer für diese Show kämpfen müssen! ... Ich konnte bloß acht Mann von meiner Band mitnehmen, aber ich hab' in der zweiten Klasse genug leere Plätze gesehen – und die haben behauptet, der Platz sei so knapp. Lassen wir's auf sich beruhen. Aber, meine Herren, ich werde Ihnen das Ganze mal in einem Satz sagen. Für mich ist Amerika immer noch das größte Land auf der Welt – nur dürfen wir uns nicht gegenseitig fertigmachen. Sonst geh'n wir den Bach runter.»

Und weiter: «Ich hab mehr Leute auf einmal auf die Beine gebracht als Bob Hope – achtunddreißigtausend Soldaten, aber Hope hatte sechs Monate Vorbereitungszeit und ich eineinhalb Tage, und hab ein Jahr gedrängelt und gebeten, bis ich rüber durfte ... Ob ich noch mal hinwill? Na klar! Aber erster Klasse! Ich bin in der zweiten Klasse geflogen. Warum? Ich weiß nicht ... Das arrangiert die USO ... Und ich hab dreitausendfünfhundert Dollar eigenes Geld zugebuttert ...»

Goldene Platten – echte, kein Restaurantgeschirr – sind es gewesen, die Brown diesen phantastischen Aufstieg ermöglicht haben, einen Aufstieg, der jedem Bewohner der Gettos auch möglich sei, wie er seinem schwarzen Publikum immer wieder sagte. Er dauerte keine zwanzig Jahre, wenn man von dem Datum ausgeht, an dem er jene Kirche in Toccoa, Georgia verließ, an der er Spirituals gesungen hatte. (Damals lief noch seine Bewährungsfrist. Er war wegen Auto- und Einbruchsdiebstählen zu drei Jahren Erziehungslager verurteilt worden.) Er dauerte sogar keine zehn Jahre, wenn man von seinem ersten Hit ab rechnet, *Please, Please, Please*, der von dem in Cincinnati beheimateten Label King veröffentlicht wurde.

Seitdem war er einer der beständigsten Plattenverkäufer in der Geschichte des Musik-Business, selbst wenn die weiße Welt das nicht so recht wahrhaben wollte. In den sechziger Jahren waren in den Top Ten der R & B-Charts Titel von Brown wie *Think, Baby You're Right, Bewildered, Lost Someone, Prisoner of Love* (eine Neuaufnahme) und *Ain't That Groove* zufinden. Gleichzeitig hatte Brown mit *Try Me* (1958), *I Got You* (1965), *Papa's Got a Brand New Bag* (1965) und *It's a Man's World* (1966) den ersten Platz der Charts erreicht. Sogar *Don't Be a Drop Out*, ein Song, den er schrieb, um die Schüler dazu zu bewegen, nicht so oft die High School zu schwänzen, nachdem er im Getto von San Francisco aufgetreten war, drang bis in die Top Ten vor.

Was seine LPs angeht: die gingen so reißend weg, daß King eine nach der anderen auf den Markt warf. Alle wurden Bestseller. Darunter die Alben «Pure Dynamite», «Cold Sweat» und «Raw Soul», deren Titel schon vermitteln sollen, welchen Sprengstoff Brown handelt.

Aber der Plattenmarkterfolg ist nur ein Teil einer Karriere, die so voller kräftezehrender Live-Auftritte war wie die keines anderen Künstlers. Gar nicht so wenige, Weiße wie Schwarze, haben lieber auf Verdienst und Ruhm verzichtet, als sich den zerstörerischen Anforderungen des Tourneelebens zu unterwerfen.

Aber Brown, einstmals Profiboxer im Stall des Ex-Champions Beau Jack, zeigte soviel Kondition und Ehrgeiz, daß sein Tourneeumsatz von einer halben Million Dollar im Jahr 1963 auf zweieinhalb Millionen 1968 anwuchs. Man hat einmal geschätzt, daß er in dieser Zeit 335 Tage im Jahr auf Achse war. Die Profis der Musikbranche werden Ihnen sagen, daß es für. den Kontakt zum Volk einfach keinen Ersatz gibt – diese Werbung funktioniert sogar bei Büchern, wie es der Autor des «Tals der Puppen» vorgeführt hat.

Die geradezu magische Macht Browns über sein schwarzes Publikum und die Leute, die seine Platten kaufen, hat sich in den Tagen nach der Ermordung Martin Luther Kings besonders plastisch gezeigt. Als die Nachricht von seiner Ermordung um die Welt ging, hatte Brown einen Auftritt im Boston Garden auf dem Terminkalender stehen. Er sagte ihn sofort ab und wollte eigentlich nach New York zurückfliegen, als ihn der Bürgermeister von Boston anrief. Er hatte Angst, daß der Mord an King Unruhen auslösen könnte und bat Brown, ihm zu helfen, seine Leute ein bißchen zu beruhigen.

Den ganzen Tag strahlten die Bostoner Sender den Hinweis aus, daß Amerikas Soul Brother Nummer Eins im Fernsehen auftreten werde. Und am Abend war Brown dann sechs Stunden am Stück in der Röhre zu bewundern – und solange waren die Schwarzen kaum daran interessiert, die Bostoner Straßen unsicher zu machen.

An nächsten Tag war auch schon der Bürgermeister von Washington D. C. am Telefon und erbat sich den gleichen Freundesdienst für die amerikanische Hauptstadt. Brown nahm das nächste Flugzeug und sprach in Washington vor Ort mit Plündererhaufen, die durch die Straßen zogen. Am gleichen Abend trat er im Washingtoner Fernsehen auf.

«Das hier ist das tollste Land der Welt», sagte er seinen Zuschauern, «wenn wir es zerstören, sind wir ganz schön bekloppt. Wir haben doch schon viel zu viel erreicht, um alles wegzuwerfen. Kämpft, aber mit Würde und Anstand.»

Die Macht seines Charismas, Unruhen zu verhindern, zeigte sich – wenn es da auch um keinen besonders großen Anlaß ging – im Yankee-Stadion, wo er nach seiner Rückkehr aus Vietnam auftrat. Plötzlich stürmten jugendliche Zuhörer die Bühne, um den Soul Brother Nummer Eins zu berühren. Die Leibwächter versuchten daraufhin zusammen mit Polizisten, einen schützenden Ring um ihn zu bilden. Die Situation wurde zusehends brenzliger, bis es Brown gelang, sich ein Mikro zu angeln. Zuerst schickte er alle Polizisten und Leibwächter von der Bühne. Dann redete er mit einer Engelsgeduld so lange, bis sich die Gemüter wieder beruhigt hatten und alle wieder auf ihren Sitzen waren.

Seine bemerkenswerte Fähigkeit, auf seine schwarzen Brüder einzuwirken, fand stille Anerkennung in einer Einladung zu einem Abendessen im Weißen Haus, die vom Präsidenten persönlich ausgesprochen wurde. Seine Platzkarte trug die Aufschrift: «Vielen Dank für das, was Sie für dieses Land tun.» Sie war von Hand geschrieben und trug die Unterschrift: «Lyndon B. Johnson».

Als er jedoch im Juni 1968 aus Vietnam zurückkehrte und ihn am Kennedy Airport eine Gruppe plakatschwingender Schwarzer erwartete, liefen einem Reporter der *Village Voice* zwei weiße Nonnen über den Weg, die meinten: «Na sowas! Wir haben immer gedacht, daß Mr. Brown ein berühmter Soldat ist – mit dem Spitznamen Mr. Dynamite oder so.»

Der Village Voice-Reporter sprach auch mit italienischen Einwanderern der zweiten Generation aus Wilkes-Barre in Pennsylvania, die ihren Onkel ans Flugzeug nach Rom brachten. Sie lachten und gestanden: «Wir dachten, das ist Rap Brown. Wir haben seine Hosen angeschaut.»

Trotz der Millionen Platten, die er verkauft hat, und trotz der Tausende von Auftritten im ganzen Land war Brown bei den Weißen fast ein Unbekannter. Das erscheint erstaunlich. Wenn man aber bedenkt, daß er kaum einmal in weißen Clubs und im Fernsehen zu sehen war, überrascht es nicht mehr so sehr. Und diese Einschränkung war bis in die späten sechziger Jahre vor allem eine Folge seines Stils. Anders als Ray Charles, Diana Ross und viele andere schwarze Gesangsstars hat er dem gängigen Kommerz keine Zugeständnisse gemacht. Als Künstler und echter Profi hätte er das natürlich schon gekonnt – wenn er nur gewollt hätte.

Hören Sie sich mal an, wie er – auf seiner LP «Cold Sweat» – *Mona Lisa* singt, und es ist klar, daß er Balladen durchaus auch sanft und einfühlsam singen kann. Das einzige, in dem er vom Üblichen abweicht, ist die Intensität, die das schrille Timbre seiner Stimme produziert, und dann seine ganz persönliche Art des Vortrags.

Vergleichen Sie dann *Mona Lisa* mit *Come Rain or Come Shine* (auf demselben Album), wo er voll aus sich rausgeht und sein Gesang in Schreien und Schluchzern gipfelt, wo der Text in Gestammel und gestotterten Silbenfolgen untergeht und das letzte Wort ein unendliches, wie von einer Schlange gezischtes «shi-i-i-i– i-i-ne» wird. Spaßeshalber sollten Sie sich auch einmal seine Fassung von *I Love You, Porgy* um die Ohren brausen lassen, wo er derart aus dem Häuschen gerät, daß er Porgy mit Bess verwechselt – wo er sich also selber ansingt – und es ihm überraschenderweise doch noch gelingt, ein Happy-End für das tragische Paar zu finden.

Mr. Dynamite muß also nicht unbedingt wie eine Dschungelkatze heulen und miauen, er muß nicht grunzen und im höchsten Falsett herumorgeln, er muß auch nicht stottern wie ein extrem Sprachgestörter. Aber das ist eben Soul, und das ist eben James Brown. Und wenn er schließlich doch anfing, in weißen Clubs – dem Copa in New York oder dem Coconut Grove in Los Angeles – aufzutreten: auf Konzessionen hat er sich deshalb noch lange nicht eingelassen. Er zwang sein weißes Publikum, ihn so zu akzeptieren, wie er war und wie er sich gab. In dieser Hinsicht steht er Aretha Franklin näher als Nina Simone, deren klassische Klavierausbildung es ihr viel leichter machte, an Bekanntes anzuknüpfen.

Selbst wenn er sich weiße Stücke vornimmt, ist seine Version so schwarz, daß sie sich wie ein ganz anderer Song anhört. Zum Beispiel sein *Prisoner of Love*, ein Song, der von Russ Colombo geschrieben, bekanntgemacht und daher mit seinem Namen eng verbunden ist – und zudem noch ein Perry-Como-Hit von 1946! Brown bringt den Text überhaupt nicht vollständig. Statt dessen wiederholt er ein aufs andere «*I'm just a prisoner ... don't let me be a prisoner ...*». Er phrasiert und manipuliert die Melodie so frei, daß nur noch die Reihenfolge der Akkorde an die ursprüngliche Form des Songs erinnert.

Die Aufnahme endet mit einer Folge katzenähnlicher Klagen, eine Gesangsgruppe entwickelt ein rhythmisches Riff, gegen das Brown eine Salve freier Phrasen setzt, manche davon so sanft, daß sie schon beinahe unhörbare Seufzer sind, während sich andere zum unkontrollierten Gekreisch steigern. Das beharrliche Auslassen des letzten Worts der Titelzeile – «*Love*» – gibt dem Lied eine ganz unerwartete soziale Färbung, und das ausgedehnte Ende vermittelt mit Erfolg die Suche des Gefangenen nach einem nichtexistenten Ausweg.

Albert Goldman hat in der *New York Times* über die Wirkung der Live-Auftritte von James Brown geschrieben: «Mr. Dynamite ist ein großer Bühnenliebhaber, ein Mann, der Tausende Frauen zugleich erobern und zu einem schreikrampfgeschüttelten Wackelpudding machen kann. Er spricht die Frauen im Publikum viel direkter an als die meisten Entertainer. Wenn er eines seiner langsamen Lieder singt, *It's a Man's World* etwa, erreicht der Rapport zwischen ihm und den Mädchen geradezu skandalöse Ausmaße. Er schreit mit tödlichem Ernst: ‹*Just be there when I get the notion!*›, und aus dem Parkett kommen die Schreie zurück, als ob eine enorme Bläsergruppe ihren Einsatz hätte.»

Der erotische Massenwahnsinn erreicht solche Höhen der seelisch-souligen Übereinstimmung, daß die Bühnenauftritte und der Plattenstil Browns nach Meinung des Rock-Kritikers Richard Goldstein «letztlich auf das Erreichen des Orgasmus angelegt» sind. Ab und zu hatte die Reaktion der Frauen auch etwas von der überschießenden Ekstatik eines solchen Höhepunkts, genau wie bei Sinatra in der Mitte der vierziger Jahre.

Aber es gibt noch einen weiteren Faktor, der sich in die Auftritte Browns mischt, eine, man könnte sagen religiöse Qualität. Am Ende der Show kommt er jedesmal auf die Bühne zurück, das Gesicht bedeckt vom Schweiß der Erschöpfung, und bricht zusammen. Seine dienstbaren Geister breiten einen bestickten Mantel über ihn. Nach wenigen Sekunden hebt sich der Mantel wieder, und Brown schnellt hoch wie Phönix aus der Asche. Er rennt von der Bühne, ist aber schnell wieder da, um noch mal zusammenzuklappen, wieder mit einem neuen Mantel bedeckt zu werden und ebenso flugs wieder aufzustehen. Dieses atavistische Ritual ist von manchen Beobachtern als Parallele zur Kreuzigung gedeutet worden. An dieser Deutung ist etwas dran. Ich persönlich deute das Ritual von Hinfallen und Aufstehen als die Stationen des Kreuzwegs.

Ob man seinen Stil nun als orgiastischen Kult oder kultischen Sex betrachtet, er setzt sich auf jeden Fall aus emotionalen Extremen, aus Extremen der Erregung und des Ausdrucks zusammen, die typisch für Gospel-Meetings sind. Das allerschwärzeste Schwarz, das man sich denken kann. Und so soll es nach dem Willen des Soul Brother Nummer Eins auch bleiben. In seinen Liedern und in dem, was er sagt, identifiziert er sich mit Nachdruck mit seinen schwarzen Brüdern.

«Ohne euch gäb's keinen James Brown», sagte er seinem Publikum im Yankee-Stadion. «Was heute abend passiert ist, soll uns vor Augen führen, was die Schwarzen fertigbringen können, wenn sie zusammenstehen ... Auf den Plakaten steht James Brown – und das ist kein Baseball-Team und kein Football-Team, das ist ein Soul Brother! Und das hab ich euch zu verdanken!»

Als die Show schon weiter fortgeschritten war und er die aufgeregte Menge wieder beruhigt hatte, sagte er: «Ich kann's nicht sehen, wenn ihr's nicht genießt. Und glaubt mir: wenn ich auch viel erreicht hab – ich bin wie ihr. Ich will nie was anderes sein als ihr, ein Soul Brother, damit identifiziere ich mich ... Zwei Drittel der heutigen Einnahme gehen in die Gettos ... wir werden es alleine schaffen ...»

1968 machte Brown diese Position in einem selbst geschriebenen und aufgenommenen Song noch mal klar: *Say It Loud – I'm Black and I'm Proud.*

Es gab jedoch auch Soul Brothers, mit denen sich Brown nie identifizierte – die Militanten. «Ich bin Rassist», hat er mal gesagt, «wenn es um die Freiheit geht. Ich werde keine Ruhe geben, bis der schwarze Amerikaner aus dem Knast entlassen wird, bis seine Dollars genauso gut sind wie die der anderen.»

Allerdings machte er sich keine Illusionen darüber, daß sich das Gefängnistor schnell öffnen werde, und warnte: «Dieses Land wird in zwei Jahren in die Luft fliegen, wenn der Weiße nicht endlich aufwacht. Der Schwarze muß seine Freiheit bekommen. Er muß wie ein Mensch behandelt werden. Ich sage nicht, stell 'ne Flasche ein, bloß weil sie schwarz ist. Stell ihn ein, wenn er's bringt. In diesem Land geht's zu wie beim Falschspielen. Ich verliere mein Geld gern an jedermann, wenn das Spiel fair ist. Aber wenn ich merke, daß die Karten gezinkt sind, dann schmeiße ich den Tisch um. Was wir brauchen, das sind Programme, die so tierisch gut sind, daß die Militanten das Maul nicht mehr zukriegen. Die Militanten, das sind eben Nigger, die man nie hat Menschen sein lassen.»

Kein Wunder, daß H. Rap Brown, einer dieser Militanten, Grund fand, einiges am Gebaren James Browns zu bekritteln – er qualifizierte ihn in nicht gerade schmeichelhafter Form als «Roy Wilkins der Musik» ab. Rap Brown paßte die Rolle nicht, die James Brown gespielt hatte, als er dem Establishment half, die im April 1968 drohenden Unruhen abzuwenden. Und die Einladung an den Tisch des Präsidenten war ihm auch ein Dorn im Auge. Über einen Song von James Brown, *America Is My Home*, zog er so böse her, daß sich Mr. Dynamite zu folgender Erwiderung herausgefordert fühlte:

«Ich hab das Land gemeint, die Leute, und nicht die Regierung. Es gibt kein Land, das uns schlagen könnte, wenn wir nur das Rassenproblem in Ordnung bringen. Hier ist unsere Heimat. Wir können nicht weg von hier. Ich hab noch kein anderes Land gefunden, in dem es so gutes Eis und anständiges Soul Food gibt.»

Ein anderer Militanter, der Stückeschreiber LeRoi Jones, hat Brown dagegen in einer Rede vor einer Black-Power-Konferenz im Herbst 1968 als «unseren besten Poeten» bezeichnet. Diese Einschätzung hat aber bei seinen Mitstreitern wohl eher zu der Vermutung geführt, daß Jones außerhalb seiner eigenen Zunft eines gewissen Nachhilfeunterrichts bedürfe.

Von seiner ästhetischen Leistung her gesehen hatte sich Brown damals schon lange das Recht verdient, sich Soul Brother Nummer Eins zu nennen. Die Eintrittskarte zum exklusiven Kreis der ganz großen Soulsänger ist die Reaktion des Publikums. Es reicht noch lange nicht, daß der Künstler zu extremen Ausdrucksmitteln greift – die können aufgesetzt sein. Was zählt, ist die Reaktion des Zuhörers. Provoziert die Ausdrucksfähigkeit starke körperliche und stimmliche Reaktionen? Zündet der Funke der Besessenheit? Bei James Brown immer – und wie!

Jimi Hendrix – Der böse Bube
und der Lärm der Vergeltung

Jimi Hendrix wurde 1968 von zwei Blättern, die so weit auseinander liegen wie Mond und Mars, zum Künstler des Jahres ausgerufen. Die Gründe ihrer Wahl waren jedoch von überraschender Ähnlichkeit.

Billboard schrieb: «Seine zweite Amerika-Tournee zeigte, daß ihm in Anziehungskraft und Ausstrahlung derzeit niemand gleichkommt ... Seine Wirkung geht über die seiner Lieder weit hinaus. Seine Verschmelzung der hochverstärkten Musik von heute mit dem viel schlichteren Sound des Blues sichert ihm den Platz an der vordersten Front des Pop-Trends.»

Rolling Stone, der Untergrund-Wächter über die Reinheit des Rock, wählte ihn für seine «Kreativität, seine elektrisierende Spannung und seine imaginative Kraft, die über das Übliche weit hinausgeht ... Bluesmusiker, Jazzmusiker, Rockmusiker – alle waren sich einig, daß die Improvisationskunst von Hendrix die gängigen Kategorien hinter sich läßt und eine Musik geschaffen hat, die so phantasievoll und lebendig ist wie einst der Rock 'n' Roll. Jimi hat mehr als jeder andere Musiker die Stimme der Elektrogitarre um ein unglaubliches Spektrum neuer, mitreißender Klangmöglichkeiten erweitert.»

Doch Hendrix hat noch mehr Ehrentitel eingeheimst: «der schwarze Elvis», der «Wilt Chamberlain der E-Gitarristen», «ein wahrer Alptraum», «der furchtlose Wah-Wah-Pirat», «der spektakulärste E-Gitarrist der Welt» und der «wilde Mann des Pop». Er selbst hat seine Musik als «häßlich» eingestuft, während andere sie als «gewalttätig» empfinden.

Beim Monterey Pop Festival von 1967 stellte er die Who glatt in den Schatten. Statt wie sie die Instrumente auf der Bühne zu Klump zu schlagen, übergoß er seine Gitarre mit Feuerzeugbenzin und steckte sie in Brand. Und schon vor seinem Kommen machte das Gerücht die Runde, daß er seine Gitarre mit den Zähnen spiele, als ob er die Saiten aufessen wolle. Daß er sich gelegentlich auf den Rücken lege und, das Instrument auf den Bauch gestemmt – wie wenn's ein riesenhafter Phallus wäre – ziemlich eindeutige Bewegungen mache. Und daß er die Gitarre auf dem Rücken spiele wie ein Verrenkungskünstler, zwischen den Beinen nach vorn hole, gewaltig auf sie einhämmere und sie dann vor die Hüften stemme, als ob sie im schönsten Moment aus dem Hosenstall hervorkäme.

Sein Warenzeichen ist von Michael Lydon als «sorglose, schlamperte und ungeniert erotische Arroganz» beschrieben worden, doch Tom Phillips traf in seiner Besprechung des ersten Hendrix-Albums, «Are You Experienced», den Nagel mit seiner Vermutung weit besser auf den Kopf, daß Hendrix das Erotische bis in den Bereich der Degeneration vorangetrieben habe. Sein Gesicht drücke so etwas aus, selbst wenn er, wie er einem Reporter gestand, leicht ins Weinen kam und ihn andere im Privatleben als scheuen und in sich gekehrten Menschen erlebt haben. Seine gewaltige, ungekämmte, buschige Mähne gab ihm einfach dieses Flair. Und auch in der unglaublichen Phonstärke, mit der seine Gruppe spielte, war das zu hören – «voll aufgedreht, wobei der Baß und die Drums einen Wall aus schwarzem Lärm auftürmten, den man mehr durch den Druck auf die Augen als mit den Ohren hörte».

Ich schlage die JIMI HENDRIX EXPERIENCE dem Soul zu, weil sie einen Typ des visuellen und musikalischen Extremismus verkörperte, der im Soul angelegt ist. Die Gruppe war jedoch ebensosehr das Produkt übertechnisierter Effekthascherei, daß sie geradezu als Paradefall für den kleinen Schritt vom Authentischen zum Künstlichen gelten kann. Wo beginnt wahres Gefühl, und wo endet das Aufgesetzte, das durch die technische Beherrschung aller visuellen und musikalischen Formen möglich wird?

Doch die Wunden, die sich einer geholt hat, und das Lehrgeld, das er hat zahlen müssen, sollen nicht unbeachtet bleiben. Als James Marshall Hendrix im schwarzen Getto von Seattle, Washington 1946 geboren, wurde er, wie er erzählte, aus der Garfield High School rausgeschmissen, weil man ihn im Kunstunterricht beim Händchenhalten mit einer Weißen ertappt hatte. (Bei anderer Gelegenheit sagte er, daß er die Schule mit sechzehn hingeschmissen habe, weil er zu den Fallschirmjägern wollte – «Mann, war das langweilig in der Penne!»)

Nachdem er sich das Gitarrespielen anhand von Platten von Muddy Waters, Elmore James, B. B. King und Chuck Berry beigebracht hatte, wurde er wandernder Bluesmusiker. «Ich hab draußen zwischen den Mietskasernen geschlafen, wo einem die Ratten über den Bauch laufen und dir die Kakerlaken das letzte Stückchen Schokolade aus der Tasche klauen.»

Ein Job in der Band der ISLEY BROTHERS führte ihn nach Nashville, wo er schließlich, nachdem er die kleinen schwarzen Clubs abgetingelt hatte, bei einer Gemeinschaftstournee von B. B. King, Sam Cooke, Salomon Burke und Chuck Jackson landete. Aber er verpaßte den Tourneebus und blieb mutterseelenallein in Kansas City, Missouri zurück.

Zur Entschuldigung meinte er: «Wenn du hungrig auf der Straße rumläufst, mußt du praktisch alles spielen. Mir ist nichts anderes übriggeblieben, als die Top 40 runterzunudeln.»

Schließlich verschlug es ihn nach Atlanta, Georgia, wo er bei einer

Little-Richard-Tournee anheuerte. Eine seiner lebendigen – und sicher schmerzhaften – Erinnerungen stellte ein Streit um die Auftrittsklamotten dar, die er und ein anderer Musiker sich zugelegt hatten – «Wir hatten genug von Uniformen.» Hendrix weiter: «Little Richard trommelte die Jungs zusammen. ‹Ich bin Little Richard, kapiert das mal, ich bin der King of Rock and Rhythm. Ich bin der einzige, der schön sein darf. Zieht diese Dinger aus.› Mann o Mann, so war's. Wenig Kröten, beschissene Unterkunft, und dann noch ins Knie gefickt.»

Die Tournee mit Little Richard führte ihn an die Westküste, wo er in der Begleitband von Ike und Tina Turner im Fillmore spielte. Nach einiger Zeit kam er nach New York zurück und ging dort in den R & B-Gigs von King Curtis und der Twistmusik von JOEY DEE AND THE STARLIGHTERS auf. Curtis sagte über ihn: «Es war schwierig, mit ihm zu arbeiten. Er war so launisch.» Doch Jimi versuchte es auch in Harlem, wo ihn die Clubs in der Regel nach Hause schickten, wahrscheinlich wegen seiner wilden Frisur.

«Da konnte ich's schon gar nicht aushalten», sagte er später. «Da trampeln sie noch viel schlimmer auf dir rum als sonstwo!» Und so wurde er seltsamerweise zum Harlem-Vertriebenen, der sich ins Village rettete, wo sich – etwa im Cafe Wha! – keiner um seinen unkonventionellen Schopf und seine ungewöhnliche Musik scherte. Keiner, bis Charles Bryant Chandler, ehemaliges Mitglied der englischen ANIMALS, und Mike Jeffrey, der Manager der Gruppe, eines Abends reinkamen und ihn dazu überreden wollten, nach England mitzukommen.

«Ich hab mir gesagt, wieso nicht», hat er später Valerie Wilmer in London erzählt. «Es war ja doch nichts los. Wir haben pro Abend mit Mühe und Not drei Dollar verdient, und wir haben echt gehungert! Ich hoffe nur, daß es den Jungs einigermaßen gut geht, die damals drüben geblieben sind. Die Art, wie ich abgehauen bin, das war nicht gerade die vornehme Tour. Sie haben gedacht, sie kommen mit, aber es war viel einfacher für mich, alleine zu gehen. So war es eben. Ich komme mir schon ziemlich beschissen vor, weil ich so abgehauen bin. Ist uns ja schließlich allen dreckig gegangen.»

Jimmy James – so nannte er sich damals – ließ seine BLUE FLAMES im August 1966 im Stich. Schon am 12. Oktober stand die JIMI HENDRIX EXPERIENCE – am Baß Noel Redding, der von der Gitarre auf dieses Instrument überwechselte, und am Schlagzeug Mitch Mitchell, ein glühender Fan des explosiven Elvin Jones. *Hey Joe*, die erste Aufnahme der Gruppe, erreichte den vierten Platz der englischen Charts, und die zweite und die dritte Platte, *Purple Haze* und *Wind Cries Mary*, waren ähnlich schnelle und große Charts-Kletterer. Vielleicht hätten allein schon diese Scheiben und der überlaute, elektrische, locker verbundene Jeder-für-sich-allein-Stil sie zu dem Überraschungserfolg werden lassen, der sie wurden. Aber auch Showmanship und eine raffinierte Auftrittsregie spielten eine Rolle bei der Verwandlung eines 1966 noch völlig unbekannten Musikers zum Künstler des Jahres 1968. Geriebene Promotion war im Spiel, wie Charles Chandler auch zugab.

Von den ersten Hendrix-Fotos nach Gründung der Gruppe wurden nur die «dämonischen Bilder genommen, auf denen er aussah wie ein ganz fieser Knochen», und an die Presse gegeben. Chandler entschloß sich schon früh, Hendrix als den schlimmsten Schwerenöter aller Zeiten zu verkaufen.

«Bei ihren ersten Versuchsauftritten in München», vertraute Chandler Keith Altham vom *Hit Parader* an, «habe ich die enorme visuelle Attraktivität von Hendrix überhaupt erst erkannt. Und dort hat das mit dem routinemäßigen Zertrümmern der Instrumente angefangen – durch einen Zufall. Jimi wurde nämlich mal von ein paar übergeschnappten Fans von der Bühne gezogen. Als er wieder hochsprang, warf er erst die Gitarre auf das Podest. Als er sie aufhob, sah er, daß sie einen Riß hatte und ein paar Saiten ab waren. Da ist er übergeschnappt und hat alles kurz und klein geschlagen, was ihm in die Finger kam. Dem deutschen Publikum hat das sehr gefallen, und da haben wir uns entschieden, die Zertrümmerungsorgie als Teil der Auftrittsdramaturgie beizubehalten, wenn das eine gute Presse gab oder die Situation es verlangte.»

In dieser Zeit ermunterte Chandler seinen Schützling auch dazu, bei Interviews nur ja kein Blatt vor den Mund zu nehmen, sich nicht drum zu scheren, ob er jetzt was Ungewöhnliches verzapfte oder zu offenherzig war. Hendrix verlegte sich also darauf, allen Leuten zu erzählen, er sei der schlechteste Sänger der Welt und hoffte, daß er nur für seine Gitarrenkünste Anerkennung fände, Verlautbarungen, die die sentimentalen Pressemenschen stark beeindruckten und ihm eine Menge Artikel einbrachten.

Nach der Eroberung Englands und Europas folgte der dritte Teil des Feldzugs, der Hendrix zum Superstar machen sollte – der Vorstoß auf den amerikanischen Markt. Gegen den Rat erfahrener Showbusiness-Promoter hängte man Hendrix an eine Monkee-Tournee an, deren Anhängerschaft hauptsächlich aus Jüngst-Teenies bestand. Chandler gab zwar bereitwillig zu, daß die Zusammensetzung dieser Tourneetruppe ungefähr so zusammenpaßte, als wenn man den Grafen Dracula mit Schneewittchen auf die Bühne stellen würde, erklärte sie aber mit der Hoffnung auf große Publicity. Daraus jedoch wurde nichts, teilweise, weil die Jimi Hendrix Experience auf den Ankündigungsplakaten nicht präsent war und zum Teil auch, weil die Monkees die Zugnummer waren. Man hatte sich sogar schon zu dem Eingeständnis durchgerungen, daß das Ganze ein Schlag ins Wasser war und Hendrix wieder aus der Tournee aussteigen sollte.

Chandler: «Da haben wir uns die Falschmeldung aus den Fingern gesogen, daß die Frauenvereine was gegen die Auftritte von Jimi hätten und sie als obszön bezeichneten. Und das zog – wir standen in jeder Zeitung, und Jimi machte dumme Bemerkungen darüber, wie er von Micky Mouse abserviert worden sei.» Die amerikanische Untergrundpresse brach natürlich sofort eine Lanze für einen, der «das Anstandsgefühl des Establishments verletzt» hatte, und die HENDRIX EXPERIENCE hatte es dank der Hippies und der Leute von der Westküste geschafft.

Aber richtig sprang der Funke erst in Monterey auf das amerikanische Publikum über. Keith Altham: «Ich kann das bestätigen, denn ich war dabei, als Hendrix mit seiner wildgewordenen Gitarre und seinen unglaublichen Improvisationen mehr als zehntausend Leute zum Rasen brachte.» Aber bereits drei Jahre und drei Monate nach seinem sensationellen Erfolg auf dem Monterey Pop Festival war Jimi Hendrix tot. Er starb am 18. September 1970 in London; im Schlaf erstickte er nach einer Barbituratvergiftung an Erbrochenem. Die Todesursache konnte nicht eindeutig festgestellt werden, es gab weder für die Selbstmordtheorie noch für die Unfallannahme genügend sichere Beweise.

Das Charisma und das äußere Erscheinungsbild eines Künstlers überträgt sich auch auf die Platten, die man zu Hause im stillen Kämmerlein hört. Es muß schon was ganz Besonderes in den Rillen gesteckt haben, daß sie ein derart großes Publikum in ihren Bann zogen, wie es Hendrix gelungen war. Im August 1968 zeigte sich seine Beliebtheit an zwei LPs, die in derart riesigen Mengen verkauft wurden, daß sie gleichzeitig in den Top Twenty zu finden waren: «Are You Experienced» auf Platz zehn und «Axis: Bold As Love» auf Platz sechzehn. Die dritte LP, «Electric Ladyland», wurde die erste, die auf Platz eins vordrang – und das in der alle Rekorde unterbietenden Zeit von fünf Wochen. Nachdem er zuvor seine Begabung als Songwriter bewiesen hatte, zeigte Hendrix mit diesem Album, daß er auch ein fähiger Plattenproduzent war.

Der Rockproduzent Tom Wilson: «Er vereint die aberwitzige Phantasie eines Hieronymus-Bosch-Gemäldes mit der Funk-Seele des R & B. Vom Straßenjungen ist nichts mehr zu hören.»

Dank seiner Fähigkeit, die Zuhörer in seinen Bann zu schlagen, schreit Hendrix eigentlich nach dem Etikett Soul. Aber er gehörte in vieler Hinsicht doch in ein anderes Kästchen.

Eric Barrett, der seine Tonanlage betreute: «Jimi ist der Großmeister des Feedback. Er dreht seine beiden Verstärker grundsätzlich bis zum Anschlag auf ... Er macht bei jedem seiner Auftritte mindestens zwei Lautsprecher kaputt ... Und dann das Wah-Wah. Die meisten tippen es nur ganz vorsichtig an – Jimi hüpft mit seinem ganzen Gewicht drauf, deshalb hab ich immer runde drei Extrageräte dabei und zehn Verzerrer-Boxen ... Er macht auch einen Haufen Tremolo Bars kaputt. Er

zieht die Saiten damit, und dabei werden sie weit über die Zerstörungs-
grenze beansprucht. Das löst das Feedback aus ... Die Abnehmer auf
der Gitarre verstärken die überdehnten Saiten. Damit kriegt er diesen
Höllenlärm zuwege. ... Und Jimi bringt auch die Verstärkerröhren reihenweise zum Platzen, weil er so stark aufdreht. An einem Abend hat er
mal vier Verstärker geliefert. Wissen Sie, seine Verstärker sind voll aufgedreht und spucken aus, was sie nur können, aber dann kommen noch
die Lautsprecher dazu und der Verzerrer und das Wah-Wah, und dann
kommt eben oft mehr zusammen, als die Dinger verkraften können ...»

Und der Phonpegel war mehr, als ein gestandener Soundman vertra-
gen kann. Barrett zu Jim Delehant vom *Hit Parader*: «Ich glaub, ich
werd von dem dauernden Stehen bei den Boxentürmen noch mal taub.
Jetzt fahr ich erst mal zwei Wochen nach Hause nach Schottland. Mal
sehen, ob ich dann wieder normal höre.»

Jimi hat letztendlich folgendes gemacht: Er hat das von dem Produzenten der RIGHTEOUS BROTHERS – Phil Spector – in den frühen sechziger Jahren entwickelte Konzept des *Wall of Sound* genommen und in das
umgesetzt, was heute *Reactive Music* heißt. Hinter der ohrenbetäuben-
den Lautstärke steckt ein Feeling, eine Philosophie und ebensosehr die
Suche nach dem erregenden Hörerlebnis. Jimi und seine Kohorten wollten die ganze beknackte Welt draußen lassen, indem sie sich und das Publikum mit ihrem eigenen, undurchdringlichen Sound zudeckten.

«Mann, diese Welt muß einen ja mürbe machen», meinte Jimi einmal,
«aber wenn wir laut genug spielen, können wir sie vielleicht weg-
dröhnen.»

«Electric Ladyland» steckt voller Sex. In *Crosstown Traffic* sagt Jimi
seinem Mädchen: *«Ninety miles an hour is the speed I drive.»* Und weiter:
«It's so hard to get through you.» Und dann Tendenzen zur Weltflucht –
in *1983: A Merman I Should Be* sagt er mit seinem Mädchen der ganzen
Welt ade, die kurz vor dem Untergang steht, und flieht mit ihr in die
Welt der Tiefsee, wie sie in Science-Fiction-Geschichten geschildert
wird. Und das alles in einem überkünstlichen elektronischen Sound:
Phasing, Tape-Loop, Feedback, Verzerrer und voller Verstärker-Ein-
satz.

Hendrix damals zu einem Interviewer: «Ab und zu hör ich mir auch
das Soul-Zeugs an, aber spielen tu ich's nicht mehr so gern. Soul ist nicht
frech genug. Immer nur dasselbe. Was ich hasse? Daß die Gesellschaft
alle und jeden in kleine, gutverschlossene Plastikkästen stecken will ...
Die kriegen mich in keinen Plastikkäfig rein. Mich sperrt keiner ein.»

Otis Redding –
Mitreißender, zärtlicher Soul

Im Sommer 1967 sagte Otis Redding einem Journalisten, daß er die Lükke ausfüllen wolle, die durch den Tod von Sam Cooke entstanden sei. Er war damals erst sechsundzwanzig Jahre alt und stand kurz vor dem Aufstieg vom Lokalmatador der schwarzen Getto-Musik zum Ruhm eines Super-Popstars. Bei der Session, die seine letzte werden sollte, nahm Otis *Shake* auf, einen von Sam Cooke geschriebenen Song, den sein Autor bei *seiner* letzten Session eingespielt hatte. (Seltsamerweise lagen nur drei Jahre zwischen diesen beiden Tragödien. Cooke wurde am 11. Dezember 1964 erschossen, und Otis stürzte am 10. Dezember 1967 auf den Grund des Lake Monona in Wisconsin.)

Sam Cooke war eins der beiden Vorbilder des Reddingschen Gesangsstils. Cooke gab Otis das Gefühl für die zärtlicheren, ruhigeren und mehr nach innen gerichteten Seiten des Soul. Aber Cookes Stolz und Selbstgefühl verband ihn auch mit jenem anderen Künstler, der für Redding wichtig war: Little Richard, der erste orgiastische Rhythm & Soul-Man, stammte ja ebenfalls aus Macon und wohnte dort noch, als Otis in dieser Stadt in Georgia – immer mit seiner ekstatischen Musik im Ohr – aufwuchs.

Der eine vermittelte Otis Reddings Ausdrucksmitteln die Tiefe, der andere den richtigen Drive. Diese beiden Einflüsse zusammengenommen machten ihn auf der Bühne zu einer beherrschenden Gestalt. Der Rockkritiker Jon Landau hat einen Auftritt von Redding in einer Bostoner Revue miterlebt und so beschrieben:

«Das Publikum war in der überwältigenden Mehrzahl schwarz und hatte schon ein zweieinhalbstündiges Soul-Konzert hinter sich, als Redding schließlich auf die Bühne kam. Die Menge hatte schon von vielen Sängern ‹Let me see you clap your hands› gehört und wurde allmählich zappelig. Redding kam raus – und das erste, was er sagte, war: ‹Let me see you clap your hands.› Und die vorangegangenen zweieinhalb Stunden waren vergessen, alles klatschte mit ... Dann rief er: ‹Shake!›, und wiederholte das solange, bis es jeder rief.»

Diejenigen, die beim Monterey Pop Festival vom Sommer 1967 dabeiwaren, konnten das gleiche Schauspiel miterleben. Wieder war Redding ziemlich spät an der Reihe – es war schon fast ein Uhr nachts. Das Publikum hatte bis dahin weiß Gott schon genug gesehen und gehört, um müde und eher bissig zu sein. Aber Redding stürmte mit seinem fidelen

Grinsen auf die Bühne, das zwei Reihen perlweißer Zähne entblößte, gab der Band souverän den Takt – und hatte das Publikum innerhalb weniger Sekunden auf seiner Seite.

Der Jazzkritiker Ralph J. Gleason, der Redding in einem Club in San Francisco erlebte, schrieb: «Alles, was Redding bei seinen Live-Auftritten zu bieten hat, ist reine Energie, eine totale Gefühlsexplosion. Es kann sein, daß er ganz verhalten und zärtlich mit *Try a Little Tenderness* beginnt – enden tut es aber immer mit *Sock it to me, baby* ... Er kann die Zuhörer schneller in Raserei versetzen als jeder andere heutige Club-Sänger.»

Redding, als Sohn eines Baptistenpredigers in Dawson, Georgia geboren, sog den Gospel sozusagen mit der Muttermilch ein und wuchs – als Kind der vierziger Jahre – mit dem Sound des Rock 'n' Roll und R & B im Ohr auf. Als Schüler war er von der Verehrung, die auf Little Richard wie ein warmer Frühlingsregen niederfiel, derart beeindruckt, daß er sich entschloß, ebenfalls Musiker zu werden. Redding, ein ausgesprochenes musikalisches Naturtalent, beherrschte damals bereits nicht weniger als fünf Instrumente, sang dazu und trat bereits überall in seiner Heimatstadt auf.

Phil Walden, späterer Boß einer der größten R & B-Management-Firmen der Welt und sein späterer Manager, stieß auf Redding, als er eine Band für ein Studentenfest an der Mercer University in Macon engagierte. Otis war ihr Sänger. Durch Walden wurde Redding mit einer anderen Band aus Macon bekannt, JOHNNY JENKINS AND THE PINETOPPERS. Das war eine glückbringende Verbindung, denn Jenkins war bei Atlantic unter Vertrag – und durch ihn kam Redding per Zufall zu seiner ersten Platte. Jenkins nahm seine Titel in Memphis in den Studios von Stax/Volt auf, wohin er sich 1962 von Redding chauffieren ließ.

Der Stax/Volt-Produzent und Gitarrist Steve Cropper schrieb in einem Nachruf auf Redding, in dem er auch auf sein erstes Zusammentreffen mit ihm zu sprechen kam: «Damals (1962) war Otis Road Manager, Sänger und Chauffeur von Johnny Jenkins. Eines Tages kamen sie ins Studio, um ein paar Titel aufzunehmen. Otis saß den ganzen Tag über in einer Ecke und sagte zwischendurch immer wieder: ‹Mann, was würd ich gern 'ne Scheibe aufnehmen!› Nachdem wir mit Jenkins fertig waren, sagten wir: ‹OK, sehen wir mal, was der Typ auf der Pfanne hat. Sitzt schon den ganzen Tag hier rum und scheint mächtig Interesse zu haben.›»

Der Song, den Redding an diesem schicksalhaften Tag aufnahm, war *These Arms of Mine*. Es war seine erste Aufnahme, die in den Verkauf ging, und sie hatte mächtigen Erfolg. Was aber viel entscheidender war: er war mit dem Memphis-Sound und Steve Cropper in Kontakt gekommen, der ihn bei seiner ersten Stax/Volt-Aufnahme und später bei den anderen Songs betreute, einschließlich des erst nach seinem Tode veröffentlichten und mit Preisen überhäuften *(Sitting on) The Dock of the Bay*.

Redding hat viel für den Memphis-Sound getan, aber Stax/Volt war seinerseits ein für seine Karriere entscheidender Faktor. Motown und der Detroit-Sound standen für einen wichtigen Marktdurchbruch der schwarzen Künstler und ihrer Aufnahmemöglichkeiten – aber weithin vom weißen Geschmack diktiert. Der Memphis-Sound, der in einer späteren Phase der schwarzen Invasion in den Pop-Markt kam, stellte bereits die Phase der Schlacht dar, in der die letzten Widerstände niedergerollt wurden. Für BOOKER T. AND THE M. G.'s war es kein Problem mehr, daß sie halb schwarz, halb weiß zusammengesetzt waren – alle waren bluesorientiert und ihre gemeinsame Orientierung war schwarz und nicht weiß.

Die ganz frühen Redding-Aufnahmen zeigen einen Hang zur sentimentalen Ballade. Das trug ihm denn auch den Spitznamen «Mr. Pitiful» ein – nach einem Song, den er zusammen mit Steve Cropper schrieb und der sein erster Stax-Bestseller wurde. Die Instrumentenbegleitung dieser Platte ist rabenschwarz, doch Redding selbst war, außer vielleicht im Blick auf die Eigenart seiner intensiven Stimme, nicht bluesorientiert. «Pain in My Heart», sein erstes Album (von 1963), man hört die deutliche Beeinflussung durch den Shouter-Stil Little Richards, wies ansonsten doch mehr in Richtung Brook Benton als Ray Charles.

Der Stax/Volt-Einfluß wirkte da disziplinierend. In *I've Been Loving You Too Long*, einer langsamen Ballade, die er zusammen mit Jerry Butler schrieb, ist ein ganz anderer Sänger zu hören. Redding ist zwar immer noch der flehende Liebende, er singt jetzt aber mit einer derart schmerzhaften Intensität, daß ihm die Silben durcheinandergeraten und ihm das Lied in einem nicht endenwollenden Strom von Seufzern endet. *Respect*, sein Hit des Jahres 1965, den auch Aretha Franklin später erfolgreich einspielte, schrieb er mit einer urgewaltigen Wildheit – herausgekommen ist dabei eine der klassischen Balladen unserer Zeit:

> I'm out to give you all of my money
> And all I'm asking in return, Honey,
> Is to give me my propers when I get home ...

Und was wäre das, bittschön? Ein paar liebe Worte? Ein Kuß? Weit gefehlt:

> Whip it / whip it / whip it to me when I get home ...

Niemals ist dem Begriff Respekt eine ehrlichere und realistischere Definition zuteil geworden: Für den heimgekehrten Mann bedeutet Respekt warmer, liebevoller, freiwillig gewährter Sex.

Der Einfluß und die Aura der Sam Cooke-Balladen blieb, was sich beispielsweise in *Try a Little Tenderness* beweist – er entschloß sich, das Lied aufzunehmen, nachdem er Cookes Version auf dessen Album «Sam Cooke at the Copa» gehört hatte. Die Aufnahme von Redding weist jedoch keinerlei Sentimentalität auf. Sie baut auf der weißglühenden Intensität seiner schnelleren Stücke auf.

Das Jahr 1966 erlebte außerdem seine Aufnahme des Rolling Stones-Songs *Satisfaction*, die ein Bestseller wurde – und diesem Lied kann man beileibe keine Gefühlsduselei andichten. In der Version von Otis ist sie mit Memphis-Erde getränkt.

Redding hatte keine fünf Jahre Platten gemacht, als sein gerade gekauftes Flugzeug ihm und seiner Begleitband, den vier Bar-Key den Tod brachte. Seine Wirkung in dieser kurzen Zeit war jedoch derart groß, daß ein englisches Fachblatt – *Melody Maker* – ihn zwei Monate vor seinem Tod zum besten männlichen Sänger der Welt ausrief, ein Titel, den in den zehn Jahren davor Elvis Presley für sich monopolisiert hatte. Die englischen Fernsehanstalten – und auch der französische Rundfunk – reagierten schnell. Die BBC flog eine Mannschaft auf die Ranch von Otis in Georgia – eine Farm mit dreihundert Acre Land, die er sich von seinen Einnahmen aus dem Musikgeschäft in der Nähe von Macon gekauft hatte – und drehte einen Dokumentarstreifen. Das provozierte Ralph J. Gleason, im *San Francisco Chronicle* die Frage aufzuwerfen, warum Redding in seinem eigenen Land keine ähnliche Anerkennung gefunden habe – als Grund dafür verwies er auf das nach wie vor ungelöste Rassenproblem in Amerika.

Daß Aretha Franklin aus *Respect* einen Song machen konnte, der den ersten Platz der Pop-Charts erklomm, und daß Otis Redding den Song immerhin in die Top Ten des R&B brachte, wirft weniger ein Licht auf Redding als auf die Entwicklung des Marktes. An dieser Tatsache zeigt sich der Unterschied zwischen der Stimmungslage der Schwarzen und dem Geschmack der Weißen zwischen 1965 und 1968. Der Vorgeschmack auf eine breitere Aufgeschlossenheit gegenüber der schwarzen Musik, vorweggenommen von denen, die Redding in Monterey zujubelten, wurde vielleicht schneller Wirklichkeit, als man je gedacht hatte, aber nicht bald genug, als daß Redding sie noch hätte erleben können.

In der im Dezember 1968 erschienenen Jahreswertung war er unter den fünf besten Singlekünstlern rubriziert, hinter Aretha Franklin, Gary Puckett, den Beatles und James Brown. *(Sitting on) The Dock of the Bay* war längst auf Platz eins der R&B-Charts. Es brachte seinem Sänger posthum den Grammy für den besten R&B-Titel des Jahres sowie einen Grammy für seine sängerische Leistung als bestem R&B-Interpreten des Jahres ein – und die einzige Goldene Schallplatte seines viel zu kurzen Lebens.

Otis Redding

Manche – wie Robert Shelton von der *New York Times* – meinten damals, daß «der wahre Zauber Reddings erst auf der Bühne zum Leben erwachte, wo ein reißender Strom von Emotion, Gestik und Identifikation zum Ausbruch kam». Einmal davon abgesehen ist der ironischste Aspekt seines bedauernswert frühen Todes der, daß er wie viele andere Soulsänger vor allem ansteckende Lebenslust um sich verbreitete. Er war ein energiegeladener Sänger, der trotzdem verhalten und zärtlich sein konnte.

Seit seinem Tod sind vier posthume Redding-LPs erschienen. Alle verkauften sich ganz hervorragend, und die Nachfrage nach seinen Platten zeigte keine Ermüdungserscheinungen. Es entwickelte sich sogar ein derart voluminöser Kult um ihn, daß ein Autor des *Rolling Stone* die jungen Plattenkäufer dringend ermahnte, über den großen Toten nicht die lebenden Soulsänger zu vergessen, die auch etwas von der Begeisterung brauchen konnten, die sich am «Kennedy des Rock» entzündete, dem «mythischen Helden, der in der Blüte seines Lebens dahingerafft wurde ...»

Aretha Franklin –
Die Lady des Soul

Auf dem zweiten Atlantic-Album von Aretha Franklin, «Aretha Arrives», findet sich ein von ihrer Schwester geschriebener Swinger, *Ain't Nobody (Gonna Turn Me Around)*. Wie dem auch sei: niemand kann behaupten, daß sich Columbia Records keine Mühe gegeben hätte, sie «umzudrehen». Geschlagene fünf Jahre, seitdem sie von John Hammond unter Vertrag genommen worden war, sang sie nun schon Jazz-Stücke, gängige Standards und Liebeslieder nach weißem Gusto – *Torch Ballads* genannt, das Gegenstück zum schwarzen Herzeleid-Blues – auf ganzen neun LPs. Ein paar verkauften sich einigermaßen, aber jeder, Aretha eingeschlossen, wußte, daß irgendwas fehlte. Gleichzeitig tingelte Miss Franklin die einschlägigen Nachtclubs ab – nicht die großen, plüschigen Etablissements der Weißen, sondern die kleinen Jazz-Clubs und die R & B-Bars.

«Ich hab ziemlich oft gegen die Wand gesungen», meinte sie, «und mir war ziemlich mulmig dabei.»

Vor was hatte sie Angst? Die Unfähigkeit, dieses Eingeständnis richtig einzuschätzen, verleitete manchen Kritiker zu den absonderlichsten Fehlinterpretationen. Albert Goldman zum Beispiel schrieb in der *New York Times*: «Mehr als jeder andere Sänger des Soul-Genres läßt sie das Heil erotisch und das Erotische als unser Heil erscheinen.» Wie weit Goldman daneben lag, läßt sich aus einer späteren Darstellung dieses ehrenwerten Herrn ersehen. Über das Franklin-Album «Lady Soul» schrieb er kurze Zeit darauf: «Das Bemerkenswerteste an dieser Platte ist leider (man höre und staune, A. S.) ... eine Tendenz zum Rückfall in den traditionellen Gospel-Stil.»

Neben diesem Verdikt druckte die *Times* ein fünfspaltiges Foto von Aretha ab – der «Königin des Soul, die alles hat, was eine ‹richtige Frau› braucht». Aber da lag auch der Haken. Aretha Franklin sah auf diesem Bild keineswegs wie eine «richtige Frau» aus, und so stand es mit den meisten Fotos, die von ihr erschienen. Sie sah so aus, wie sie war – und darin lag auch der Grund für die Ängste, die sie bei ihren Club-Auftritten auszustehen hatte. Sie sah schlicht und einfach wie ein ziemlich junges Mädchen aus. Beinahe hätte ich gesagt: Wie ein unreifes junges Ding. Ich will aber nicht über sie richten, sondern nur versuchen, sie so zu beschreiben, wie sie aussah, und einem Rätsel nachzugehen, das noch lange ungelöst blieb. Aretha war mulmig zumute, weil sie die Rolle einer Nachtclub-Diseuse, einer Herzeleid-Säuslerin, einer Femme fatale zu spielen hatte – oder wie immer man dazu sagen will –, und weil ihr diese Rolle vom Herkommen und auch sonst völlig fremd war.

Die Dinge liefen Aretha davon, und das schon ziemlich lange. Sie konnte sie einfach nicht in den Griff bekommen. (Der Gipfel dieser Entwicklung war ihr Fiasko mit Caesar's Palace in Las Vegas, wo das Management und Aretha bereits nach zwei Tagen übereinkamen, die restlichen Auftritte abzusagen. Schon der erste Abend war verpatzt und mußte abgebrochen werden. Den zweiten Abend stand sie zwar durch, aber ihre Leistung konnte offensichtlich wieder nicht überzeugen. Und während unentwegt über ihre Eheprobleme geklatscht wurde – ihr Ehemann war zugleich ihr Manager –, wurde Frank Sinatra eilig herbeigeschafft, um die Lücke zu füllen, die ihr Ausfall gerissen hatte.)

Mancher wird überrascht sein, wenn er hört, daß Aretha Mutter dreier Kinder ist, die alle schon vor ihrem zwanzigsten Lebensjahr auf die Welt kamen. Weniger überraschend mag es dagegen sein, daß sie scheu und verschlossen ist und am liebsten ganz zurückgezogen leben würde.

Freunde haben ihren Lebensstil so beschrieben: «Sie schläft bis in den frühen Nachmittag hinein, dann hockt sie kettenrauchend und eher apathisch vor der Glotze, von nervösen Zuckungen abgesehen ... Ihre geselligen Kontakte beschränken sich fast völlig auf den kleinen Kreis von Jugendfreundinnen, mit denen sie bis vor wenigen Jahren regelmäßig am Mittwochabend im Arcadia Roller Rink in Detroit Rollschuhfahren ging.»

Ihre Freunde gingen nicht weiter darauf ein, obwohl sie das ruhig hätten tun können, daß sie nicht gerade der beliebtesten eine war und kaum der Typ, dem die Männer auf der Straße nachpfeifen. Aretha war ein nettes, aber auch ein ernstes Wesen. In ihrer Jugend im Mittelklassengetto von Detroit, das gleich an das Wohngebiet der armen Schwarzen grenzt, in dem Diana Ross, Smokey Robinson und viele andere Motown-Künstler großwurden, fehlte ihr die Liebe von Vater wie Mutter.

Ihre Mutter nämlich ließ die Familie sitzen, als Aretha sechs Jahre alt war, und starb, als sie zehn war – zwei Schocks, die unauslöschliche Narben hinterlassen haben. Ihr Vater ist der hochangesehene und hochgesinnte Reverend C. L. Franklin, der Vorsteher der blühenden New Bethel Baptist Church in Detroit. Dieser fesselnde und charmante Mann, der 52 seiner Gospel-Gottesdienste für Chess aufgenommen hat, hat seinen kirchlichen Beruf nie von anderen, mehr weltlichen Interessen tangieren lassen, selbst wenn die immer im Raum standen. 1967 mußte er 25000 Dollar Strafe zahlen, weil er dem Finanzamt zwischen 1959 und 1962 76000 Dollar Einkommen verheimlicht hatte. Mahalia Jackson, die die Familie gut kannte: «Nach dem Tod der Mutter hat die ganze Familie nach Liebe gehungert.»

Was Aretha einem Reporter von *Time* offenbarte, wirkt da auch nicht mehr schockierend: «Ich bin zwar erst sechsundzwanzig, aber ich bin eigentlich eine alte Frau – äußerlich sechsundzwanzig, aber innerlich fünfundsechzig. Das Erwachsenwerden ist schwierig. Man macht seine Fehler. Man versucht, von den Erwachsenen zu lernen, und wenn man das nicht tut, tut's sogar noch mehr weh. Und mir ist weh getan worden – sehr.»

Zu dem, was ihr weh tat, gehört auch ein Umstand, der alle Menschen ihrer Hautfarbe schmerzt – schwarz zu sein. Gerade erst vierzehn geworden, war sie schon der Star der Gospel-Tourneegruppe ihres Vaters, die per Omnibus durch das ganze Land zog und einen kurzen Auftritt nach dem anderen absolvierte.

Cecil, ihr älterer Bruder und späterer Hilfsprediger der New Bethel Baptist Church: «Acht oder zehn Stunden durch die Gegend fahren vor dem Auftritt, mit hungrigem Magen an den Restaurants vorbei, und dann noch vom Highway runter zu müssen, um in irgendeiner kleinen Stadt überhaupt etwas auf den Tisch gestellt zu kriegen, weil man schwarz ist – das hat seine Wirkung getan.»

Time merkte zu diesem Statement verständlicherweise an: «Und die Parties nach der Vorstellung, bei den älteren Mitgliedern der Truppe, wo Alkohol und Sex im Überfluß angesagt waren, die haben auch ihre Wirkung getan.»

Alle diese schmerzlichen Erfahrungen, so könnte man meinen, müßten für einen großen Bluessänger ein wahres Elixier sein, hätten eine zweite wundherzige Billie Holiday hervorbringen müssen. Das hätten sie auch durchaus können, wenn Aretha nicht die sensible, unreife Tochter eines Predigers gewesen wäre. Ihr Erbteil, das war die Gospelmusik – aber genausosehr auch das Gedankengut, das zu dieser Musik gehört. Und dabei handelte es sich nicht nur um das, was sie in der Kirche gelernt hatte, seit sie zum erstenmal mitsang. Die großen religiösen Künstler ihrer Hautfarbe – Mahalia Jackson, Clara Ward, Sam Cooke (in seiner Gospel-Zeit) – waren alle mal im Elternhaus zu Gast gewesen.

Über James Cleveland, einen Gospel-Shouter der älteren Generation, der eine Zeitlang bei den Franklins wohnte, hat sie einmal gesagt: «Er hat mir ein paar sehr hübsche Akkorde gezeigt, und ich hab seinen tiefen Sound sehr gemocht. In der Art, wie er singt, steckt eine ganze Menge Ursprünglichkeit, und was er fühlte, das fühlte ich auch, aber ich wußte nicht, wie ich es rüberbringen sollte. Je mehr ich ihm zugesehen habe, desto weniger gelang mir das.»

Als Aretha sich mit achtzehn, von ihrem Vorbild Sam Cooke inspiriert, auf ihr Pop-Abenteuer einließ, war sie nach wie vor ein introvertiertes, zutiefst gehemmtes Mädchen. Obwohl sie für das Chess-Label Checkers schon ein paar religiöse Titel aufgenommen hatte, wurde sie von Major «Mule» Holly, dem Bassisten von Teddy Wilson, dazu ermutigt, bei Columbia vorzusingen. Ihre ersten Veröffentlichungen nach der Vertragsunterzeichnung lassen sich als R & B rubrizieren. Im Lauf der Zeit versuchte ihre Company mehr und mehr, in der Stückauswahl ihre ausgezeichneten stimmlichen Fähigkeiten herauszustellen – und Hand in Hand damit ihre emotionalen und existentiellen Quellen zuzuschütten, was in jedem Fall falsch ist, besonders aber bei einer jungen Sängerin.

Aretha: «Wenn ein Song von etwas handelt, was ich selber erlebt und erfahren habe oder was mir auch hätte passieren können, dann ist's gut. Aber wenn mir das Ganze fremd ist, kann ich ihm rein gar nichts mitgeben. Denn davon handelt ja die Soul-Musik – vom Leben, so wie es ist, und von dem Zwang, sich irgendwie durchzubeißen.» Die Balladen, Jazz-Stücke und Standards, die sie für Columbia einspielte, waren ihr ganz offensichtlich «fremd», was sie später zu dem Urteil veranlaßte: «Das war eigentlich gar nicht ich.»

Gegen Ende ihres Fünfjahresvertrags versuchte Columbia, seine Fehler damit wieder wettzumachen, daß es einen neuen schwarzen Produzenten für sie anheuerte. Die Firma, die sich ihres Talents sehr wohl bewußt war, bot ihr sogar trotz ihres mäßigen Verkaufserfolges einen neuen Vertrag an. Aretha und ihr Mann und Manager, Ted White, entschlossen sich zu ihrem Glück nach einigem Hin und Her, nicht zu verlängern und wechselten zu Atlantic. Im November 1966 unterschrieb sie ihren Atlantic-Vertrag und wurde gleich anschließend zu den Fame-Studios in Muscle Shoals geflogen, wo ihre erste Atlantic-Session anberaumt war.

Ihr neuer Produzent Jerry Wexler erläuterte später die Gründe, warum nicht in New York aufgenommen wurde: «Jeder, der den Süden kennt, ich meine damit den echten Süden, der weiß auch, daß der aufgeklärte Weiße aus dem Süden trotz Ku Klux Klan und Lynchjustiz und Brutalität dem schwarzen Soul verdammt viel näher steht als der weiße Liberale aus dem Norden ... Und das ist – nebenbei gesagt – der Memphis-Sound. Zu glauben, daß nur Schwarze mit dieser musikalischen Tradition großgeworden sind, wäre weiter nichts als eine Neuauflage der alten, unbewußten Vorurteile gegen die Schwarzen.»

Mit einer der besten Rhythmusgruppen im Rücken, die das Business zu bieten hatte – einer Gruppe, die ihre Wurzeln im Gospel und Blues mit meisterhaftem musikalischen Können zu verbinden wußte – spielte Aretha eine der besten Soul-Aufnahmen ein, die je gemacht wurden – oder sagen wir's genauer: Sie sang sich diese Platte von der Seele. *I Never Loved a Man the Way I Loved You* wurde aus dem Stand zum Hit und kam mühelos auf die zu einer Goldenen Schallplatte nötigen Verkaufszahlen. Die entscheidende Überlegung dabei: der musikalische Background, die Produktionsleitung und die Lage des Studios (Aretha war in Memphis geboren und erst mit zwei Jahren nach Buffalo und später nach Detroit gekommen), all das zusammengenommen zapfte ihre Gospel-Ader an, ihren naturgegebenen Ausdrucksstil.

Von den ersten Gospel-Akkorden des Klaviers, das von Aretha selbst gespielt wurde, bis zu den letzten, immer noch mal wiederholten Zeilen *«Lord, Lord, I ain't never, ain't never loved a man ...»* befinden wir uns in einem Gottesdienst, dessen Intensität mehr und mehr zunimmt. Die Orgel, die nach einiger Zeit einsetzt, ist ein Kircheninstrument, und die Bläser, die scharfe, antiphonische Antwort auf Arethas Stimme geben wie ein unter ihrem Bann stehender Chor, steigern die Gefühlshitze, bis Aretha in die atemlosen Worte ausbricht: *«loved a man the way I love you»*. Die Platte hat die seltene Qualität, zu Ende zu sein, bevor man genug von ihr hat.

Der Gospel-Hintergrund dieses Songs ist typisch Aretha – aber die Aufnahme hat auch die überlegene Autorität des Autobiographischen:

> I don't know why I let you do these things to me ...
> The way you treat me is a shame ...
> My friends keep telling me that you ain't no good ...

Nicht lange, nachdem diese Aufnahme entstand, stauchte sie ihr Mann in Atlanta, im Regency Hyatt, dem besten Hotel am Platze, in aller Öffentlichkeit zusammen: «Das war nicht das erste Mal», wie *Time* wußte.

Mahalia Jackson meinte diplomatisch: «Ich glaube nicht, daß sie glücklich ist. Jemand anderes bringt sie dazu, den Blues zu singen.»

Das haben die Beobachter des vorzeitig abgebrochenen Engagements in Las Vegas vom Juni 1969 auch gesagt. Aretha hat sich immer geweigert, mit ihren Problemen beim Publikum oder ihren Freunden hausieren zu gehen, obwohl sie Mahalia Jackson einmal anvertraute: «Ich werde jetzt eine Gospel-Platte machen und Jesus sagen, daß ich diese Leiden nicht mehr allein tragen kann.»

In ihrem ersten Atlantic-Jahr hatte Aretha so viele Charts-Platten, daß sie 1967 als Nummer Eins der R & B-Künstler beendete, und zwar vor James Brown, den SUPREMES, den TEMPTATIONS, Wilson Pickett und Stevie Wonder. Zu den Platten, die diesen Erfolg ermöglicht hatten, zählten *Respect*, von Otis Redding übernommen, *Baby, I Love You* und *Chain of Fools* von Don Covay, alles bestätigte Goldene Schallplatten. Ende 1968 hatte sie sich nach weiteren millionenfach verkauften Platten wie *Since You've Been Gone* an die Spitze der Pop-Single-Künstler gesetzt.

Wie viele zeitgenössische Pop- und Rocksongs, sprechen auch Soul-Stücke eine deutliche Sprache:

277

Don't send me no doctor fillin' me up with all of those pills;
Got me a man named Dr. Feelgood and, oh yeah,
That man takes care of all my pains and my ills.

Für die Armen, Männer wie Frauen, deren Leben in tagtäglicher, harter Arbeit besteht, gibt es wenig Ablenkung, und Sex ist in der Regel schon noch ein bißchen fesselnder als Fernsehen oder Alkohol. Damit setzt sich Aretha auf vielen ihrer Platten auseinander. Das Seltsame daran ist, daß Aretha selber überhaupt keine sinnliche, erotische Sängerin ist. Wenn sie etwa singt: «*Whip it to me when you get home*», oder, was häufiger vorkommt, «*Sock it to me*», dann überlagern sich bei ihr die Begierden des Fleisches mit komplexeren Gefühlen und Sehnsüchten.

Hören Sie sich zum Beispiel die Eingangspassage von *You Are My Sunshine* an: Aretha zelebriert einen Gesangsstil, der an einen jüdischen Kantor erinnert, und das vor dem Hintergrund der Baßläufe des Pianos, die aus der Hölle zu kommen scheinen, und den antiphonischen Schreien eines weiblichen Trios, das wie die Furien des alten Griechenland klingt.

Aretha: «*They tell me that into each life some rain must fall*», und dem fügt sie, als schmerzliche Nachbemerkung gewissermaßen, die Zeile hinzu: «*And I've had enough rain in my life … but now I've got a little love around me to keep the rain off …*»

Wenn ein Teil von Aretha die stimmgewaltige Gospelsängerin ist, dann ist der andere Teil das junge Mädchen, das nach Liebe hungert und aus tiefster Not nach dem Mann ruft, der ihr sagen wird: *Never let me go*.

Nachdem sie den Dreh raus hatte, die Ekstase des Gospel mit den Ausdrucksmitteln des weltlichen Stils zu verschmelzen, wurde sie zu einer der großen Blues-Balladensängerinnen unserer Zeit. Aretha steht nicht für den erotischen Soul, sondern sie ist – wie sie auch eine ihrer LPs ankündigt – die *Lady* des Soul. Sie gibt der Sehnsucht der jungen Menschen nach Wärme, Zärtlichkeit und Gemeinsamkeit – gefühlsmäßig wie sexuell – Ausdruck, und auch dem Schmerz, der sich einstellt, wenn das nicht gelingt.

Aber diese Hypothek, die auf ihrer stimmlichen Virtuosität lastet, hindert sie keineswegs daran, den Madison Square Garden, wie Robert Shelton in der *New York Times* geschrieben hat, in ein «Soularium zu verwandeln, erfüllt von der Hitze und dem Strahlen befreiter Musikalität». Oder, wie John Wilson zu ihrem Auftritt im ehrwürdigen Lincoln Center angemerkt hat: «Als Aretha schließlich bei ihrem letzten Lied angelangt war, hatte sie die meisten, die die Philharmonic Hall füllten, von den Sitzen gerissen – sie jubelten und klatschten mit, während sie sang».

Ray Charles –
Soul in Vollendung

Nicht nur Aretha, sondern eine ganze Generation von gospel- und bluessingenden schwarzen Künstlern wandelt in den Fußstapfen von Ray Charles, dessen Karriere alle wichtigen Entwicklungen der letzten zwanzig Jahre in der Musik der amerikanischen Schwarzen umfaßt, eines Künstlers, der dem Soul erst den Weg geebnet hat.

Er begann mit einem Trio im Stil von Nat «King» Cole, ging dann zu einer Combo über, die R&B-Scheiben hinfetzte, sich aber auch für Rock 'n' Roll und von der Improvisation lebende Jazzstücke keineswegs zu schade war. Nachdem ihm die Verschmelzung von Sakralem und Weltlichem, von Sex und Heilserwartung gelungen war, die Verschmelzung von himmelhochjauchzendem Gospel und der ursprünglichen Körperlichkeit des Blues, stieß er kühn in die Hügel von Tennessee vor und eroberte sich eine Nische in der C&W-Musik.

In den sechziger Jahren schließlich wandte er sich der sogenannten «guten Musik» der zwanziger und dreißiger Jahre zu, den Musiktheater-Songs wie *I Don't know What Time It Was* von Rodgers und Hart, *Love Is Here to Stay* von Gershwin und – so unglaublich es klingt – sogar dem *Indian Love Call* von Rudolf Friml, aber auch dem Musical-Hit *Memories of You*, geschrieben von Andy Razaf und Eubie Blake, aus «Blackbirds of 1930».

Trotz dieser bunten Mischung aus den verschiedensten Genres, Titeln und Stilarten ist es Ray Charles immer gelungen, der soulige Ray Charles zu bleiben, ein Fels von Mann und Musiker, über den selbst der anspruchsvolle Jazzkritiker Whitney Balliett vom *New Yorker* in den sechziger Jahren geschrieben hat: «Er hat etwas zuwege gebracht, was keinem anderen Jazzkünstler gelungen ist – Nationalheiliger zu werden, ohne sich korrumpieren zu lassen.» Ja, sogar noch mehr: «Er ist ein Balladensänger, der wie Billie Holiday aus Talmi in aller Regel Gold macht. Er ist zugleich ein unvergleichlicher Gospel- und Bluessänger vom alten Schrot und Korn, der Vater aller Rocksänger und der einzige C&W-Sänger, der seinen Stücken Qualität abringt, und ein amüsanter Schlagersänger noch dazu. Doch einerlei, was er sich vorknöpft: er ist und bleibt Jazzsänger.»

Jazzsänger – das ist für Balliett der höchste Ehrentitel. Für uns ist Ray Charles vor allem der Pionier und König des Soul.

Ganz gleich, von welcher Art und Qualität die Stücke sind: sind sie einmal durch die Kolben der Charlesschen Musik-Destille gelaufen, dann dampft es nach seiner unverwechselbaren Aura, nach dem Bouquet und Geschmack des Genius, wie er – ohne große Übertreibung – genannt wurde. Die Fähigkeit, die Geschichte der Popmusik souverän sein eigen, zum Teil seiner Biographie zu machen, und die eigene Biographie – die eines schwarzen Künstlers – zum Teil dieser Geschichte werden zu lassen – das ist das Verdienst dieses Soulsängers.

1966, als die Musikwelt sein zwanzigstes Jahr im Showbusiness feierte, verabschiedete das Repräsentantenhaus eine Gratulationsadresse an Ray Charles. Es war einer der wenigen Fälle, in denen ein schwarzer Künstler auf diese Weise ausgezeichnet wurde. Anders als in vielen Dankesgesten dieser Art waren in ihr wahre Worte zu lesen: «Die Pein seiner Jugendzeit und die Schwierigkeiten, die er überwunden hat, sind Teile des Sounds von Ray Charles.»

Wenn Aretha Franklin nach der Liebe schreit, die ihr verweigert wurde, dann treibt Ray Charles wenigstens teilweise der Schmerz und die Entbehrung des Blinden, des schwarzen Blinden, der auf Dauer und ohne Ausweg von anderen abhängig ist, und das in einer bösen, egoistischen Welt. Ray Charles hat sich in der Tat ebensosehr gegen seine «Freunde» zu Wehr setzen müssen wie gegen die, die nur an ihm verdienen wollten.

«Sicher, er hat Frau und drei Kinder», sagte ein ehemaliger Begleitmusiker von Ray Charles zu Nat Hentoff. «Aber wie oft sieht er die denn schon? Auf Tournee hat man keine Menschenseele, an die man sich ein bißchen anlehnen kann. Kein Wunder, daß er so unruhig ist, so mißtrauisch, so reizbar und so verzweifelt seiner Musik ergeben. Er lacht schon gern und macht auch mal einen drauf. Aber die Musik ist das einzige, was ihn wirklich ausfüllt.»

Im Alter von sechs Jahren erblindet, vaterlos mit fünfzehn und mit siebzehn nach dem Tod der Mutter vollends allein, studierte Ray Charles Musik an einer Blindenanstalt in St. Augustine, Florida. Obwohl er mit dem absoluten Gehör gesegnet war, mußte er die Notenschrift in der Brailleschen Blindenschrift erlernen, ein nervenzehrend langsames Unterfangen, das ein außerordentliches Gedächtnistraining verlangt. Er ließ sich nicht unterkriegen, brachte es am Piano, Saxophon und Trompete zur Meisterschaft und bewältigte auch die anspruchsvolle Kunst des Arrangierens. Mit dem Tod seiner Mutter im Jahr 1947 stand er vor derselben erschreckenden Wahl wie alle blinden Schwarzen seit dem Bürgerkrieg: entweder Bettler oder fahrender Musikant zu werden. So trat er in die Fußstapfen der Blind Lemon Jeffersons und Blind Blakes – allerdings mußte er nicht an Straßenecken auftreten. Er bereiste mit Hillbilly- und R&B-Bands Florida und Tennessee und die ganzen Südstaaten.

«Ich habe die schlimmsten Momente der Verzweiflung durchlebt», erinnerte er sich an die Erfahrungen, die er in diesen Jahren sammeln mußte, «einmal habe ich als Honorar eine Dose Marmelade gekriegt. Als ich die dann auf meinem Zimmer aufmachen wollte, hat mich der Hunger so gequält, daß ich den Dosenöffner zu heftig angesetzt habe und der ganze Inhalt auf den Boden spritzte.»

Die Musik brachte schließlich Anerkennung – aber sie brachte auch schlechten Umgang mit sich, der Ray Charles noch als Teenager drogen-abhängig machte. (An die Adresse der Moralisten, die Drogen gern mit Musik und Musikern in Zusammenhang bringen: Wie kommt ein Blin-der an Drogen und das dazugehörige Drum und Dran, wenn sie nicht von willigen Händlern geliefert werden, die sie wiederum von kriminel-len Profitmachern bekommen?) Mit seiner Sucht war Charles bis 1965 geschlagen, bis er sich freiwillig in Kalifornien einer klinischen Behand-lung unterzog.

Die Westküste war ihm allerdings schon früher günstig gesonnen. In Seattle, Washington erwarb sich sein Trio die Auszeichnung, die erste schwarze Jazzgruppe zu sein, die in einer Fernsehshow des Nordwestens auftrat. 1951 auf 1952 machte Ray Charles auch seine ersten Aufnah-men, keine Jazz-, sondern R & B-Stücke für Swing Time, ein kaliforni-sches Label, das auch den Bluesman Lowell Fulson aus Oklahoma ent-deckt hatte.

Seine Aufnahmen stiegen schnell in die Charts auf: *Kiss Me Baby* be-reits 1952, und ein Song namens *Baby, Let Me Hold Your Hand*, der 1951 den ersten Platz der Charts erreichte. Für zweitausend Dollar über-nahm schließlich Atlantic den Charles-Vertrag von Swing Time.

Atlantic-Produzent Jerry Wexler: «Ray Charles aufnehmen, das ist, als ob man dem Wind sagen wollte, wohin er wehen soll – es hat keinen Sinn. Man muß ihn einfach machen lassen.» Als 1956 sein erstes Album auf den Markt kam – ursprünglich unter dem Titel «Rock and Roll», später dann umbenannt in «Hallelujah! I Love Her So» – hatte er schon so viele Single-Erfolge eingeheimst, daß die LP eine regelrechte Hit-sammlung war. Nebenbei gesagt war sie keins der typischen The-Best-Of-Alben, die aus einem oder zwei Hits und einer ganzen Reihe nichts-sagender Rillenfüller bestehen. Zu den frühen Erfolgen von Ray Char-les zählen *Don't You Know* (1954), *Greenbacks*, jene witzige, aber un-geschminkte Beschreibung der Liebe gegen Bezahlung; *I Got a Woman* und *This Little Girl of Mine* (1955); und schließlich *Drown in My Own Tears* und *Hallelujah! I Love Her So* (1956).

Besonderes Augenmerk gebührt den beiden Erfolgssongs des Jahres 1956: *I Got a Woman* und *This Little Girl of Mine* bezeichnen einen Wendepunkt in der Arbeit von Ray Charles und in der Entwicklung des R & B überhaupt. Laut Ahmet Ertegun, dem Präsidenten von Atlantic, lief das folgendermaßen ab: Eines Tages rief Ray Charles an, der damals mit seiner Band im Royal Peacock Club in Atlanta auftrat. Er klang so aufgeregt und war so wild darauf, ihnen ein paar neue Songs vorzustellen, daß Ertegun und Wexler am nächsten Tag in die Hauptstadt Georgias flogen, um sie sich anzuhören. Da es damals in Atlanta noch keine Studios gab, machten sie die Aufnahmen in einer der örtlichen Radiostationen.

Wexler: «Wir mußten alle halbe Stunde eine Pause einlegen, damit der Sender seine Nachrichtensendungen durchziehen konnte, denn der Kontrollraum war zugleich der Raum, aus dem die Nachrichten gesendet wurden. Das werde ich nie vergessen. Wir haben allein drei Stunden am Mischpult rumgefummelt. Es sah so aus, als ob wir nicht einen Ton auf Band kriegen würden. Aber noch vor Ende der Session hatten wir *I Got a Woman, Come Back Baby* und *Greenbacks* im Kasten. Und bevor wir Atlanta adieu sagten, stand auch noch *This Little Girl of Mine*.»

«Was diese Sessions geschichtlich so wichtig macht», erklärte Ertegun, «das ist, daß jemand den Mut gehabt hatte, die kirchliche und weltliche Musik der Schwarzen zu verschmelzen. Ray hatte den Gospel *My Jesus Is All the World to Me* genommen und in *I Got A Woman* umgeschrieben. Dann hat er einen weiteren Gospel-Song genommen, der von Clara Ward berühmt gemacht worden ist – *This Little Light of Mine*, und *This Little Girl of Mine* daraus gemacht.»

Angesichts dessen, was die Kulturrevolution der Schwarzen gegen Ende der sechziger Jahre erreicht hat, nimmt sich diese Ketzerei nicht mehr so eindrucksvoll wie 1955 aus. Wenn man sich den Wagemut von Ray Charles vor Augen führen will, dann denke man nur an den Kommentar vor Big Bill Broonzy, dem man wohl kaum nachsagen kann, er sei eine Säule des Establishments oder ein eifriger Verfechter der Mittelklassenmoral gewesen: «Ray Charles mixt Blues und Spiritual ... das ist falsch ... Er hat 'ne gute Stimme, aber die gehört in die Kirche. Da sollte er singen.»

Wenn Weiße die Tiefe der Kluft zwischen Gospel und Blues ermessen wollen, dann müssen sie schon eine ganze Menge Einfühlungsvermögen aufbringen. Man sang Gospel, um die geistigen Freuden des Lebens nach dem Tod zu preisen. Blues dagegen war das Medium, mit dem man den Leiden des irdischen Lebens entgegentrat und mit dessen Hilfe man sie überwand. Der Gospel wurde in den heiligen Räumen der Kirche zelebriert. Der Blues – manchmal «Lieder des Teufels» genannt – ertönte in Kaschemmen, Musikkneipen, Bars und dergleichen. Diese beiden Musikformen waren einander so fern wie Himmel und Hölle. Und auch ihre musikalische Form ist unterschiedlich: der Blues besteht aus einer eng begrenzten Folge von Akkorden zu zwölf Takten; der Gospel weist eine ganze Anzahl verschiedener Akkordfolgen in acht- und zwölftaktigen Formen auf.

Ray Charles hatte unter Mißachtung der traditionellen Trennlinie eine Brücke geschlagen und kniete nun zu Füßen seines Liebchens statt am Kreuze des Herrn – er war vom Spirituellen zur Ekstase des Sinnlichen übergegangen. Seine Bekehrung trat exakt zu jener Zeit ein, in der auch die Weißen des Südens – Elvis Presley, Buddy Holly, Jerry Lee Lewis – vom Hillbilly in den Bereich des Blues vordrangen. Die jungen weißen Plattenkäufer waren für Ray Charles genauso empfänglich wie die jungen schwarzen Käufer für Elvis Presley. Es war ein Zeitpunkt, an dem die Popmusik die Rassentrennung auf der Ebene des Publikums und der praktizierenden Musiker überwand.

Nachdem Ray Charles endlich ein Standbein im Pop-Markt hatte, schien er es sang- und klanglos wieder aufzugeben – 1957 und 1958 nahm er instrumentale Jazz-LPs auf, die ihn auf dem Newport Jazz Festival von 1958 zur Zentralfigur machten. Diese Jazz-LPs trugen ihm auch den internationalen Kritikerpreis des Fachblatts *Down Beat* sowie den Grand Prix du Disque der Académie française ein.

1959 jedoch kam Charles mit *What 'd I say* stärker denn je wieder zurück, einer Aufnahme, die sich nach oben schob, als ob Himmel und Erde einstürzten. Ahmet Ertegun betrachtete diesen Titel als den wichtigsten in der Laufbahn von Ray Charles, nicht etwa nur deshalb, weil er sich so phantastisch verkaufte – es war der beste Seller, den er bis dahin hatte –, sondern wegen seines Inhalts und seines Stils.

Ray Charles, der Verschmelzer von Gospel und Blues, von Gottesverehrung und Fleischestaumel, erreicht mit diesem Stück einen Höhepunkt der unverblümten Anbetung des Sinnlichen. Mit ziemlich trockenem Humor begabt, macht er die sexuellen Anspielungen seines Texts bewußt, indem er so tut, als ob er gar nicht wüßte, was er da wieder gesagt hat: *«What'd I say?»* Aber die musikalische Nachahmung einer Erweckungsversammlung – die Gläubigen im Wechselgesang mit Prediger Charles – läßt dennoch keinen Zweifel offen, daß alles in Butter wäre, wenn der Betreffende nur endlich lernen würde, wie man's macht, und ohne großes Hin und Her zur Sache käme.

Nachdem er Atlantic zugunsten eines Vertrags mit ABC den Laufpaß gegeben hatte – ihm waren anfänglich höhere Tantiemen und das Urheberrecht an allen von ihm geschriebenen Songs versprochen worden (später trat seine eigene Firma, Tangerine Records, in die Fußstapfen seiner Lehrmeister und gab die Vermarktung an ABC ab) –, schlug Ray Charles einen weiteren Haken in seiner immer steileren Plattenkarriere.

Eines Tages rief er Sid Feller an, seinen A & R-Produzenten in New York, und verlangte, daß alle großen C & W-Songs für ihn auf Band aufgenommen werden sollten. Ray Charles wählte seine Stücke stets nach ausgedehntem Abhören von auf Band aufgenommenen Songs aus und erarbeitete daran gleich seine Arrangements. Feller, der ahnte, was Charles da aushöckte, marschierte stracks zum Präsidenten von ABC, der sich sofort eine Leitung nach Los Angeles geben ließ und Charles beschwor, die Finger davon zu lassen.

Der ABC-Boss später: «Die ganzen Schmonzetten, Ray sei an der Nase herumgeführt worden, bloß weil er blind ist, die stimmen einfach nicht. Als er sein erstes C & W-Album machen wollte, haben wir zu ihm gesagt: ‹Machen Sie das um Gotteswillen nicht!› Als die Händler die ersten Exemplare von *I Can't Stop Loving You* bekommen haben, da haben sie bei uns angerufen und gefragt: ‹Soll das ein Witz sein?›»

Der sogenannte Witz verkaufte sich zweimillionenmal, zog zwei C & W-Alben nach sich, von denen jedes über einemillionmal über den Ladentisch ging – und das Ganze führte dazu, daß Ray Charles der erste Schwarze war, der von der C & W Music Association in Nashville zu einem der zehn besten Interpreten dieser Gattung erkoren wurde. Wenn junge Weiße aus dem Süden Country-Songs mit einem Hauch von Blues einspielten, war es doch mehr als normal, daß ein Schwarzer aus dem Süden den C & W-Stücken seinen Blues-Stempel aufdrückte.

Doch *I Can't Stop Loving You* und andere Herzeleid-Songs, die von Ray Charles aufgenommen wurden, hatten eine Bedeutung, die jenseits ihrer Wirkung auf den Markt lag. Vielleicht hinterließen sie einen so starken Eindruck, weil sie aus einem Quell im tiefsten Innern dieses großen Künstlers flossen. Als er 1961 wegen Drogenbesitz verhaftet wurde, besuchte ihn ein Polizeireporter der *Indianapolis Times*.

Rick Johnson, der Reporter: «Er wirkte sehr verwirrt und einsam, setzte sich auf die Bank im Stadtgefängnis und begann erst leise, dann völlig unkontrolliert zu weinen. Ich fragte ihn, wie die Sucht begonnen habe. ‹Ich hab angefangen, das Zeug zu nehmen, als ich sechzehn war und noch ganz neu im Showbusiness›, sagte er mir. Er konnte nicht mehr weiter und begann wieder zu weinen. ‹Was soll ich jetzt meiner Frau und meinen Kindern sagen? Vor mir liegt ein Monat Arbeit, die ungeheuer dringend ist. Ich brauche Hilfe, sofort. Ich würde am liebsten nach Lexington gehen (ein staatliches Suchtkrankenhaus). Da hab ich eigentlich schon immer hingewollt, aber andersrum war's eben bequemer. Einer wie ich braucht irgendwas, was ihm hilft, das alles durchzustehen.›»

Wenn man den seelischen Zustand von Ray Charles mit einem Wort beschreiben wollte: man käme um den Begriff *Schmerz* nicht herum. Schmerz steht ihm ins dennoch schöne Gesicht mit den tiefliegenden Augen und den Kraushaaren geschrieben – das Gesicht eines Mannes, der mehr als einmal die Zähne zusammenbeißen mußte, um den Eindruck des sonnigen unbeschwerten Sängers zu erwecken, und der manchmal dann doch den unausweichlichen Eindruck eines in seinem tiefsten Innern leidenden Mannes hinterließ. Das ist der Soul von Ray

Charles: mit samtig-geschmeidiger Stimme die Freuden des Fleisches besingend – und die quälenden Enttäuschungen und die Einsamkeit des Blinden.

Der Pianist Ramsey Lewis: «Für mich ist Ray Charles ein Musiker mit Soul-Feeling – nicht so sehr sein Klavierspiel, aber stimmlich auf jeden Fall. Er macht mich spüren, was er singt. Und das macht er ganz schlicht . . . immer. Und genau das ist echter Soul.»

James Baldwin: «Ray Charles, ein großer tragischer Künstler, legt eine echt religiöse Konfession ab, die sieghaft und befreiend ist. Er sagt uns, daß er so laut geweint hat, daß selbst sein Nachbar nebenan den Blues bekam . . .»

Ray Charles war der große Pionier. Soul war seine Ausdrucksform, weil sie der Weg war, den ein musikalisch begabter, schwarzer, blinder Mann einfach gehen mußte.

Von Soul-Food, blue-eyed Soul
und schwarzen Kapitalisten

Die Popmusik war – wenigstens in den sechziger und siebziger Jahren – so etwas wie ein Satellit, der von der gewaltigen Anziehungskraft des schwarzen Sound in seiner Bahn gehalten wurde. Schwarze Künstler wie der ungestüme Jimi Hendrix, die schwermütige Aretha Franklin, der explosive James Brown und der junge Stevie Wonder eroberten die Bestsellerlisten. In den «besseren» Clubs, den Hotels und den Konzerthallen der Universitäten nahm die Nachfrage nach den Little Richards, den Fats Dominos, den Chuck Berrys, ja, eigentlich nach allen schwarzen Stars der R & B-Ära stürmisch zu. Und die Zahl weißer Musiker, die die schwarzen Originale imitierten, wuchs in Amerika wie im Ausland ins unermeßliche.

Dieses Phänomen, in Amerika als *blue-eyed Soul* bezeichnet, ist nicht nur eine musikalische, sondern genauso auch eine sozialpsychologische Entwicklung. Die jungen weißen Künstler, ihrer eigenen Musikkultur entfremdet, versuchten, den Stil einer ihnen fremden Kultur zu meistern. Bei den Soulkünstlern der sechziger und den R & B-Künstlern der frühen fünfziger Jahre suchten und fanden sie Engagement, Spannung und Intensität. Und umgekehrt sprach das junge Publikum auf den Drive der Imitationen und ihres Originals an. Was die Zuhörer so anmachte, war vielleicht die unverstellte Sinnlichkeit der schwarzen Musik.

«Sinnlichkeit», schreibt James Baldwin in «The Fire Next Time», «ist der Respekt vor dem Leben, die Freude an der Kraft des Lebens, des Lebens selbst, das Dasein in allem, was man tut, vom Kampf um das tägliche Brot bis zum Brechen des Brots.»

Und Taj Mahal meinte ganz zu Recht: «Blues, das ist nun mal eine sinnliche Musik, die auf den Körper zielt, und deshalb ist sie so erfolgreich. Die Leute wollen das Echte.»

Die jungen Zuhörer haben diese Musik aber auch aus Sympathie für die Underdogs, die Verfemten in ihr Herz geschlossen (waren sie am Ende nicht selber welche?), als Geste der Ablehnung gegenüber der älteren Generation.

Die Schöpfer und Pioniere des R & B, die heute endlich den lange überfälligen Erfolg im eigenen Land gefunden haben, schreiben das Verdienst ihrer Massenpopularität den Engländern zu. Und das völlig zu Recht: die englischen Rockgruppen haben ihre Hits aufgenommen, ihren Stil kopiert und ihnen Konzertpublikum verschafft. Doch selbst wenn das Buschfeuer dieser späten Anerkennung von den Engländern gelegt wurde, geschürt wurde es über Jahre von jungen weißen Amerikanern.

Was war denn der Rock 'n' Roll in seiner Anfangsphase anderes als blue-eyed Soul? Sicher, einen Unterschied gab es schon. Die Rockabillies – Elvis Presley, Jerry Lee Lewis, Buddy Holly, um nur ein paar zu nennen – haben den R & B mit dem Hillbilly verschmolzen. Sie versuchten nicht, schwarz zu klingen, sondern sie versuchten, die schwarze Musik für sich zu nutzen, sie zu adaptieren.

Die RIGHTEOUS BROTHERS zum Beispiel waren weiße Musiker. Aber als eine schwarze Gruppe ihnen den Ehrentitel «unsere blauäugigen Soulbrothers» verpaßte – womit sie nebenbei gesagt diese Bezeichnung in Umlauf brachten –, waren sie von schwarzen Diskjockeys schon derart oft aufgelegt worden, daß sie die schwarzen Charts mit Leichtigkeit aufrollten. (1965 gelangten sowohl *Unchained Melody* wie *You've Got That Loving Feeling* in die Top Ten der R & B-Single-Charts.)

«Sie hätten sehen sollen, wie dem das Kinn runtergefallen ist», meinte der Boss der New Yorker Radiostation WWRL zum Gesichtsausdruck von Rocky G., einem der führenden R & B-Jockeys, «als er dahinterkam, daß die BROTHERS gar keine Neger waren.»

Ziemlich früh gab es eine ganze Menge einzelner Sänger und Gruppen, die einen schwarzen Sound machten, obwohl sie Weiße waren. Dazu gehörten MITCH RYDER AND THE DETROIT WHEELS, Wayne Cochran, Vanilla Fudge, die SOUL SURVIVORS, die MAGNIFICENT MEN, die BOX TOPS, Tim Hardin, die YOUNG RASCALS (später nur noch RASCALS genannt), Janis Joplin und Tom Jones.

Bei den Instrumentalgruppen war eine rasche Vervielfachung der weißen Bluesbands zu beobachten – die wichtigsten englischen Gruppen waren JOHN MAYALL'S BLUESBREAKERS, FLEETWOOD MAC, TEN YEARS AFTER und SAVOY BROWN. In Amerika wären die PAUL BUTTERFIELD BLUES BAND, ELECTRIC FLAG: AN AMERICAN MUSIC BAND zu nennen, die STEVE MILLER BLUES BAND, die CHARLES D. MUSSELWHITE BLUES BAND, die CANDYMEN, CANNED HEAT, die DIRTY BLUES BAND, BLUES PROJECT, BLOOD, SWEAT AND TEARS (die damals mit *Spinning Wheel* einen Single-Hit landeten), und viele andere.

Wie die Weißen, die sich in der Ära der Minstrel Shows mit Schuhwichse schwärzten und Gesang und Tanz der Schwarzen imitierten, fanden alle diese Sänger und Instrumentalisten in der schwarzen Musik eine unwiderstehliche Vitalität. Die Minstrel Show wies eine nicht zu verachtende satirische Qualität auf; sie machte sich über die Schwarzen lustig. Die weißen Imitatoren der sechziger Jahre jedoch waren von Bewunderung, Mitgefühl und – möglicherweise – einem gewissen Schuldgefühl motiviert.

«Unsinn!», war wohl der Aufschrei eines manchen schwarzen Lesers, als *Newsweek* in einer Titelstory über die «Wiedergeburt des Blues» diese Schuldtheorie vortrug.

Eine typische Leserzuschrift: «Dem weißen Big Business ist es gelungen, die Schwarzen mehr als zweihundert Jahre lang auszubeuten, und es sieht im Blues mit Sicherheit nicht mehr und nicht weniger als eine gutverkäufliche Ware.»

Die blauäugigen Soulkünstler standen anderen Problemen gegenüber als der Frage nach ihren Motiven.

Dazu gehörte beispielsweise der Rassendünkel – aber diesmal von seiten der Schwarzen. Ein Mitglied der DIRTY BLUES BAND: «In manchen Fällen kommen wir mit einem weißen Publikum besser zu Rande als mit einem schwarzen, weil ... sich das schwarze Publikum öfter mal daran stößt, daß wir seine Musik spielen.»

Die RIGHTEOUS BROTHERS standen vor ähnlichen Problemen. Einer der BROTHERS gab zu: «Eine ganze Latte von R & B-Stationen spielt uns einfach nicht. Früher schon, das ja – bis wir regelrecht boykottiert wurden. *Little Latin Lupe Lu* zum Beispiel ging oft über die Sender – aber dann haben wir die Stationen besucht, und sie haben getickt, daß wir Weiße sind, und aus war's. Total.»

Dabei spielten sowohl psychologische wie ökonomische Gesichtspunkte eine Rolle, ein Sound, eine gewisse Art, sich auszudrücken, bestimmte Phrasen – das alles kann man einigermaßen überzeugend imitieren. Aber dem sind eben doch Grenzen gesetzt. Nina Simone nannte eine davon:

«Meine Leute haben einen sehr subtilen Slang, eine ganz bestimmte Art, etwas so zu sagen und nicht anders, die mit den Worten selber nicht viel zu tun hat. Wenn du aus derselben Gegend kommst, hast du ein Gefühl für den Jargon und weißt genau, was vor sich geht. Das gleiche gilt für einen Musiker aus der gleichen Ecke. Was er sieht und hört und fühlt, und wie er lebt, das macht ihn zu dem, was er ist. Das ist das Geheimnis des Blues.»

Am Anfang hatten die schwarzen Erfinder die weißen Zuhörer gerade wegen dieser sprachlichen Feinheiten nicht erreichen können. Aus eben diesem Grund gelang das den weißen Imitatoren: sie waren sich der Problematik entweder gar nicht bewußt, oder sie ließen die Dinge einfach unter den Tisch fallen, die ihr Publikum nicht verstanden hätte.

Pete Welding hat einen anderen Punkt entdeckt – er nannte die Exponenten dieser Richtung die «hohe Schule der karikierenden Blues-Vokalisation». Nach seiner Beschreibung dieser Technik, die vor allem im Verschlucken von Silben, in fehlerhafter Aussprache und Verzerrung von Worten liegt, soll alles in allem versucht werden, dem nahe zu kommen, «was der Sänger für die Sprachmuster und Fehler bildungsschwacher Landarbeiter» hält. Welding schloß, daß die ganze Richtung ihr «Vergnügen aus dem Unglück» der anderen zieht.

Ganz offensichtlich haben wir es hier mit einem Identitätsproblem zu tun, und mit einem Problem der persönlichen Erfahrung und des echten Feelings. Alle Imitatoren waren sich ohne Ausnahme der Kluft zwischen ihrem Leben und den Erfahrungen der Schwarzen bewußt.

Der Lead-Sänger der in Hollywood beheimateten DIRTY BLUES BAND: «Mir ist es selber lange dreckig gegangen. Ich singe so, wie ich's selbst empfinde.»

Die FLEETWOOD MAC – eine englische Gruppe – versuchten, sich das richtige Feeling dadurch zu erarbeiten, daß sie grundsätzlich nur in kleinen, schäbigen Clubs des Londoner Ostens oder in den Vergnügungsvierteln der nordenglischen Industriestädte auftraten. Diese Auftrittsphilosophie grenzt schon an Übertreibung. Wir stehen da vor einem Plastik-Spektakel – die Sänger und Musiker stellen den schöpferischen Prozeß wortwörtlich auf den Kopf. Statt daß sie versuchen, die Musik zu spielen, die ihrem Leben entspricht, versuchen sie so zu leben, wie es die Musik verlangt, die sie spielen.

Mitgefühl ist eine starke Macht. Aber weil Stil aus echtem Feeling entsteht und weil echtes Feeling aus dem Leben entsteht, das einer führt, nicht aus dem, das er aus freiem Willen nachvollzieht, ist der weiße Soul ästhetisch gesehen in einer Sackgasse. Je sklavischer die Imitation, desto lebloser die Musik.

Taj Mahal zu diesem Thema: «Ich könnte ein Lied heute so spielen, wie Robert Johnson das gemacht hat. Aber was soll das? Auf dem Kalender steht 1969, nicht 1929.»

Der Sound der Schwarzen ist das Ergebnis jahrhundertelanger Versklavung, Rassentrennung, kultureller Unterdrückung, Entwurzelung – und des jahrhundertealten Defizits an Stolz und Selbstgefühl. Der Versuch, ein Gefühl für diese Erfahrungen der Schwarzen zu bekommen, indem man selber Soul-Food mampft – oder das, was man dafür hält –, ist einfach albern.

Noch mal Taj Mahal: «Diese weißen Bübchen, die den Blues spielen wollen, die haben nichts kapiert – sie machen genau das, was ihre Väter auch gemacht haben ... nur auf 'ner anderen Ebene. Sie nehmen sich etwas, was 'nem andren gehört, seine Musik, und benutzen es. Sagen wir mal so: ich hab nichts gegen einen, der spielt und spielt und spielt, bis er irgendwann dahin kommt, wo sein wirkliches Ich anfängt, wo er endlich spielen kann, was in ihm drin ist ...»

Die Erfahrungen der Schwarzen zur Suche nach dem eigenen Ich zu nutzen, den schwarzen Sound nach Ausdrucksmöglichkeiten durchzufilzen, das echte Blues- und Soul-Feeling zu suchen – dagegen kann man nichts haben, aber nur als Mittel zum Zweck. Wenn es mehr sein soll, wird daraus Flucht vor der Wirklichkeit, bloßer Eskapismus. Die große Musik der amerikanischen Schwarzen kommt aus ihrer tiefsten Seele, und das wird die Quelle aller weißen Künstler der jungen Generation sein. Studiert die Erfahrungen der Schwarzen – aber spielt die der Weißen! Irgendwann einmal werden die Menschen, wird die Musik farbenblind sein. Aber bis dahin ist der Schlüssel zum gegenseitigen – musikalischen und geschäftlichen – Verständnis: Respekt und Gleichberechtigung.

Drei Entwicklungen warfen am Ende der sechziger Jahre Probleme für den Soul auf – aber sie eröffneten ihm auch Chancen:

Erstens: Parallel zum Versuch der Weißen, Geld aus dem schwarzen Sound zu schlagen, sind die Schwarzen auf den weißen Markt vorgedrungen. Die Staple Singers zum Beispiel haben ihren Sound verfeinert, um ein größeres Publikum erreichen zu können. Die Supremes und andere Motown Künstler haben Musical-Songs aufgenommen, um sich Zugang zu den weißen Nachtclubs zu verschaffen. Aus psychologischer wie geschäftlicher Sicht ist das durchaus verständlich. Aber liefen diese Gruppen nicht Gefahr, bei immer breiterem Publikum auch ihre Soul-Seele zu verlieren? Konnten Sie es überhaupt zu einem besseren Verständnis ihrer eigenen Musik-Kultur führen? Und was schließlich war mit dem Publikum, dessen gemeinsamer Erfahrungshintergrund ihre Kunst überhaupt erst möglich gemacht hatte – den Schwarzen?

Zweitens: Der Jazzkritiker Leonard Feather konfrontierte Ray Charles einmal mit den Worten eines Plattenbosses, der gesagt hatte: «Wenn ein Künstler keine hunderttausend Platten verkauft, ist er für uns uninteressant.» Der Kommentar von Ray Charles: «Ich finde das nicht so schlimm. So muß der Hase eben laufen. Bei den heutigen Produktionskosten holen die meisten Künstler noch nicht mal die Auslagen rein, wenn sie nicht wenigstens fünfzig- bis hunderttausend Scheiben verkaufen. Ich bin ja damals in den fünfziger Jahren von Atlantic auch nicht bloß aus Liebe zur Kunst angeheuert worden. Sie haben mir einen Vertrag gegeben, weil sie Kohle machen wollten, und sie wußten genau, daß bei mir etwas zu holen war.»

Feather merkte zu dieser Äußerung an, Ray Charles sei beileibe kein Onkel Tom, genausowenig aber ein Militanter und rede «im gemäßigten Tonfall des Mittelständlers»; seine Ansichten seien die eines «schwarzen Kapitalisten und Realisten, eines Mannes, der das Getto hinter sich gelassen hat und vielleicht sogar wirklich an den amerikanischen Traum glaubt.»

Ob sie an den amerikanischen Traum glaubten oder nicht – für James Brown, Aretha Franklin und Jimi Hendrix ist er Wirklichkeit geworden. Ihr Talent hat diesen Künstlern ein Einkommen verschafft, das sie voll und ganz über die bedrückende wirtschaftliche Lage ihrer schwarzen –

und weißen – Brüder hinauskatapultiert hat. Sie sind schwarze Kapitalisten geworden – ein wünschenswertes Ziel in einer Gesellschaft, wo der Anteil schwarzen Eigentums am Mediengeschäft weniger als ein Zehntel Prozent ausmacht.

James Brown versuchte, seinen Reichtum nicht nur zum Erwerb von Radiostationen zu verwenden, sondern er steuerte schwarzen Hilfsorganisationen etliches bei und versuchte, schwarzen Kleinunternehmern auf die Beine zu helfen (ein Unterfangen, das nebenbei sein filmemachender Namensvetter auch zu dem seinen gemacht hatte).

Aber wenn wir glauben, daß große Gesangskunst letztlich das Ergebnis tiefer, echter Gefühle ist – was wird dann mit der Ausdruckskunst dieser schwarzen Kapitalisten passieren? Reichtum muß nicht unbedingt das Ende aller seelischen Belastungen bedeuten, wie man an den späteren Arbeiten von Aretha Franklin sehen kann. Und die Einsamkeit des blinden Ray Charles mag ein dickes Bankkonto vielleicht verringern, nie aber völlig beseitigen, und ebensowenig seine (für ihn) störende Abhängigkeit von anderen.

Es liegt eben immer die Gefahr in der Luft, daß ein luxuriöser Lebensstil, die Kriecherei in der Umgebung und das Gefühl von Macht, das oft mit dem Reichwerden einhergeht, den künstlerischen Nerv dieser Leute zerstören. Dazu kommt noch die Gefahr, daß Soul von einer überwältigenden emotionalen Macht zu einer bloßen musikalischen Kategorie wird. Hemingway wurde auf seine alten Tage vorgeworfen, er imitiere sich nur noch selber. Und Ray Charles hat dieser Vorwurf, nur noch sich selber nachzuäffen, bei fehlender innerer Anteilnahme, auch schon getroffen.

Für Ray Charles wie für die anderen schwarzen Sänger ist das eine gefährliche Situation, eine existentielle Herausforderung – die Zukunft ihrer Kunst stand auf dem Spiel.

Drittens: «Mourning in the Morning», von Otis Rush 1969 bei Atlantic veröffentlicht, wurde wie die erste große Erfolgs-LP von Aretha Franklin und die Platten von Wilson Pickett und Percy Sledge in den Fame Studios von Muscle Shoals, Alabama aufgenommen. Nick Gravenites, der Co-Produzent des Rush-Albums, kehrte mit nicht endenwollenden Lobsprüchen für das Können der Studioband nach New York zurück. Was ihn am meisten erstaunte, hat er so ausgedrückt: «Die Rhythmusgruppe von denen da unten besteht komplett aus Weißen!»

Ist das eine Form des blue-eyed Soul? Unzweifelhaft ja. Die Welt der weißen Musiker von Memphis ist nicht die Welt eines schwarzen Musikers aus der gleichen Stadt. Aber die musikalische Tradition ist die gleiche – wie ihr Dialekt. Und das galt nicht nur für die jüngere Generation der weißen Memphis-Musiker, sondern auch für die etwas Älteren: Presley und die Rockabilly-Sänger der fünfziger Jahre. Wie der Produzent von Aretha Franklin und andere New Yorker Produzenten, die in Nashville, Memphis und Muscle Shoals gearbeitet haben, immer wieder beobachten konnten, hat der aufgeklärte Weiße aus dem Süden ein natürliches Soul-Feeling. Das ist die Folge gemeinsamer Erfahrungen und des gleichen Lebensraums, selbst wenn die Beteiligten von den zwei gegenüberliegenden Ecken der Bühne aufeinander zugehen mußten.

Eine Session mit Otis Rush in Muscle Shoals war eine Mischung, wie die ganze amerikanische Popmusik eine Mischung aus schwarzen Erfindern und weißen Verfeinerern, schwarzem Stil und weißer Erfahrung ist. Die Sänger und die Songs der Zukunft hängen davon ab, ob diese Mischung reichhaltig genug ist – und je mehr die Rassen in unserem Land zueinander finden, im Geschäftsleben wie in der Musik, desto reichhaltiger wird diese Mixtur sein.

Nachwort

Im Lauf der siebziger Jahre wurde der Begriff Soul – wie übrigens seine Vorgänger, Race und R & B, auch – zunehmend als (pauschaler) Gattungsbegriff für Aufnahmen fast aller schwarzen Künstler verwandt.

Eine mögliche Erklärung für diese Begriffsverwässerung ist wohl eine Tat des Fachblatts *Billboard*: seit dem 23. August 1969 nämlich ersetzte es die Bezeichnung R & B für die entsprechenden Charts durch Soul. Unter der Sparte Soul Single Artists fand sich daher in der Ausgabe vom 23. Dezember 1978 eine derart bunte Mischung von Sängern wie die Isley Brothers (*Voyage to Atlantis*), Donna Summer (*Last Dance* und *Mac Arthur Park*), Chic (*Le Freak*), Johnny Mathis & Deniece Williams (*Too Much, Too Little, Too Late*) und sogar die Bee Gees (*Stayin' Alive*). Es ist auf Anhieb klar, daß zu dieser Gruppe ein Pop-Balladeur geschlagen wurde, der nie und nimmer als Soulsänger zu bezeichnen ist, mehrere Künstler, die auf der Disco-Welle nach oben geschwommen sind und – mit viel gutem Willen – eine Gruppe, die in den sechziger Jahren eine gewisse Soulorientierung aufwies.

Als *Billboard* Ende der sechziger Jahre diesen Etikettenwechsel vornahm, bahnte sich eine dramatische Tendenzwende an. Die turbulente Szene der sechziger Jahre, die den explosiven Aufstieg des schwarzen Nationalismus und die Ermordung von Martin Luther King jr., Medgar Evers und anderen schwarzen Aktivisten erlebt hatte, wandelte sich vom *allegro agitato é furioso* ins *andante con moderazione*. Mit dem Abflauen der sozialkritischen Militanz und des extremen Emotionalismus, dessen musikalischer Ausdruck der Soul war, änderte sich schließlich auch der Stil selbst.

In den siebziger Jahren legten James Brown, Ray Charles, Aretha Franklin, um nur einige zu nennen, die geradezu religiöse Inbrunst, den wilden Stolz (*Say It Out Loud – I'm Black and I'm Proud*), den bitteren Zorn und die Gefühlsintensität, die den Sound ihrer Aufnahmen aus den sechziger Jahren so besessen hatten klingen lassen, nicht mehr an den Tag. Wenn eine Sängerin wie Mavis Staples von den gospelorientierten Staples Singers einmal einen Ausflug in die Manierismen des Soul unternimmt – die Schreie, das Gekreisch und Geheul – dann wird ihr gleich vorgeworfen, sie genehmige sich stilistische Exzesse.

In den siebziger Jahren genossen die schwarzen Sänger bereits eine Anerkennung, von der sie in den verbitterten sechziger Jahren nur träumen konnten. Wenn man heute den Las Vegas Strip entlangläuft, die letzte und luxuriöseste Bastion des Live-Entertainments in den USA, trifft man Dionne Warwick als Star des Sands, Diana Ross auf den Plakaten von Cesar's Palace, Natalie Cole im MGM Grand; und Lou Rawls und Tina Turner nehmen die riesige Bühne des Las Vegas Hilton für sich in Beschlag. Und das in einer Ecke der Vereinigten Staaten, wo Harry Belafonte einstens in dem Hotel, in dem er auftrat, weder essen noch spielen, schwimmen oder nächtigen durfte. Doch die Tatsache, daß die großen weißen Häuser, die Riesengagen und der Starruhm heute so leicht zugänglich sind, hat auch das Auftreten, das Repertoire und den Gesangsstil verändert und aus dem Interesse vieler schwarzer Sänger an möglichst guter Selbstdarstellung ein Interesse an möglichst gutem Showmanship werden lassen. Auf «Sweet Passion», einer Franklin-LP vom Ende der siebziger Jahre, findet sich erstmals eine Anzahl gerade gängiger Show- und Filmmelodien. Und seit 1975 – es fing mit der LP «Hustle!!! (Dead On It)» an – ist James Brown, der sich so gern als Soul Brother Nummer Eins feiern ließ, mehr oder weniger auf Disco umgestiegen.

Die Wirkung der Disco-Welle war so durchschlagend, daß sogar eine Gospelgruppe, die GOSPELAIRES, mit «The Gospelaires: Jesus of Nazareth» eine Synthese aus religiösem Fieber und Disco-Tanzbarkeit versuchten. Disco, schon seit 1974 eine Subkultur des R & B, entwickelte sich 1978 zum brodelnden Mainstream – durch den phänomenalen Erfolg von «Saturday Night Fever» und den ebenso phänomenalen Erfolg seines Songhits *Stayin' Alive*. Obwohl eine weiße Gruppe für diesen Wandel verantwortlich war, die BEE GEES, sind die spektakulärsten Vertreter des Disco-Sounds nach wie vor Schwarze. Und deswegen – man denke an den Erfolg von Künstlern wie Donna Summer (mit Titeln wie ihrer sexgeladenen Flüsterfassung von *Love to Love You Baby*) und Gloria Gaynor und ihrer Disco-Version von *Never Can Say Goodbye* (ursprünglich ein Hit der JACKSON FIVE), und weil Soul-Pioniere wie Wilson Pickett und James Brown ebenfalls Disco-angehauchte Scheiben gemacht haben – besteht eine Tendenz, Disco und Soul gleichzusetzen.

Doch Pickett hat selber klargemacht, wo der Trennstrich zu ziehen ist. Er setzte Disco nämlich einer «Zierpflanze» gleich. Und weiter: «Die Disco-Künstler haben keinen Stil in ihrer Musik ... Für die Schwarzen ist Disco ein musikalischer Rückschritt, denn mit diesem immergleichen kleinen Beat kommt man doch nicht weiter. Ich glaube, wenn Otis Redding und Sam Cooke noch am Leben wären und dann noch Aretha und mich dazu – sie hätten die Musik nicht so verhunzen können, wie sie's heute tun.»

Tatsache jedenfalls ist, daß Pickett, einer der bekanntesten Soulkünstler der sechziger Jahre, heute von den Radiostationen nicht mehr gespielt wird. Er hat zwar noch bei RCA drei LPs produzieren können und vor kurzem beim Atlantic-Records-Ableger Big Tree das Album «A

Funky Situation» herausgebracht – aber keine hat auch nur annähernd den Erfolg von Aufnahmen wie *A Midnight Hour*, *Mustang Sally* und *Funky Broadway* erreichen können.

Picketts ablehnende Haltung wird von der jungen Generation schwarzer Sänger nicht geteilt – dem männlichen Sexsymbol Teddy Pendergrass, der Dikcothekenkönigin Gloria Gaynor, Evelyn (Champagne) King oder Donna Summer, die über Disco den Weg zum Massenerfolg und Starnimbus fanden. In gewissem Sinn stehen wir hier vor dem guten alten Generationenkonflikt. Es handelt sich um den Zusammenprall zweier Welten, der den Unterschied in der Weltauffassung und im Gesangsstil erklärt. Die Musik der Schwarzen ist sanfter geworden und hat dabei einen Teil ihres Wesens aufgegeben – die Zeiten sind für schwarze Künstler eben etwas weniger rauh, selbst wenn sich das Leben der Schwarzen im Getto nicht so sehr verändert hat.

Disco, ein Sprößling des tanzbaren R & B, ist für sie siebziger Jahre, was Soul – verwurzelt im Gospel und im Protestgefühl – für die sechziger Jahre war. Anstatt Freiheitsmärsche mitzumachen, Sit-ins in Restaurants zu veranstalten, die auf Rassentrennung bestehen und Einberufungsbefehle zu verbrennen, tanzt die Jugend von heute Nacht für Nacht in den Diskotheken.

Februar 1980   Arnold Shaw

Erklärung der Sachbegriffe

Bluegrass elektrisch nicht verstärkte, wenig kommerzialisierte Interpretationsweise der C&W-Musik. Bevorzugte Instrumente: Banjo, Mandoline und Fiedel. Bekannte Vertreter: Bill Monroe, Lester Flatt und Earl Scruggs (Schöpfer der «three-finger picking» Technik auf dem Banjo).

Blue Notes die charakteristischen Blues-Intervalle kleine Terz und kleine Septime. Manchmal wird auch die verminderte Quinte als Blue Note empfunden.

Boogie-Woogie ein in den 10er und 20er Jahren entstandener Jazz-Klavierstil. Die linke Hand spielt Viertelwerte in Skalenfortschreitung oder Akkordbrechung, die rechte Hand wiederholt im hohen Oktavbereich Tonfiguren wie schnelle Passagen, Tremoli und Triller. Harmonisch liegt das Bluesschema zugrunde.

Bop eigentlich Be Bop; ein um 1943/45 entwickelter Jazzstil, der durch rasende Melodiekürzel, avancierte Harmonik und einen fließenden Sechzehntel-Beckenrhythmus gekennzeichnet ist. Im Improvisationsteil eines Stückes ist die melodisch-harmonische Grundlage nur noch zu erahnen. Der Be Bop hat den Jazz revolutioniert und somit die Entwicklung des Free Jazz herbeigeführt. Bekannte Vertreter: Altsaxophonist Charlie Parker, Trompeter Dizzy Gillespie.

Break mehrtaktige Pause in einem Musikstück, während der der durchgeschlagene Rhythmus aussetzt; sie wird zumeist mit der Kadenz eines Soloinstruments gefüllt.

Cajun-Musik die Musik der Abkömmlinge der französischen Einwanderer, die von den Engländern im Siebenjährigen Krieg (1756–63) aus Kanada vertrieben wurden (Cajuns = A-Cadiens). Heute leben sie meist in Südwest-Louisiana, und ihre Musik wird noch immer mit Akkordeon, Geige, Gitarre und Triangel gespielt, in jüngerer Zeit sind Steelguitar, Kontrabaß und Schlagzeug dazugekommen. Die Gesangssprache ist ein altertümliches Französisch, das häufig mit Englisch wechselt. Die Rockvariante dieser Musikrichtung nennt sich Swamp Rock. Bekannter Vertreter: Doug Kershaw.

Chorus im Jazz das mehrfach wiederholte und improvisierte, aber in der Harmonie festliegende Thema.

Crooner, crooning ein bestimmter Gesangsstil und dessen Exponent. *to*

296

	croon heißt gefühlvoll, schmachtend, sentimental singen.
Falsett	männlicher Gesang, der wegen seiner hohen Tonlage wie eine Frauenstimme klingt.
Funky	ein nicht genau definiertes Merkmal in der Lebensanschauung, der Spielweise und den Kompositionen schwarzer Amerikaner. Seit etwa 1970 wird der Begriff im Jazzrock für kurze, abgehackte Phrasen, bewegliche Baßführung, witzige, auf rhythmischer Verschiebung beruhende Stimmführung und ähnliches verwendet.
Glissando	Auf- und Abgleiten einer Tonskala, zum Beispiel das «Hinüberwischen» über eine Klaviatur.
Hillbilly	übersetzt Hinterwäldler, im musikalischen Zusammenhang die ursprüngliche, meist verächtlich gemeinte Bezeichnung für amerikanische Country-Musik. Der Terminus wurde in den 40er Jahren durch C & W abgelöst. Hillbilly ist als eine Stilmischung entstanden, es sind Elemente des Bluegrass, des Jazz und des Blues enthalten.
Label	Schallplattenmarke.
Minstrel	zuerst Gruppen von Schwarzen, die in Wanderbühnen ihren Lebensunterhalt verdienten. Neben Gesang wurden Varieté und Klamauk, aber auch kommerzielle Werbung betrieben. Später traten in Minstrel Shows als Schwarze verkleidete Weiße auf. Bekannter Vertreter: Al Jolson.
Phasing	gehört zu den Effekten. Einem Signal folgt mit einer minimalen Verzögerung (Zeitwert: 0,1–20 ms) das gleiche Signal noch mal. Die Verzögerung wird innerhalb der angegebenen Zeitgrenzen immer verändert. Durch Parallelität oder Gegensätzlichkeit der Phasenbewegungen entstehen unterschiedliche Klangbilder. Zur Erzeugung des Phasing-Klanges wird heute der sogenannte Phasing-Shifter benutzt.
Riff	eine melodische Figur, die von einem Instrument unverändert wiederholt wird, während sich die anderen Instrumente meistens improvisierend solistisch entfalten. Der Riff kann ein einfaches Motiv, aber auch ein regelrechtes Thema über mehrere Takte sein.
Synkope	Betonung eines normalerweise unakzentuierten Rhythmus-Schlages. Ein häufig im Jazz verwendetes Stilmittel.
Tin Pan Alley	die 28th Street in New York zwischen Fifth und Sixth Avenue, wo zwischen 1900 und etwa 1930 die meisten amerikanischen Musikverlage residierten. Im übertragenen Sinn werden damit die Schlagerindustrie und auch die US-amerikanischen Schlager selbst bezeichnet.

Track	das durch eine «Leer-Rille» abgesetzte Stück auf einer Langspielplatte; im Aufnahmestudio die Spur auf einem Tonband.
Vaudeville	aus dem Französischen abgeleitete Bezeichnung für Tingeltangel. In den USA wurde dieses Entertainment des 19. und frühen 20. Jahrhunderts meistens von Wanderbühnen dargeboten. Ab 1970 wurden daraus bizarre oder triviale Bühnen-Shows einiger Rockbands.
Wah-Wah	ein selektives Verstärken: eine ganz bestimmte Lage (auch Breite) des Tonfrequenzbereichs wird besonders betont. Es kann auch die Bandbreite eines einzigen Klanges erhöht werden. Technik: ein Oszillator arbeitet in Rückkopplung mit dem eingegebenen Signal, beim Bedienen des Pedals verlegt sich das selektive Band, und der sonst fehlende Ton wird erzeugt.

Discographie

Zusammengestellt von Werner Voss

Zu der nachfolgenden Discographie sind einige Anmerkungen und Erläuterungen erforderlich:

1. Die in der USA-Ausgabe dieses Buches enthaltene Plattenliste aus dem Jahre 1970 enthält natürlicherweise nur USA-Plattenveröffentlichungen, die heute nicht mehr erhältlich sind. Außerdem ist diese Liste an den Text gekoppelt, d. h., sie ist nach den entsprechenden Textkapiteln untergliedert. Dabei macht der Autor Shaw die gleichen Fehler wie im Text: so wird das Duke-Label (Sitz in Houston, Texas) bei den Plattenfirmen der Westcoast eingeordnet, dagegen Johnny Otis (der führende Kopf der Rhythm & Blues-Szene Ende der vierziger und in den fünfziger Jahren in Los Angeles) und The Penguins (ebenfalls aus Los Angeles) bei den Plattenfirmen der Ostküste. Genauso falsch werden Arthur Conley, Don Covey, Barbara Lewis, Wilson Pickett und Percy Sledge beim «Harlem Sound» der fünfziger Jahre eingereiht. Floyd Jones, Arthur Prysock, Johnny Shines und Otis Spann hält Shaw irrigerweise für «Modern Bluesmen», und Bluesshouter Jimmy Witherspoon erscheint in der Rubrik «Gospel Music». Völlig daneben gerät Shaw, wenn er weiße Interpreten wie Boyd Bennett oder The Dovells für schwarze Künstler ausgibt.

Um unter anderem derartige Fehler nicht zu wiederholen und um eine bessere Übersichtlichkeit zu erreichen, habe ich die Liste alphabetisch geordnet. Weiterhin aber auch, weil der ursprünglichen Liste zahlreiche Interpreten hinzugefügt wurden, die der Autor zwar im Text erwähnt, nicht aber in der Plattenliste, obwohl sie von erheblicher musikalischer Bedeutung sind.

2. Die Liste enthält Platten, die im Zeitpunkt der Aufstellung (Juli 1980) in der Bundesrepublik erhältlich sind. Bei Bestellungen sollte allerdings berücksichtigt werden, daß von einigen Firmen relativ schnell Streichungen vorgenommen werden.

Aufgeführt sind neben deutschen auch europäische und amerikanische Veröffentlichungen, die über den Fachhandel (durch die Auslandsdienste deutscher Plattenfirmen) oder direkt von den Firmen bezogen werden können. Derartige Platten sind entsprechend gekennzeichnet. Eine Angabe der Bezugsquellen findet sich am Ende.

3. Die Ziffern in der alphabetischen Liste verweisen auf die im zweiten Teil aufgelisteten Sampler-LPs.

4. Die Liste ist in keiner Weise vollständig oder umfassend. Dies schon deshalb nicht, weil nur einige Firmen (Ariola, Intercord, Polydor und WEA, bei denen ich mich bedanke) Informationsmaterial zur Verfügung stellten. Alle anderen Firmen haben auf teils mehrfache mündliche und schriftliche Anfragen entweder gar nicht oder uninteressiert iert. Deshalb mußte der Großteil der Liste in zahlreichen Plattengeschäften recherchiert werden.

Bezugsquellen:

Arhoolie- und Blues Classics-Label: Arhoolie Records Inc., P.O.Box 9195, Berkeley, California 94719, USA

Route 66- und Mr. R & B-Label: Mr. R & B Records (Jonas Bernholm), Döbelnsgat 36 A, 5 tr., 11352 Stockholm, Schweden

Flyright-Label: Flyright Records, Bexhill-on-Sea, East Sussex, England

AIS = Ariola Import Service
BIS = Bellaphon Import Service
DGG = Deutsche Grammophon Import Service
IIS = Intercord Import Service
PIS = Phonogram Import Service
TIS = Teldec Import Service

Johnny Ace
The Story of Rock and Roll, Ariola 25259
XAT

Louis Armstrong
The Best of Louis Armstrong (2 LP), MCA
300 722–370; 20 Golden Hits (1936–1963),
MCA 201 800–360; The Original, MCA 202
058–241; St. Louis Blues (1941) Intercord
INT 127.035

LaVern Baker
LaVern Baker Sings Bessie Smith, Atlantic
50241; → 7, 17

Hank Ballard
Hank Ballard and The Midnighters, Rare
Bid BID 8003; → 14, 16–23

The Bar-Keys
Gotta Groove, Stax STX 88051; → 10

Harry Belafonte
Golden Records, RCA 26.21110; The King
of Calypso, RCA 26.21732; Blues and
Worksongs, RCA 26.21803

Jesse Belvin
→ 31

Boyd Bennett (weißer Interpret!)
→ 14

Brook Benton
Veröffentlichungen mit **Mercury**-Aufnah-
men konnten nicht ermittelt werden, → 9

Chuck Berry
Chuck Berry Is On Top, Chess 9124 214
(PIS); After School Session, Chess 9124 215
(PIS); One Dozen Berrys, Chess 9124 216
(PIS); On Stage, Chess 9124 217 (PIS);
Rockin' At The Hops, Chess 9124 218
(PIS); New Jukebox Hits, Chess 9124 220
(PIS); Fresh Berrys, Chess 9124 223 (PIS);
San Francisco Dues, Chess 9124 225 (PIS);
St. Louis To Liverpool, Chess 9124 226
(PIS); Back Home, Chess 9124 227 (PIS);
Sweet Little Rock 'n' Roller (2 LP), Mercu-
ry 6619039; Rockit (1979), Atlantic ATL
50648

Bobby Bland
Reflections In Blue, Ariola 801 595; Come
Fly With Me, Ariola 801 596; Together For
The First Time (with B. B. King), Ariola
801 597; Together Again With B. B. King,
Ariola 801 598

Booker T. & The M.G.s
The Best, WEA 40072; The Best (2 LP),
Stax STX 88045; → 24

Earl Bostic
14 Hits, Rare Bid BID 8010; The Greatest
Hits of '64, Bellaphon BI 15160; → 14, 15,
22, 23

Tiny Bradshaw
→ 15, 16, 21, 22

Big Bill Broonzy
Blues Roots Vol. 1, Storyville 6.23700 AG;
Blues Roots Vol. 4, Storyville 6.23703 AG;
Black, Brown And White (2 LP), Storyville
6.28444 DP; → 28, 29, 32

Charles Brown
Sunny Road (1945–1960), Route 66 KIX-5;
Great Rhythm & Blues (1974), Ariola 800
221; → 18

James Brown
The Best Vol. 1, Polydor 2391 288 IMS; The
Best Vol. 2, Polydor 2391 289 IMS; The
Best, Karussell 2499 052

Nappy Brown
That Man (1954–1961), Mr. R & B 100

Roy Brown
Laughing But Crying (1947–1959), Route 66
KIX-2; Good Rocking Tonight (1947–1954),
Route 66 KIX-6; → 21, 22, 23

Ruth Brown
Sweet Baby Of Mine (1949–1956), Route 66
KIX-16

Solomon Burke
→ 8, 11

Clarence Carter
→ 9, 11, 12

The Chambers Brothers
Veröffentlichungen mit **Columbia**- und
Vault-Aufnahmen konnten nicht ermittelt
werden.

Ray Charles
Star Collection, WEA Midi MID 20015;
That's Jazz, Atlantic ATL 50234; The Early

Years, Rare Bid BID 8011; Georgia On My Mind, London 6.22016 AF; Take These Chains From My Heart, London 6.22310 AG; 20 Superhits, London 6.22554 AP

The Charms
Otis Williams and The Charms, Rare Bid BID 8040; → 14, 16, 18, 19, 21, 23

Chubby Checker
20 Superhits, London 6.23486 AP; The Best, London 6.412204

The Chosen Gospel Singers
→ 30

The Clovers
→ 7

The Coasters
20 Great Originals, Atlantic K 30057 (TIS); What Is The Secret Of Your Success? (1957–1964 Atco-Aufnahmen), Mr. R & B 102; Rhythm & Soul (King-Aufnahmen), Bellaphon BI 15230; → 7

Nat «King» Cole
20 Golden Greats (Capitol-Aufnahmen), EMI Crystal 058 FVC 85329

Arthur Conley
Star Collection, WEA MIDI MID 20062; → 8, 10, 12

Sam Cooke
The Two Sides Of Sam Cooke (Speciality-Aufnahmen), Sonet INT 198.013 (IIS); You Send Me (Keen-Aufnahmen), Intercord INT 128.629; His Greatest Hits, RCA CL 42065; The Best, RCA 26.21355; This Is Sam Cooke (2 LP), RCA 26.28029; → 31

The Crows
→ 6

Arthur Crudup
→ 28, 29

The Crystals
The Crystals Sing Their Greatest Hits, Polydor-Spector 230 7006 IMS

King Curtis
The Best, Bellaphon BJS 4055; → 9, 10, 11, 12

Sammy Davis jr.
Portrait, Brunswick 2911 542 IMS; Sammy Davis jr. In Gold, Polydor 2459 379; Staralbum, Polydor 2845 127; That's Entertainment, Reprise 54096; The Most Beautiful Songs (2 LP), Reprise 64014

Bo Diddley
The Best, Bellaphon BI 15150

The Dixie Hummingbirds (Gospel)
Wonderful To Be Alive, Ariola-Peacock PLP 59226

Bill Doggett
Bill Doggett, Rare Bid BID 8009; → 15, 18, 19, 21, 23

Fats Domino
The Fats Domino Story Vol. 1, United Artists UAS 30067 (GB); The Fats Domino Story Vol. 2, United Artists UAS 30068 (GB); The Fats Domino Story Vol. 3, United Artists UAS 30069 (GB); The Fats Domino Story Vol. 4, United Artists UAS 30099 (GB); The Fats Domino Story Vol. 5, United Artists UAS 30117 (GB); The Fats Domino Story Vol. 6, United Artists UAS 30118 (GB); Cookin' With Fats (2 LP), Liberty 29561/62; The Story of Rock and Roll (ABC-Aufnahmen), Ariola-ABC 30037 XAT; Get Away With Fats Domino (ABC-Aufnahmen), Ariola-ABC 201 791-241; 20 Rock 'n' Roll Hits (ABC-Aufnahmen), EMI 1C 064-82750; Fats Domino (ABC-Aufnahmen), Europa 111413.1; Rock and Roll, WEA Midi MID 20111; Star Collection Vol. 1, WEA Midi MID 24006; Star Collection Vol. 2, WEA Midi MID 24019

The Dominoes
The Dominoes – 14 Hits, Rare Bid BID 8005; The Dominoes featuring Clyde McPhatter, Rare Bid BID 8006; The Dominoes featuring Jackie Wilson, Rare Bid BID 8007; The Dominoes – 14 Hits, Rare Bid BID 8008; → 13–17, 19–21

The Dovells (weiße Gruppe!)
The Cameo-Parkway Session, London HAU 8515 (TIS)

The Drifters
24 Original Hits (2 LP), Atlantic ATL 60106; Star Collection, WEA Midi MID 20027; Save The Last Dance For Me, Intercord INT 128.606

Billy Eckstine
Together (1945), Spotlite SPJ 100 (BIS); Billy Eckstine Inc. (1959), Ariola-Roulette SR 42017

Sleepy John Estes
Down South Blues, MCA 510.091 IMS (DGG)

José Feliciano
A Bag Full Of Soul, RCA 26.21193; José Feliciano Sings, RCA 26.21238

The Fifth Dimension
The Fifth Dimension, EMI Bell 038 EVC 97860

Ella Fitzgerald
Star Gold (1937–1955) (2 LP), MCA 301 052-370; Basin Street Blues, Intercord INT 125.404

The Five Keys
The Five Keys, Rare Bid BID 8038

The Five Royales
The Five Royales, Rare Bid BID 8039; 15, 16, 22, 23

The Flamingos
→ 6, 14

Eddie Floyd
Rare Stamps, Stax STX 88019; → 8, 24

The Four Tops
Motown Special, EMI Motown 1C38-98342; Milestones (2 LP), EMI Motown 5C184 50207/8; → 25, 26, 27

Aretha Franklin
Star Collection Vol. 1, WEA Midi MID 20016; Star Collection Vol. 2, WEA Midi MID 20079; Aretha's Greatest Hits, WEA Atlantic 40279; → 8–12

Lowell Fulson
Lowell Fulson, Arhoolie R 2003; → 1

Marvin Gaye
Greatest Hits, EMI Motown 1C062-98260; → 25, 27

Lloyd Glenn
→ 17, 23

Buddy Guy
2 Aufnahmen auf: Berlin Festival-Guitar Workshop (1967), Metronome-MPS 68159; als Begleitgitarrist auf: Eddie Boyd – Five Long Years (1965), L+R Records LR 42.006

Wynonie Harris
Mr. Blues Is Coming To Town (1946–1956), Route 66 KIX-3; The Best of The Blues Shouters, Riverboat 900 263 (TIS); → 7, 13, 17, 19, 22

Isaac Hayes
Portrait (2 LP), Stax STX 88046; The Isaac Hayes Movement, Stax STX 88050; New Horizon, Polydor 2391 313; → 24

Jimi Hendrix
Jimi Hendrix In Gold, Polydor 2459 373; The Story of Jimi Hendrix (2 LP), Polydor 2664 379, Are You Experienced/Axis: Bold As Love (2 LP), Polydor 2679 021; The Essential Jimi Hendrix, Polydor 2612 034 IMS; Voodoo Chile, Karussell 2499 012 IMS; The Best, Karussell 2499 043; Good Times, Intercord INT 128.600

Billie Holiday
Billie's Blue, Ariola 800 236; Extra Special Vol. 2, Ariola 800 971; Greatest Hits, Ariola 801 521; The Billie Holiday Story, Ariola 801 522; Fine And Mellow (1939–1944), London 6.24055 AG; Harlem Odyssey (1940–1941), Intercord-Xanadu INT 197.105; In Memoriam, Metro 2356 135 IMS (DGG); All Or Nothing At All (2 LP), Verve 2632 079 IMS (DGG)

Homesick James
Blues On The South Side (1964), Bellaphon BJS 40107; Homesick James & Snooky Prior (1973), Intercord-Big Bear INT 146.404

John Lee Hooker
The Great Blues Sounds (1948–1951), America AM 6077 (TIS); The Blues (1948–1952),

America AM 6078 (TIS); Don't Want Nobody Else (1965), Intercord INT 128.607; Blues Before Sunrise, Ariola 800.244; The Cream, Ariola 801 006; That's Where It's At, Stax STX 88055; → 28, 29

Lightnin' Hopkins
A Legend In His Own Time (1950–1951), Anthology Of The Blues AB 5608 (TIS); Goin' Back Home (1965), Intercord INT 128.626; The Legacy of The Blues Vol. 12, Intercord INT 198.031; Lightnin' Ariola 800 910; → 28, 29

Howlin' Wolf
Veröffentlichungen mit frühen Chess-Aufnahmen konnten nicht ermittelt werden.

Ivory Joe Hunter
7th Street Boogie (1945–1950), Route 66 KIX-4; → 16

J. B. Hutto
Slidewinder, Delmark 900 208 AO (TIS)

The Impressions
Veröffentlichungen mit Vee Jay- und ABC Paramount-Aufnahmen konnten nicht ermittelt werden.

The Ink Spots
The Ink Spots – 14 Hits, Rare Bid BID 8001

The Isley Brothers
Dynamic Soul, RCA 26.21739; Twist and Shout (Wand-Aufnahmen), Intercord INT 128.615; → 7, 26

Bullmoose Jackson
Big Fat Mamas Are Back In Style Again (1945–1956), Route 66 KIX-14; → 13, 16, 17, 20

Chuck Jackson
Any Day Now (Wand-Aufnahmen), Intercord INT 128.624

Mahalia Jackson
You'll Never Walk Alone, CBS 52606; Greatest Hits, CBS 62168; This Is Mahalia Jackson (2 LP), CBS 66241

Elmore James
Street Talkin', Muse MR 5087 (BIS); The Legend Of Elmore James, Anthology Of The Blues AB 5601 (TIS); The Resurrection Of Elmore James, Anthology Of The Blues AB 5610 (TIS); → 28, 29

Blind Lemon Jefferson
Blind Lemon Jefferson (2 LP), Milestone M 47022 (BIS)

Lonnie Johnson
Tomorrow Night (King-Aufnahmen), Rare Bid BID 8019; Blues Roots Vol. 5 (1963), Storyville 6.23704 AG; → 16, 32

Louis Jordan
Greatest Hits (1945–1950), MCA 510.053 IMS (DGG); Greatest Hits Vol. 2 (1941–1947), MCA 510.128 IMS (DGG); Louis Jordan & Chris Barber (1962), Intercord-Black Lion INT 147.000; Great Rhythm & Blues (1975), Ariola 800 220; Greatest Hits, Ariola 801 526

Albert King
Travelin' To California, Rare Bid BID 8016; Albert King / Little Milton, Stax STX 88044; Montreux Festival (Albert King – Chico Hamilton – Little Milton), Stax STX 88052; Live Wire / Blues Power, Stax STX 88045; New Orleans Heat (1978), Ariola-Tomato 800 898–320; King Albert, Ariola-Tomato 800 905-320; Truckload Of Lovin', Ariola-Tomato 800 906-320; Albert, Ariola-Tomato 800 907-320; Live (1975) (2 LP), Ariola-Tomato 800 911-420; → 20

B. B. King
B. B. King 1949–1950, Anthology Of The Blues AB 5611 (TIS); The Great B. B. King (Kent-Aufnahmen), Bellaphon BL 1511; The Soul Of B. B. King, Bellaphon BL 1512; Take It Home, Ariola 801 343; The Best, Ariola 801 351; Midnight Believer, Ariola 801 366, In London, Ariola 801 395; Live In Cook County Jail, Ariola 801 685; A Classic Revisited, Ariola 801 686; The Electric B. B. King, Ariola 801 687; Alive And Well, Ariola 801 688; Friends, Ariola 801 689; Completely Well, Ariola 801 690; Back In The Alley, Ariola 801691; King Size, Ariola 801 692; →, 28, → Bobby Bland

Ben E. King
Star Collection, WEA Midi MID 20040; → 7, 8

Freddie King
Freddie King – 14 Hits, Rare Bid BID 8012; Hideaway, Rare Bid BID 8015; The Best, Ariola 27 325; Freddie King 1934–1976, RSO 2394 192 IMS (DGG); → 17, 21, 22, 23

Gladys Knight & The Pips
Letter Full Of Tears (Fury-Aufnahmen), Intercord INT 128.627; → 26

Marie Knight (Gospel)
Sister Rosetta Tharpe – Marie Knight, MCA 510.129 IMS (DGG)

Annie Laurie
→ 15

Leadbelly(Huddie Ledbetter)
Blues Roots Vol. 1 (1939–1943), Storyville 6.23700 AG; Leadbelly's Best, EMI 1C 056–80701

Mance Lipscomb
Texas Sharecropper And Songster, Arhoolie F 1001; Texas Songster Vol. 2, Arhoolie F 1023; Texas Songster Vol. 3, Arhoolie F 1026; → 1

John Littlejohn
John Littlejohn and his Chicago Blues Stars, Arhoolie F 1043; → 1

Little Milton
Little Milton / Albert King, Stax STX 88044; Montreux Festival (Little Milton – Chico Hamilton – Albert King), Stax STX 88052

Little Richard
His Biggest Hits (Specialty-Aufnahmen), Intercord-Sonet INT 147.103; Good Golly Miss Molly, Sonet INT 198.002 (IIS); Rock Hard, Rock Heavy, Sonet INT 198.003 (IIS); 20 Original Hits, Sonet INT 198.004 (IIS); The Original Little Richard, Sonet INT 198.006 (IIS); Rock 'n' Roll Forever (Reprise-Aufnahmen), WEA Midi MID 24031; King Of Rock and Roll, Europa 111 4034; → 31

Little Willie John
Little Willie John – 14 Hits, Rare Bid BID 8004; Free At Last, Rare Bid BID 8017; → 14–18, 22

Magic Sam
Magic Rocker (Cobra-Aufnahmen), Flyright FLY 561; Black Magic (1968), Delmark 900 200 AO (TIS)

Taj Mahal
The Real Thing (2 LP), CBS 66288

Martha and The Vandellas
→ 25, 26

Johnny Mathis
All Time Greatest Hits (2 LP), CBS 67253

Percy Mayfield
→ 30

Brownie McGhee and Sonny Terry
Folk Songs, Roulette 200 689; Blues Is My Companion (1959), Intercord-Aves INT 146.508

Big Jay McNeeley
→ 19

Clyde McPhatter
→ The Dominoes, The Drifters

Carmen McRae
November Girl (1970), Intercord-Black Lion INT 162.025

Memphis Slim
Messin' Around With The Blues, Rare Bid BID 8018; At The Gate Of Horn, Ariola 800 145; Broadway Boogie, Intercord INT 128.625; The Legacy Of The Blues Vol. 7, Intercord INT 198.026; → 28, 29, 32

The Midnighters
→ 13, 15, Hank Ballard

Amos Milburn
Just One More Drink (1946–1954), Route 66 KIX-7; Chicken Shack Boogie (1947–1956), Riverboat 900 266 (TIS); Chikken Shack Boogie, United Artists UAS 30203 (GB)

Lucky Millinder
→ 13, 21

The Miracles
→ 27

The Orlons
The Best, London HAU 8504 (TIS)

Johnny Otis
Rock 'n' Roll Hit Parade (Dig-Aufnahmen 1956), Flyright FLY 550; Rock 'n' Roll History Vol. 5, EMI Capitol 038 EMD 85099; Rhythm & Soul, Bellaphon BI 15226

Junior Parker
The Story of Rock and Roll, Ariola 25261 XAT

(Little) Esther Phillips
Confession' The Blues (1966–1970), Atlantic ATL 50021; The Best, Metronome-CTI 63036; → 21, 23

Wilson Pickett
If You Need Me (Double L-Aufnahmen), Intercord INT 128.614; Star Collection Vol. 1, WEA Midi MID 20017;
Star Collection Vol. 2, WEA Midi MID 20078; Greatest Hits, WEA Atlantic 60038; → 8–12

The Platters
The Platters – 14 Hits (Federal-Aufnahmen), Rare Bid BID 8002; Only You (2 LP), Mercury 6619 007; The Platters – Attention!, Fontana 6430 046; Only You (Zweitaufnahmen für Musicor), Intercord INT 128.609; → 14

Lloyd Price
Original Hits (Specialty-Aufnahmen), Sonet INT 198.012 (IIS); The Story of Rock and Roll (ABC Paramount-Aufnahmen), Ariola 27354 XAT; Personality (Double L-Aufnahmen), Intercord INT 128.613; → 31

Ma Rainy
Ma Rainy (2 LP), Milestone M 47021 (BIS)

Lou Rawls
Come On In, Mr. Blues, Pickwick SPC 3156 (TIS); Naturally, Polydor 2391 241 IMS (DGG)

Otis Redding
Star Collection Vol. 1, WEA Midi MID 20043; Star Collection Vol. 2, WEA Midi MID 20077; The Best, WEA Atlantic 60016; → 8–12, 17

Jimmy Reed
The Legend – The Man (Vee Jay-Aufnahmen 1953–1964), Joy 111 (AIS); Wailin' The Blues (1956–1959), America AM 6088 (TIS); → 28, 29

Otis Rush
Groaning The Blues (Cobra-Aufnahmen), Flyright FLY 560

Sam and Dave
Sam and Dave, Roulette 200 700; Sweet & Funky Gold (Stax-Aufnahmen), Bellaphon BI 15245; Star Collection (Stax-Aufnahmen), WEA Midi MID 20073; → 8–12

Nina Simone
Nina Simone – Attention!, Fontana 6430 032; Black Soul, RCA CL 42220; Nina Simone Sings The Blues, RCA 26.21230; Baltimore (1978), Metronome-CTI 63041

Percy Sledge
Star Collection Vol. 1, WEA Midi MID 20019; Star Collection Vol. 2, WEA Midi MID 20065; Golden Voice Of Soul, WEA Midi MID 20085; The Best, WEA Atlantic 40026; 2 Originals of Percy Sledge (2 LP), WEA Atlantic 60093; → 8–12

Sly and The Family Stone
Veröffentlichungen mit **Epic**-Aufnahmen konnten nicht ermittelt werden.

The Soul Stirrers (Gospel)
→ 30, Sam Cooke

Otis Spann
Blues Roots Vol. 9 (1963), Storyville 6.23708 AG; The Blues Never Die, Bellaphon BJS 4053

The Supremes
20 Superhits, EMI Motown 1C 064-98861; Supergold (2 LP), EMI Motown 1C 134-96020/21; → 25, 26, 27

The Swallows
→ 13, 15, 20

Roosevelt Sykes
The Honeydripper (1961), Intercord-Aves INT 146.513; Blues Roots Vol. 7 (1966), Storyville 6.23706 AG; → 32

Dee Dee Sharp
The Cameo-Parkway Sessions, London HAU 8514 (TIS)

The Shirelles
Boys (Scepter-Aufnahmen), Intercord INT 128.608

The Staple Singers
Uncloudy Day (1955–1959), Joy 5019 (AIS); Great Day (1962–1963), Milestone M 47028 (BIS); → 24

Eddie Taylor
Street Talkin' (1955–1964), Muse MR 5087 (BIS); Ready For Eddie (1974), Intercord-Big Bear INT 146.407; My Heart Is Bleeding (1980),, L+R Records LR 42.009

Johnny Taylor
Who's Making Love, Stax STX 88035; Portrait (2 LP), STX 88047; Raw Blues, Stax STX 88053; → 24

The Teenagers
The Story of Rock and Roll – Frankie Lymon and The Teenagers, Ariola 200629; → 6

The Temptations
Supergold (2 LP), EMI Motown 1C 134-94936/37; → 25, 26, 27

Joe Tex
I Had A Good Home (Dial-Aufnahmen), Intercord INT 128.619; → 8, 10, 17

Sister Rosetta Tharpe
Gospel Train (1944–1949), MCA 510.056 IMS (DGG); Sister Rosetta Tharpe – Marie Knight (1951–1956), MCA 510.129 IMS (DGG); Soul Sister (1946–1948), MCA 510.148 IMS (DGG)

Carla Thomas
→ 8, 24

Willie Mae (Big Mama) Thornton
In Europe, Arhoolie F 1028; Big Mama Thornton & The Chicago Blues Band (Otis Spann, James Cotton, Muddy Waters), Arhoolie F 1032; → 1,7

(Big) Joe Turner
Have No Fear, Big Joe Is Here (Savoy-Auf-

nahmen) (2 LP), Ariola 801 199; His Greatest Recordings (1951–1957); WEA Atlantic 40525 U (TIS); The Boss Of The Blues, WEA Atlantic ATL 50244; Great Rhythm & Blues (1974), Ariola 800 229; The Bosses (1973), Pablo 2310 709 IMS (DGG); In The Evening, Pablo 2310 776 IMS (DGG); Nobody In Mind (1975), Polydor 2310 760 IMS (DGG); Things That I Used To Do (1977), Polydor 2310 800 IMS (DGG); Rhythm & Soul, Bellaphon BI 15232; → 1

Ike and Tina Turner
Star Collection (Warner Bros.-Aufnahmen), WEA Midi MID 426002; Too Hot To Hold, Intercord INT 128.601; Portrait (2 LP), Bellaphon BLS 5541

Sarah Vaughan
Tenderly (1944–1947), Bulldog BDL 1009 (AIS); Lullaby Of Birdland (1954), Mercury 6336 329 (PIS); Sarah Vaughan (1954); Mercury 6336 709 (PIS); Swingin' Easy (1954), Mercury 6336 713 (PIS); The Sarah Vaughan Years (1962–1963) (2 LP), Roulette RE 103 (AIS)

Dionne Warwick
I'll Never Fall In Love Again, Intercord INT 128.603; The Best (2 LP), Intercord INT 148.601; Only Love Can Break A Heart, Intercord INT 148.604; Starportrait (2 LP), Intercord INT 158.603

Dinah Washington
The Dinah Washington Years (1962–1963) (2 LP), Ariola 800 112; The Queen Of The Blues (1962–1964) (2 LP), Ariola 800 123; The Immortal, Ariola 800 131; The Best (1962–1964), Ariola 800 691; The Swingin' Miss D. (1956), Mercury 6336714 (PIS)

Muddy Waters
Muddy Waters, Chess 9124 224 (PIS)

Junior Wells
Southside Blues Jam (1969–1970), Delmark 900 204 AO (TIS)

Mary Wells
→ 25

Bukka White
The Legacy Of The Blues Vol. 1, Intercord INT 198.020; → 1

Big Joe Williams
Blues Roots Vol. 3 (1972), Storyville 6.23702 AG; → 1, 32

Larry Williams
→ 31

Sonny Boy Williamson (Rice Miller)
The Original (Trumpet-Aufnahmen 1951/2), Blues Classics BC-9; Blues Roots Vol. 10 (1963), Storyville 6.23709 AG

Jackie Wilson
Veröffentlichungen mit **Brunswick**-Aufnahmen konnten nicht ermittelt werden; → The Dominoes.

Nancy Wilson
2 Originals of Nancy Wilson (But Beautiful / Can't Take My Eyes Off You) (2 LP), EMI Crystal 134 EVC 53148/49

Jimmy Witherspoon
Jimmy Witherspoon & Ben Webster (1962), WEA Warner WB 56295; Cry The Blues (mit Groove Holmes) (1964–1965), Ariola 800 246

Stevie Wonder
Greatest Hits, EMI Motown 1C 054-90854; Greatest Hits Vol. 2, EMI Motown 1C 062-93018; → 25, 26, 27

Sammel-LPs (Sampler)

1 Blues Roots (Arhoolie-Aufnahmen) (2 LP), Ariola-Tomato 800 912-420
2 The Great Blues Men Vol. 1, Ariola 800 210
3 The Great Blues Men Vol. 2, Ariola 800 959
4 Singin' The Blues, Ariola 800 553
5 The World's Greatest Blues & Soul Artists, Ariola 801 581
6 American Teenage Classics (Vokalgruppen der 50er Jahre), Golden Hour GH 854 (AIS)
7 Leiber-Stoller: Only In America (2 LP), WEA Atlantic 99098
8 That's Soul 1, Atlantic Midi MID 20023-F
9 That's Soul 2, WEA Midi MID 20030-F
10 That's Soul 3, WEA Midi MID 20071-F
11 That's Soul 4, WEA Midi MID 20044-F
12 That's Soul 5, WEA Midi MID 20072-F
13 Risky Blues, Rare Bid BID 8026
14 Old King Gold Vol. 1, Rare Bid BID 8027
15 Old King Gold Vol. 2, Rare Bid BID 8028
16 Old King Gold Vol. 3, Rare Bid BID 8029
17 Old King Gold Vol. 4, Rare Bid BID 8030
18 Old King Gold Vol. 5, Rare Bid BID 8031
19 Old King Gold Vol. 6, Rare Bid BID 8032
20 Old King Gold Vol. 7, Rare Bid BID 8033
21 Old King Gold Vol. 8, Rare Bid BID 8034
22 Old King Gold Vol. 9, Rare Bid BID 8035
23 Old King Gold Vol. 10, Rare Bid BID 8036
24 Memphis Gold, Stax STX 88032
25 Motown Highlights 1964–1966, EMI Motown 1C 056-63839
26 Motown Highlights 1966–1969, EMI Motown 1C 056-63840
27 Motown Highlights 1969–1971, EMI Motown 1C 056-63841
28 The Blues Vol. 1 (2 LP), Intercord INT 158.600
29 The Blues Vol. 2 (2 LP), Intercord INT 158.601
30 This Is How It All Began Vol. 1 (Specialty-Aufnahmen), Sonet INT 198.035 (IIS)
31 This Is How It All Began Vol. 2 (Specialty-Aufnahmen) Sonet INT 198.005 (IIS)
32 Masters Of Jazz Vol. 15 – Blues Giants (2 LP), RCA CL 42858

Personenregister

(Aufgenommen sind Interpreten und Gruppen, Produzenten, Autoren und Diskjockeys)

314

315

Bücher über die wichtigsten Stile populärer Musik

Nik Cohn
**A Wop Bopa Loo Bop
A Lop Bam Boom**
Pop History
rororo 1542
«Selten habe ich eine so witzige Pop-History gelesen wie Nik Cohns subjektive Lästerungen über alles, was sich das Mäntelchen Pop umhängt und damit Geschäfte macht.»
Abendzeitung, München

Siegfried Schmidt-Joos/
Barry Graves
mit Diskographien von
Bernie Sigg
Rock-Lexikon
rororo handbuch 6177
«...die bisher lesbarste und am gründlichsten recherchierte Übersicht über die Rockmusik, die es bisher in irgendeiner Sprache gibt.»
Westdeutsche
Allgemeine Zeitung

Tibor Kneif
Sachlexikon Rockmusik
Instrumente, Stile, Techniken, Industrie und Geschichte
rororo handbuch 6233
«Durch die starke Einbeziehung von jugendsoziologischen Fragestellungen hat das Buch von Tibor Kneif ähnlichen Veröffentlichungen zum Thema einiges an Informationsgehalt voraus.»
Deutsche Zeitung

Arnold Shaw
Rock'n'Roll
Die Stars, die Musik und die Mythen der 50er Jahre.
rororo sachbuch 7109
«...dem Autor ist die Demontage eines Mythos zu verdanken. Er tut dies mit Einblicken ins Geschäft, mit einer Überfülle bisher unbekannter Facts.
– Pflichtlektüre für Fans.»
Die Welt

Paul Oliver
Die Story des Blues
Worksongs, Ragtime, Rhythm and Blues
rororo sachbuch 7170
«Nicht nur der Geschichte des Blues ist das Buch gewidmet. Neben Bibliographie, Diskographie und Namensregister findet der Fan Hintergrundinformationen über die Entwicklung der Gitarren- und Pianobegleitung rund um Ragtime, Boogie und Barrelhouse, über das gestörte Verhältnis des Blues zur Schallplattenindustrie und das gar nicht gestörte zur modernen Pop-Kultur.»
Berliner Morgenpost

ro
ro
ro

**ist ein
jährlich erscheinendes
Magazin der
populären Musik**

«Ein unterhaltsames und kritisches Jahrbuch
der Rockmusik»   Nürnberger Nachrichten

«Pubertäres Geschwätz»   Neue Zürcher Zeitung

«Ich wüßte nicht, wie man es hätte besser
machen sollen.»   Badische Zeitung

«Gute Bücher zur Rock- und Popmusik sind
spärlich gesät. Rock Session ist eins.»
                    Saarländischer Rundfunk

Rock Session 1 (rororo sachbuch 7086)
            Schwerpunkt: Regionale Musik
            Hg. Jörg Gülden/Klaus Humann

Rock Session 2 (rororo sachbuch 7156)
            Schwerpunkt: New Wave
            Hg. Jörg Gülden/Klaus Humann

Rock Session 3 (rororo sachbuch 7270)
            Schwerpunkt: Außenseiter
            Hg. Klaus Humann/
            Carl-Ludwig Reichert

Rock Session 4 (rororo sachbuch 7358)
            Schwerpunkt: 80-er Rock
            Hg. Klaus Humann/Carl-Ludwig
            Reichert

sachbuch rororo